한국연구재단 학술명저번역총서
서양편 799

페미니즘과
자유의 심연

FEMINISM AND THE ABYSS OF FREEDOM   린다 M.G. 제를리 저 | 조주현 역

박영사

우리는 무언가를 시작한다. 우리는 우리의 줄을 엮어 관계망을 형성한다.
그러나 그 관계망으로부터 무엇이 나올지 우리는 결코 알지 못한다.
우리 모두는 말하자면 다음과 같이 배웠다: "주여 저들을 용서하소서.
저들은 자신이 무엇을 하고 있는지 알지 못하기 때문입니다."
그런데 이 말은 인간의 모든 행위에 적용된다. 너무도 분명하고
구체적으로 그러한데, 왜냐하면 우리는 *알 수가 없기* 때문이다.
모험이 의미하는 바가 바로 그것이다.

-한나 아렌트

목 차

———

한국어판 서문

---

*Feminism and the Abyss of Freedom*의 한국어로의 번역은 특히 현재 한국 사회의 특정한 맥락과 깊이 공명할 수 있다는 점에서, 21세기 페미니즘에 대한 이 책의 중심 주제들의 지속적인 관련성을 성찰해 볼 수 있는 계기가 될 것입니다. 1970년대 후반부터 민주사회를 형성해온 신자유주의적 구조조정의 상황에서, 앞선 페미니즘의 투쟁으로 어렵게 쟁취한 권리와 자격을 지속적으로 유지하기 위해 정치적 정체성의 특수성을 고집하는 것이 이제는 더 어려워지면서 동시에 더 시급한 것으로 보였습니다. 전 지구적 자본주의의 다양한 경제적 위기에 대처하기 위해 각 국가가 시도했던 엄격한 긴축 정책은 젠더 평등을 주류화하려는 제2물결 페미니즘의 시도를 차단했습니다. 실제로 페미니스트들은 자신들의 목소리를 들리게 하면서 공적 의제를 형성하는 것이 갈수록 어려워진다는 것을 깨닫기 시작했습니다. 게다가 일부 국가에서는 경제 정책의 신자유주의화로 보수정당의 놀라운 상승과 함께 "가족 가치"를 장려하는 정책들이 동반됐는데, 이 정책들은 사회적, 정치적, 경제적 삶에서의 성평등 추구를 종식시킬 뿐만 아니라, 앞선 페미니스트 세대가 쟁취한 결과물들을 다시 원점으로 되돌리는 것이었습니다.

전통적인 성 역할로의 회귀까지는 아니라 할지라도 점점 더 혁명은 정체된 것으로 보이는 상황에 비추어 볼 때, 어떻게 현실적이면서도 열망을 품은 방식으로 페미니즘을 실천은 고사하고 상상할 수 있을지, 그 방법을 알기는 쉽지 않습니다. 다른 모든 정치적 행위자들과 마찬가지로 페미니스트들 역시 자신들이 선택한 세계에서 활동하는 것이 아닙니다. 그렇기 때문에 과거 운동에서 동기부여가 되었던 젠더 정의의 이상을 포기하지 않으면서 동시에 현실 세계의 제약을 인정하는 것은 끊임없는 투쟁이 됩니다. 정치적 분석에 있어 중요 범주인 성차와, 집합적 동원에 필요한 정체성의 기반을 포기하라는 요구에 직면하면서, 많은 페미니스트들이 그러한 요구의 배경을 이루는 이른바 포스트-젠더 후기자유주의가 엉터리라고 비난하며 당연히 반대입장을 표명했습니다. 그들에게 "여성" 정체성 개념은 20세기 후반에 바로 그 개념 아래 평등의 척도가 달성된 것으로서, 그들이 남성 중심적이며 여성의 곤경에 대해 무관심하다고 비난하고 있는 바로 그 신자유주의의 젠더-중립적 언어로는 결코 대체될 수 없는 것입니다.[1]

저는 이러한 우려에 매우 공감합니다; 그리고 그 우려는 제가 21세기 초입에 이 책을 썼을 때의 제 마음과 멀리 떨어져 있지 않았습니다. 그 당시 저의 걱정은 페미니스트들이, "여성 범주"라는 다른 상황에서는 가치 있을 수 있는 비판의 무게 아래서는 이제 더 이상 진정한 정치적 주장을 할 수 없다는 것이었습니다. 우리가 "여성들"의 이름으로 말할 수 없다면 페미니즘은 누구의 이름으로 말할 수 있는 것일까요? 일부 페미니스트들에게 있어 인종, 계급, 민족성, 그리고 성적 지향성을 젠더와 동등하게 피억압적인 사회적 정체성을 구성하는 것으로 인정하는 것은 여성을 페미니즘의 통일된 주체로 설정하는 것을 포기하는 것이며, 효율적인 정치운동의 가능성 자체를 배제하는 것이었습니다. 그러나 저는 이 걱정의 긴박감을 인식했지만 그 결론에는 동의하지 않았습니다. 페미니스트들이 왜 자신들의 정치적 행동이 문제 삼는 "여성"의 규범적 정체성을 더욱 확고히 하지 않으면서도 여성들의 이름으로 말할 수 있는지 알기 위해서; 페미니즘이 어떻게 여성들의 주장을 진전시키면서 동시에 여성들의 우려를 다른 소외된 집단들(민족, 인종, 그리고 성 소수자들, 저임금 노동자들과 이주민들)의 정당한 주장과 공명하는 언어

---

1) 조주현은 2019 미국사회학회 학술대회에서 발표한 원고에서 최근 한국의 청년여성 페미니스트늘이 한국여성운동에 제기한 도전과 그에 따른 운동의 조정을 분석했습니다 ("The Contentiousness of Contemporary Young Women's Movement in South Korea: From a Perspective of Strategic Action Fields Theory"). 이후 이 원고는 수정·보완되어 『경제와 사회』(2019) 123호에 출간됐습니다.

로 표현할 수 있는지 파악하기 위해서; 그리고 페미니즘을 다른 결정적으로 중요한 사회운동 및 정치운동과 (녹색 행동주의, 진보적 좌파주의, 인권 국제주의) 연결하기 위해서, 우리는 정체성이 아니라 자유의 측면에서 우리의 투쟁을 재구성할 필요가 있습니다.

자유는 신자유주의의 유행어는 아니라 하더라도, 고삐 풀린 소비주의와 이제는 느슨해진 복지국가에 대한 자유방임 자본주의의 승리를 상징하는 유행어인 것은 분명합니다. 그러나 이러한 자유의 이상은 분명히 반정치적이고 반페미니즘적인 것입니다. 페미니스트들은 서구 전통에서 물려받은 의지의 현상으로서의, 주체의 특성으로서의, 그리고 주권이라는 이름의 목적을 위한 수단으로서의 자유 개념에 자신들이 지속적으로 얽혀있다는 것을 비판적으로 성찰할 필요가 있습니다. 이러한 이유로 현대의 신자유주의적 민주주의에서 더욱 집요해진 자유는 고도로 개인주의적인 용어로 정의되고, 헌법이 보장하는 권리로 수용되며, 그리고 정치가 끝나는 곳에서 시작되는 것으로 경험됩니다. 그러나 제가 이 책에서 주장하듯이, 페미니즘에 있어 자유는 전혀 다른 것입니다: 그것은 세계-구축의 창의적이고 집합적인 실천으로서, 근본적으로 시작을 여는 특징을 보이며, 새로운 공유 대상 및 공동의 관계를 설정합니다. 자유의 세계-구축적 실천으로서의 페미니즘 정치는 정체성을 출발점으로도 종착점으로도 택하지 않습니다. 자유-중심적 페미니즘 정치는 언제나 환상에 불과하고 멸종위기에 처한 주권을 추구하는 것이 아니고, 이 불확실하고 위험한 시대에 우리가 전진하면서 페미니즘에 활력을 불어넣어야 하는 공동행동과 공동 관심사의 새로운 대상을 창출할 가능성을 추구합니다.

신자유주의의 압력과 복지국가의 후퇴로 페미니스트들은 새로운 공동 존재의 형태와 새로운 시작의 자발성을 열 수 있는 자신들의 능력을 잃어버릴 위험이 있습니다. 남아 있는 과거의 이득을 고수하면서 다른 사회 운동들 ― 특히 그러한 이득을 손실로 보는 사회 운동들 ― 과 함께 일하는 것이 가져올 수 있는 위험을 피하려는 것은 분명 유혹적입니다. 페미니스트들은 여성들의 주장을 결코 다른 집단들의 주장에 종속시켜서는 안 되며 여성들의 목소리가 들리고 대변될 것을 계속해서 요구해야 하지만, 그 요구는 다양한 투쟁들 속에서 이루어져야 합니다. 저는 저의 최근 연구에서 페미니즘의 관심사와 다른 진보적 운동의 관심사를 연계시켜야 하며, 공동의 정치적 열망을 형성하고 실현하는 데 있어 판단이 중심 역할을 해야 함을 주장했습니다.[2] 끊임없이 변화하는 정치적 현실에 대해 페미니즘이 방심하지 않고 주의를 기울이도록 하는 것은 공유된 정체성이 아니고, 비판적이면서 성찰적으로 판단할 수 있는 공유된 능력입니다.

페미니스트들이 제가 현실적이라고 부르는 방식으로 행동한다는 것은 간단히 말해서 우리가 원하는 세상을 가져오기 위해 현재 있는 그대로의 세상을 출발점으로 삼는다는 것입니다. 자유는 행동의 우연성에 열려 있는 한, 현실적인 관점과 일치합니다. 일반적으로 수용되고 있는 도구적 정치개념들이 가정하는 방식으로는 우리는 우리 행동의 결과를 예측할 수도, 통제할 수도 없습니다. 한나 아렌트가 우리에게 권유했듯이 연합을 구축하고 공동세계를 만든다는 생각은, 모든 형태의 현대정치를 지배해온 것처럼 페미니즘을 지배해온 수단-목적적 정치 개념에 대한 환상, 즉 환상적 주권이라는 모래 위에 세워진 환상을 포기할 때, 상당히 다르게 보이게 됩니다. 아렌트와 함께 저는 자유-중심적 페미니즘을 주장합니다. 자유-중심적 페미니즘은 실현된 목적의 보장이 아니라, 말과 행위로 구성되어 있으면서 주관적인 것과 객관적인 것 사이에 정치적 공간을 창조하는 방식에 공유된 관심과 공유된 기획의 가능성을 열어두는 방식입니다. 그 정치적 공간에서 우리는 다른 사람들과 관계를 맺게 되는데, 그들이 우리와는 다른 입장을 갖고 있다는 바로 그 사실 때문에 그들은 우리의 세속적 현실감각을 확장시켜줄 수 있습니다.

새롭게 시작할 수 있는 능력, 그리고 새롭게 생각할 수 있는 형상과 형태를 창조할 수 있는 능력은 아렌트가 정치적 판단의 조건이라고 주장했던 확장된 관점을 요구합니다. 정치적으로 판단한다는 것은 비판적이고 성찰적으

---

2) Linda M.G. Zerilli, *A Democratic Theory of Judgment* (Chicago, IL: The University of Chicago Press, 2016).

로 판단한다는 것으로, 아렌트가 현대 민주주의 시민권의 핵심적 특징이라고 주장한 것입니다. 세계-구축의 다양한 실천에 참여하는 참여적인 자유-중심적 페미니즘은 그 행동의 기반으로 공유된 정체성에 의존할 수 없습니다. 자유-중심적 페미니즘은 완전히 비교할 수 없는 관점들은 아닐지라도 종종 상충되는 관점들에 대해 판단을 내릴 수 있는 능력에 뿌리를 두고 있어야 합니다. 페미니즘을 포함한 현대정치는 아렌트가 전통의 단절이라고 불렀던 것에 의해 새롭게 창조된 공간에서 작동합니다: 거기에는 그야말로 보편적인 판단기준도 없고, 우리의 판단실천을 안내할 수 있는 선에 대한 초월적이거나 권위적인 개념도 없습니다. 공유된 판단기준이 없는 상황에서 우리 페미니스트들은 항상 불확실한 정치적 지형을 탐색하는 법을 배워야 합니다. 비판적 판단을 형성하기 위한 기반으로 우리가 각기 다른 관점에서 세상을 보는 우리 자신과 우리의 능력에만 의존하게 되면, 우리는 더 이상 공유된 정체성에 ─ 우리가 할 수 있다 하더라도 ─ 의존할 수 없게 됩니다. 전통의 단절은 더-이상도 아니고 아직은-아닌 것도 아닌, 현시점에서 생각하고 행동할 수 있는 공간과 도전을 열어놓습니다. 자유의 열린 구조가 번창할 수 있는 곳은 바로 거기, 그 불안정하고 불안한 공간에서입니다.

서문

필자는 한때 필자를 페미니즘으로 인도했던 그 길을 다시 찾기 위한 시도로 오랫동안 이 책을 구상해왔다. 필자를 페미니즘으로 인도했던 것은 정치적 자유를 향한 급진적 요구와 사회문제에 참여할 수 있는 여성들의 권리였다. 페미니즘은 광범위한 실천들, 예컨대 미학적, 사회적, 경제적, 그리고 문화적 실천들로 구성되어 있지만, 필자의 관심을 사로잡은 것은 공론장의 남성중심주의에 대한 페미니즘의 도전과 대안적 자유공간들의 조성이었다. 하지만 필자는 제2물결과 제3물결 페미니즘이 발전해가는 방식에 대해, 특히 제2물결과 제3물결이 각기 정체성과 주체성 문제를 중심에 두고 논의를 발전시켜 나가는 방식에 대해, 한편으로는 매료되면서도 다른 한편 갈수록 회의적인 감정을 갖게 되었다. 필자에게 여성의 정체성과 주체성 문제는 중요한 문제로 보였고 지금도 여전히 중요한 문제로 보이지만, 필자는 정체성과 주체성 논의가 제기되는 방식이 걱정스러웠다. 필자는 제2물결과 제3물결이 제시한 정체성과 주체성의 틀에서, 그동안 필자에게 영감을 주었던 정치적 자유를 향한 페미니즘의 요구를 찾을 수 없었다. 페미니즘은 정치적 자유를 끈질기게 요구하는 대신 규범적 남성성과 여성성의 문화적 제약을 극복하는 문제에 몰두하는 것으로 보였다. 그러한 투쟁이 대단히 중요한 것이라면, 필자는 필자가 이해하고 있는 바로서의 자유에 대한 요구가 부재한 상황에서 어떻게 그러한 투쟁이 가능하다는 것인지 이해할 수 없었다.

자유를 주체화의 예속에서 해방되는 것으로 정의하는 이 같은 자유의 재구성 방식에 우려를 표하는 한편으로, 필자는 정체성 정치와 관련된 논쟁이 시작되면서 1990년대를 장악하기 시작한 초기 제2물결 페미니즘에[1] 대한 향수 어린 그리움에 대해서도 저항했다. 즉 필자는 단일한 여성 범주를 페미니즘의 주체로 설정하는 것에 의문을 제기하는 제3물결 비평가들의 비판에 전적으로 동의하면서도 그러한 문제 제기가 가져올 정치적 결과에 대해서는 여전히 불안해하는 한편으로, 그에 못지않게 여성 범주의 일관성에 대한 제3물결의 비판을 정치적으로 파괴적인 회의론으로 치부해버린 일부 페미니스트들의 새로운 교조적 경향에 대해서도 걱정하게 된 것이다. 어떤 면에서, 페미니스트들은 누군가의 신중한 선택의 결과에 대한 것이 아니라 어쨌든 이미 성취해서 기정사실이 된 것에 대해 서로 다투면서 각자 자기 이야기만 하고 있는 것처럼 보였다. 단일한 여성 범주가 붕괴된 것은 "후기구조주의" 페미니즘 이론가들의 잘못 때문이고, 그보다 덜하긴 하지만 "유색인종 여성" 개념 역시 단일한 여성 범주를 붕괴시키는데 일조했다는 견해는 메시지 전달자를 죽임으로써 메시지를 죽이려는 시도라는 점에서 필자를 놀라게 했다. 그것은 또한 페미니즘 정치 그 자체의 걱정스러운 변위로 보였다.

우리가 더 이상 여성을 아무 생각 없이 공동의 정체성과 관심사를 가진 단일한 집단으로 상정하지 않는다면, 그것은, 오로지 혹은 주로, 주디스 버틀러[Judith Butler], 샹탈 무페[Chantal Mouffe], 혹은 조앤 스콧[Joan Scott]과 같은 대표적인 제3물결 사상가들의 괄목할만한 비판적 에너지 때문이 절대로 아니다. 후기 자본주의의 경제적, 사회적 발전은 (예컨대 노동운동의 붕괴, 지구화, 그리고 가구 경제[homework economy]) 국내외적으로 여성들 사이에 대단히 복잡한 계층화를 가져왔고, 여성문제는 이제 단지 젠더 관계로만 포착할 수는 없게 되었다. 더 중요한 것은, 페미니즘 스스로가 단일 집단으로서의 여성을 해체하는 작업을 했다는 것이다: 페미니즘은 주로 수동적으로 주어진 공동의 여성 정체성이라는 착각이 전제하고 있는 자연의 이치에 따른 여성성 개념에 반박함으로써, 자유를 향한 투쟁에 여성들을 결집시키려고 분투해온 정치운동이다. 당시의 버틀러, 무페, 그리고 스콧은 의도적으로 여성 범주를 파괴하려 했다기보다는, 단일 집단으로서의 여성 범주화가 페미니즘의 미래

---

1) 1968년-1980년대의 제2물결 페미니즘 (역자주).

에 가져올 역사적 손실의 정치적 결과를 ― 대단히 비판적이고 과거에 대한 향수를 갖지 않는 방식으로 ― 분명히 드러내고자 했다.

여성 범주 관련 논쟁들에 나타난 파토스^{pathos}를 이해하려고 노력하면서, 필자는 이 같은 파토스가 제2물결 페미니즘 대부분과 심지어 제3물결 페미니즘이 명료화하고 있는 인식론적 틀의 징후일 수 있다는 생각을 하게 되었다. 필자에게는 허무주의적 학문의 산물이기보다는 역사와 정치의 산물인 무언가의 상실을 ― 우리가 상실을 말할 수 있는 한에 있어서 ― 후기구조주의자들의 탓으로 돌리는 것도 이상해 보였지만, 필자에게 더 이상해 보인 것은 정치운동으로서의 페미니즘의 미래가 페미니즘 이론의 분석 범주의 지위에 달려있을 수 있다고 생각하는 것이었다. 필자는 페미니즘 활동가들 중에 이론이 실천의 가이드 역할을 한다고 보는 경우는 ― 아주 느슨한 의미를 제외하고는 ― 거의 없다는 사실과는 별개로, 필자는 "페미니즘 주체" 논쟁의 구체적인 내용에서 벗어나 그들의 기본전제에 대해 질문하는 것이 중요하다는 생각이 들었다: 여성의 이름으로 발언하는 어떠한 주장도 그것이 조금이라도 정치적 의미를 가지기 위해서는 모든 특수성을 포괄하는 규칙처럼 기능해야 한다는 생각으로 우리는 과연 무엇을 만들어낼 수 있는가? 이 시점에서 페미니즘은 정치와 자유, 그리고 규칙과 그 적용의 관계에 대해 사유했던, 페미니스트가 아닌 연구자들에게서 어떤 지침을 얻을 수 있지 않을까?

이러한 생각과 의문들은 필자를 한나 아렌트의 사상으로 다시 이끌었다. 아렌트는, 페미니즘에 대해서는 할 말이 없었지만, 전통적인 사상 범주들이 손실된 상황에서 정치 현실을 이해하는 문제에 대해서는 할 말이 많았다. 그런데 이 전통적인 사상 범주들의 손실이 필자에게는 여성 범주의 위기로 표현되는 손실이자, 제2물결 페미니스트들이 제3물결 페미니스트들에 의해 도둑맞았다고 생각하며 탄식하는 바로 그 손실을 의미하는 것으로 보였다. 아렌트의 견해에 따르면, 전통과의 단절은 17세기 과학혁명에서 이미 시작되었고, 20세기의 정치적 파국으로 절정에 달했다. 아렌트는 현재의 정치적, 역사적 맥락과 더 이상 공명하지 않는 사상 범주를 복원시키려고 하는 것은 무의미할 뿐만 아니라 위험하기까지 하다고 보았다. 그러나 안타깝게도, 아렌트 역시 인정했듯이, 전통이 끝났다고 해서 전통적 개념들의 장악력이 사라진 것은 아니다. 오히려 그 개념들은 더 큰 횡포를 부릴 수 있는데, 왜냐하면 아무런 지향성이 없는 것보다는 혼란스럽다 하더라도 특정한 도덕적, 정치적 지향성을 갖는 것이 좀 더 호소력을 지닐 수 있기 때문이다.

전통적인 정치이론과 페미니즘 정치사상의 범주로 작동해온 여성 개념의 상실에 대해 깊이 생각하면 할수록, 전통과의 단절에 대한 아렌트의 발언은 필자에게 더욱 특별한 의미로 다가왔다. 이 서문을 쓰고 있는 2004년 현재, 필자는 한때 상호 대립적인 정치적 이해관계를 보여주는 것으로 상당히 공격적인 표현을 야기했던 문제들에 대해 우리 페미니스트들이 도달한 이상한 타협에 충격을 받는다. 여기에는 더 이상 파토스가 존재하지 않을 뿐만 아니라, 페미니즘 사상이라는 계승된 범주가 없는 상태에서 어떻게 이론화하거나 정치적으로 행동할 것인지에 대한 어떠한 분명한 감각도 존재하지 않는다. 우리는 여성들 사이의 차이를 인정하는 것의 중요성에 고개를 끄덕이면서도 다른 한편 끈질기게 페미니즘은 하나의 단일한 주체를 요구한다는 생각으로 되돌아간다. 반대로, 우리는 격렬하게 하나의 단일한 주체를 거부하면서도 특수한 사례 너머에 있는 것에 대해 어떻게 말하거나 요구해야 할지 모른다.

이 책이 이 책에서 제시되는 모든 난해한 문제들을 다 해결할 수는 없다. 그러나 이 책은 우리가 지금 여기에 어떻게 도달하게 되었는지 그리고 페미니즘 이론의 정치적 자유, 정치적 주장, 그리고 정치적 역할에 대해 우리가 어떻게 다르게 생각할 수 있는지에 대해 명백히 밝힘으로써, 우리가 그 문제들을 깊이 생각해보는 데 도움을 줄 수 있다. 르네 샤르^{René Char}를 인용하며, 아렌트는 "우리의 유산은 아무런 유서도 없이 우리에게 남겨졌다,"라고 말한다. 페미니즘을 포함해서 후기 근대의 정치를 특징짓는 전통과의 돌이킬 수 없는 단절을, 아쉬워하기보다는, 환영하기 위한 도전으로 이 불투명한 격언을 받아들인다면 어떨까? 그 가능성의 정신으로, 필자는 숙고 끝에 얻은 필자의 생각을 여기에 제시한다.

감사의 말

이 책을 완성하기까지 많은 분들의 기여가 있었다. 먼저 벤자민 바버^{Benjamin} Barber, 수잔 캐롤^{Susan Carroll}, 신시아 다니엘스^{Cynthia Daniels}, 사만다 프로스트 Samantha Frost, 마르시아 이안^{Marcia Ian}, 그리고 럿거스대학교 시절의 친구들과 동료들에게 감사드린다. 이들은 필자가 이 프로젝트를 시작하도록 이끌어주었다. 노스웨스턴대학교에 있으면서 필자는 지식인 공동체를 만났고, 이들 역시 필자의 연구를 적극 지지해주었다. 특히 사라 모노슨^{Sara Monoson}, 미구엘 바터^{Miguel Vatter}, 피터 펜브스^{Peter Fenves}, 로버트 구딩-윌리엄스^{Robert Gooding-Williams}는 필자에게 매우 유용한 논평을 해주었다. 필자는 또한 노스웨스턴 대학교 젠더학 프로그램의 친구들과 학과장이었던 테시 리우^{Tessie Liu}와 알렉산드라 오웬^{Alexandra Owen}에게 특별히 감사드린다. 이들은 필자가 이 책과 관련된 주제로 교수 세미나를 진행할 수 있도록 기회를 제공해주었다. 마찬가지로 필자는 앤 올로프^{Ann Orloff}에게도 감사드린다. 올로프는 이 책의 초기 버전의 글들에 대해 통찰력 있는 비평을 해주었고, 필자에게 정말 중요한 것이 무엇인지를 상기시켜주었다; 마이클 핸차드^{Michael Hanchard}는 이 연구의 사각지대를 보았고, 그의 두터운 우정으로 필자가 견딜 수 있게 도와주었다; 리처드 플라트만^{Richard Flathman}은 이 책의 여러 장들에 대해 논평을 해주었는데, 특히 플라트만의 비트겐슈타인^{Wittgenstein} 연구는 필자에게 영감을 준다; 크리스틴 프룰라^{Christine Froula}는 이 책의 제4장에 대해 매우 사려 깊은 비평을 해주었다; 커스티 맥클루어^{Kirstie McClure}는 밀라노여성서점조합에 대한 필자의 해석에 영감을 주었다; 그리고 피터 메이어스^{Peter Meyers}의 수사학적 전통에 대한 창의적인 연구와 아렌트의 정치사상에 대한 깊은 이해는 필자 자

신의 생각을 자극했다. 메리 디츠$^{Mary\ Dietz}$와 에르네스토 라클라우$^{Ernesto\ Laclau}$는 시카고대학교 출판부가 최종 완성한 필자의 원고를 읽은 후, 대단히 유용한 논평을 해주었다. 조지 슐만$^{George\ Shulman}$에게 필자의 원고 전체를 관대함과 함께 비판적으로 읽어준 것에 대해 감사드린다. 조지 슐만은 필자에게 지적 호기심과 관대함의 모델로 남아있다. 필자는 샹탈 무페, 소니아 크룩스$^{Sonia\ Kruks}$, 윌리엄 코널리$^{William\ Connolly}$, 그리고 파첸 마켈$^{Patchen\ Markell}$과의 대화에서 도움을 얻었다. 필자의 스승이자 친구인 질라 아이젠슈타인$^{Zillah\ Eisenstein}$은 이 책의 가장 초기 단계 기획 시에 통찰과 격려를 주었다. 노스웨스턴대학교 재직 시절 필자의 대학원 세미나에 참여한 학생들에게도 감사드린다. 학생들은 무엇보다도 한나 아렌트가 왜 페미니스트들과 관련이 있을 수 있는지에 대해 명확하게 생각할 수 있도록 필자를 자극했다.

필자는 정말 운이 좋게도 럿거스대학교와 노스웨스턴대학교 모두에서 훌륭한 연구조교들을 둘 수 있었다. 크리나 아처$^{Crina\ Archer}$, 리다 맥스웰$^{Lida\ Maxwell}$, 엘라 마이어스$^{Ella\ Myers}$, 로리 나란치$^{Laurie\ Naranch}$, 그리고 토리 샹크스$^{Torrey\ Shanks}$는 모두 이 프로젝트의 여러 단계에 참여하면서 논문을 수집하고, 인용문의 출처를 확인하며, 수북이 쌓여있는 논문더미 한가운데서도 필자가 집중할 수 있도록 도와주었다. 특히 최종 원고를 준비하는 과정에서 도움을 준 리다 맥스웰과 크리나 아처에게 감사의 마음을 전한다. 필자의 동료이자 절친인 보니 호니그$^{Bonnie\ Honig}$는 우리 둘이 기억할 수 있는 것보다 더 많은 판본의 원고를 읽었다. 호니그의 창의적인 에너지, 지적인 집중력, 그리고 현명한 판단은 필자에게 말할 수 없이 소중한 것이었다. 필자가 호니그에게 얼마나 많은 빚을 졌는지 말로 다 표현할 수 없다. 필자는 또한 필자의 스승인 마이클 로긴$^{Michael\ Rogin}$에게 말할 수 없이 많은 빚을 졌음을 말하고 싶다. 로긴의 지적인 활력과 도덕적 인격은 그의 때 이른 죽음을 넘어 하나의 선례로 남을 것이다.

필자는 다시 한번 필자의 가족 ― 마리 A. 제를리, 아르망 F. 제를리, 아만다 제를리, 그리고 제프리 제를리 ― 의 사랑과 지원에 감사드린다. 마지막으로, 필자는 필자의 동반자인 그레고르 그내디히$^{Gregor\ Gnädig}$에게 그의 긍정의 정신과 함께 필자에 대한 확고한 믿음을 보여준 것에 감사드리고 싶다. 필자는 그레고르에게 이 책을 바친다.

　프로젝트는 럿거스대학교와 노스웨스턴대학교 모두로부터 연구 휴가라는 관대한 지원을 받았다. 또한 프린스턴고등연구소와 특히 이 프로젝트의 가장 초기 단계에 쾌적한 환경을 제공해준 조앤 스콧에게 감사드린다. 이 책의 제2장은 『모니크 위티그에 대하여: 이론적, 정치적 그리고 문학적 논평들』(샴페인: 일리노이대학교출판부, 2005)에 실렸다.[1] 이 책의 제3장은 『차이: 페미니스트 문화비평 저널』(여름 2004) 15(2): 54-90에 게재됐다.[2] 제4장의 일부는 『정치이론』(4월 2005) 20(10): 158-188에 게재됐다.[3]

1) Linda M.G. Zerilli, "A New Grammar of Difference: Monique Wittig's Poetic Revolution," in *On Monique Wittig: Theoretical, Political and Literary Essays*, ed. Namascar Shaktini (Champaign: University of Illinois Press, 2005), 87-114쪽. (역자주)

2) Linda M.G. Zerilli, "Refiguring Rights through the Political Practice of Sexual Difference," *differences: A Journal of Feminist Cultural Criticism* 15, no. 2 (Summer 2004): 54-90쪽. (역자주)

3) Linda M.G. Zerilli, "'We Feel Our Freedom': Imagination and Judgment in the Thought of Hannah Arendt," *Political Theory* 33, no. 2 (April 2005): 158-188쪽. (역자주)

서론

왜 *페미니즘*(*Feminism*)과 *자유*(*Freedom*)는
둘 다 F로 시작하는가

정치의 존재 이유는 자유에 있고,
그 경험의 장은 행위에 있다.
-한나 아렌트

"페미니즘의 종언"을 선언하는 출판물들이 범람하는 상황에서 판단한다면,
사회운동이자 정치운동으로서의 페미니즘은 이제 거의 한계에 도달한 것으
로 보일 것이다.[1] 페미니즘이 도전에 나섰던 차별은 이제 어느 정도 과거의
얘기가 되었다는 점에서, 일부 비평가들에게 이 종말은 이론의 여지가 없는
사실로 받아들여지고 있다. 그들의 견해에 따르면, 젠더 평등은 이미 법적
사실이 되었으며, 역사적 진보의 논리에 따라 그 완전한 사회적 실현을 목전
에 두고 있다. 그러나 또 다른 비평가들에게, 이것은 분명히 사실이 아니다.
법적 변화가 자동적으로 사회적 변화를 가져오는 것은 아니며, 사회적 변화
가 이루어지기 위해서는 정치운동의 지속적인 경계심이 요구되기 때문이다.
만약 이 후자의 비평가들도 페미니즘의 종언을 선언한다면, 그것은 승리의
표식이기보다는 상실감 때문이다. 그리고 어쩌면 그들이 옳을지도 모른다:
페미니즘 운동에서 "운동"을 식별하기가 갈수록 어려워지고 있다; 왜냐하면
페미니즘은, 자유민주주의 국가의 형식적인 제도 안에 안전하게 자리 잡고
있는 방식이 아닐 때에는, 정말로 한때 "여성"이라는 집합적 주체가 제공했

---

1) 다음의 글들을 참조하라: Christina Hoff Sommers, *Who Stole Feminism?: How
   Women Have Betrayed Women* (New York: Simon & Schuster, 1995);
   Daphne Patai, *Heterophobia: Sexual Harassment and the Future of
   Feminism* (Boston: Rowman & Littlefield, 1998); Katie Roiphe, *The Morning
   After: Fear, Sex, and Feminism on Campus* (Boston: Little, Brown and
   Company, 1993); Camille Paglia, *Sexual Personae: Art and Decadence from
   Nefertiti to Emily Dickinson* (New York: Vintage, 1991).

던 방향을 상실한 채 사방으로 흩어진 다양한 풀뿌리 투쟁들의 무리처럼 보일 수 있기 때문이다.

페미니즘 정치에 절대적으로 필요한 것으로 간주되는 방향성에 대한 분명한 감각을 갖고 싶어 하는 비평가들은 제3물결 페미니즘이, 특히 그중에서도 후기구조주의적 변이들이, 집합적 주체인 "여성"을 파괴한 책임이 있는 것으로 간주하려 하지만, 그들의 비난은 페미니즘 정치사를 무시한 발언이다. 미국의 제1물결과 제2물결 페미니즘의 역사를 조금이라도 아는 사람이라면, 소위 집합적 주체가 제공하는 방향성이라는 것이 순전히 착각에 불과하다는 사실을 순식간에 알아차릴 것이다. 페미니즘은 주체와 관련하여 언제나 깊은 내적 갈등을 겪어 왔지만, 내적 갈등을 겪는 바로 그 이름을 가지고 그와 똑같이 내적 갈등에 휩싸인 사회적, 정치적 열망들을 달성시켜왔다.[2] 제2물결 페미니즘의 가장 초기에 활동했던 그룹의 구성원들은 숨 가쁜

---

2) 미국의 제1물결 페미니즘의 다양성과 급진성이 '참정권 운동'이라는 용어로 길들여졌다는 것이 적절한 예가 된다. 낸시 코트Nancy Cott가 관찰한 바로는,

19세기 여성운동의 의미와 성취를 요약하려는 시도는 그것이 무엇이든 필연적으로 운동에 내재된 갈등뿐만 아니라, 여러 가닥의 이해관계와 접근과 신념을 드러낸다. 우리는 심지어 가장 확실하게 확인할 수 있고 기록이 잘 남아있는 단체들 ─즉 여성 참정권이라는 특화된 목적을 위해 결성된 전국 단위와 주 단위의 조직들 ─에서조차 조직의 변경, 우선순위의 변동, 그리고 운명적 동맹을 쉽게 확인할 수 있다. 동맹을 맺을 것인지 ─그렇다면 누구와 동맹을 맺을 것인지 ─의 문제는 끊임없이 되풀이됐다. 남북전쟁 후 노예제 폐지와 여성권 문제에서 엘리자베스 캐디 스탠턴Elizabeth Cady Stanton과 수잔 B. 앤서니Susan B. Anthony 그리고 동료들 사이에 나타난 균열, 그리고 흑인남성 참정권과 여성 참정권 중 어느 것을 우선순위로 다뤄야 할 것인가의 문제에서 루시 스톤Lucy Stone과 헨리 블랙웰Henry Blackwell이 보여준 균열은 잘 알려져 있다. 1860년대에 스탠턴과 앤서니가 보여준 불같은 리더십에서부터 금주운동과 사회적 절제운동에 빗진 1900년의 NAWSA(전미여성참정권연합)의 리더십에 이르기까지의 변화는 미국 여성 참정권 운동사에서 자주 강조되는 사실이다. 이 여성들 사이에 나타난 균열은 전체 여성운동 구성 주체들 간의 논쟁과 갈등, 그리고 이데올로기, 수단, 동맹에 대한 각기 다른 강조들 중 극히 일부만을 보여주는 것이다.

속도로 그룹의 해체와 재결성을 반복했는데, 그 같은 사실은 정치적 기원의 완전성에 대한 소위 반동적 몽상을 보여주는 것이지만 결코 페미니즘에만 국한되는 것은 아니다.[3] 출발부터 단결은커녕, 페미니즘은 (1765년 미국 독립혁명과 1789년 프랑스대혁명을 포함해서) 다른 모든 현대의 민주적 정치 운동이 그러했던 것처럼, 억압의 원인이나 형식에 대한 견해차, 해방의 의미에 대한 논쟁, 그리고 자유와 평등 및 그 자유와 평등이 표현되는 공적 영역과 같은 민주적 이상은 어떤 모습을 갖춰야 하는지에 대한 경쟁적 이해에 시달리면서, 시작부터 분열됐다.[4]

(Nancy Cott, *The Grounding of Modern Feminism* (New Haven, CT: Yale University Press, 1987), 18쪽.

3) 한 가지 예만 들자면, 뉴욕시의 페미니즘 운동은 일반적으로 다음 두 그룹 — <뉴욕래디컬우먼NYRW>과 <전국여성기구NOW) —의 출현을 통해 추적할 수 있다. 1969년 초에 <뉴욕래디컬우먼>의 구성원들은 (예컨대 엘렌 윌리스Ellen Willis, 슐라미스 파이어스톤Shulamith Firestone, 캐럴 허니쉬Carol Hanich, 그리고 캐시 새러차일드Kathie Sarachild) 분열 이후 <레드스타킹Redstockings>을 결성했고, <전국여성기구> 뉴욕지부 대표였던 티그레이스 앳킨슨Ti-Grace Atkinson은 분열 이후 <뉴욕래디컬우먼>의 구성원이었던 앤 코에트Anne Koedt 등과 함께 <10월17일운동The October 17th Movement>을 결성했다. 1969년 말에 이르면, <10월17일운동>은 <페미니스트The Feminists>로 불리게 된다. <페미니스트>의 구성원들은 (<전국여성기구>는 말할 것도 없고) <레드스타킹>의 기본 신조와도 충돌하게 되는데, 그 중에는 성적 분리주의에 대한 입장 차가 포함된다. 1969년 말에, 파이어스톤과 코에트는 (이들은 각기 <레드스타킹>과 <페미니스트>라는 상호적대적인 그룹들을 대표하는 구성원들이었는데) 각기 자신들의 그룹을 탈퇴한 후 <뉴욕래디컬페미니스트New York Radical Feminists>라는 제3의 그룹을 결성하였고, <레드스타킹>과 <페미니스트> 양쪽 모두의 주요 신조들과 대립했다. 미국 제2물결 페미니즘의 초기 상황에 나타난 엄청난 분열에 대한 설명으로는 다음을 참조하라: Ellen Willis, "Radical Feminism and Feminist Radicalism," *Social Text* 0, no. 9/10 (Spring-Summer 1984): 91-118; Alice Echols, *Daring to Be Bad: Radical Feminism in America, 1967-1975* (Minneapolis: University of Minnesota Press, 1989).

4) 일부 페미니스트들에게 공적 영역이란 성인 남성, 남자아이, 그리고 이성애자 여성이나 기혼여성들이 포함되지 않는 영역을 뜻했다; 반면에 또 다른 페미니스트들에게는 공적 영역이란 이 모든 그룹들이 포함되지만, 역할 분담과 공적 발언에

그 같은 차이와 심지어 심각한 분열은 역사의 특정 시점에서 관찰될 수 있는 것인데, 그러한 차이와 분열을 자기 패배적인 것으로 간주하는 것은 페미니즘과 같은 민주적 정치운동의 존재 이유는 무엇보다 집단의 사회적 진보에 있고, 그러한 진보는 오직 누군가의 이름으로 진행되는 경우에만 획득될 수 있으며, 그 이름은 실제로 정치적 투쟁이 진행되기 전에 알 수 있는 것이어야 한다고 생각하는 한에서만 인정될 수 있는 것이다. 정체성 정치를 가장 신랄하게 비판했던 주디스 버틀러, 에르네스토 라클라우, 그리고 샹탈 무페와 같은 비평가들은 정치는 (포스트 마르크스주의적 개념의 급진민주주의뿐만 아니라 좀 더 전통적인 형태의 사회민주주의 정치까지 포함해서) 일관되고 선험적인 주체 없이도 정말로 가능하다는 점을 강력하게 주장했다. 이들의 이러한 비판은 —특히 이들이 "여성"이나 "노동자"와 같은 집합적 주체에 동반되기 마련인 배제의 문제를 드러냈다는 점에서 —충분히 이해가 되지만, 이들이 정면으로 언급하지 않은 것은 정치의 존재 이유가, 그것이 페미니즘이든 다른 어떤 민주적 정치 형태이든 간에, 정말로 정치운동의 구성원들이 그 이름하에 발언한다고 주장하는 그 집단의 사회적 진보에 있는가 하는 난처한 질문이다.

1. 사회 문제로서의 자유

정치의 존재 이유를 어떤 집단과 그 집단구성원들의 사회적 진보 이외의 것으로 상상하기가 어렵다면, 그것은 아마도 우리가 한나 아렌트가 "사회 문제"라고 불렀던 관점에서 정치를 생각하는 경향이 있기 때문일 것이다. 사회 문제는 굶주림, 부의 불평등, 주거 문제, 최저임금제 등과 같은 고전적인 사

있어 철저하게 평등주의가 실현되어야 한다고 보았다. 조 프리먼[Jo Freeman]은, 조린[Joreen]이라는 필명을 사용하면서, 이러한 입장을 "무조직[structurelessness]의 횡포"라고 불렀다: Joreen, "The Tyranny of Structurelessness," in *Radical Feminism*, ed. Anne Koedt, Ellen Levine, and Anita Rapone (New York: Quadrangle, 1973), 285-299쪽.

회복지 문제들을 정치적 수단으로 해결될 수 있는 문제로 상정하는 곳이라면 어디서나 발생한다.[5] 아렌트에게 있어, 사회 문제는 —이미 프랑스 대혁명 때 (그녀의 견해에 따르면) 운명적으로 제기되었던 것으로서 —19세기 "사회적인 것"의 등장과 함께 정치가 무엇인지를 결정하게 하는 것이었다. 비록 아렌트 자신은 분명하게 규정하지 않았지만, 사회적인 것이란 일종의 확대된 "살림살이"로서, 공/사 구분이 해체되고, 시민들은 정치적 주장의 유일한 주소지이자 재화 분배와 생계유지의 전담부서인 복지국가 내 관료제적 기구들과 비교적 수동적인 관계에 놓이게 되는 것을 말한다. 또한 사회적인 것에 정치적인 것이 흡수됨으로써, 정치적 행위는 이제 사회적 관계들의 도구적이고, 수단-목적적인 활동인 것으로 제한되게 된다. 아렌트에 따르면, "사회는 언제나 사회구성원들이 오직 하나의 의견과 하나의 관심만 가지고 있는, 마치 하나의 거대한 가족 구성원들인 것처럼 행동할 것을 요구하기" 때문에, 사회적인 것의 부상은 순응주의와 "행동^{behavior}"이 부상하고, 자발적인 (의사소통)행위^{action} 능력은 축소되는 것을 뜻한다 (*HC*, 39쪽).[6]

사회적 순응과 사회적인 것의 부상에 대한 아렌트의 설명은, 최근 들어 페미니즘이론 형태에 강력한 영향을 끼친 바 있는 근대적 규율사회에 대한 비판들과 (예컨대 미셸 푸코$^{Michel\ Foucault}$의 비판) 공명하는 것이다.[7] 그러나 육체와 관련된 모든 문제들을 비록 감출 수는 없다 하더라도 사적인 것으로

---

5) Hannah Arendt, *The Human Condition* (Chicago: University of Chicago Press, 1989), 11쪽. 이후부터는 본문과 각주에서 *HC*로 표기함.

6) "사회가 ... 예전에는 가정에서 제외시켰던 행위^{action}의 가능성을 사회에서 제외시킨다는 것은 결정적인 것이다. 그 대신, 사회는 수도 없이 다양한 규칙들을 각 구성원들에게 부과함으로써 각 구성원들이 특정한 종류의 행동을 하기를 기대하는데, 그 규칙들이란 구성원들을 '정상화하고', 예의바르게 행동하게 하며, 자발적 행위나 뛰어난 성취를 이루는 것은 제외시키는 경향이 있는 것들이다" (Arendt, *HC*, 40쪽).

7) 아렌트와 푸코를 대조한 뛰어난 글로 다음을 참조하라: Amy Allen, "Power, Subjectivity, and Agency: Between Arendt and Foucault," *International Journal of Philosophical Studies* 10, no. 2 (2002): 131-149.

놔두는 것이 가장 좋은, 필요하지만 위험한 형태로 규정하려는 아렌트의 성향과 근대 복지국가의 "행정적 살림살이"에 대해 아렌트가 보이는 반감은 현대의 페미니즘과 진보적 좌파 양측 모두에게 아렌트를 논란의 여지가 있는 인물로 여기게 만들었다. 최근 들어 아렌트에 대한 페미니스트들의 태도 변화는 포스트-정체성 정치로 나아가는 데 있어 아렌트의 작업이 가지는 잠재적 가치를 고려하려는 의지를 반영하는 것이지만, 그럼에도 불구하고 아렌트에게 마지막까지 완강하게 남아있는 것은 정치적 관심사에 사회 문제들을 포함시키는 것에 대한 분명한 거부다.[8] (아렌트에 대한 2차 문헌에서 발견되는) 사회 문제와 관련한 아렌트의 입장에 대해 인색하지만 그렇다고 완전히 틀린 것도 아닌 해석들에 따르면, 아렌트가 비판받은 것은 정치에서 우리가 정치적이라고 인정할 수 있는 것들을 그녀가 제거했기 때문이다.[9] 만

---

8) Mary Dietz, *Turning Operations: Feminism, Arendt, and Politics* (New York: Routledge, 2002). 디츠의 논문모음집은 현대 페미니즘 이론의 주체-중심적이면서 (고도로 철학적인) 경향에 도전하기 위해 아렌트의 행위 개념을 창의적으로 적용하고 있다. 디츠는 또한 아렌트의 작업을 소환하여 페미니즘에 이용하려했던 다양한 연구자들에 대한 유익한 정보를 제공한다(132-135쪽). 다음의 글들도 참조할 것: *Feminist Interpretations of Hannah Arendt*, ed. Bonnie Honig (University Park: The Pennsylvania State University Press, 1995)의 2장(Mary Dietz), 6장(Bonnie Honig), 13장(Susan Bickford); Kimberly Curtis, *Our Sense of the Real: Aesthetic Experience and Arendtian Politics* (Ithaca, NY: Cornell University Press, 1999); Lisa Disch, *Hannah Arendt and the Limits of Philosophy* (Ithaca, NY: Cornell University Press, 1994); Jennifer Nedelsky, "Embodied Diversity and the Challenges to Law," in *Judgment, Imagination, and Politics: Themes from Kant and Arendt*, ed. Ronald Beiner and Jennifer Nedelsky (New York: Rowman & Littlefield, 2001), 229-256쪽.

9) Hanna Fenichel Pitkin, "Justice: On Relating Private and Public," *Political Theory* 9, no. 3 (August 1981): 327-352. 피트킨은 사회 문제에 대한 아렌트의 비판적 설명은 빈곤과 같은 문제들을 다룰 때 우리가 취하는 도구적 태도나 정신을 비판하는 것으로서, 우리는 아렌트의 설명을 좀 더 관용적으로 읽을 필요가 있다고 주장한다. 아렌트의 사상에 나타난 "사회적인 것"에 대한 해석으로는 다음 글들을 참조하라: Hanna Fenichel Pitkin, *The Attack of the Blob: Hannah Arendt's Concept of the Social* (Chicago: University of Chicago Press, 1998);

약 주거, 빈곤, 공정임금, 그리고 아동 양육과 같은 사안들이 당연히 사회 문제들이고 정치적 질문들이 아니라면, 사람들이 정치적으로 모일 때 도대체 무슨 이야기를 할 수 있을까? 아니 그들이 정치적으로 모이기나 할까?

아렌트에 대한 좀 더 관대한 읽기는 이러한 정당한 질문에 대해, 아렌트는 사실상 정치에서 사회적 관심사들을 배제하는 것이 아니며, 그 문제들을 다룰 때 자주 동반되기 마련인 도구적 태도의 도입에 대해 경고를 보내는 것임을 제안하는 것으로 응답할 것이다. 편의성이 가장 높은 기준이 되는 한, 도구적 태도는 민주정치를 목적 달성을 위한 수단으로 다루게 되면서 거의 필연적으로 시민들로 하여금 자신들의 직접적인 행위와 판단 대신 전문가들의 행위와 판단을 따르게 만든다. 그러나 사회적 사안들에 대한 우리들의 태도가 편의적 경향을 띄게 된다는 것이 아렌트의 요점이라면, 우리는 그 편의적 경향을 갖지 않을 수도 있는 것이다. 따라서 우리는 한나 피트킨 Hanna Pitkin이 처음 만들었고, 보니 호니그가 심화시킨, "노동의 감성the laboring sensibility"이라고 부르는, 즉 "활동으로서의 노동에 특징적인 것으로 간주되는 감성이지만 [예컨대 과정-중심적이고 필요-중심적인 태도] 어떤 특정한 노동자의 사유 특징일 수도 아닐 수도 있는 그런 감성,"이라고 부르는 것이 생기지 않도록 경계하면서, 공정임금과 같은 것에 대해 충분히 정치적으로 발언할 수 있다.[10] 당연히, 사회적이지만 정치적이지 않은 확정된 집단이나 확정된 대상은 존재하지 않는다. 그 대신 반정치적 감성을 발전시키려는 경향은 존재하는데, 그 감성은 사회 문제들을 정치적으로 해결하려 할 때마다 등장하는 것으로, 우리는 이 반정치적 감성을 경계할 필요가 있다.

아렌트에 대한 이러한 좀 더 관대한 읽기는 아렌트의 작업을 무시하는 비판을 바로잡아주는 귀중한 것이지만, 많은 독자들이 아렌트의 정치사상에서 가장 어려운 측면으로 생각하는 것에 대한 최종적인 대응을 의미하지는

Seyla Benhabib, *The Reluctant Modernism of Hannah Arendt* (Thousand Oaks, CA: Sage, 1996), 특히 22-34쪽.

10) Bonnie Honig, "Toward an Agonistic Feminism," in *Feminist Interpretations of Hannah Arendt*, ed. Bonnie Honig, 135-166쪽; 인용구는 143쪽.

않는다. 사회 문제가 민주정치를 대체했고, 정말로, 사실상의 파멸로 이끌었다는 아렌트의 무조건적인 주장은 아렌트가 한때 불쑥 정치적 이론화의 과제로 표현했듯이, "우리가 무엇을 하고 있는지 생각"하도록 하는 대담한 도전으로 —우리가 허용만 한다면 —남아있다 (HC, 5쪽). 페미니즘 대화의 어렵지만 소중한 동반자인 그렇지만 페미니스트는 아닌 아렌트는 우리에게 어떻게 사회 문제의 틀이 그 틀에 들어맞지 않는 문제는 어떠한 것도 보이지 않게 하는지 질문할 것을 강요한다. 페미니즘은 사회 문제의 틀 대신에 협력할 수 있는 다른 정치적 비전과 실천들이 있는가?

우리가 이러한 질문들과 연관지을 수 있는 많은 의제들 중에서 자유보다 더 긴급한 의제는 없다. 흔히 페미니즘은 여성들의 자유를 위한 투쟁이었다고 말한다. 그러나 대서양을 사이에 둔 유럽과 북미의 서구 페미니스트들은 자유를 사회 문제, 사회정의, 혹은 사회적 효용의 측면에서 주장하는 것을 정당화하곤 했다. 예컨대 메리 울스턴크래프트Mary Wollstonecraft가 잘 알려진 바와 같이 여성의 권리를 주장했을 때, 그녀는 모든 공화정 시민권의 기준에 근거하여 정부에 참여할 수 있는 무조건적 권리로서의 자유를 요구했고, 그 기준은, 그녀의 견해로는 (토머스 페인Thomas Paine과 같은 급진적 공화주의자들의 견해와 마찬가지로), 이성의 능력이었다. 그러나 울스턴크래프트 역시 그 급진적 주장을 수정해야 할 필요를 느꼈다: 즉 "여성의 권리를 위해 경합을 벌이는데 있어 나의 주요 주장은, 만약 그녀[여성]가 교육을 통해 남성의 동반자가 될 준비가 되어있지 않다면, 그녀는 지식과 미덕의 진전을 멈출 것이라는 단순한 원리에 기반을 두고 있다."11) 게다가, 여성은 사회의 도덕적

---

11) Mary Wollstonecraft, *A Vindication of the Rights of Women*, ed. Charles W. Hagelman Jr. (New York: Norton, 1967), 24쪽. 남성 중심적 정치이론 원칙에 대한 울스턴크래프트의 도전을 탁월하게 설명한 글로는 다음을 참조할 것: Wendy Gunther-Canada, *Rebel Writer: Mary Wollstonecraft and Enlightenment Politics* (DeKalb: Northern Illinois University Press, 2001). 울스턴크래프트의 규범을 거스르는 삶은 19세기 여성운동의 가장 급진적 요소들의 모델이 되었고, 그 운동의 급진성은 이후 1900년대 <전미여성참정권조합>에 의해 진전된, 여성은 인류의 도덕성 고양의 책무를 지기 때문에 투표권을 받을 자격이 있다는 생각을

발전에 기여할 것이 많은 고결한 성으로 간주됐다. 이후 반세기가 지난 후에, 존 스튜어트 밀John Stuart Mill은 정치적 자유에 대한 여성들의 무조건적인 요구를 강력히 지지하면서, 여성들에게 권리가 주어지지 않는다면 영국 문명은 쇠락할 것이라고 경고했다.12) 게다가, 사회는 자신의 지력과 재능의 절반을, 특히 도덕적 미덕과 섬세한 감성을 요구하는 모든 사회적 문제들에 대한 여성들의 능력을 낭비하고 있다고 보았다. 마찬가지로 19세기 초 미국에서는 여성참정권 운동가인 캐리 채프먼 캐트Carrie Chapman Catt가 반박할 수 없는 삼단 논법의 논리로 민주주의는 국민들에 의해 통치되는 것이고, 여성은 국민이며, 따라서 여성은 정부에 참여할 권리가 있다고 주장했다. 게다가 여성들은 공직에, 특히 "학교 교육, 범죄자 돌보기, 혹은 실업에 대처하기와 같은 어머니들의 기술이 필요한 영역"에 여성성의 특별한 미덕을 발휘할 수 있다고 보았다.13)

낸시 코트에 따르면, 대부분의 18세기 말과 19세기 페미니스트들의 글에 나타난 여성들의 자유에 대한 요구는 평등권 주장과 편의성 주장 간에, 그리고 같음의 주장과 다름의 주장들 간에, 불안하지만 궁극적으로 성공적인 조합을 보여준다. 평등권과 편의성 주장들은 대부분 사회정의 개념으로 향해 있는 반면, 같음과 다름의 주장들은 아렌트가 사회 문제라고 불렀던 것으로 향해있다. 코트는 참정권 투쟁에서 이러한 조합을 포착했다.

> 여성들이 특별한 기여를 할 수 있게 하는 것이 평등권의 목적이었다; 그것은 여성들에게 남성들과 동일한 능력을 주어서 여성들이 자신들의 다름을 표현할 수 있게 하려고 했다; 그것은 그 자체로 정당한 목적이었지만,

---

거부했다. Cott, *The Grounding of Modern Feminism*, 37쪽을 참조하라.

12) John Stuart Mill, "The Subjection of Women," in *Essays on Sex Equality,* ed. Alice Rossi (Chicago: University of Chicago Press, 1970). 필자는 여성들의 자유 문제에 대한 밀의 양면적 태도를 다음 글에서 조사했다: Linda M.G. Zerilli, *Signifying Woman: Culture and Chaos in Rousseau, Burke, and Mill* (Ithaca, NY: Cornell University Press, 1994), 3장.

13) Cott, *The Grounding of Modern Feminism*, 30쪽.

그것은 또한 다른 목적을 위한 편리한 수단이기도 했다. "같음"과 "다름"의 주장들, "평등권"과 "특별한 기여"의 주장들, "정의"와 "편의성"의 주장들은 나란히 존재했다.[14]

여기서 코트의 더욱 광범위한 지적 의제는, 조앤 스콧이 프랑스 페미니즘의 권리투쟁에 대한 연구에서 보여준 지적 의제가 그러했듯이, 미국 페미니즘의 사료 편찬 및 이론을 괴롭혀 온 같음 대 다름 논쟁의 교착상태를 타개하는 것이었다.[15] 코트와 스콧은 둘 다 성적 차이를 수용하면서 또 거부해야 하는, 모순적으로 구성된 근대의 페미니즘을 재구성하려고 한다. 그러나 문제는 이들이 폭로하려고 하는 평등이냐 차이냐의 불가능한 선택 틀의 집요함이, 정치적 권리를 향한 페미니즘 투쟁이 놓여있는 더 큰 틀에 대한 (즉 사회 문제와 수단-목적 개념의 정치라는 틀에 대한) 주목 없이, 과연 극복은 말할 것도 없고, 제대로 이해될 수 있겠느냐 하는 것이다.

사회 문제에 대해 그리고 그것이 어떻게 정치적 주장으로 들릴 수 있는 것을 형식화했는지에 대해 주의를 기울임으로써, 필자는 페미니스트들이 여성들의 자유에 대한 요구를 정당화하려고 노력해온 방식들에 대해 코트보다 더 걱정을 하게 된다. 코트가 묘사하는 두 가지 주장들은, 비록 논리적으로는 구분된다 할지라도, 구체적인 정치적 맥락에서 명확해지는 동안 서로 간에 깊이 얽히게 되었다. 그 얽힘은 여성들의 자유에 대한 주장은 사회정의에 대한 주장으로 발언되지 *않는 한* 명확해지거나 들릴 수 없고, 사회정의에 대한 그 주장은 다시 사회 문제의 어법 안에서만 들릴 수 있게 되는 방식이었다. 달리 말하면, 자유에 대한 여성들의 주장은 사회정의에 대한 주장이었고, 사회정의란 사회 문제에 대한 좀 더 공정한 해결책을 허용하는 것이었다. 이런 방식으로, 사회정의와 사회 문제의 쟁점들은 거의 동의어가 되었고, 자유에 대한 페미니즘의 주장은 다소 복잡한 정당화 형식을 취했다. 이

---

14) 윗글, 30쪽.
15) Joan Scott, *Only Paradoxes to Offer: French Feminists and the Rights of Man* (Cambridge: Harvard University Press, 1996).

러한 정당화는 (그것이 어떤 감성이든 아니면 단순히 여성의 사회적 역할과 연동된 실용적 기술이든) 거의 언제나 여성성에 고유한 어떤 것으로 언급됐는데, 궁극적으로 민주정치의 실천 자체로서의 자유나 우리가 그런 정치에 참여하는 이유로서의 자유 쪽으로 방향을 돌리지 않았다. 그 대신, 자유는 어떤 다른 목적을 이루기 위한 수단, 즉 사회 문제와 관련된 문제들을 약화시키는 수단이 되었다. 페미니즘의 주장을 종종 사회정의에 한정시키는 "그 외의 것들"은 여성 자유의 존재 이유 자체가 —일반적으로 여성들이 정부의 참여자이기만 했어도 할 수 있었을 모든 특별한 공헌들의 긴 목록의 형식으로 —사회의 개선에 있는 것처럼 보이게 했다. 따라서 우리는 정치적 자유에 대한 주장이 사회 문제에 의해 가능해지는 것이 아니라 오히려 대체되는 것이 아닌지 궁금해 할 수 있다.

18세기부터 20세기까지의 "여성"의 의미 변화를 간략하지만 명료하게 추적하는 과정에서, 데니스 라일리Denise Riley는 사회적인 것이 "정치적인 것을 대체하기 위해 구축되었다,"라는 것을 목격한다.16) 아렌트가 한탄했던 이 위치변동이 여성들의 정치적 요구에만 한정된 현상은 결코 아니었지만, 19세기에 등장한 사회적인 것의 새로운 영역은 극도로 여성화되는 특징을 보였다.17) 20세기 초중반에 이르면, "'여성'이라는 단어 그 자체가 사회성에 대한 제한된 개념과 함께 넓은 의미에서 가정성을 뜻하는 것으로 모든 정치적 언어에 스며들었다,"라고 라일리는 쓴다.18) 이러한 발전과정을 추적하면서, 라일리는 자연의 이치에 따른 여성성이라는 19세기 초중반의 전통적 개념이, 여성 권리의 옹호자와 반대자 양쪽 모두에 의해, 사회적인 것이라는 새롭게 등장한 개념과 관련하여 재배치되었다고 주장한다. 이 재배치는, 라일리가 관찰하기에, "성적인 것을 가정적인 것으로 단조롭게 재배치하고 희

---

16) Denise Riley, "Am I That Name?": Feminism and the Category of 'Women' in History (Minneapolis: University of Minnesota Press, 1988), 66쪽.

17) 이것이 아렌트가 간과한 핵심 지점이다. 만약 그 점을 고려했다면, 아렌트는 자신의 정치이론에서 완전히 비어있는 젠더 문제를 다루었을지도 모른다.

18) Riley, "Am I That Name?," 66쪽.

석시킬" 뿐만 아니라, "'여성들'의 거부할 수 없이 유혹적인 성적인 요소들을 환멸과 일탈이라는 새로운 범주로 분산시키는 결과를 가져왔다. 그리고 성적인 것은 이후 [여성들이 사회학적으로 정의된 자신들의 시민적 역량으로 해결해야 하는] 사회학적 문제가 되었다."[19] "사회적인 것의 부상과 함께 개혁의 행위자이자 대상이라는 전례 없는 방식"의 이중성으로 위치 지어지면서, 여성들은 무조건적인 민주적 요구로 새롭게 부상하는 정치적 집합체라기보다는 더욱더 특정한 사회적 과제를 안고 있는 사회학적 집단으로 보이게 되었다.[20] 시민의 정치적 지위에 대한 주장들은 갈수록 특정한 사회학적

---

19) 윗글, 48쪽. "'여성들'은 압도적으로 사회적이고 따라서, 이 새로운 정의들에 의하면, 정치적 실체가 아니다,"라고 라일리는 쓴다 (윗글, 51쪽). 아렌트처럼, 라일리도 사회적인 것이 부상하면서 공적인 것과 사적인 것의 구분이 침식되는 것을 목격한다. 아렌트는 사적이거나 기본적인 사회 문제들이 ─그녀의 견해에 따르면, 근거도 없이 ─정치적인 것으로 규정된다고 주장한다. 반면에, 라일리는 빈곤과 같은 정치적 문제들이 사회적인 것으로 규정된다는 입장을 갖고 있다. 따라서 정치적인 것의 탈구는, 라일리가 보기에, 점점 더 많은 문제들이 사회적인 것으로 재정의됨에 따라 정치적 영역이 축소된다는 것을 뜻한다. 라일리는 아렌트가 사회적인 것이라고 불렀던 문제들, 즉 빈곤, 주거, 그리고 임금과 같은 문제들이 사실상 정치적인 것임을 당연하게 받아들인다. 윗글, 50쪽을 보라.

20) 윗글, 51쪽. 비행집단의 성애화, 그리고 개혁의 행위자이자 대상으로 여성을 위치짓기는 존 스튜어트 밀의 양가적 페미니즘에 생생하게 전시되어있다. 밀은 여성 권리의 강력한 옹호자이자 성별 이중규범을 비판하는 비판자였지만, 그럼에도 불구하고 인구를 도덕적으로 고양할 책임이 있는 고결한 성으로서의 여성이라는 빅토리아 시대의 이상에 여전히 볼모로 잡혀있었다. 또한 밀은 여성 섹슈얼리티에 대한 깊은 공포를 표현했으며, 그 공포를 실질적으로는 성매매 여성으로 일하는 수천 명의 실직자 및 불완전 고용자와, 그리고 비유적으로는 실업 빈곤층 전체와 연관시켰다. 섹슈얼리티에 대한 밀의 불안감은 그로 하여금 <전염병법Contagious Diseases Act>(성병 감염 예방을 목적으로 1864년 제정된 법, 역자주)과 <신빈민구제법Poor Law Reform>(빈곤의 원인을 개인의 나태와 무절제 때문으로 보고 정부의 지원을 축소함으로써 자립을 유도하는 것으로 1834년 제정된 법, 역자주)에 대해 양가적 입장을 취하게 했다. 그것은 또한 성별 노동분업에 대한 밀의 관점에 강력한 영향력을 행사해서, 사적 영역에서의 남성들의 포악함에 대한 그의 비판적 서술에도 불구하고, 그는 성별 노동분업에 대해 전혀 문제제기를 하지 않게 되었다. Zerilli, *Signifying Woman*, 3장을 보라.

지위에 대한 주장들로 만들어져야 했다; 이제 정치적 자유에 대한 주장은 아렌트가 그렇게 경멸했던 공공의 "사회적 살림살이"에의 참여를 주장하는 것으로 들리게 되었다.

그래서, 여성들과 사회적인 것 간의 얽힘은 자유에 대한 정치적 요구로 들릴 수 있는 것에 깊은 영향을 미쳤다. 문제가 무엇이든 간에, *사회적 페미니즘*^{social feminism}이라는 용어는 —역사학자 윌리엄 오닐^{William O'Neill}이 시민 개혁가, 동호회 회원, 정착촌 주민, 그리고 노동운동가인 여성들을 묘사하기 위해 새로 만든 것인데 —1900년 이후부터 미국 여성들이 싸워온 정치적 권리를 위한 투쟁을 포착하는 새로운 표현양식이다.[21] 사회적 페미니즘은, 일반적으로 받아들여지는 이야기를 서둘러 부연 설명을 하자면, 여성들이 오직 정치적 권리를 부여받았을 경우에만 만들어낼 수 있는 차이인 성차를 주장하는 것 이상으로 발전했다. 페미니스트들이 직면한 것은 단순히 정치적 목적을 위해 전략적으로 재배치되어야 하는 관습적 여성성 개념이 아니고, 사회적인 것으로 정치적인 것을 상당 부분 대체하는 것이었다. 갈수록 전체를 아우르는 사회 문제의 틀 안에서, 수잔 B. 앤서니와 엘리자베스 캐디 스탠턴과 같은 페미니스트들에 의해 제기된, 여성들의 무조건적인 정치적 성원권 자체를 좋은 것으로 보는 초기의 주장은 이기적이고 편협한 것으로 간주됐다. 실제로, 이들 페미니스트들과 공적인 문제에 참여할 권리를 향한 이들의 무조건적인 요구는 "과격한 것"으로 인식되었다. 그 주장이 평등이든 아니면 차이든 간에, 사회적 페미니스트들과 실제로 사회적 효용에 근거하여 여성의 권리를 주장했던 사람들 모두에게, 참정권은 그 자체로 목적인 것이 아니고 사회의 향상이라는 목적을 이루기 위한 수단이었다.[22]

---

21) William L. O'Neill, *Everyone Was Brave: The Rise and Fall of Feminism in America* (Chicago: Quadrangle Books, 1971[1969]). "사회적 페미니즘" 개념에 대한 뛰어난 비평으로 다음을 참조하라: Nancy Cott, 'What's in a Name? The Limits of 'Social Feminism'; or, Expanding the Vocabulary of Women's History," *The Journal of American History* 76, no. 3 (December 1989): 809-829.

22) 이것이 여성의 사회적, 경제적 지위 개선을 포함했는지 여부는 여기서 문제가 되

어떤 점에서, 정치적인 것을 사회적인 것으로 대체하는 것은 일반적으로 민주주의 정치사의 본질이라고 할 수 있다. 정치적 주장을 사회적인 것의 언어로 구체화하는 작업은 결코 페미니즘에서만 볼 수 있는 독특한 현상은 아니다. 그것은 참정권이 부여되지 않은 많은 집단들에 의해 과거에서부터 현재까지 지속적으로 채택되고 있는 수사학적 전략으로서 (예컨대 19세기 영국 "성인남성 참정권"의 점진적 확대 투쟁, 미국 아프리카계 미국인의 권리투쟁, 자본주의 경제에서의 노동자 권리투쟁, 그리고 전지구적 맥락에서 여성의 인권투쟁), 지지자들은 자신들의 대의명분의 정당성을 권력자들에게 납득시키기 위해 정치적 주장을 사회적 효용의 언어로 표현했다. 수사학적 전략은 ─ 정치적 주장을 하는 데 관련된 사람들이 의식하든 안 하든 ─ 정치적 자유를 위한 어떠한 투쟁에 있어서도 분명히 결정적으로 중요한 요소이지만, 역사학자들과 정치이론가들은, 철학자들은 말할 것도 없고, 수사학은 종종 단순한 형식에 불과한 것이고 그 안에서 독자적인 논거가 만들어지는 것으로 간주한다. 그 경우, 사람들은 말하자면 자유에 대한 논쟁을 편의성이나 사회 문제의 수사학으로 포장한 다음, 자유를 '획득'한 후에는 뱀이 껍질을 벗듯 포장을 벗어버릴 수 있게 된다. 하지만 상황은 그렇게 간단하지 않다.

수사학이 정치적 가시성의 조건을 단순히 복제하는 것이 아니고 구성하는 것임을 시사하는 근대의 페미니즘에 대한 라일리의 설명과는 별개로, 수사학적 전략이 의도하지 않은 의미와 효과를 낳는 경우도 있다. 실제로, 페미니즘에서 자유에 대한 주장은 항상 진전하지 않았으며 오히려 사회정의

─────────

지 않는다. 시민의 정치적 지위에 대한 주장은 확대된 "사회적 살림살이"에의 참여를 주장하는 것으로 만들어져야 했다. 이 살림살이는 정치를 수단-목적 경제에 종속시키며, 여성을 전통적 개념의 여성성에 종속시킨다. 이 경제 내에서는, 스탠턴과 앤서니가 주장했듯이, 여성은 남성과의 차이에도 *불구하고* 정치적 권리를 가져야 하는 것이 아니라, 남성과의 차이 *때문에* 정치적 권리를 가져야 하는 것이 자연스러운 것이 되었다. 따라서 1910년대에 이르면, 젠더 차이가 여성의 권리를 위한 논거가 되었다. 이러한 변화는, 코트, 스콧, 그리고 라일리에 의해 생생하게 묘사되었지만, 사회 문제라는 관점에서 민주정치를 구성하는 것에 대한 보다 폭넓은 이해가 부재할 경우, 이해될 수 없는 것이다.

논쟁과 편의주의 논쟁에 연루됨으로써 무기력해졌다. 여기서 핵심은 (말하자면, 페미니스트들은 사회정의의 주장이나 편의주의 주장과는 무관한 것으로서의 자유를 위한 논쟁, 혹은 효용성의 흔적은 조금도 찾아볼 수 없는 자유를 위한 사회정의론을 만들었거나 이제라도 만들어야 한다고 주장하면서) 일종의 정치적 불만이나 지시를 내리려는 것이 아니다. 아렌트가 설명한 바와 같은 사회적인 것의 등장과 라일리가 표현한 바와 같은 사회적인 것과 여성들 간의 얽힘은 움직일 수 없는 사실이다; 그것은 현대 페미니즘이 물려받은 정치적으로 문제적인 유산이다. 만약 우리의 과제가 그 유산이 오늘날의 페미니즘 민주정치에 미친 효과를 좀 더 충분히 이해하는 것에 있다면, 우리는 사회 문제가 (그리고 그 사회 문제가 거주하는 효용의 경제가) 자유란 무엇인가에 대한 우리의 개념과 (예컨대 자유를 사회개선이라는 목적을 위한 수단으로 보는 것) 자유를 위한 논쟁이 그것 자체로 들리려면 그것은 어떤 형태여야 하는지의 문제 (예컨대 자유를 자유의 실천을 넘어서는 무언가를 가리키는 것으로 보는 것) 둘 다를 어떻게 틀지었는지에 대해, 세심하게 그리고 비판적으로 생각해야 한다. 가장 중요한 것은 사회 문제가 자유 자체에 끼친 손실을 비판적으로 인식할 수 있게 되는 것이다.

제1물결과 제2물결 페미니즘의 역사는 그것이 사회정의의 이름으로든 아니면 사회 문제의 이름으로든 자기 정당화의 언어게임에 들어간 페미니스트들은 대개는 그 게임에서 졌다는 것, 그리고 이것은 여성 참정권이라는 특별한 목적을 달성한 경우에도 그렇다는 것을 보여준다. 여성해방과 관련하여 아렌트와 대화하기 위해 "우리가 물어야 할 진짜 질문은, 만약 우리가 승리한다면 그때 우리가 잃게 되는 것은 무엇인가?"가 된다.[23] 사회정의의 측면에서 비평가들에 응답하려 했던 모든 시도에도 불구하고 사실상 그것은 편의성에 대한 주장이었으며, 페미니스트들은 모든 "여성문제"를 역사적으로 반복적으로 지배해온 사회적 효용 논리 혹은 기능 논리에, 즉 '여성의 용도는

---

23) 다음 글에서 인용함: Elisabeth Young-Bruehl, *Hannah Arendt: For Love of the World* (New Haven, CT: Yale University Press, 1982), 513쪽 각주 54.

무엇인가'에 자신들이 점점 더 깊이 빠져들게 될 뿐이라는 것을 깨달았다.[24] 페미니스트들은 일반적으로 여성의 사회적 기능을 결정하는 것으로 간주돼온 자연의 이치에 따른 여성성 개념에 의문을 제기함으로써, 여성의 용도란 무엇인가라는 불완전한 개념에 도전했다. 그러나 더 도전하기 어려웠던 것은 사회적 효용의 논리 그 자체다. 이 논리는 자유에 대한, 그리고 공동의 관심사에 전폭적으로 참여하는 것에 대한 여성들의 급진적 요구를 사용경제에 가둠으로써 정치적 집합체로서의 여성들의 출현을 철저히 규제한다 (물론, 우리가 정치 자체를 똑같이 사용경제의 측면에서 정의하지 않는다면 말이다).

여성을 자연적인 집단(섹스)에서 사회적인 집단(젠더) 개념으로 대체하려는 페미니스트들의 노력은, 그 노력이 어쨌든 정치적 삶을 사회적 효용에 단단히 묶어두는 논리를 훼손하지 않는 한에서, 성차를 기준으로 할당되는 실실석인 사회적 업무에 대해 분제 제기를 할 수 있게 할 것이다. 그러나 이 묶임에 나타난 문제는 여성의 시민권을 여성성의 사회적 기능과 엮이게 하는 것뿐만 아니라, 편의적 가치로의 경향이 자유에의 주장을 능가한다는 데 있다. 만약 우리가 여성들의 자유를 어떤 사회적 문제들을 해결하는 데 유용하기 때문에 소중하게 여기는 것이라면, 그 자유가 사회적 효용과 충돌하거나 혹은 그 자유가 없더라도 똑같은 사회적 결과를 얻을 수 있는 좀 더 편의

---

24) 정치이론 정전에 대한 페미니스트 비평에서, 수잔 오킨Susan Okin은 이론가들이 남성에 대해서는 남성은 무엇을 *할 수 있는가*를 묻지만, 여성에 대해서는 '여성의 용도는 무엇인가를 묻는다는 것을 발견했다. 오킨은 "남성은 잠재력과 권리를 가진 완벽한 인간으로 간주 되지만, 여성은 남성과의 관계에서 그들이 제공하는 기능에 의해 규정되는 경향"이 민주주의 이론 등 정치사상의 전통에 만연해있다고 주장한다: Susan Okin, *Women in Western Political Thought* (Princeton, NJ: Princeton University Press, 1979), 304쪽. 여성을 그들의 사회적 기능으로 (예를 들면, 모성) 환원하는 것에 대한 비판은 초기 제2물결 페미니스트 비평의 핵심이기도 하다. 예컨대 티그레이스 앳킨슨은 『아마존 오디세이』에서 가부장적 문화는 여성들의 "기능"과 재생산 "능력"을 구별하지 못한다는 유명한 주장을 했다. 여성에 대한 철저히 기능주의적인 견해는 생물학적 능력을 사회적 기능으로 전환시키는 권력의 결정적 역할을 보이지 않게 한다: Ti-Grace Atkinson, *Amazon Odyssey* (New York: Links Books, 1974), xxii쪽.

적인 방식을 보여줄 수 있게 될 때, 우리는 자유를 더 이상 소중하게 여기지 않게 될 것이다. 자유는 목적을 달성하기 위한 수단으로 정치를 사용하는 것을 방해한다; 즉 그것은 언제나 "질서정연하지 않은 것"이다.

자유는 목적을 위한 수단이어야 한다는 요구에 대항하는 방법이 있지만, 그것은 우리가 자유의 문제를 새롭게 제기하고, 쉽사리 사회 문제로 (혹은 어떠한 효용경제와 목적-수단적 사고방식으로도) 꺾이지 않는 정치적 자유를 요구하는 예들을 찾기 위해 노력할 것을 요구한다. 그러나 그렇게 하기 전에, 우리는 먼저 자유의 또 다른 문제적인 틀인 주체 문제의 관점에서 자유를 이해하는 것을 검토해야 한다.

2. 주체 문제로서의 자유

아렌트는 "자유에 관한 모든 문제가 한편으로는 기독교 전통에서, 다른 한편으로는 반-정치철학적 전통의 지평에서 발생하기 때문에," "우리는 의지의 속성으로서가 아닌, 하기^{doing}와 행위^{acting}의 부산물로서의 자유가 존재할 수 있다는 것을 깨닫기 어렵게 된다,"라고 말한다.25) 상식적이면서도 동시에 매우 낯선, 정치적 행위로서의 자유에 대한 아렌트의 이러한 설명은 페미니스트로서 그리고 민주주의 사상가로서 우리 모두가 서구의 정치철학 전통으로부터 물려받은 의지의 현상으로서의 자유 개념에 대해 고도로 비판적이다.26) 단수형 인간에 근거한 의지의 자유는 —분명히 대부분의 서구 민주주

---

25) Arendt, "What Is Freedom?," in *Between Past and Future: Eight Exercises in Political Thought* (New York: Penguin Books, 1993), 143-171쪽; 인용구는 165쪽.

26) 자유의지 대 결정론은 아마도 서구철학사에서 가장 방대한 토론주제일 것이다. 이 토론은 자유에 대한 정치적 개념에 강한 영향력을 행사했다. 철학에서 자유의지의 문제는, 로버트 케인$^{Robert\ Kane}$이 말하듯이, (1) 도덕적 행위성과 책임; (2) 사회이론과 정치이론에서의 인간의 자유, 자율, 강압, 통제의 성격과 한계; (3) 강제, 중독, 자기-통제, 자기-기만; (4) 법 이론에서의 형사책임, 책임, 그리고 처벌; (5) 마음과 몸, 의식, 그리고 행위의 본질과의 관계; (6) 신의 선지식, 예정론, 그리고 악에 대한 문제 등 일련의 주제들과 관련돼있다: Robert Kane, *The Oxford*

의에 지배적인 자유주의적 자유 개념에 핵심적인 것이지만 그렇다고 그것에 의해 완전히 결정되지는 않는 ─주권이라는 위험한 환상과 연루되어있는데, 그 환상에 따르면 "완벽한 자유는 사회라는 존재와 양립할 수 없는 것"이라고, 아렌트는 말한다.[27] 나아가 진정한 자유는 우리가 "소극적 자유"라고 부르는, 타자의 간섭으로부터 해방된 자유일 뿐만 아니라, 정치 자체로부터 해방된 자유로 정의된다.[28]

정치적인 것을 사회적인 것으로 대체하는 것이 그러하듯이, 자유를 주권

Handbook of Free Will (New York: Oxford University Press, 2002), 4쪽. 관련 이슈들에 대한 케인의 리스트가 보여주듯이, 법 이론과 사회 및 정치이론에서의 자유의지 문제의 표현에는 사회 문제가 내포되어 있다. 그에 반해, 아렌트는 자유를 사회 문제와 별개의 것이며 행위의 속성이지, 의지의 속성이 아닌 것으로 생각하려고 한다. 필자는 이후의 장들에서 (특히 제2장에서) 자유의 속성으로서 의지의 문제를 논의하겠지만, 이 책이 자유의지의 문제에 대한 방대한 문헌들을 다루는 것은 아니다. 오히려, 필자는 자유는 자유의지(*liberum arbitrium*)의 발상으로, 즉 두 개의 주어진 것 중에서 하나를 결정하고 조정하는 식의 선택의 자유로 완전히 결정되지 않는다는 아렌트의 주장을 차용하겠다. 그 같은 자유는 새로운 시작이 아니며 규정상 이미 존재하는 것에 국한된다.

27) Arendt, "What Is Freedom?," 155쪽. "정치적으로, 자유를 주권과 이렇게 동일시하는 것은 아마도 자유와 자유의지를 철학적으로 동일시하는 것에 따른 가장 치명적이고 위험한 결과일 것이다. 왜냐하면 그러한 동일시는 인간의 자유를 부정하는 것으로 이어지거나 ─즉 자유가 어떤 사람이든 간에 실현된다면, 그들은 절대 주권자라고 할 수 없다 ─아니면 한 인간의, 혹은 한 집단의, 혹은 한 국가의 자유는 오직 다른 모든 타자의 자유를, 즉 주권을, 대가로 해서만 획득될 수 있는 것이라는 통찰로 이어지기 때문이다." (윗글, 164쪽). 자유주의 전통 내부에서 비주권적 자유를 다룬 뛰어난 글로는 다음을 참조하라: Richard E. Flathman, *Freedom and Its Conditions: Discipline, Autonomy, and Resistance* (New York: Routledge, 2003).

28) 자유의 문제를 둘러싸고 두 종류의 별도의 문헌들이 발달했다. 첫 번째는 자유의 지를, 두 번째는 정치적 자유를 중심에 둔다. 하지만 필립 페팃Philip Pettit은 홉스, 칸트 그리고 밀과 같은 고전적 저자들은 자유의지와 정치적 자유를 서로 분리된 것으로 보지 않았다고 말한다: Philip Pettit, *A Theory of Freedom: From the Psychology to the Politics of Agency* (New York: Oxford University Press, 2001)

적 주체의 자유의지와 동일시하는 것 역시 민주주의와 페미니즘 정치에서 문제적인 유산이 된다.[29] 비록 제2물결 (그리고 그보다는 덜하지만 제1물결) 페미니즘은 ─오래전에 보부아르가 주장했던─ 여성의 복종을 부추기는 남성 중심적 주권 판타지를 비판했지만, 그럼에도 불구하고 제2물결은 개별 여성을 "모든 여성들"과 대립하는 것으로 설정하거나 (즉 자신이 속한 젠더의 사회적 조건을 거부하거나 회피하는 예외적인 여성으로 설정하는 것) 아니면 "자신의 성"과 완전히 동일시될 것을 요구하는 (즉 특수성과 그에 따른 다원성을 없애는 일체형 자매애 형태의 반정치적 친족관계를 요구하는 것) 자유 개념에 경도되었다.[30] 이 두 경우 모두에 있어서, 자유는 그것이 모든 타자들과 대립되는 "나"이든 아니면 전지전능한 "우리"로 확장되고 증식되는 "나"이든 상관없이 주권으로 표현된다.

페미니즘이 주권적 이상과 얽히게 되는 것은 자유를 필자가 "주체 문제"

---

29) 낸시 허시먼Nancy Hirschmann은 개인의 주권을 전제하는 것이 바로 여성들에게 불리하게 작동하는 자유에 대한 설명에 동의하는 것임을 보여준다. 허시먼의 의제는 행위로서의 자유가 아니고, 해방으로서의 자유에 대한 것이며, 따라서 "선택하고 행동할 수 있는 자아의 능력"에 대한 것이다. 허시먼은 이 의제에 대한 토론에서 "이 선택을 하는 '자아'는 무엇 또는 누구인가? 라는 질문"이 차단되었다고 말한다. 이 의제에서 자아는 합리적이고 완전한 것으로 간주 되는데, 이것은, 그녀의 견해에 따르면, 선택 앞에서 내적 갈등을 겪는 주체의 체험된 현실과 조화를 이루기 어렵다. "자유의 주체"라는 견해는 가부장제 사회의 규칙과 규범이 내재화되어 선택에 대한 여성들의 감각 그 자체가 제한되는 방식들을 고려하지 못한다. 이처럼 허시먼의 페미니즘적 자유 이론은 유용한 방식으로 주권, 자율성, 그리고 개인주의 개념에 기반을 둔 이론들의 한계를 보여준다. (그러나) 애초에 "자유의 주체" 개념을 발생시킨 주체-중심적 틀 자체에서 벗어나는 데는 덜 성공적이다: Nancy Hirschman, *The Subject of Liberty: Toward a Feminist Theory of Freedom* (Princeton, NJ: Princeton University Press, 2003), 4쪽, 39쪽, 29쪽.
30) 아렌트는 친족관계를 모델로 해서 정치적 관계를 만들려는 경향은 "정치를 파멸시키는 것"이라고 주장한다. 정치는 각자가 서로 다르기 때문에 세상을 바라보는 시각 역시 서로 다른 사람들 간의 협력과 관련된 것이다: Hannah Arendt, *Was ist Politik?*, ed. Ursula Ludz (Munich: Piper Verlag, 1993), 10쪽. 자매애라는 개념은 주권적인 "나 그리고 나 자신"이 되려는 사람을 똑같이 주권적인 "우리"로 확장시키는 것일 뿐이다.

라고 부르는 관점에서 생각하려는 경향을 징후적으로 드러낸다. 주체 문제는 주로 주체 자체의 형성과 주체의 자유를 가로막는 내적, 외적 세력들에 초점을 맞춘다. 주체 문제는 주권에 대한 판타지가 전제되어 있지만, 결코 그 판타지에 의해 완전히 결정되지 않는 더 포괄적인 틀이다. 그 틀을 규정 짓는 것은 (자율적인, 의존적인, 혹은 상호의존적인) 주체에 대한 (그것이 철학적 범주이든, 언어학적 범주이든, 아니면 정신분석학적 범주이든) 어떤 *이론*이 아니고, *주체가* 결절점이며 그 결절점을 중심으로 자유와 관련된 모든 정치적 문제가 제기된다는 사실이다. 주체 문제는 말하자면 낸시 프레이저[Nancy Fraser]가 자신의 잘 알려진 글에서 "[정체성에 대한] 인정 요구"와 "[사회적 재화]에 대한 재분배 요구"를 상호 대립적으로 설정했듯이, 그렇게 사회 문제와 대립적인 위치에 있도록 설정된 것이 아니다.[31] 재분배-인정의 딜레마와는 분명히 다르게, 주체 문제와 사회 문제는 둘 다 동일한 틀, 즉 행위로서의 자유 개념을 최대한으로 축소시키는 도구적이고 판결적인 정치 개념의 틀에 속한다.

제2물결 페미니즘에서 반복적으로 제시되었던 주체 문제로서의 자유는

---

31) Nancy Fraser, "From Redistribution to Recognition?: Dilemmas of Justice in a 'Postsocialist' Age," in *Justice Interruptus: Critical Reflections on the "Post-socialist" Condition* (New York: Routlege, 1997), 11-40쪽. 프레이저에 따르면,

> 여성들이 적어도 두 가지 분석적으로 구별되는 종류의 불의로 고통받는 한, 여성들은 필연적으로 재분배와 인정이라는 적어도 두 가지 분석적으로 구별되는 종류의 해법을 필요로 한다. 그러나 이 두 가지 해법은 서로 반대 방향으로 향해있기에, 동시에 추진하는 것이 쉽지 않다. 재분배의 논리가 젠더 그 자체를 논의에서 제외시키는 것이라면, 인정의 논리는 젠더의 특수성의 가치를 결정하는 것이다. 바로 여기에 페미니즘 버전의 재분배와 인정의 딜레마가 놓여있다: 젠더 차별을 폐지하면서 동시에 젠더의 특수성의 가치를 결정하는 작업을 페미니스트들은 어떻게 해나갈 수 있을까? (윗글, 21쪽)

이 문제의 답을 찾으려는 프레이저는 정치는 사회 문제이자 주체 문제라는 생각을 조금도 의심하지 않는다. 그녀의 견해에 따르면 정치의 핵심은 그것이 정체성의 인정이든 아니면 부의 재분배이든 이익을 얻는 것에 있다.

잘 알려져 있다시피 『제2의 성』에서 제기되었다.[32] 보부아르는, 여성은 올바른 여성성이라는 사회적 경계 안에 머물도록 키워졌기 때문에 자신의 자유에 대한 강력한 외부의 제재를 받게 되지만 여성 역시 스스로 몸을 도사린다고, 즉 여성은 자유의 위험을 감수하려는 대신 자신의 종속에 순응하게 된다고 주장한다. 한편으로, 사회적으로 구성된 여성성에 대한 보부아르의 설명은 ─"여성은 태어나는 것이 아니고 만들어지는 것이다" ─서구철학의 전통과 더 구체적으로는 사르트르의 실존주의 윤리학이 설명했던 대로 주체에 대한 내적, 외적 제재의 측면에서 "여성문제"를 다시 생각하려는 대담한 시도다. 반면에, 보부아르가 자유는 오직 정치적 공동체 안에서만 가능한 것이기 때문에 자유는 엄격히 말해서 결코 주체 문제가 될 수 없다고 ─마치 전통의 "남성Man"을 "단수형 여성Woman"으로 치환하기를 거부한다는 듯이 ─발언할 때, 보부아르는 철학에서 벗어나서 정치의 특수성을 향해 나아가는 것으로 보인다. 사르트르에게 자유는 주관적인 내적 상태로서 가장 억압적인 사회적 조건 (예컨대 고문) 하에서도 지속적으로 존재할 수 있는 것이다. 그러나 사르트르와는 대조적으로, 보부아르는 자유롭다는 것은 할 수 있다는 것이라는 입장을 유지한다. 사르트르에 반대하면서, 보부아르는 이슬람의 하렘harem에 있는 여성은 자유롭지 못하다고 주장한다. 왜냐하면 자유는, 아렌트의 간결한 공식을 차용하자면, "나의-의지I-will"뿐만 아니라 "나의-할-수-있음I-can"을 요구하기 때문이다.[33] "나의-할-수-있음"은 개인이 하려는 것

---

32) Simone de Beauvoir, *The Second Sex*, trans. H. M. Parshley (New York: Vintage, 1989). 보부아르는 주체는 타자와의 관계에서 구성된다는 (헤겔의) 철학적 틀과 (레비스트로스의) 인류학적 틀을 받아들인다. 보부아르가 반론을 제기하는 것은 영원히 타자의 위치에 놓인 여성, 무기력한 존재en-soi에서 행위하는 존재pour-soi로 자신을 변화시킬 수 없는 여성 개념이다: 윗글, xxvii-xxx쪽 참조.

33) 보부아르는 자신의 자서전에서 다음과 같이 쓴다:

> 나는, 사르트르가 정의한 대로의 자유 ─주어진 상황을 의연하게 체념하는 것이 아니라 주어진 상황을 능동적으로 초월하는 자유 ─의 관점에서 봤을 때, 모든 상황이 동등한 것은 아니라는 관점을 유지했다: 하렘에 갇힌 여성들에게 어떤 초월이 가능하단 말인가? 사르트르는 심지어 그렇게 외부와 단절된 삶도

을 할 수 있게 해주는 세계의 조건을 가리킨다. 따라서 여성에게 자유의 문제는 —애초에는 주체 문제이자 단수형 여성의 자유의지의 측면에서 공식화됐지만 —이제 공동세계의 조건을 변화시키는 문제인 것으로, 따라서 정치적 행위의 문제인 것으로 귀결되게 된다: 보부아르는 여성들은 함께 행위하는 것을, 그리고 "우리"라고 말하는 것을 배워야 한다고 결론짓는다.[34]

여성성에 대한 보부아르의 설명에 영감을 주었던 자유의 문제는 그녀의 작업에 대한 후기 해석에서는 반복적으로 되풀이되거나 차단됐다. 즉 후기 해석의 대부분은 정체성 주제에 (즉 젠더는 만들어지는 것이지 주어지는 것이 아니라는 것에) 초점을 맞추면서, 보부아르의 작업에 나타난 "나의-할-수-있음"이라는 정치적 문제로서의 자유를 놓치는 경향이 있었다. 좀 더 정확히 말하면, 자유는 1980년대 말과 1990년대의 소위 여성범주 논쟁에서 철저하게 주체 문제로 공식화되는 반면, 주체 형성은 갈수록 보부아르는 보지 못했던 자기 외부에 있는 힘들에 의해 철저히 종속되는 것으로 해석되게 된다. 이런 기조하에, 주디스 버틀러는 잘 알려진 대로 보부아르의 통찰을, "여성으로 '만들어지는' 것이지만, 언제나 여성으로 만들어져야 한다는 문화적 강

여러 가지 방식으로 살아질 수 있다고 말한다. 나는 오랫동안 (사르트르의 입장과는 다른) 내 의견을 고수했고 최소한의 동조의견만 개진했다. 기본적으로 (1960년의 시점임) 내가 옳았다. 그러나 나는 나의 입장을 고수하기 위해, 우리가 (사르트르와 나) 위치해있던 개인주의, 따라서 이상주의 윤리를 포기해야 했다.
(Sonia Kruks, "Simone de Beauvoir and the Limits of Freedom," *Social Text: Theory, Culture, Ideology* 17 (Fall 1987): 111-122; 인용구는 111쪽.)

하렘에 있는 여성의 문제는 주관적인 욕망의 문제 그 이상의 것이다. 하렘을 떠나지 않기로 선택한 하렘의 여성은, 이미 하렘에 남아있기를 선택하는 것 자체가 남성 권력이라는 객관적인 사회적 상황에 달려있기 때문에, 자유롭지 않다. 여기서 자유에 대한 보부아르의 설명은 객관적인 조건, 즉 실제 선택의 구체적인 현실을 강조하는 사상가들과 일치하는 것으로 보인다. 그러나 보부아르는 단순히 미리 주어진 것 중에서 선택하는 것이 아닌, 실재하지 않는 선택지를 창조하는 것의 중요성도 강조한다: Hirschmann, *The Subject of Liberty*, 6쪽 참조.

34) Beauvoir, *The Second Sex*, xxxi-xxxii쪽.

요에 의해 만들어지는 것이다"로 받아들이면서, 주체는 주체를 주체/종속된 자$^{subject/ed}$로 구성하는 바로 그 사회적 규범을 반복하도록 깊이 강요당하고 있다고 주장한다.[35] 그러한 반복이 결핍될 경우, 주체는 가장 과격한 회의론자의 운명을 겪게 될 것이라고, 즉 주체는 자신의 실존에 대한 감각과 사회적 존재로서의 감각을 전혀 갖지 못하게 될 것이라고, 버틀러는 주장한다. 미셸 푸코의 주체화^{assujetissement} 설명을 따라서, 버틀러는 "자유의지와 결정론 간의 관습적인 철학적 대립"에 동의하는, 그리고 젠더 구성에 대한 보부아르의 설명에서는 당연한 것으로 간주되는, "행위자, 생각하는 나"라는 바로 그 개념에 반론을 제기한다.[36] 즉 버틀러의 제3물결 관점에서 보면, 페미니즘의 문제는, "정치적 행위성의 기반으로 공모를 인정하면서도 정치적 행위성은 종속의 조건을 반복하는 것 그 이상을 할 수 있다고 주장할 방법이 있는가?"가 된다.[37]

필자는 제1장에서 이 문제에 대한 버틀러의 답변을 상세히 다루도록 하겠다. 일단은, 일반적으로 "주체"의 죽음과 연관된 페미니스트 비판양식 (즉 후기구조주의) 자체에 나타난 행위성 문제의 중요성과 지속성을 주목하는 것이 중요하다. 이 비판은 (정체성 정치를 지배했던) 주체-중심적 틀에서 벗어나는 것이 아니고 그 틀의 소극적 공간으로 들어가는 것임을 나타내는 것일까? 버틀러와 다른 연구자들이 주체는 자신을 주체/종속된 자$^{subject/ed}$로 구성하는 바로 그 규범과 범주들을 반복함으로써 자신의 자유를 표현할 수 있

---

35) Judith Butler, *Gender Trouble: Feminism and the Subversion of Identity* (New York: Routledge, 1990), 8쪽.

36) 윗글.

37) Judith Butler, *The Psychic Life of Power: Theories in Subjection* (Stanford, CA: Stanford University Press, 1997), 29-30. "종속의 이중적 측면은 다음과 같은 악순환으로 이어지는 것으로 보인다: 주체의 행위성은 종속의 효과인 것으로 보인다. 그 종속에 반대하는 어떠한 노력도 필연적으로 그 종속을 전제하고 끌어들이게 될 것이다."라고 버틀러는 쓴다. "다행히도, 이 이야기는 이러한 난관에서 살아남는다." 그 살아남는 방법은 "재반복의 조건하에서 저항하는 것"의 가능성에 근거한다. (윗글, 12쪽).

다고 말할 때, 우리는 주체의 공간을 떠났다기보다는 오히려 주체의 가장 깊은 극적 상황으로 들어간 것이 아닐까? 이 극적 상황이 펼쳐지는 주체의 소극적 공간을 우리는 버틀러의 당혹스러운 인정에서, 즉 주체는 페미니스트들이 그것 없이는 할 수 없지만 그것 없이 해야 하는 페미니즘 정치의 조건이자 한계인 어떤 것이라는 인정에서 찾아볼 수 있다.[38] 그러나 그렇다 치더라도, 이러한 주체 형성의 역설은 정치의 중심에 있는 행위성의 악순환으로 장착된 것처럼 보인다. 그 경우, 어떻게 정치가 무언가 새롭고 더 많은 자유를 가능하게 하는 삶의 형식을 창조할 수 있는 진정으로 변혁적인 실천이 될 수 있는지 깨닫기 어렵게 될 것이다.[39]

사회 문제가 그러하듯이, 정체성과 좀 더 최근의 주체화 문제는 정치에 대한 우리의 사유를 우리의 시야를 좁히는 방식으로, 그리고 우리의 열망을 '나의-할-수-있음' 보다는 '나의-의지' 문제에 더 담는 방식으로 틀지운다. 물론 버틀러와 같은 사상가들은 주체화와 그 불만에 집중하기보다는 좀 더 원대한 자유의 정치를 꿈꾸는 것이 사실이다. 그러나 주체 문제와 관련하여 양가적인 감정을 갖고 있는 상태에서, 이들은 어떠한 정치적 존재든 행위성을

---

38) 버틀러는 "'주체-입장subject-position'을 가정하고 명시하는 것이 정치의 완벽한 순간"이라고 보거나 "주체를 철학적 수사에 불과하기에 폐기"해야 한다고 보는 것 둘 다에 대해서 당연히 이의를 제기하지만, 그러나 버틀러는 정치는 무엇보다도 주체 문제에 관한 것이라는 개념에 대해서는 조금도 의심하지 않는다 (윗글, 29쪽). 오히려 버틀러는 페미니즘 이론에서 이 문제의 중요성을 강조한다. "'주체' 문제는 정치에, 특히 페미니즘 정치에 결정적으로 중요한 것이다. 왜냐하면 법적 주체는 언제나 정치의 법적 구조가 일단 구축되고 나면 '보이지' 않게 되는 어떤 배타적인 실천들을 통해 만들어지기 때문이다" (Butler, *Gender Trouble*, 2쪽).

39) 이 문제를 깊이 인식하면서, 버틀러처럼 주체 형성을 연구하는 이론가들은 자유민주주의의 주체-중심적 정치와 비-동일화에의 요구, 즉 "정체성의 *비일관성*이라는 위험을 감수하는 것" 사이에서 균형을 맞추려고 한다 (Butler, *The Psychic Life of Power*, 149쪽; 강조는 원문 그대로임). 그러나 버틀러 자신의 설명에 따르면, 주체의 사회적 삶의 조건 자체가 되는 동일화를 거부한다는 것이 무엇을 의미하는 것일지의 문제는 차치하고라도, 버틀러는 그 비동일화를 어떻게 정치는 주체를 필요로 한다는 (즉 그것은 누군가의 이름으로 떠맡는 실천이라는) 비판적 통찰과 일치시킬 것인지에 대해 결코 설명하지 않는다.

그 존재 조건으로 만드는 정치 개념에 여전히 묶여있다. 그에 따라 자유의 페미니즘적 실천에서 "우리"의 정치적 형성은 전적으로 주체의 행위성 능력에 달려있게 되고, 그 주체는 다시 자신의 종속이라는 극적 상황을 연출하게 되는 끝없는 악순환으로 회귀하게 된다.[40] 그러나 행위성 문제를 서둘러 해결하려 하기보다 잠시 멈춰서서 왜 우리는 행위성이 정체성 정치 이후 가장 중요한 문제라고 생각하게 됐는지 질문해보도록 하자. 아마도 우리에게 필요한 것은 어떻게 행위성이, 심지어 그 틀 자체가 소극적 공간으로 구성될 때도, 주체-중심적 틀의 필요조건이 되는지에 대한 좀 더 명확한 감각일 것이다.

그 대신 우리가 아렌트와 함께 자유의 문제를 현재의 주체-중심적 틀 밖으로 이동시킨다면 어떨까? 그 같은 이동은 주체 형성과 행위성의 악순환이라는 역설에 엮여있는 현재 상황에 귀중한 대안이 될 수 있음을 입증할 것이다.[41] 일단 우리가 정치를 생각하는 데 있어 주안점을 아렌트의 방식대로

---

40) 메리 디츠는 정체성 정치에 관한 유용한 요약본을 제공한다. 디츠는 정체성에 대한 논쟁을 세 가지 순간으로 도식적으로 나눈다: (1) 집단으로서의 여성의 독특한 차이에 대한 생각들; (2) "인종, 계급, 민족, 문화, 성정체성 그리고/혹은 섹슈얼리티 정체성 복합체로서의" 집단의 혼성화; (3) "'지정불가능한 차이의 장'으로서의, 즉 서술적 정체성 범주로 합산하거나 요약할 수 없는 것으로서의 '여성'의 지정 [버틀러]."; Dietz, *Turning Operations*, 132-133쪽. 이러한 결정적 차이에도 불구하고, 첫 번째 경우에서 세 번째 경우로의 이동은 주체성 문제에 초점을 맞추는 특징을 보인다. 이 이동은 정체성 문제 밖으로 향하기보다는 그 소극적 공간 안으로 향해있다.

41) 우리가 정치를 주체 문제의 관점에서 조망하게 되면, 우리는 인정의 정치와 연관된 곤경에 빠지는 경향이 있게 될 것이다. 간략하게 요약한다면, 파첸 마켈이 말하듯이, 이 곤경은 "근본적인 *존재론적* 오인, 즉 우리 자신의 [정치적] 활동의 본질과 상황을 인정하지 않음"을 포괄한다. 마켈은 주장하기를, 인정의 추구는 "인간 다원성의 조건에 따른 자기 자신의 유한성을 인정하지 못하는 것"에 우리를 엮는다 — 달리 말하면, 그것은 우리를 주권이라는 판타지에 엮는다. 이 판타지는 아렌트가 비판한 고전적 형태를 취할 필요가 없다. 실제로, 마켈이 능숙하게 보여주듯이, 그것은 억압받는 개인 혹은 집단으로서의 자기 정체성을 정치적으로 인정할 것을 요구하는 형태를 취할 수도 있다. 그러나 지속되는 것은 어떤 형태의 주체성의 존재

인간 행위의 양식으로 이해한다면, 우리는 왜 행위성이 주체-중심의 틀이 생각해왔듯이 민주정치와 페미니즘 정치의 최우선적 문제가 *아닐* 뿐만 아니라, 우리가 정치적으로 행동할 때 하는 것을 오해하게 만드는 대단히 오도의 여지가 있는 문제인지를 알 수 있게 될 것이다. 행위성의 요구사항은 자유를 주권 및 도구적 개념의 정치와 동일시하는 것과 얽혀있는데, 도구적 개념의 정치는 민주정치와 페미니즘 정치의 조건 그 자체인 다원성을 부인한다.

아렌트는 정치의 조건으로서 다원성은 ─즉 "대문자 인간^{Man}이 아닌 인간들이 지구상에 살고 있고 세상에 거주하고 있다는 사실은" ─인간은 "기존의 수없이 많은 그리고 서로 모순되는 의지와 의도를 가진 인간관계의 연결망에서 행위하는 것이기에 [결과적으로] 행위는 거의 언제나 그 목적을 달성하지 못한다 [즉 목표를 이루거나 결말을 내지 못한다]."라는 것을 의미한다고 쓴다 (*HC*, 7쪽, 184쪽). 다원성은 행위자가 자신의 행위 결과를 통제하지 못하는 것과 마찬가지로 그 행위의 의미도, 즉 자신이 "누구"인지 드러내는 행위도 통제하지 못한다는 것을 의미한다. 아렌트의 견해에 따르면, 어떤 사람이 *누구*인지는 그녀가 *무엇*인지와는 (예컨대 백인 중산층 미국여성과 같이 그녀가 필연적으로 다른 타자들과 공유하는 특징들) 대조적으로 인간 행위의 독특한 드러냄^{disclosure}에 있다 (*HC*, 184쪽). 이 "누구"는 우리가 인식할 수 있거나 어떤 식으로든 알 수 있는 실체가 아니다; 그것은 오직 "명백한 흔적"을 통해서만 스스로를 드러낼 수 있다 (*HC*, 182쪽). 이 "누구"를 언어로 포착하려는 어떠한 시도도 결국 언제나 "무엇"으로 환원될 위험이 있긴 하지만, 이 "누구"는 그것들이 없다면 흔적도 없이 사라질 이야기, 서사, 그리고 다른 인간 유물들에 존재하고 있다 (*HC*, 184쪽).[42] 아렌

나 획득에 근시안적으로 초점을 맞추는 것이다: Patchen Markell, *Bound by Recognition* (Princeton, NJ: Princeton University Press, 2003), 59쪽.

42) 아렌트는 다음과 같이 쓴다. "누가 화자이고 누가 행위자인지를 혼동하지 않고 명시하는 것은, 비록 그것이 명백하게 보인다 하더라도, 분명한 언어적 표현을 향한 모든 노력을 교란시키는 신기한 모호함을 갖고 있다. 그가 *누구*인지 말하고 싶은 순간에, 우리의 어휘는 그가 *무엇*인지를 말하는 것으로 우리를 빗나가게 만든다; 우리는 그가 다른 사람들과 필연적으로 공유하는 특성들을 묘사하는 것에 엮이게

트에 따르면, 가장 중요한 것은 그가 "누구"인지 확정적으로 말할 수 없음이 바로 "우리가 그것들을 명명할 수 있기에 우리 마음대로 그 본질을 처분할 수 있는 사물을 다루듯이 [인간]사를 다루는 것을 원칙상 배제한다는 것이다"—달리 말하면, 그것은 페미니즘 이론을 포함해서 대부분의 정치이론을 규정하는 수단-목적적 사유가 전제하는 행위에 대한 일종의 지배를 배제한다 (*HC*, 181-182쪽).

"누구"에 대한 아렌트의 설명이 대체로 인간 행위에 관한 것인 한, 그것은 정치적 영역에만 국한되지 않는다. 그러나 그녀의 견해에 따르면, 정치적 영역에 대해 말하는 것은 언제나 행위에 대해 말하는 것이고 따라서 "누구"에 대해 말하는 것이다.[43] "누구"에 대해 말하는 것이 행위성 문제를 제기하는 또 다른 방식으로 보일 수도 있겠지만, "누구"에 대한 아렌트식 개념은 여성 논쟁의 범주에 출몰하는 주체 개념과는 근본적으로 다른 것이다. 페미니스트들이 "무엇"이 (예컨대 "여성"과 같은 정체성이) 부재한 상태에서 정치적 행위성이 가능한가의 문제에 초점을 맞췄다면, 아렌트는 정치는 "무엇"과 행위성에 대한 것이 아니고 언제나 "누구"와 비주권에 대한 것이라고 주장한다. 주체 비판과 관련하여 부상한 페미니즘의 위기감과는 대조적으로, 아렌트는 행위의 영역인 정치는 하나의 과정을 시작해서 결과를 어느 정도 통제할 수 있고 목적을 위해 수단을 사용할 수 있는 그런 행위자가 *존재하지 않는 조건에서만* 가능하다는 입장을 견지한다. 통제력에 대한 주장을 반박하면서, 아렌트는 (버틀러가 니체를 차용하며 한 말인) "행위 뒤에 행위자가 없는" 것이 아니라, 행위는 일단 행해지고 나면 행위자의 통제를 넘어서는 결과를 갖는 것임을 주장한다.[44] "행위를 시작하는 사람은 누구나 자신

___

된다. . . 그 결과, 그의 특별한 고유함은 우리에게서 빠져나간다" (*HC*, 181쪽).

43) "정치적 영역은 함께 행위하는 데서, 즉 '말과 행동을 공유하는 데서', 곧바로 부상한다. 이 행위는 우리 모두가 공유하는 세계의 공적 영역과 가장 친밀한 관계를 맺을 뿐만 아니라, 그 공적 영역을 구성하는 유일한 활동이나" (윗글, 198쪽).

44) "실체의 형이상학 밖에서 젠더 범주를 재고하기 위해서는 니체가 『도덕의 계보학』에서 '행동하기, 결과를 가져오기, 되기의 뒤에 "존재"는 따로 없다; "행위자"는 단지 행위에 덧붙여진 허구일 뿐이다—행위만이 전부다,'라고 한 주장과의 관련성을

의 행위가 이미 모든 것을 변화시켰고, 그래서 더욱더 상황을 예측할 수 없게 만들었기 때문에, 자신은 결코 그 결말을 알 수 없는 어떤 것을 시작했다는 것을 깨달아야 한다,"라고 아렌트는 단언한다.[45]

행위에 대한 아렌트의 설명에서 전면에 부상하는 것은 *주체*에 대한 것이기보다는 (예컨대 주체의 안정성/불안정성 혹은 행위성에 대한 주체의 능력/비능력) *세계*에 대한 것이며 (예컨대 세계의 우발적 상황), 주체는 그 세계에 임의로 던져져서 그곳에서 행위하는 존재다.[46] 다음 장들에서 보여주기를 희망하지만, 이것은 결코 사소한 것이 아니며 결정적으로 중요한 차이다: 그것은 우리의 관심사를 주체 자체에 대한 문제에서 ─주체 문제는 주체의 사회적 구성과 본질적으로 역설적인 형성에 대한 비판적 반복에도 불구하고 거의 필연적으로 주체-중심적 틀의, 의지-위주의 성격까지는 아니라 하더라도, 유아론을 고쳐 말하는 것이다 ─세계에 대한 문제로 전환시킨다. 아렌트가 "세계"라고 부르는 것은 자연이나 지구 자체를 뜻하는 것이 아니며, 오히려 "인간 유물, 인간의 손으로 조립된 것, 그리고 인간이-만든 세계에 함께

고려해야 한다"(Butler, *Gender Trouble*, 25쪽). 실체로서의 젠더 정체성에 대한 비판을 위해 버틀러가 니체를 소환한 것은 아렌트 자신도 받아들였을 수 있는 것이다. 아렌트 역시 인간 본성에 대한 어떠한 개념에도 이의를 제기하는 데 깊은 관심을 보였기 때문이다. 그러나 버틀러의 비판이 주체에 초점을 맞춘다면, 아렌트의 비판은 주체가 행위하는 세계에 초점을 맞춘다. 전통적인 정체성 개념에 대한 아렌트의 도전을 다룬 훌륭한 논문으로, 호니그의 글을 참조하라: Bonnie Honig, "Toward an Agonistic Feminism," in *Feminist Interpretations of Hannah Arendt*, ed. Bonnie Honig, 135-166쪽.

45) Hannah Arendt, "The Concept of History," in *Between Past and Future*, 41-90쪽; 인용구는 84쪽. "우리가 결코 확신을 가지고 어떤 행위의 결과와 결말을 예측할 수 없는 이유는 행위는 그야말로 끝이 없기 때문이다. 한 가지 행위의 과정은 글자 그대로 인류 자체가 멸망할 때까지 지속될 수 있다"(Arendt, *HC*, 233쪽).

46) "주체"에 대한 대부분의 비평들은 여기서 문제 삼고 있는 세계의 우연적 상황을 당연하게 여긴다. 그러나 필자가 지적하고자 하는 것은 그 비평들은 숙련된 코기토^{cogito}라는 착각을 약화시키는 무의식의 형태로든 아니면 주체-구성의 식별과정에서 작동하는 주체-위치의 다중성으로든 세계를 고려하지 않는 경향이 있고, 우연성을 전적으로 주체에 내재하는 것으로 보기 시작한다는 것이다.

거주하고 있는 사람들 사이에 진행되는 일들과 관련되어 있다"(*HC*, 52쪽). 세계는 객관적이면서 주관적인 구체적인 "공간으로서, 그곳에서 상황이 *공론화되며*," 우리가 정치적으로 행위할 때 우리는 그곳에서 타자들을 만나게 되는데, 그들 역시 우리가 결코 예측하거나 확신을 갖고 통제할 수 없는 방식으로 행위하고 우리 행위의 효과를 받아들인다.[47]

　우리의 초점을 주체에 대한 문제에서 세계에 대한 문제로, 즉 상황이 공론화되는 공간으로 이동시키는 것이 어렵다면, 그것은 페미니즘 정치가 "무엇"과 (예컨대 일관성 있는 정체성으로서의 "여성") 그 변형에 집중하기 때문이다. 이 "무엇"이 우리의 관심을 확실히 사로잡았기 때문에, 우리는 정치가 왜 ―주체-중심적 틀에서의 행위성에 대해 분명하게 문제 삼듯이― 젠더 차이와 같은 사회적으로 지정된 주체성 형식의 변형에 대해 분명하게 문제 삼지 않는지 상상하기 어렵게 된다. 이 "무엇"의 변형이라는 정치적 과제의 분명함은 웬디 브라운^Wendy Brown과 같은 제3물결 페미니스트들뿐만 아니라 (브라운은 훨씬 더 신중하면서 주체성에 대한 완전히 다른 개념으로, "상처 입은 주체들"에서 자유의 주체들로 "여성들"의 전환을 요구했다) 티그레이스 앳킨슨과 같은 제2물결 페미니스트들에게도 (앳킨슨은 "오늘날 여성으로 규정되는 개인들은 그 규정을 제거해야 하며," 사실상 "자살을 해서^commit suicide" 스스로를 "개인들"로 탄생시켜야한다고 주장했다) 명확한 것이었다.[48]

---

47) Hannah Arendt, "'What Remains? The Language Remains': A Conversation with Günter Gaus," in Hannah Arendt, *Essays in Understanding, 1930-1954*, ed. Jerome Kohn (New York: Harcout Brace & Co., 1994), 1-23쪽; 인용구는 20쪽; 강조는 필자가 한 것임.

48) Atkinson, *Amazon Odyssey*, 49쪽; Wendy Brown, *States of Injury: Power and Freedom in Late Modernity* (Princeton, NJ: Princeton University Press, 1995). 앳킨슨은 여성적 주체성의 문제를 주로 가족과 같은 가부장적 제도라는 외부권력의 측면에서 규정했다. 브라운은 이 규정 안에서 권력을 너무나 파괴적이고 견고하게 만드는, 즉 주체 스스로가 자신에게 상처를 입히고 자신을 종속시키는 데 깊이 투자하는 바로 그것을 피할 수 있는 방법을 찾아낸다. "정치적 실망을 '저기 외부에' 있는 권력의 특징을 비난하는 식으로 실패를 외재화 하려는 경

정치적 자유 바로 그 자체의 작업으로 주체의 변형을 요구하는 견지에서 보면, "정치의 중심은 사람들에 대한 관심/배려에 있지 않으며 세계에 대한 관심/배려에 있다,"라는 아렌트의 주장은 (세계는 분명히 중요하다는 점에서) 상식적인 것 같기도 하고 (비자유에의 심리적 애착 역시 중요하다는 점에서) 낯선 것 같기도 하다.[49] 그러나 아렌트의 견해에 따르면, 오직 자기[the self]에만 관심을 두는 것은 근대를 특징짓는 "세계-소외"를 표현하는 것이다.[50] 그 세계-소외를 문제 제기하는 정치는 ―애초부터― 주체나 주체성의 변형을 중심에 두지 않는다고 아렌트는 주장한다; 그것은 세계를 중심에 두며 세계성[worldliness]에, 즉 상황이 공론화되는 공간을 창조하는 것에 관여한다. 사회 문제에 대한 거부와 마찬가지로 주체 문제를 정치의 관심사로 고려하기를 거부하는 아렌트의 이러한 태도는 당혹스러운 것이다. 아렌트가 비판하는 사회공학은 차치하고라도, 그리고 그 문제라면 어떠한 페미니스트도

향은," 브라운에 따르면, "우리 자신의 심리적, 사회적 지위에서 정치적 실망의 '원인'을 찾으려는 좀 더 진지한 실천을 삭제한다" (윗글, xii쪽). 필자가 제3장에서 논의하듯이, 브라운은 (주체화를 다루는 다른 제3물결 이론가들과 마찬가지로) 권력의 효과를 이해하는 데 있어 제도가 결정적으로 중요하다는 생각에 이의를 제기하지는 않는다. 그러나 그녀는 자유에 대한 논의의 초점을 "상처를 정체성으로 장착하는 [것]"에 대한 분석으로 옮기고 싶어한다. 왜냐하면 그녀의 견해에 따르면 그 정체성은, 특히 보상을 요구하는 상태가 될 때, 과거를 반복하는 "우울함의 논리"에 주체를 계속 잡혀있게 하기 때문이다 (xi쪽, 8쪽). 브라운에 따르면 주체의 자기-방해, 혹은 "비자유에의 애착"은 후기 근대에 자유의 가능성을 재고하기 위한 조건을 설정한다 (xii쪽).

49) Arendt, *Was ist Politik?*, 24쪽.

50) 자기에 초점을 맞추는 것과 세계-소외는 동전의 양면으로서 회의론과 연동된 급진적 의심의 표현이라고 아렌트는 주장한다. 그러나 근대성을 특징짓는 주관주의는 어떠한 인과적 방식으로도 근대철학의 회의론적 실천으로 역추적될 수 없는 것이다. 그 같은 주관주의는 마치 자율적인 것처럼 개념을 다룬다. 그러나 "개념이 세계를 바꾸는 것이 아니라 사건이 세계를 바꾼다,"라고 아렌트는 단언한다. 예컨대 태양 중심설은 "피타고라스[Pythagoras]의 추론만큼이나 오래된 것"이지만, 이 개념이 사건으로서의 힘을 갖게 된 것은 오직 망원경의 발명을 통해서였다. 실제로, "근대의 결정적인 사건의 저자는 데카르트[Descrates]가 아니라 갈릴레오[Galileo]다," 라고 아렌트는 선언한다 (Arendt, *HC*, 273쪽).

반대하지 않을 것인데, 자유와 관련된 정치가 어떻게 주체성의 변형을 전제하지 않을 수 있다는 말인가?

문제를 거꾸로 돌려보자: 자기$^{the\ self}$와 그 변형을 중심에 두는 자유의 정치가 전제하는 것은 무엇인가? 이와 관련하여 푸코의 잘 알려진 주장을, 즉 자유의 실천은 "자기의 자기에 대한 훈련이며 그 훈련을 통해 사람들은 자기 자신을 발전, 변형시켜서 일정한 존재 양식을 획득하려 한다,"라는 주장을 생각해보라.[51] 그러나 자기의 자기와의 관계에 (푸코가 *rapport à soi* 라고 부

---

51) Michel Foucault, "The Ethics of the Concern of the Self as a Practice of Freedom," in *Essential Works of Foucault*, vol. 1, ed. Paul Rabinow (New York: The New Press, 1997), 281-301쪽; 인용구는 282쪽. 후기 푸코는, 자신의 초기 저술에 나타난 근대의 규율 제도의 측면에서 묘사된 주체 형성의 모순적 특징과 연관된 자유를 정밀하게 구성하기 위해, 자기 자신을 돌본다는 뜻인, "자기에의 배려$^{epimeleia\ heautou}$"라는 고대의 개념으로 돌아간다: Michel Foucault, "On the Genealogy of Ethics," in *Essential Works of Foucault*, 1: 253-280쪽; 인용구는 269쪽. 그 배려를 "단순히 자기 자신에 관심을 갖는 것"과 (즉 자기-도취나 자기애와) 구별하면서, 푸코는 자유의 실천을 "자기의 자기와의 관계$^{rapport\ à\ soi}$" 혹은 "예술작품으로서의" 자기의 형성이라고 부르는 윤리적 실천과 연결지어 생각한다 ("The Ethics of the Concern of the Self...," 284쪽; "On the Genealogy of Ethics," 263쪽, 262쪽). 도덕성과는 대조적으로, "자유의 실천"으로서의 윤리는 유용성이나 편의성과 같은 사회 문제에 의해 추동되지 않는다 ("The Ethics of the Concern of the Self...," 284쪽). "수 세기 동안 우리는 우리의 윤리, 우리의 개인윤리, 우리의 일상생활과 거대한 정치, 경제, 사회 구조 사이에는 분석적 관계가 있고, 우리는 아무것도, 예컨대 우리의 성생활이나 가정생활의 어떤 것도 우리의 경제, 민주주의 등등을 망가뜨리지 않고는 바꿀 수 없다고 확신했다. 나는 우리가 윤리와 다른 사회적, 경제적, 혹은 정치적 구조 사이의 분석적 혹은 필연적 연결이라는 이러한 발상을 제거해야 한다고 생각한다,"라고 푸코는 말한다 ("On the Genealogy of Ethics," 261쪽). 편의성에 근거를 둔 윤리는 윤리적 실패로, 즉 윌리엄 코널리가 설명하듯이, "*현재 유행하고 있는 정상성과 정의의 바로 그 체계화로 인해... 불필요하게 퇴화된 지지층에 대한 비판적 대응의*" 실패로 이어진다. 윤리적 핵심은 기존의 권위 혹은 정의 강령이 윤리 영역을 완전히 지배하게 하려는 유혹에 대항해 투쟁하는 것이다: William Connolly, *The Ethos of Pluralization* (Minneapolis: University of Minnesota Press, 1995), 127쪽; 강조는 원문 그대로임. 그렇다면 핵심은 ―푸코의 비평가들

르는 것) 위치한 실천으로서의 자유라는 이 개념은 "나의-할-수-있음" 없이 단지 "나의-의지"만 남아있는 것이 되지 않기 위해 분명히 세속적인 조건들을 갖고 있다.[52] 자유에 대한 푸코의 설명에서 그러한 조건들이 어떻게 성립될 수 있는지 찾기 어렵다면, 그것은 푸코가 ―비록 소극적 공간이라 하더라도 주체 문제의 틀 안에서 작업하는 다른 이론가들처럼 ―자기에 대한 작업이라는 고도로 개인화된 개념으로 위장한 경우는 제외하고, 어떻게 하면 주체성을 바꿀 수 있을까의 질문을 던지면서 자유는 주체성의 변화에서 시작되며 그 변화가 세계의 변화를 가져온다는 생각을 당연시하기 때문이다.[53]

이 비판하고 싶어하듯이 ―아무 윤리도 갖지 않는 것이 아니고, 기존의 윤리 규정들과 방심하지 않고 비판적 관계를 유지하는 것이다. 더 나아가 자유는 어떤 규성의 형태로 손재하는 쪽정으로부터 우리 자신을 해방시킬 것을 요구할 뿐만 아니라 윤리적 행위의 대안적 실천들을 그 실천들이 의문의 여지가 없는 또 다른 규정들로 물화되지 않도록 하면서 발전시킬 것을 요구한다.

52) 푸코는 윤리에 대한 자신의 이해가 "사람은 오랜 실천과 매일의 작업으로 자신의 삶에 스타일을 부여함으로써 자신의 삶을 창조해야 한다는, 니체가 『즐거운 지식*Gay Science*』에서 한 관찰과 공명한다는 인터뷰 담당자의 의견에 동의한다" (Foucault, "On the Genealogy of Ethics," 262쪽). 푸코가 인정하면서 말하듯이, "그리스인들에게 그것이 [자기에의 배려가] 윤리적이 되는 이유는" "그것이 다른 사람들을 위한 배려가 아니라는 것이다. 자기에의 배려는 그 자체로 윤리적이다; 그러나 이러한 자유의 *정신*이 다른 사람들을 돌보는 방식이기도 하는 한, 그것은 다른 사람들과의 복잡한 관계를 암시한다." 그럼에도 불구하고, "남을 돌보는 것이 자신을 돌보는 것보다 앞서서는 안 된다. 자기에의 배려는 자신과의 관계가 존재론적으로 우선한다는 점에서 윤리적으로 우선한다" (Foucault, "The Ethics of the Concern for the Self...," 287쪽). 푸코가 그리스인들에게로 되돌아간 것이 자기에의 배려에 대한 그리스인들의 개념을 전면적으로 받아들였다는 것을 의미하는 것은 아니지만, 그가 그리스인들이 새로운 윤리를 정립할 수 있는 가장 생산적인 기반을 제공한다고 본 것은 분명하다.

53) 아렌트와의 상당한 유사성에도 불구하고 (즉 공리주의적 사고와 모든 종류의 규칙을 따르려는 우리들의 경향에 대한 아렌트의 비판적 견해와의 유사성) 주체성과 윤리 문제에 대한 논의가 사실상 정치에 대한 논의임을 가정하지 않는 한, 자기에의 배려의 정치적 차원이나 그 배려가 어떻게 세계에의 배려와 관련되는지가 즉각적으로 명백한 것은 아니다. 자기에의 배려가 정치에 통찰력을 제공할 수 있는지에 대한 질문에 푸코는 다음과 같이 응답한다.

여기서 핵심은 정치적 자유와 관련될 수 있는 잠재적 가능성이 있는 자기에 대한 창의적 작업을 배제하는 것에 있는 것도 아니고 —아마도 아렌트 자신은 그렇게 하겠지만 —주체성의 구조를 바꾸는 것과 주체성을 구성하는 사회 구조를 바꾸는 것 중 무엇이 우선인지 결정하는 것에 있는 것도 아니다. 핵심은 어떻게 주체 문제와 자기의 자기에 대한 관계로서의 자유에 대한 (윤리적) 개념이 자유에 대한 서구 전통의 철학적 개념과 경합하기보다는 그 개념을 확장해서 정치적 자유를 세계와 타자들과의 관계에 대한 것으로 전환시킬 수 있을지 생각하는 것에 있다.54) 푸코는 아렌트가 그러했듯이 자

나는 이 방향으로 그리 멀리 나아가지 못했다는 것을 인정하며, 나는 정말로 현재의 정치적 문제들의 맥락에서 이 모든 것으로 무엇을 만들 수 있는지 보기 위해 좀 더 현대의 문제들로 돌아오고 싶습니다. 그러나 나는 19세기 정치사상에서 —아마 루소나 홉스까지로 더 거슬러 올라갈 수도 있을 텐데요 —정치적 주체는 그것이 자연발생적인 것이든 실증적인 것이든 근본적으로 법적 주체로 간주됐다는 인상을 갖고 있습니다. 다른 한편으로 현대의 정치사상은 윤리적 주체 문제에 거의 여지를 주지 않는 것으로 보입니다. (Foucault, "On the Genealogy of Ethics," 294쪽).

정치와의 연결은 법적 주체로서의 시민보다는 푸코가 "통치성"(윗글, 300쪽) 이라고 부른 것을 중심으로 상세히 설명되었다. 자유의 실천으로서의 윤리에 대한 언급을 정치적 영역으로 확장하려고 한 푸코 후기 작업의 비판적 전파자들로는 다음을 들 수 있다: Connolly, *The Ethos of Pluralization*; Thomas Dumm, *Michel Foucault and the Politics of Freedom* (Thousand Oaks, CA: Sage, 1996); Wendy Brown, *States of Injury*; James Tully, "The Agonic Freedom of Citizens," in *Economy and Society* 28, no. 2 (May 1999): 161-182.

54) 우리가 자기-방해 혹은 브라운이 푸코를 따라서 "비자유에의 심리적 애착"이라고 부른 문제를 논의할 때마다 우리는 자기의 자기와의 관계에 대한 거의 독점적인 관심사는 주체를 자유롭지 못하게 하는 내부의 인과적 힘에 대한 수 세기에 걸친 논쟁의 특성을 보이는 것이었다는 점을 아렌트와 함께 상기할 필요가 있다. "데카르트 이후 근대철학의 가장 지속적인 경향 중 하나는...영혼이나 인간이나 인류와는 구별되는 자기the self에 대한 독점적인 관심사였다는 것, 즉 세계와 타자들과의 모든 경험을 자기와 자기 자신 간의 관계로 환원시키려는 시도였다는 것이다" (Arendt, *HC*, 254쪽). 푸코는 데카르트와 관련된 의식 철학을 비판하지만, 그는 모든 사회적, 정치적 변혁의 일차적 요소로 자기에 초점을 맞추는 것의 문제점을

유의지라는 개념을 분명히 거부하고 자유는 실천이지 주체의 특성이 아니라고 보지만, 그는 고립된 개인과 관련된 철학적 자유 유형과 분명히 공동체에 거주하는 사람들과 관련된 정치적 자유 유형 간의 차이를 적절히 구별하지 않는다. 그 결과, 자유는 실천이라는, 즉 "행사되어야 하는" 것이라는, 푸코의 유용했을 주장은 그가 분명하고 깊이있게 관심을 가졌던 새로운 제도 및 삶의 형식들을 정초하는 것으로 나아가지 않고 개인적 수준에 머무르는 위험을 감수하게 된다.[55] 세계-구축이라는 의미에서 정치적 자유는 단순히 *자기의 자기와의 관계*가 (혹은 그 확장이) 될 수 없으며, 처음부터 행위로, 즉 자유 그 자체의 실천과 경험으로 창조된 공적 공간에서 타자들의 다원성과의 관계를 포함해야 한다.

3. 세계 문제로서의 자유

"인간은 그 전도 아니고 후도 아닌 그들이 행동하는 한에서 자유롭다; 왜냐하면 자유로운 것과 행동하는 것은 같기 때문이다. 그리고 이것은 그들이 자유를 위한 재능을 가지고 있는 것과는 구별되는 것이다,"라고 아렌트는 선언한다.[56] 푸코처럼 아렌트도 자유를 활동이나 실천으로 이해하지만, 아렌트는 그 자유를 인간 다원성의 영역에서 일어나는 것으로, 그리고 대부분 잊혀졌다 하더라도 뚜렷한 정치적 계보를 갖고 있는 것으로 이해한다. "우리는 자

적절하게 비판하지 않는다. 이 문제와 관련한 푸코의 기준점은 물론 데카르트가 아니고 니체다.

55) 푸코는 다음과 같이 쓴다, "자유는 실천이다. . .[그리고] 인간의 자유는 결코 인간을 보호하는 제도와 법칙으로 확보되지 않는다. 이것이 왜 거의 대부분의 법칙과 제도가 상당히 바뀔 수 있는지 그 이유가 된다. 이것은 법칙과 제도가 모호하기 때문이 아니고 '자유'는 순전히 행사되어야 하는 것이기 때문에 그러하다. . . 나는 자유의 행사를 보장하는 것은 결코 사물의 구조에 내재해있을 수 없다고 생각한다. 자유를 보장하는 것은 자유다": Michel Foucault, "Space, Knowledge, and Power," in *The Foucault Reader* (New York: Pantheon Books, 1984), 239–256쪽; 인용구는 245쪽.

56) Arendt, "What Is Freedom?," 153쪽.

기 자신과의 교류에서가 아니고 타인과의 교류에서 먼저 자유나 그 반대를 알아차리게 된다,"라고 아렌트는 쓴다. 서구 전통에서 정치적 자유 개념을 복구하려는 계보학적 시도 속에서 아렌트는 푸코처럼 고대로 돌아간다. 그러나 아렌트에게 이 고대로의 복귀는 푸코가 했던 것과 같은 고대 그리스의 자기에의 배려$^{epimeleia \ heautou}$ 개념이나 자기-규칙으로서의 자유 개념을 되찾기 위한 것이 아니고, 자기의 자기와의 관계$^{rapport \ à \ soi}$로 시작하는 자유 개념이 "세계의 분명한 실재로서의" 자유의 기원을 차단하고 있음을 보여주기 위한 것이다.[57] 이 세속적 자유는 정치적인 것이다: 그것은 나의-의지만이 아니라 나의-할수-있음을 요구한다; 그것은 공동체를 요구한다. 아렌트는 "오직 나의-의지와 나의-할수-있음이 동시에 일어나는 곳에서만 자유는 이루어진다,"라고 단언한다.[58] 그리고 더 나아가: "만약 사람들이 자유롭고 싶다면 그들이 포기해야 하는 것은 바로 주권이다,"라고 단언한다.[59]

일단 우리가 다원성을 고려하게 되면, 자유를 비주권의 관점에서 다시 생각할 것이 요구되게 된다. 플라톤에서부터 시작된 서구 전통은 자유와 주권을 등치시킴으로써 다원성을 "취약"한 것으로, 즉 기껏해야 타자에 대한 불행한 의존의 표시여서 우리가 극복하기 위해 노력해야 하는 것으로 설정했다. 그 결과, "우리가 자유를 주권과 동일시하는 전통의 눈으로 보게 되면,

---

57) 윗글, 148쪽. 아렌트와 푸코는 둘 다 실천으로서의, 즉 매일같이 일상에서 실천해야 하는 것으로서의 자유 개념을 되찾기 위해 고대인들에게로 회귀했지만, 이들이 도달한 결론은 각기 달랐다. 아렌트에게 고대인들은 자유를 나의-할수-있음으로 정치적으로 이해하는 사람들이었다. 푸코에게 고대인들은 자유를 자기의 자기와의 윤리적 관계로 이해하는 사람들이었다.

58) 윗글, 160쪽. 철학은 자기의 자기와의 관계에 주목하면서 "상황과 무관하게 그리고 의지가 설정한 목표 달성 여부와 무관하게" 나의-의지만을 요구했지만, 아렌트는 (몽테스키외를 인용하면서) "정치적 자유는. . .마땅히 해야 할 것을 할 수 있는 것에 있다,"라고 쓴다. 몽테스키외와 같은 후기 정치사상가들뿐만 아니라 고대의 정치사상가들에게 있어 "행위자가 행위능력이 부족할 때 그는 더 이상 자유로운 사람으로 불릴 수 없다는 것은 분명했다 ―그때 그 이유가 내적 상황 때문인지 외적 상황 때문인지는 문제가 되지 않는다" (윗글, 161쪽).

59) 윗글, 165쪽.

자유와 비-주권의, 즉 새로운 어떤 것을 시작할 수 있는 것과 그 결과를 통제하거나 심지어 예측할 수 없는 것의 공존은 인간 존재는 부조리하다는 결론을 강요하는 것처럼 보인다"(HC, 235쪽). "누구도 주권자일 수 없다"는 (HC, 234쪽) 생각을 아쉬워하면서, 전통은 주권의 불가능한 환상에 힘입어, "절망하여 인간사를 외면하고 자유를 향한 인간의 능력을 경멸하는" 경향이 있었다고, 아렌트는 평한다 (HC, 233쪽). 실제로 자유가 주권과 등치될 때, 그 둘 다를 유지할 수 있는 유일한 방법은 공적 영역에 전혀 발을 딛지 않거나 공적 영역에서 행동하지 않는 것이어야 하는 것처럼 보이는데, 왜냐하면 공적 영역에 들어서는 것은 자신의 통제범위를 넘어서는 힘들의 지배를 받는 것이 되기 때문이다.

"만약 주권과 자유가 동일한 것이 사실이라면 진정 누구도 자유로울 수 없는데, 왜냐하면 주권은 비타협적인 자기-충족성과 권한의 극치로서, 다원성의 조건 자체와 모순되기 때문이다,"라고 아렌트는 말한다 (HC, 234쪽). 자유와 비주권이 정말로 전통이 주장했듯이 상호 배타적인 것인지는 다원성을 고려하는 것과 관련된 페미니스트들에게 중요한 문제다. 제3물결 페미니즘 이론가들은 (그것이 단수로서의 여성 형식이든 아니면 단일 집단으로서의 여성들의 형식이든) 주권의 환상을 갖는 것에 대해 대단히 비판적이었지만, 그들은 실제로 행위성의 위기를 불러오지 않는 다원성을 생각할 수 없었다. 필자는 앞에서 행위성을 우리가 정치적으로 행위할 때 우리가 하는 것에 대해 오해하게 만드는 잘못된 문제라고 말했다. 행위성 문제가 잘못된 이유는 그것이 주체-중심적 틀에 위치해 있기 때문이다. 그 틀은 다원성을 부정하지 않으면서도 행위성의 위기에 대응할 수 있는 방법을 차단한다. 그리고 이것이 제3물결 페미니즘이 난관에 부딪히는 지점이다: 즉 어떻게 다원성을 (여성들 사이의 차이를) 고려하면서 정치적으로 행위할 수 있는 능력을 포기하지 않을 수 있을 것인가 하는 것이다. 왜냐하면 확실히 일치된 행위를 하기 위해서는 행위성에 대한 어떤 감각이 동반되어야 하기 때문이라고 페미니스트는 반론을 제기할 것이다. 우리가 정치적 행위를 할 때 행위성에 대한 감각이 없다면 왜 그렇게 행동하겠는가?

전통이 제기한 딜레마를 인정하지만, 그에 대한 아렌트의 응답은 주권으로서의 행위성 개념을 되살리는 것도 아니고, 그녀가 "비-주권의 무력감"이라고 부르는 것을 (즉 우리는 행위의 결과를 확실하게 통제하거나 예측할 수 없다는 것) 무시하는 것도 아니다. 아렌트의 응답은 행위가 그 자체로 이무력감의 힘을 줄일 수 있는 능력을 품고 있는지를 묻는 것에 있다. 아렌트는 다음과 같이 말한다:

돌이킬 수 없는 곤경으로부터 가능한 구원은 ─즉 자신이 무엇을 하고 있는지 알지 못했고 또 알 수 없었음에도 불구하고 자기가 한 일을 원상태로 되돌릴 수 있는 것 ─용서하는 능력에 있다. 예측할 수 없음, 혼란스러운 미래의 불확실성에 대한 처방은 약속을 하고 지키는 능력에 포함되어 있다.... 용서받지 못한다면, 즉 우리가 한 일의 결과에서 해방되지 못한다면 행위할 수 있는 우리의 능력은 이를테면 우리가 결코 되돌릴 수 없는 단 한 가지 행위로 제한될 것이다.... 약속의 이행에 묶여있지 않다면, 우리는 결코 우리의 정체성을 [누구^{who}인 우리] 유지할 수 없을 것이다. ...[약속을 지키는 것은 오직] 공적 영역에서 타자들과의 직면을 통해서만 가능하며, 이 타자들이 약속하는 사람과 약속을 이행하는 사람 사이의 동일성을 확정한다. 따라서 약속하고 이행하는 이 두 가지 능력은 다원성에 즉 타자들의 존재와 행위에 달려있게 되는데, 왜냐하면 누구도 자신이 자신을 용서할 수 없고 오직 자기 자신에게만 한 약속에 대해 구속감을 느낄 수 없기 때문이다. (*HC*, 237쪽)

인간사에서 용서의 중요성은 종교적 맥락에서 일어났지만, 그것은 결코 세속의 공동체와 무관한 것이 아니라고, 아렌트는 말한다 (*HC*, 238-239쪽). 정치적 개념으로서의 용서가 낯설게 들리는 이유 중 일부는 우리가 행위에 대해 목적을 위해 수단을 사용하고, 자기가 무엇을 하는지 알고 있으며, 그리고 자신의 행동에 책임을 져야 하는 주권적 개인의 관점에서 생각하기 때문이다. 아렌트는 책임에 대해서는 (책임에 대한 그녀의 이해가 간단한 것은 아니지만) 의문을 제기하지 않는다. 하지만 그녀는 주권을 전제하는 것에 대해서는 반박한다. 그녀의 고민은 인간들이 전통의 정신에 입각해서 공적 영역에서는 "자신들이 무엇을 하는지 모르고," 자신들의 행위의 결과를 도저히 통제할 수 없을 것이라는 불안 때문에 공적 영역에서 도피할 것이라는 데 있다 (*HC*, 239쪽). 마찬가지로 약속하기는 (분명 모든 사회계약 개념의 기반이긴 하지만) 정치적 개념이라 하기에는 낯설게 들리는데, 왜냐하면 우리는 법에 의해 보장된 정치적 공동체를 구성하는 협약을 떠올리기 때문이다. 아렌트는 공동체를 유지하는 데 법칙의 역할이 중요하다는 것에 의문을 제기하지 않지만, 공동체는 법칙에서 출발해야 한다든지, 법칙으로 보장될 수 있다는 생각은 거부한다. 아렌트의 관점에 따르면, 공동체를 결속시키는 것은 무엇보다도 약속하고 지킬 수 있는 능력, 즉 자유를 행사하는 것에 있다. 그녀의 표현대로 이 능력은, "불확실성의 (즉 인간 행위에 속하는 예측 불가능성의) 바다에 고립돼있는 확실성의 섬들을" 세운다 (*HC*, 244쪽). 약속을 통해 서로 연동된 사람들은 아렌트가 말하는 "한정된 주권"을 획득하는 데, 이 한정된 주권은 개인이 다른 모든 타자들과 동떨어져 있으면서 홀로 주장하는 거짓된 주권이 아니고, 인간 행위에 수반되는 예측할 수 없는 미래로부터의 특정한 해방으로서의 주권이다.

행위의 규정적 특징들에 대항하기 위한 자원을 행위 안에서 찾는 데 있어 아렌트는 행위의 경계 없음과 예측 불가능성으로부터 우리를 보호해줄 완벽한 안전장치를 발견했다고 주장하지 않는다. 약속하기와 용서하기는 그 자체가 행위의 형태이기에 그런 역할을 거의 할 수 없다. 오히려 그녀의 요점은 우리가 행위의 조건인 다원성과 연관된 문제들을 약화시키는 방식으로 (예컨대 약속하기와 용서하기를 통해) 인간의 다원성을 지속할 수 있음을 강조하는 것이다. 우리는 다양한 의지와 의도로 특징지어지는 맥락에서 행동한다는 것; 남들은 우리가 예측할 수도 통제할 수도 없는 방식으로 우리의 행위를 받아들인다는 것은 *간단히 말해서* 인간 행위의 환원 불가능한 조건이라고 아렌트는 말한다. 주권에 대한 불가능한 환상 속에서 위안을 찾거나, 행위성의 위기를 선언하거나, 아니면 주권을 지키거나 위기를 피하기 위해 공적 영역을 외면하는 대신, 우리는 전통에 작별을 고하고 비주권으로서의 자유를 주장할 수 있다.

비주권은 민주정치의 조건이다. 즉 나의-의지를 나의-할-수-있음으로, 그래서 자유로 변형시킬 수 있는 조건이다. 이것은 단순한 지적이지만 또한 우리가 언제나 잊어버릴 위험에 놓여있는 지적이다 (그리고 이것이 아렌트가 수도 없이 반복해서 주장하는 이유가 된다). 정치적 자유는 타자들을 요구하며 그들의 존재로 인해 공간적으로 한정되게 된다. 자기의 자기와의 주관적 관계가 아닌 것으로서의 자유는 아렌트가 "공동세계^{common world}"라고 부르는 다원성에 의해 규정된 공간에서 타자들과 특정한 종류의 관계를 요구한다.

공동세계는 민주적 —그리고 필자의 주장으로는 페미니즘적— 정치 공간의 성격에 대한 또 다른 말하기 방식이다. "사람들을 결집시키는 것은 공간이지 그들 각자가 가지고 있는 어떤 특성 때문이 아니다,"라고 마거릿 캐노번^{Margaret Canovan}은 아렌트의 "무엇"인 (즉 정체성) 사람들에 기반을 둔 공동체와 "누구"인 (즉 세계-구축) 사람들에 기반을 둔 공동체를 구분한 것을 간략하게 표현한다.[60] 정체성이 우리에게 정치적으로 중요한 것으로 다가온다면, 그것은 공동세계의 사이 공간에서 "무엇"이 "누구"로 재조명되었기 때문이다. 이 사이 공간에서 다원성은 단순히 지구상에 혹은 특정한 지리적 영역에 거주하는 수많은 사람들의 정체성이라는 단지 숫자상의 문제가 아니며, 또 그들이 (즉 무엇인 사람들이) 속해 있는 다종다양한 집단들의 경험적 문제도 아니다. 세계를 지속적으로 공적 영역으로 구성해나가는 것에 기반을 둔 존재론적이기보다는 정치적인 관계에서, 다원성은 정치적 공동체의 구성원이자 시민의 자격으로 주체들이 서로 맞서는 방식을 나타낸다.[61] 민주정치와 페미니즘 정치에 있어 결정적으로 중요한 것이지만 주체 문제에서 대부분 빠져있는 것이 바로 시민들은 가까움과 멈, 연결과 분리의 관계에 위치해 있다는 것이다. "이 세계에서 함께 산다는 것은 본질적으로 마치 테이블

---

60) Margaret Canovan, "Politics as Culture: Hannah Arendt and the Public Realm," *History of Political Thought* 6, no. 3 (1985): 617-642; 인용구는 634쪽.

61) "'공적인^{public}'이라는 용어는, 그것이 우리 모두에게 공통된 것이고 세계 내에서 우리가 사적으로 소유한 장소와 구분되는 것인 한, 세계 자체를 의미한다 (Arendt, *HC*, 52쪽).

을 중심으로 둘러앉은 사람들 한가운데 테이블이 놓여있듯이 상황을 공유하는 사람들 사이에 그 상황의 세계가 놓여있다는 것을 의미한다,"라고 아렌트는 쓴다 (HC, 52쪽). 연결하고 *그리고* 분리한다: 공동세계는 "우리를 함께 모으지만, 우리가 말하자면 서로 뒤엉키는 것을 막는다" (윗글, 52쪽). 정치는 이러한 사이 공간을 요구하며 이 공간에서 일어난다.

아렌트는 현재 우리가 살고 있는 것과 같은 대중사회에서는 세계는 우리를 연결하고 분리하는 힘을 잃었다고 말한다. 그것은 마치 우리 사이에 놓여있던 테이블이 갑자기 사라져서, "서로 반대편에 앉아있던 두 사람이 더 이상 서로 분리되지 않을 뿐만 아니라, 두 사람의 관계가 어떤 가시적인 것에 의해서도 전혀 연결되지 않는 것"과 같은 것이라고, 아렌트는 말한다 (*HC*, 53쪽). 그런데 그것은 또한 우리를 분리시키는 차이들에 주목하는 것의 대가가 바로 우리를 연결하는 것이 부재로 귀결되는 현대 페미니즘의 상태로도 해석될 수 있지 않을까? 여기서 요점은 —필자가 보기에는 부당하게 —아렌트의 향수를 불러일으키는 어조로 우리(페미니스트들)가 한때 가졌다고 생각했던 무언가를 잃어버렸다고 주장하려는 것이 아니다. 그것은 오히려 민주정치의 감각 안에서 자유를 다원성과 비주권에 기반을 둔 세계-구축적 실천이라고 단언하는 것이 무엇을 의미하는지 보려는 것이다. 많은 제1물결과 제2물결 페미니스트들이 그러했듯이 공유된 젠더 정체성이 여성들을 정치적으로 연결시킨다고 가정하는 것이 갖고 있는 결함은, 제3물결 페미니스트들이 주장했듯이 단지 여성들 간의 차이가 중요하고 또 정체성이라는 범주 자체가 의심스러운 것이기 때문만은 아니다. 그 결함은 정체성을 *정치적* 관계로 명료화할 수 있는 공간이 없는 상태에서 정체성이 페미니즘 정치에 어떤 관련성이 있을 수 있는가의 질문에 답하지 못하기 때문에 생기는 것이다. 제3물결 비평들 역시 젠더화된 주체성 형태를 포함해서 사회적 관계들의 변형이 일어나는 정치적 공간을 어떻게 구성할 것인가에 대해서 대부분 침묵한다.

자유의 공간으로서의 공동세계는 기존 제도나 법적 주체로서의 시민들에 의해 소진되지 않으며, "사람들이 말과 행동speech and action의 방식으로 함께 할 때마다," 즉 사람들이 정치적으로 모일 때마다, "출현한다." 그 같은 "출현의 공간"은 "공적 영역과 다양한 형태의 정부 기관의 모든 형식적 구성에 선행한다,"라고 아렌트는 쓴다 (*HC*, 199쪽). 일련의 제도나 특정 장소로 한정되지 않는 이 공간은 고도로 취약하기 때문에, 행위를 통해 지속적으로 갱신되어야 한다. 아렌트의 견해에 따르면, 출현의 공간은 "거의 언제 어디서나 적절한 장소를 찾을 수 있다" (*HC*, 198쪽). 예컨대 초기 제2물결 페미니즘에서 회합 장소로 이용됐던 카페, 거실, 부엌, 그리고 길모퉁이를 생각해본다면, 우리는 행위-중심적인 정치 개념의 가치를 이해할 수 있게 된다. 우리는 물리적 공간이 어떻게 정치적 공간으로 변형되는지 그리고 실제로 상황이 어떻게 공론화되는지 알 수 있게 된다. 출현의 공간의 특이성은, 그 공간은 사람들이 말과 행동에 관여하는 한에서만 존재한다는 데 있다. 형식적인 공적 영역 (즉 법의 보호를 받는 영역) 자체는 "출현의 가능성이 있는 공간"이지만, 단지 가능성이 있는 것일 뿐이다. 제도화된 공적 영역의 특성에서 공적 영역을 정치적 행위나 자유의 실천의 장으로 보장하는 것은 아무것도 없다.

공적 영역을, 즉 잠재적 출현의 공간을 존속시키는 것은 권력이다. 권력은 상명하달식으로 운영되면서 다른 상황에서는 자율적일 주체들의 종속을 강제하는 지배관계가 아니고 (서구의 정치전통과 대부분의 제1물결, 제2물결, 그리고 일부 제3물결 페미니스트들이 권력을 그런 식으로 보는 경향이 있었다); 권력은 주체를 종속된 자로 구성하고 저항 관계를 발생시키면서 사회체 전체에 퍼지는 생산력으로 이해되는 규칙관계도 아니며 (이것이 푸코와 많은 제3물결 페미니스트들이 이해한 권력 개념이다); 권력은 아렌트의 표현대로, "사람들이 함께 행동할 때 갑자기 나타났다가 사람들이 흩어질 때 사라지는" 것이다 (*HC*, 200쪽). 우리가 통상 권력이라고 부르는 지배관계가 분명히 아렌트의 견해에 존재하지만, 그녀의 특이한 용어 사용은 정치를 지배관계 이외의 무언가를 내포하고 있는 것으로 생각하도록 우리를 유혹한다. "모든 정치적 공동체는 지배자와 피지배자들로 구성된다는. . .상투적인 생각은" (민주주의는 다수에 의한 지배라는 생각도 그렇고) 다시 한번 "인간 사이 취약함으로부터 평온함과 질서이 견고함으로 도피하는 것"이라고, 아렌트는 주장한다 (*HC*, 222쪽).[62] 그것은 행위의 예측 불가능성과 경계 없음, 그리고 다원성과 비주권의 소란으로부터 도피하는 것이다.

타자의 존재에 의존하는 비-지배관계로 정치를 이해할 때, 그 정치는 권력을 포함하지만 그때의 권력은 사람들이 모여서 '함께 행동할 때' 생성되고 사람들이 떠나는 순간 사라지는 것이다 (*HC*, 244쪽). 행위에 의해 창조되는 정치적 공간은 객관적이면서 주관적인 "사이-공간"이며, 즉각적으로 개인들을 모으고 또 분리시키는 공간이라고, 아렌트는 말한다. 객관적 세계의 이해관계가 (예컨대 반복되는 사회 문제에 걸려있는 이해관계) 애초에 사람들을 정치적으로 모으는 것이라는 점을 ─아렌트의 비판자들이 비난하듯이 그리고 사회적인 것에 대한 아렌트 자신의 비판이 암시하는 것으로 받아들여질 수 있듯이─부인하는 대신, 아렌트는 이해관계가 등장하는 틀을 이동시킴으로써 이해관계의 의미 자체를 재규정한다. 아렌트는 다음과 같이 적는다.

[사회 문제로도 주체 문제로도 환원될 수 없는 그러한] 이해관계^{interests}는, 그 단어가 글자 그대로 말해주듯이 상호 간에-존재$^{\text{inter-est}}$ 하는, 즉 사람들 사이$^{\text{in-between}}$에 놓여있어서 사람들을 서로 연결하고 결합시킬 수 있는 무언가를 구성한다. 대부분의 행위와 발언은 각 집단마다 다양한 이 사이$^{\text{in-between}}$와 관련되기 때문에, 대부분의 말과 행동은 말하고 행동하는 행

---

62) 이 지배관계는 플라톤에 의해 처음으로 행위로부터의 도피로 소개됐다고 아렌트는 주장한다.

문제는, 플라톤이 본 바로는, 시작한 자가 자신이 시작한 것의 온전한 통치자로 남으며 그것을 집행하기 위해 타자의 도움을 필요로 하지 않고 [또 타자를 방해자로 만나지도 않는다는 것을] 확실히 하는 것이었다. 플라톤은 시작하는 것과 행동하는 것을 구분한다… 그리고 시작하는 자가 통치자가 된다. . ."그는 전혀 행동할 필요가 없으며 집행하는 자들을 지배한다." 이런 상황에서 정치의 본질은 "어떻게 시작하고 통치할 것인가가 된다". . .: 행위 본연의 의미는 완전히 제거되고 행위는 단지 "명령을 집행"하는 것이 [결과적으로 정치의 완벽한 도구화의 징조를 보이는 것이] 되었다. 플라톤은 행위를 시작하는 것과 성취하는 것으로 표현했던 고대의 [소크라테스 이전의] 행위에 대한 관념 대신, 알지만 행동하지 않는 자와 행동하지만 알지 못하는 자의 구분을 처음으로 도입하였고, 이후 무엇을 해야 할지 아는 것과 그것을 실제로 하는 것은 두 개의 전혀 다른 수행이 되었다. (Arent, *HC*, 222-223쪽)

위자를 ["누구"인 그녀] 드러내는 것에 더해서 어떤 세계의 객관적 실재에 *대한* 것이 된다. 주체의 이러한 드러남은 가장 필수적인 부분이기 때문에 심지어 가장 "객관적인" 교류도, 즉 그 자체의 이해관계를 가지고 있는 물리적인 사이 공간의 세계^{worldly in-between}도, 말과 행동으로 구성되어 있으면서 오직 서로가 서로*에게* 직접 말하고 행동하는 데서만 발생하는 완전히 다른 중간과 겹치게 되고, 말하자면, 뒤덮이게 된다. 이 두 번째의 주관적인 사이는 손에 잡히는 명백한 것이 아니다. 왜냐하면 이 사이는 공고히 할 수 있는 실체적 대상이 없기 때문이다. 행동하고 발언하는 과정은 그러한 결과와 최종 생산물을 남기지 않는다. 그러나 그 모든 막연함에도 불구하고 이 사이는 우리가 시각적으로 공유하고 있는 사물의 세계에 비해 덜 실재적인 것이 아니다. 우리는 이 실재를 인간관계의 "망"이라고 부른다. (*HC*, 182-183쪽)

아렌트의 설명에서 가장 눈에 띄는 것은 주체 문제도 아니고 사회 문제도 아닌 세계 문제로서의 정치, 혹은 좀 더 정확하게 말하자면 세계-구축적 활동으로서의 정치이며, 이해관계의 추구가 그 정치를 활성화하거나 더럽힐 수 있겠지만 어떤 경우든 자유의 실천에 비해서는 부차적인 문제라는 것이다. 자유주의와 대부분의 페미니즘 형태에 지배적인 정치의 기능은 개인적인 그리고 집단적인 이해관계를 추구하는 데 있다는 (즉 사람들은 이미 손 안에 있는 특정한 이해관계를 가지고 테이블로 와서는 그것을 주장으로 표명하고 정당성을 확보하려 한다는) 생각과는 대조적으로, 우리는 이해관계는 정치에 참여하게 되는 계기이자 일종의 촉매제 역할을 하는 것이라고 생각한다. 정치에 대한 도구적이거나 확정적인 접근은 이해관계의 추구를 정치 자체의 동력이자 존재 이유로 보며, 발언과 행위는 그러한 정치를 하기 위한 수단으로 (즉 편의를 위해 완전히 없었으면 좋겠지만 그게 아니라면 최소화해야 하는 수단으로) 이해한다. 그런데 그와는 대조적으로 아렌트는 발언과 행위는 이해관계나 우리가 정치적으로 모였을 때 실현하고자 하는 목적과 상관없이 그 자체로 정치적인 것이라고 주장한다. 그렇다면 아주 구체적인 의미에서, 정치는 이해관계를 명확히 하는 것은 포함할지 몰라도 편의주의적 문제에 의해 추동되지는 않는다; 즉 정치는 목적을 위한 수단이 아니다. 정치적인 것은 이해관계 그 자체가 아니며 공동의 관심사를 공적으로 명확히 하는 세계-구축적 실천이다.

"끝없는 회의"에 익숙한 페미니스트들은 이 대안적 정치 개념이 왜 결정적으로 중요한 것이면서도 지지하기에는 극도로 어려운 것인지를 즉각적으로 이해할 것이다. 정치를 이해관계이자 목적을 위한 수단으로 생각하는 순간, 왜 특정 문제들을 "전문가들"에게 넘기고 우리는 기분 전환을 위해 일찍 집에 돌아가면 안 되는 건지 이해하기 어렵게 된다. 그러나 우리가 발언하고 행동하는 것을 전문가들에게 넘긴다면, 우리는 페미니즘 정치와 민주정치에 단연코 결정적으로 중요한 세계-구축에 더 이상 관여할 수 없게 될 것이고, 공동문제에 참가자가 될 권리로서의 자유도 경험할 수 없게 될 것이며, 단지 재화와 서비스의 특정한 배분만을 주장하게 될 것이다. 물론 우리는 훨씬 더 효율적이지만 훨씬 덜 민주적이고 심지어 반민주적인 조직과 사회들을 상상할 수 있다.

자유의 세계-구축적 실천으로서의 정치라는 아렌트의 사상은, 만약 우리가 정치를 도처에 널린 것이라든지 지금까지 늘 존재해왔던 것처럼 앞으로도 늘 존재할 어떤 것이라고 생각한다면, 도저히 이해할 수 없는 것이다. "개인적인 것이 정치적인 것"이라는 페미니즘의 주장은 그 주장이 권력과 정치를 동일시할 경우, 민주정치의 특별한 성격을 지울 뿐만 아니라 민주정치가 세계 바깥으로 내몰릴 수 있는 가능성을 과소평가할 위험이 있다. 여기서 문제는 모든 것이 정치적인 것이라면 어떤 것도 정치적인 것이 아니라는 논리적인 문제뿐만 아니라, 그 어떤 것도 그 자체로 정치적이지 않다는 것을 보는 것의 어려움이다; 왜냐하면 필자가 다음 장들에서 논의하겠지만, 정치적 관계는 그 조건 외부에 있기 때문이다: 정치적 관계는 대상 자체에 있지 않고, 창조되는 것이다. 정치는, 자크 랑시에르^{Jacques Rancière}가 말하듯이, "서로 아무 관계가 없는 상황들 사이에 관계를 구축하는 것에 있다."[63] 공장에,

---

63) Jacques Rancière, *Dis-agreement: Politics and Philosophy*, trans. Julie Rose

혹은 그 점에 있어서는 정부에, 본질적으로 정치적인 것이 없듯이, 이를테면 가사노동에 본질적으로 정치적인 것은 없다: *정치적*이라는 단어는 상황들 사이의 관계를 의미하는 것이지 사물이 갖고 있는 어떤 속성을 의미하는 것이 아니다.[64] 가사노동은 논리적으로 연결되어있지 않은 두 가지 상황이, 이를테면 평등원칙과 성별 노동분업이 논쟁의 대상으로 관계 속으로 들어올 때, 즉 사람들이 발언과 행위로 상황이 공론화되는 공간인 공동세계를 창조하고 다시 재창조할 때, 정치적이 *된다*.

우리는 버틀러와 푸코의 작업에서 논의되고 있는 주체-구성과 관련된 실천들에 대해서도 같은 주장을 할 수 있다. 다시 한번 강조하자면, 요점은 주체 문제에 의해 틀지어진 문제들을 정치적으로 무관한 것으로 배제하는 것이 아니라, 그 주체 문제들을 다시 새롭게 틀 짓는 것이 무슨 의미일지 이해하는 것에 있다. 아렌트 자신은 실제로 그러한 재구성의 가능성을 고려하지 않았다. 그녀의 작업은 주체 문제의 틀과 사회 문제의 틀 모두를 거부할 뿐만 아니라, 각각의 틀과 연관된 *관심사들*까지 거부하는 것으로 읽힐 수 있다. 그녀는 그러한 문제들이 정치와 관련될 수 있는 가능성을 거부할 뿐만 아니라, 그 문제들이 어떤 식으로 표현되든 간에 민주정치를 파괴하는 것으로 보는 것 같다. 하지만 페미니스트들은 그러한 관심사들을 배제하기보다는 정치적 자유를 사회 문제의 틀과 주체 문제의 틀이 생각해온 자유로 대치시킬 가능성이 적은 방식으로 그 틀들을 다시 기술할 필요가 있다.

우리가 세계-중심적이고 행위-중심적인 틀을 받아들인다면, 우리는 페미니즘을 창의적인 혹은 새로운 시작을 여는 자유의 실천으로 생각할 수 있는 공간을 열게 될 것이다. 새로운 어떤 것을 시작하는 능력은 정치운동으로서의 페미니즘에 핵심적인 것이었지만, 페미니즘 이론은 사회 문제와 주체 문제에 사로잡혀서 그 점을 잊어버리는 경향이 있었다. 우리는 정치적 결사체의 저항적 실천은 정치적 발언권을 갖기 위한 조건으로 종속적 정체성들을

(Minneapolis: University of Minnesota Press, 1999), 40쪽.

64) 윗글, 41쪽.

재생산할 필요가 없다는 것, 그리고 저항적 실천은 정치적 주장으로 들릴 수 있는 것들을 바꾸고, 정체성들 자체가 현재 종속된 자들로 구성되는 맥락을 변형시키는 발언들이 이루어지는 공적 공간들을 창조하는 것일 수 있다는 것을 잊고 있었다. 이 가능성은 시작을 여는 발언 및 행위의 힘과 관련되어 있다. *여성들*과 같은 단어를 새롭고 예기치 않은 맥락에 투사할 수 있는 우리의 능력은 세계 및 타자들과 새로운 (좀 더 자유를-단언하는) 결합을 창조할 수 있는 정치적 결사체의 힘과 연결되어있다. 만약 우리가 정치적 결사체와 발화의 세계를 변혁시키는 힘이라는 포상을 주시하지 않는다면, 그 외의 어떤 방식으로 우리는 페미니즘에 대해 이해하거나 관심을 가질 수 있겠는가?

다음 장들에서 필자는 시작을 여는 힘의 관점에서 정치적 자유와 결사체에 대해 생각해보려고 한다: 그 자유는, 아렌트가 표현했듯이, "지금까지 존재하지 않았고, 심지어 인식이나 상상의 대상으로조차 주어지지 않았으며, 그래서 엄밀히 말하자면, 알 수 없었던 어떤 것을 존재하게 하는 자유"다.[65] 이것은 페미니즘에서의 "우리"의 형성을 포함한다. 여성을 사회학적 집단이나 사회적 주체보다는 정치적 집합체로 생각하는 것은 페미니즘에서의 "우리"를 새롭게 생각한다는 것을, 즉 "우리"를 자유의 실천의 취약한 성취로 생각한다는 것을 의미한다. 이 성취가 취약한 것은, 아렌트가 상기시켜주듯이, "관계를 맺을 수 있는 행위의 엄청난 능력"이 그 행위에 "내재하는 예측 불가능성" 및 "경계 없음"과 분리될 수 없기 때문이다 (*HC*, 191쪽). 이 "우리"는 의도적인 목적을 가지고 추구될 수 있지만, 그 목적대로 달성되는 경우는 드물다. 그 형성은 더 이상 환원될 수 없을 정도로 우연적인 것이다. 그러나 우리가 페미니즘의 역사를 회고할 때, 우리는 이 우연성을 놓치는 경향이 있다. 자유는 억압으로부터의 해방투쟁과 동일한 것이라는 이야기를 하면서, 페미니스트들은 "우리"의 형성을 역사적 과정의 필연적인 결과인 것처럼, 즉 수 세기에 걸친 여성의 종속에 대한 여성들의 필연적인 반응인 것처럼 설명하려는 경향이 있다. 그리고 그 반응은 필연적인 것일 뿐만 아니라

---

65) Arendt, "What Is Freedom?," 151쪽.

정당한 이유가 있는 것으로 설명된다. 왜냐하면 자유는 또다시 그것이 사회 정의든 사회적 효용이든, 자유 자체의 요구나 실천 이상의 것을 지적해야 하는 것으로 보이기 때문이다. 우리는 무언가 새로운 것, 예견할 수 없었던 것, 어떤 논리적이거나 역사적인 발전과정의 결과가 아니고 오히려, 아렌트의 시적 문구를 빌리자면, "전혀 있을 수 없는 일"을 창조하는 것과 같은 가장 중요한 것을 놓치고, 그 대신 —사회 문제와 주체 문제들처럼 —자유의 정당성에 얽매인 우리 자신을 발견한다.[66]

페미니즘을 "끝없는 불가능성"으로 생각한다는 것은 무슨 뜻일까? 페미니즘에서의 "우리"를 무언가 완전히 우연적인 것으로, 즉 무언가 그냥 내버려 둘 수도 있었던 것으로, 무언가 세계 밖으로 내몰려질 수 있는 대단히 취약한 것으로, 다시 생각해본다면 어떻게 될까? 우연성 *contingency*은 현대 페미니즘 이론에서 익숙한 용어이지만, 그것을 자유의 실천으로서의 페미니즘의 세계-창조적이고 세계-구축적인 힘의 *조건*으로 보기는 어려웠다. 오히려 우리는 우연적 상황에서 누군가의 이름으로 권위 있게 말할 수 있는 모든 중요한 정치적 능력을 페미니즘으로부터 빼앗으려는 위협을 종종 보게 된다. 그러나 아렌트는 우리에게 행위의 "놀라운 임의성"은 (즉 과거의 원인에 따른 결과도 아니고 미래의 결과에 대한 예측 가능한 원인도 아닌 무언가를 시작할 수 있는 순수한 능력) "자유가 치러야 하는 비용"이라고 말한다.[67] 그것은 —아렌트가 혁명운동을 설명할 때 등장하는 "행동하는 인간"처럼 — 페미니스트들이 지불하기를 꺼리는 비용이다. 시작을 여는 힘으로 이해될 때, 자유는 우리가 부정하거나 덮어버리는 경향이 있는 심연적 혹은 내부 모순적 특성을 갖는다. 무엇이 시작을 정당화하는가? 무엇이 말하자면 *이런* 정치적 결사체의 형태를, *이런* 공동체의 구성을, *이런* 자유의 실천을, *이런* "우리"를 정당화하는가?

필자는 다음 장들에서 이러한 질문들에 대한 페미니스트들의 다양한 답

---

66) 윗글, 169쪽.
67) Arendt, "The Concept of History," 88쪽; Hannah Arendt, "Truth and Politics," in *Between Past and Future*, 227-264쪽; 인용구는 243쪽.

변 방식을 논의한다. 우선은 시작을 여는 정치적 행위 형태의 기반을 찾음으로써 페미니즘 정치의 정당성을 확보하려는 시도는 페미니스트들을 인식론에, 즉 진리 주장과 규범적 정당성에 얽매이게 했다는 점에 주목할 필요가 있다. 우리가 1990년대의 분열적이고 소모적인 페미니즘 "토대 논쟁"을 활성화시켰던 페미니즘의 인식론적 전환을 (예컨대 입장론) 이해하고 싶다면, 우리는 그것을 아렌트가 "자유의 심연"이라고 부른 것에 대한 하나의 문제적인 반응인 것으로 간주할 수 있을 것이다.[68] 다시 한번, 그것은 마치 자유에 대한 여성들의 주장이 정당화를 요구하는 것과 같으며, 이 경우에는 여성들이 피억압 집단으로 속해 있는 세계에 대한 좀 더 진실에 가까운 설명을 요구하는 것과 같은 것이다. 이런 식으로 페미니즘의 주장을 정당화하려는 시도는 행위의 경계 없음과 예측 불가능성에 대한 이해할만한 그리고 전혀 특별할 것 없는 반응이지만, 아렌트는 우리에게 사유의 심연으로부터의 이 특별한 후퇴가 가져오는 정치적 대가가 무엇인지 질문할 것을 제안한다.

4. 페미니즘의 "잃어버린 보물"

자유의 심연으로부터 후퇴하는 경향과 연관된 한 가지 위험을 우리는 페미니즘의 혁명적 기원에 대해 우리가 우리 자신에게 말하는 ―혹은 말하지 않는― 이야기에서 찾아볼 수 있다. 근대의 페미니즘은 미국 독립혁명과 같은 세계사적 사건으로부터 유래하지는 않았지만, 페미니즘은 그 같은 사건에 생기를 불어넣는, 즉 아렌트가 "시작을 여는 인간의 능력에 대한 가슴 벅찬 자각"이라고 부른 혁명적 기운을 공유했다.[69] 그러나 아렌트가 쓰듯이, "미국을 탄생시킨 것은 혁명이며, 공화국은 어떤 역사적 필연성이나 통치구조의 발전과정에 따라 생겨난 것이 아니다,"라는 단순한 사실을 기억하는 데 실패한 후기혁명적 사상과 유사하게, 현대의 페미니즘 역시 혁명적 기운과

---

68) Hannah Arendt, *The Life of the Mind*, 1-vol. ed. (New York: Harcourt Brace & Co., 1978), vol. 2, "Willing," 207쪽.

69) Hannah Arendt, *On Revolution* (New York: Viking, 1965), 225쪽.

행위의 우연성에 위치한 페미니즘의 기원을 놓친 것처럼 보인다. 페미니즘의 처음 두 물결들은 자유를 사회 문제나 주체 문제로 틀 짓거나, 자유에의 주장을 억압으로부터의 여성해방에서 곧바로 흘러나온 필연적인 역사발전인 것으로 기록함으로써, 정치적 자유의 심연적 성격을 부인했다. 이와 관련하여, 제3물결 페미니즘은 그 두 가지 틀과 연관된 문제들에 철저히 사로잡혀 있어서 아렌트가 미국 독립혁명의 "잃어버린 보물"이라고 예리하게 불렀던 정치적 자유 그 자체를 보지 못한 것처럼 보인다.

페미니즘을 자유의 실천으로 되돌리려는 최근의 시도들은 당시 관련된 개인과 집단들을 생기 넘치게 만들었던 시작을 여는 가슴 벅찬 감각을 재현하는 초기 제2물결 페미니즘의 서술적 설명들을 담고 있다. 그러나 일반적으로 페미니즘 정치행위자들 자신에 의해 쓰여진 이 설명들은 마치 그들 자신의 정치적 과거에 대해 제3세대 페미니스트들이 배은망덕하다거나 위험할 정도로 무지했다는 듯이, 종종 그들에 대한 불신과 함께 자기방어의 어조를 띠는 특징을 보인다. 이 설명들 중 많은 경우가 교훈적인 정치사의 유명한 모토에 이끌려서 ─즉 "과거를 잊은 자들은 과거를 되풀이하게 된다" ─마치 과거가 미래의 일을 지시한다는 듯이 혹은 지시해야 한다는 듯이 ─과거를 다루고 있다.[70] 그러나 자유-중심적 페미니즘은 과거 세대의 쟁점들을 이어나가기 위해 더 많은 구호적 외침들을 필요로 하지 않으며 ─글쎄, 그것도 사용할 수 있긴 하겠지만 ─정치적 자유라는 페미니즘 실천의 *불편한* ^{disturbing} 사례들을 필요로 한다: 이 사례들이 불편한 이유는 ─우리가 잠시 멈춰서 그것들이 우리를 불편하게 만들도록 내버려 두기만 한다면 ─이 사례들은 대부분의 페미니즘 이야기들을 결정짓는 사회-중심적 틀이나 주체-중심적 틀에, 즉 행위로서의 자유는 대부분 사라지는 틀에 편입되기를 거부하기 때문이다.

다음 장들에서 필자는 그런 불편함의 사례들을, 실천으로서의 자유를 전

---

70) Alice Echols, *Daring to Be Bad*; Susan Brownmiller, *In Our Time: Memoir of a Revolution* (New York: The Dial Press, 1999); Susan Faludi, *Backlash: The Undeclared War against American Women* (New York: Crown, 1991).

면에 내세우고 자유가 택할 수 있는 다양한 실천들을 상상하는 ─친숙한 그리고 친숙하지 않은, 저명한 그리고 혹평을 받은 ─페미니즘 책들에 대한 회복적 읽기의 형태로 제시한다: 제1장은 비-규칙 지배적인 이론적 실천으로서의 자유를 제시하고; 제2장은 행위의 시작을 여는 실천으로서의 자유를 제시하며; 제3장은 약속하기의 세계-구축적 실천으로서의 자유를 제시하고; 그리고 제4장은 판단하기의 비판적 실천으로서의 자유를 제시한다. 필자는 정치적 자유에 대한 고전적인 주장들도 고려하겠지만 (예컨대 "세네카 폴스 ^{Seneca Falls} 선언"), 다음 장들에서 집중적으로 다룰 내용들은 그럴 가능성이 적은 사례들이다: 제1장은 비판적 성찰의 이상에 얽혀있으면서 동시에 그 사상들과 강력하게 경쟁하는, 제3물결의 토대를 이루는 페미니즘 이론서에 초점을 맞춘다 (버틀러의 『젠더 트러블^{Gender Trouble}』); 제2장은 정치적 자유의 원칙을 중심으로 조직된 선지구적 페미니즘 혁명이라는 세계사적 사건과 관련된 문학작품에 초점을 맞춘다 (모니크 위티그의 『게릴라들^{Les Guérillères}』); 제3장은 이탈리아 페미니즘 공동체의 자유를 정초하는 문제와 관련된 집합적으로 작성된 보고서에 초점을 맞춘다 (밀라노여성서점조합의 『성적 차이^{Sexual Difference}』); 그리고 제4장은 인간의 자유를 단언할 수 있는 어떠한 능력도 그에 의존해야 하는 판단력을 키우기 위한 미완의 프로젝트에 초점을 맞춘다 (아렌트의 『칸트 정치철학 강의^{Lectures on Kant's Political Philosophy}』).

필자가 자유-중심적 페미니즘 실천의 불편한 예들로 위티그와 밀라노여성서점조합을 선정한 것에 대해 일부 독자들은 이상하다고 생각할지도 모른다. 그들의 문제점은 (예컨대 위티그는 "휴머니스트"이고 밀라노여성서점조합은 "본질주의자들"이라는 것) 이미 밝혀지지 않았는가? 이 시대 페미니즘 정치사상의 큰 틀에서 그들이 어떤 의미를 가질 수 있겠는가? 그러나 필자의 의도 중 일부는, 현재 우리가 수용하고 있는 사회 문제와 주체 문제의 틀이 어떻게 자유에 대한 그들의 관심사와 대안적 형태의 정치적 결사체의 창조를 보지 못하게 함으로써 그들에 대한 페미니즘적 읽기를 왜곡시켰는지를 보여주는 데 있다. 필자가 위티그와 밀라노여성서점조합의 글들을 다시 읽은 이유는 다양한 형태의 정치적 자유에 대한 그들의 풍부한 상상력을 보여주기 위해서뿐만 아니라, 그렇게 함으로써 우리가 어떻게 해서 바로 우리 눈앞에 정치적 자유가 펼쳐지고 있을 때조차 그 자유를 알아채지 못하게 되는지를 보여주기 위해서였다. 버틀러처럼 좀 더 익숙한 사례의 경우에는, 필자는 젠더에 대한 그녀의 초기 글들에 대한 비판적 수용을, 특히 자발적 행위 voluntarism라는 혐의를 분석한다. 필자는 (초기) 버틀러의 글들을 이 혐의를 뒷받침하는 (회의론적) 비판적 활동과 연루된 것으로 읽었지만, 필자는 또한 그녀의 프로젝트에서 창의적이고 비-규칙 지배적인 페미니즘 이론과 자유의 비주권적 실천 개념에 기여한 부분도 본다.

　페미니즘적 해석의 결에 반하여 읽으려는 필자의 시도는, 필자가 (제3장과 제4장에서) 주장하듯이, 자유를 인정하고 주장하는 데 결정적으로 중요한 (성찰적) 판단의 실천으로 이해되어야 한다. 필자가 선택한 저자와 책들은 정치적 자유에 대한 다면적 개념을 발전시키려는 필자의 관심사에 따라 정해진 것으로, 각 사상가는 각기 다른 각도에서 정치적 자유를 이해할 수 있는 관점을 제공하고 있다. 자유의 시작을 여는 특징을, 즉 새로운 것을 시작하는 힘을 강조하는 것이 중요하긴 하지만 우리는 거기서 멈출 수 없는데, 왜냐하면 그렇게 인식된 자유는 자기 문제에만 몰입하거나 ―적어도 그럴 위험이 있기 때문이다. *정치적* 자유에 대한 설명은 자발성 이상을 포함한다; 그것은 자유를 (정초하고, 약속하고, 그리고 판단하는 것과 같은) 세계-구축적 실천인 것으로 보아야 한다. 일련의 새로운 시작을 여는 힘은 만약 그곳에서 자유롭게 행동하면서 사물과 사건을 판단할 수 있는 세계적 공간을 창조하고 유지할 수 있는 능력이 우리에게 없다면, 아무런 의미가 없을 것이다. 바로 그런 이유 때문에 필자는 자유를 법령, 제도, 그리고 국가라는 (비-자유 중심적 대안) 구성된 권력과 대립적으로 설정하면서 자유를 철저하게 구성적 권력의 관점에서 주조하는 사상가들에 반대한다. 필자가 제3장에서 헌법상 보장된 여성의 권리문제와 관련하여 보여주겠지만, 그것은 잘못된 선택이다: 핵심은 권리와 같은 법률적 유물들을 거부하는 것이 아니라 다차원적 자유의 실천의 일환으로 그것들을 위치짓는 것이다.

　필자가 생각하기에 페미니즘에서 이처럼 잘못된 선택지들을 설정하는 경향은 (예컨대 구성하는 권력이냐 구성된 권력이냐; 평등이냐 차이냐; 인정이냐 분배냐) 대체로 그동안 페미니즘 이론의 발전을 이끌어왔던 사회 문제와 주체 문제의 틀 때문이다. 제1장에서 필자는 정당화 문제에 중점을 둔 1990년대의 인식론적 논쟁들이 어떻게 이 선택지들을 위기감으로, 즉 페미니즘 주체로서의 "여성"의 붕괴로 굴절시켰는지를 보여준다. 필자는 이 위기가 수단-목적적 정치 개념에 의해 촉발되었다고 주장하는데, 수단-목적적 정치 개념에 따르면 정치적 주장을 할 수 있는 능력은 규칙으로서의 범주를 특수성들에 적용하는 것과 페미니즘 이론을 보편적 규칙을 구성하는 활동인 것으로 이해하는 것에 의존한다. 따라서 이론에서 일관성 있는 범주로서의 여성을 상실하는 것은 그렇게 적용할 수 있는 규칙의 상실을 의미하는 것이었다. 이 견해에 따르면 이론이 실천에 규칙을 제공하는 것이기 때문에, 그러한 범주가 부재할 경우, 우리는 단지 "차이들"만을 갖게 되면서 "여성"의 이름으로 어떠한 정치적 운동도 할 수 없게 된다. 혹은 그런 식으로 이야기는 진행된다.

이러한 논쟁들의 중심에 버틀러의 젠더 수행성 이론이 있었다. 제1장에서 필자가 문제로 삼는 것은, 왜 버틀러의 전체 논지는 인식론적 용어에 의문을 제기하는 것이었는데도 막상 『젠더 트러블』은 (정치적으로) 파괴적인 형태의 회의론적 의심이라는 (예컨대 "여성이란 없다") 인식론적 용어로 해석되는가 하는 것이다. 필자는 젠더에 대한 버틀러의 반실재론적 설명을 비트겐슈타인의 규칙준수rule-following 개념으로 읽으면서, 버틀러가 계보학적 접근을 선호함에 따라 거부했던 회의론적 문제의식에 오히려 역설적으로 엮여 있음을 규명한다. 필자는 개념 적용의 인식론적 관심에 대한 버틀러의 대안은 대부분 신랄한 비판을 받아온 그녀의 드랙에 대한 설명에서 잘 드러난다고 주장한다. 일반적으로 수용되고 있는 해석에 이의를 제기하면서, 필자는 버틀러의 드랙 논의에서, 코르넬리우스 카스토리아디스Corneliuss Castoriadis의 문구를 빌리자면, "새롭게 생각할 수 있는 형상"을 본다. 급진적 상상력에 의해 주어지는 그 같은 형상들이 바로 비판적 사유의 조건이 된다. 젠더와 같은 "확정된 진리"에 대해 우리가 제기할 수 있는 의혹이 무엇이든 그 의혹은 언제나 형상화라는 생산적 순간과 함께 시작되며, (회의론이 주장하듯이) 근거 없는 믿음의 본질을 밝히는 데서 시작되지 않는다. 만약 우리가 어떤 특정한 믿음이 근거 없는 것이라는 통찰에 이르게 된다면 (버틀러가 젠더에 대한 실재론적 개념에 대해 그러했듯이), 그것은 우리가 특정한 사회적 배열의 우연성을 인식할 수 있게 하는 새로운 방식의 시선을 창조했기 때문이다. 필자는 페미니즘 비판은 언제나 그 비판의 조건으로 형상화라는 이러한 생산적 순간을 가져야 한다고 결론짓는다. 그것은 급진적이고 총체적인 것이기에 불가능한 의심의 형태에 의존하지 않으며—또한 의존할 필요도 없다.

페미니즘의 인식론적 전환과 연관된 교착상태를 극복하는데 있어 상상력이 잠재적 역할을 할 수 있음을 지적한 다음, 필자는 제2장에서 비인식론적이고 행위-중심적인 정치 개념과 시작을 여는 힘으로서의 자유 개념을 발전시키는 것으로 나아간다. 모니크 위티그의 혁명적 시학에서 생생하게 제시되었듯이, 페미니즘은 시작을 여는 실천이다: 부분적으로는 성 범주를 넘어서기 때문에 예측할 수도 없고 그 원인도 존재하지 않는 그런 존재를 생기게 하는 실천. 버틀러의 프로젝트처럼 위티그의 작업도 종종 회의적인 것으로, 즉 성 범주는 우리가 완전히 의심할 수 있는 어떤 것이라는 듯이 이해되곤 한다. 그러나 그러한 견해와는 대조적으로, 필자는 위티그가 우리의 삶의 형식에 중심적인 것으로서의 성에 대해 이의를 제기하는 데 있어 의심의 한계를 충분히 인정한다고 주장한다. 그녀의 비판적 접근은 회의적인 것이 아니고 생산적이고 창의적인 것이다. 위티그 역시 새롭게 생각할 수 있는 형상을 제공한다: *게릴라들* Les Guérillères, 일련의 규범적 이성애성을 부수고 유일한 자유의 원칙을 위해 싸우는, 시작을 여는 자들.

그러나 위티그는 사이 공간의 세계가, 즉 자유의 정치적 실천에 관여하는 사람들을 통합하고 분리하는 관계들이 필요하며, 그 관계를 창조해야 한다는 것을 보여주는 데 있어서는 덜 성공적이다. 그 문제와 관련해서 필자는 밀라노여성서점조합으로 향하는데, 밀라노여성서점조합은 자유를 행위로 간주할 뿐만 아니라 세계-구축에도 관심이 있다. 위티그와는 대조적으로, 이탈리아 페미니스트들은 페미니즘의 세계-구축은 주체성의 형식으로서가 아니고, "여성들 간의 자유로운 관계"라는 확고한 정치적 실천으로서 성차의 사회적 기입을 요구한다고 주장한다. 이 관계는 여성 정체성이 아니라 (그것이 생래적인 것이든 사회적인 것이든) 공적 공간에서 기꺼이 다른 여성들과 함께 판단하고 약속하는 것을 중심으로 조직화 되는 새로운 사회계약을 표현하는 것이다. 전적으로 그러한 실천에 기반을 두면서, 여성의 자유는 그 외의 다른 어떤 정당화도 (예컨대 사회발전에의 기여) 요구하지 않는다. 여성의 자유는 그 자체가 유일한 존재 이유가 된다.

사이 공간 세계의 중요성을 입증하면서 밀라노여성서점조합은 페미니즘에서 판단의 중요성을 전면에 부각시키지만, 조합은 거기에서 멈출 뿐 그러한 실천에 대한 어떠한 이론적 설명도 제시하지 않는다. 따라서 필자는 페미니즘 공동체는 정체성에 기반을 두는 것이 아니고 공유된 판단을 내리는 비판적 실천에 기반을 두고 설립되어야 한다는 조합의 통찰력을 가지고, 제4장에서 칸트의 세 번째 비판서인 『판단력 비판*Critique of Judgment*』에 대한 아렌트의 독특한 읽기로 나아간다. 그 성찰적 양식 안에서, 판단은 우리가 대상과 사건의 *자유*를 이해하고 단언할 수 있게 하고, 행위의 충격적일 수도 있는 임의성을 즐길 수 있게 하며, 그리고 페미니즘을 비판적 공동체로 창조할 수 있게 하는 능력이 된다. 이해와 이성보다는 상상력이 그러한 판단에 결정적으로 중요한 것이자 탁월한 정치적 능력임을 강조함으로써 아렌트는 왜 여성 범주의 붕괴가 절대로 페미니즘의 종언을 초래하지 않는지를 우리가 이해할 수 있게 해주는데, 왜냐하면 자유-중심적 페미니즘은 처음부터 절대로 개념 적용에 의존한 적이 없었기 때문이다. 정치적 주장은 상상력을 발휘할 수 있는 능력, 타자의 관점에서 생각할 수 있는 능력, 그리고 이런 식으로 보편성을 상정하고 따라서 공동체를 상정할 수 있는 능력에 의존한다. 그러한 주장의 보편성은 대부분의 페미니스트들이 그렇게 가정해온 경향이 있듯이 인식론적으로 정당화되는 것에 달려 있지 않으며, 공적 공간에서 우리가 예측할 수도 통제할 수도 없는 방식으로 타자들에 의해 받아들여지는 것에 달려있다. 세계라고 불리는 이 공간은 항상 변화하는 공간이며, 페미니스트들은 실현될 수도 있고 되지 않을 수도 있는 합의를 상정하면서, 그 공간에서 공동체의 특성과 한계를 -일상적으로 - 발견한다.

　결론에서 필자는 자유-중심적 페미니즘 프로젝트는 주로 민주주의 이론가들에 의해 연구되어온 잘 알려진 역설과 긴장 중 일부를 이해하지 않고서는 발전할 수 없다고 주장한다. 페미니즘을 민주주의 이론과의 비판적 대화의 장으로 가져옴으로써, 필자는 주체 문제 및 사회 문제와 관련된 문제들을 통해 단호하게 작동되고 있는 정치적 방식을 그 이상으로 발전시키려고 한다. 이러한 대화는 이미 앞의 장들에서 아렌트에 대한 논의를 통해 시도되었는데, 페미니즘 이론에서 가장 집요한 문제 중 일부를 새롭게 생각할 수 있는 공간을 열어줄 수 있다. 비판적 문제제기에 개방되어있는 정치적 공동체를 구성하는 것과 연관된 어려움들은 페미니즘에만 독특하게 나타나는 현상이 아니다. 제도와 자유의 기운이 아주 적거나 아직 존재하지 않는 곳에서 자유로운 사람들을 정초하는 문제 역시 그러하다. 이러한 문제들은 민주주의 이론과 실천에 속하는 딜레마이다. 페미니스트들은 표준적인 정치이론이 젠더 위계를 곧바로 그 정치 문법에 기입하는 것에 대해 정당하게 비판했다. 이제 우리는 일부 고전 사상가들에게 돌아가서, 최근에 발생해서 우리에게 피로감 혹은 위기감을 주고 있는 페미니즘의 교착상태를 벗어나는 방법을 찾아나가는데 있어 그들이 무엇을 제공할 수 있는지 볼 수 있게 될 것이다.

　민주주의 이론의 전통 안에서 작업해온 아렌트는 민주주의 이론과 페미니즘 간의 비판적 대화를 재개하려는 우리를 도와줄 수 있을 것이다. 아렌트는 한 번도 페미니즘에 대해 (좋은) 말을 한 적이 없지만, 필자는 비주권적 자유의 공간으로서의 정치영역에 대한 충분히 관습적이면서도 인위적인 혹은 비-자연적인 이해에 대한 그녀의 치열한 헌신이 주체 문제와 사회 문제 둘 다와 연관된 교착상태로부터 페미니스트들이 벗어날 수 있도록 귀중한 대안을 제공해준다는 것을 이 책에서 보여줄 수 있기를 기대한다. 우리가 아렌트와 같은 민주주의 사상가들에게 관심을 돌리게 되면 그 밖의 딜레마들, 역설들, 그리고 갈등들이 부상할 것이라는 것을 인정하지만, 아마도 우리는 그 문제들을 단번에 해결하지 못하는 것에 대해 낙담하기보다는 페미니즘 정치와 민주정치라는 어렵고도 다루기 힘든 작업에 속하는 것으로 그 문제들을 더 잘 인지하고 수용할 수 있게 될 것이다. 조앤 스콧을 포함한 여러 연구자가 지적하였듯이, 페미니즘은 역설로 가득 찬 것이다. 그러므로 다음 장들에서 논의될 페미니스트 저자들과 함께 비페미니스트인 아렌트가 "페미니즘의 종언"을 거부하고 새롭게 페미니즘을 긍정하는 프로젝트로 나아가려는 우리를 도와줄 것이라는 점은 놀라운 일이 아니다.

01

페미니스트들은
자신이 무엇을 하는지 알지 못한다

: 주디스 버틀러의 『젠더 트러블』과 인식론의 한계들

이론은 그 자체로 하기이며, 세계를 밝히는
프로젝트를 실현하려는 늘 불확실한 시도다.

-코르넬리우스 카스토리아디스

포스트모던 다양성을 다루는 한 저명한 페미니스트 이론가가 뉴욕에서 개최되는 정체성을 주제로 하는 한 학술대회에 참석한다. 단일범주로서의 여성의 소멸을 정리한 논문을 발표한 후에 그녀는 그녀가 페미니즘을 배신했다고 비난하는 화가 난 청중 한 명과 마주한다. 극도로 분노한 이 청자는 페미니즘은 실천이며 여성으로 불리는 주체를, 즉 이론화된 페미니즘이 일상으로부터의 회의론적 도피 중에 해체 시킨 그 주체를 필요로 한다고 선언한다. 평상시보다 훨씬 높은 목소리로 이 청자는 (자신과 같은) "실재 여성"의 존재에 대한 자신의 확신을 강력하게 주장한 후, 발표자에게 "당신은 바로 여기 이 회의장에 여성들이 있다는 것을 어떻게 알 수 있습니까?"라는 질문으로 끝을 맺는다. 이런 당황스러운 수사학적 질문에 극도로 지친 포스트모던 페미니스트는 다소 무덤덤하게, "아마도 당신이 아는 방법과 같을 것"이라고 대답한다.[1]

소위 여성 범주에 관한 논쟁들은 다행히도 이미 다 과거의 일이 되었기에, 위와 같은 장면들은 미국 페미니즘 이론의 발전에 있어 독특한 비애감을 주는 한 가지 특별한 에피소드라는 것 외에는 이제 더 이상 지속적인 의미를 갖지 않는 것으로 보일 것이다.[2] 그러나 논쟁이 끝났다는 것이 논쟁이

---

1) 독자들은 이 일화에서 여성 범주에 관한 제3물결 논의들의 비애감을 인지할 수 있을 것이다. 필자가 아래에서 주장하겠지만, 이 논의들은 책상이나 의자와 같은 경험적 사물의 존재를 의심하듯이 여성의 존재를 의심할 수 있다는 생각을 당연시했다.

해결되었다는 것을 뜻하는 것은 결코 아니다. 1990년대에 극적으로 고조된 이론화의 경쟁 구도가 "여성들 간의 차이"에 대한 싱거운 합의로 귀결된 것은 사실이다. 그러나 그 합의는 진정 무엇을 의미하는가? 그것은 어떤 공유된 전제와 깊은 분열들을 감추고 있는가?

비록 차이에 주목해야 한다는 요구가 페미니즘의 근간을 이루는 범주들의 거짓된 동질성을 폭로하는데 도움이 되긴 했지만, 그 요구는 다시 페미니즘 이론화 자체에 대한 불만을 덮어버리는 역할을 했다. 그것은 마치 차이 개념이 페미니즘에서 대대로 내려오는 배제의 전통을 없앨 수 있을 뿐만 아니라, 이론이란 무엇이며 실천과 어떻게 관련되는지에 대한 근본적인 질문들을 해결할 수 있는 마법의 물질이었던 것처럼 보인다. 제2물결과 제3물결 페미니스트들은 모두 —문제는 세상을 변화시키는 데 있지 단지 해석하는 데 있지 않다는 마르크스주의의 격언을 암묵적으로 혹은 명시적으로 받아들이면서 —이론적인 것과 실천적인 것의 관계에 대해 깊은 우려를 표명했지만, 해석과 변화의 관계를 확실하게 밝히지는 않았다. 이론은 실천과 관련되어야 함을 선언하면서도 페미니스트들은 대부분 이론과 실천의 관계의 정확한 성격을 모호한 상태로 내버려 두거나, 더 심각하게는 (종종 자기도 모르게) 그 관계를 일방향적인 것으로, 즉 보편적 개념들로 구성된 이론을 정치의 특수성들에 규칙처럼 적용하는 것으로 규정하는 경향이 있었다. 만약 많은 제3물결 페미니스트들이 주장하듯이 그 같은 일방향적 관계는 있을 수 없는 것이라면, 우리의 유일한 자구책은 이론을 버리고 단지 묘사에만 안주

---

2) 한때 (대문자) 여성의 (남성주의적 단일 조직) 후계자로, 그리고 공유된 정체성과 공동경험으로 묶인 정치세력의 상징으로 예고됐되던 여성들은 이제 페미니즘 이론의 범주이자 페미니즘 실천의 주체로서의 매력을 잃게 되었다. 여성 범주에 대한 제3물결 논의들은 주로 배제의 문제에 초점을 맞췄다: 범주에 대한 모든 이론적이고 정치적인 주장들은 그 범주에 부합하지 않는 사람들을 배제하는 규범적 여성 개념을 가져온다. 젠더 정체성이 인종, 계급, 혹은 섹슈얼리티와 같은 다른 사회적 차이들과 무관하게 여성들의 정치적 운동의 토대가 된다는 생각은 많은 페미니스트들에 의해 거부됐다. 마찬가지로 젠더는 생물학적으로 주어진 (섹스)에 대한 문화적 해석이라는 생각 역시 거부됐다.

해야 하는 것 같다. 그러나 다른 한편 이론의 보편화 충동을 거부하는 것의 대가로 우리는 특수한 사례 너머에 있는 어떤 것에 대해 말할 수 없게 되는 셈이다.

페미니즘 비평이 아서 단토$^{Arthur\ Danto}$의 문구대로 "일상사의 변혁"을 일으키는 것이라면, 단순한 묘사는 ─모든 묘사는 언제나 이론-의존적이지 않은가 하는 문제는 차치하고라도 ─결코 각각의 특수성들을 상호 간에 예상치 못한 비판적 관계로 가져옴으로써 우리가 우리 자신의 활동은 말할 것도 없고 그 특수한 대상을 새롭게 볼 수 있게 되는 작업을 하지 못한다.[3] 마찬가지로 만약 페미니즘 비평이 아렌트가 행위라고 부르는 시작을 여는 특징에 대한 고려를 포함하는 것이라면, 가설, 개념, 혹은 모델을 구축해서 섹스/젠더 관계의 규칙성을 설명하고 예측하는 것을 중심으로 하는 이론적 활동은 그 자체의 문제를 완전히 이해하지 못하는 것이 되며, 우리 자신의 정치적 실천에서 무엇이 핵심적인 것인지에 대해 오해하게 만드는 것이 된다. 우리는 일상을 변혁시키기 위해 일상을 넘어서는 곳에 도달하려는 유혹에, 즉 우리의 실천 밖에 놓여있는 장소에서 보편적 개념을 형성한 후 사회변화를 예측하고 달성한다는 명목으로 특수성들을 그 개념에 포함시키려는 유혹에 저항하는 자유-중심적 페미니즘 비평 양식이 필요하다. 그것이 이 장의 과제라면, 그것은 지시적인 용어보다는 치료적인 용어로 이해되어야 한다. 우리는 정치의 우연성에 적용될 수 있는 또 하나의 규칙으로 페미니즘 섹스/젠더 이론을 제공하기보다는, 그러한 이론을 요구하는 것과 거부하는 것의 속성을 동시에 이해하기를 원한다.

1. 이론 ─ 일반성에 대한 갈망?

앞에서 언급한 두 개의 분명히 구분되지만 서로 관련된 이론에 대한 견해들을 명확히 하는 것에서부터 시작해보자: (1) 이론은 보편적 개념을 형성하는

---

3) Arthur Danto, *The Transfiguration of the Commonplace: A Philosophy of Art* (Cambridge: Harvard University Press, 1981).

비판적 실천이며 체험의 특수성들에 대해 규칙과 같은 방식으로 적용될 수 있다; (2) 보편이론 자체는 완전히 파산되었기에 묘사의 기술로 대체되어야 하며 당면한 특정 사례를 넘어서는 것에 대해서는 어떤 것도 말해서는 안 된다. 이 두 가지 경향은 서로 관련되어 있는데, 왜냐하면 아래의 논의에서 볼 수 있듯이 이 두 경향 모두가 비판이론은 그 기획 자체가 보편화 기능을 갖는 데 있으며 비판이론에서 특수성들은 종합적인 비평을 생산하기 위한 개념 아래 포괄되는 방식으로 조명되는 것이라는 전제를 갖고 있기 때문이다. 예컨대 탈식민주의 페미니즘 글들의 사용과 남용의 이유 중 하나는 페미니스트들이 이런 종류의 기획에 필연적인 결과로 보이는 것, 즉 비트겐슈타인이 "일반성에 대한 갈망$^{craving\ for\ generality}$"이라고 불렀던 것과 함께 "특수한 사례에 대한 경멸적인 태도"를 약화시킬 수 있는 것을 그 글들에서 찾으려 하기 때문일 것이다.[4] 이 갈망은 수 세기 동안 이어져 온 철학석, 성치석 사유의 산물이다; 그것은 일반화하려는 경향으로써, 그 사유 전통과 함께 또 그 전통에 반대하면서 작업하고 있는 페미니스트들은 그에 대해 취약하다. 일부 페미니스트들로 하여금 특수한 사례에 주목하지 않고 통합된 범주를 생산하도록 이끈 것이 바로 어느 정도는 이 일반성에 대한 갈망이었고, 이 갈망이 1980년대를 거쳐 1990년대에 들어서까지 페미니즘 이론 기획의 지배적인 노선을 활성화했으며, 심지어 오늘날에도 그것이 회의론이든 급진적 특수론이든, 이론의 거부라는 보복의 형식으로라도 여전히 지속되고 있다.

여성 범주 논쟁에서 감추기 어려운 것이 바로 페미니즘 이론은 젠더 관계를 완벽하게 설명할 수 있고 또 해야 하며, 그것을 어떻게 바꿀 것인지에 대한 일종의 '최적화된 지침'을 제공할 수 있고 또 제공해야 한다는 무언의

---

4) Ludwig Wittgenstein, *The Blue and Brown Books* (Oxford: Basil Blackwell, 1964), 17쪽, 18쪽. 이 사용과 남용은 "제3세계 여성"과 같은 형상의 생산을 포함한다; Chandra Talpade Mohanty, "Under Western Eyes: Feminist Scholarship and Colonial Discourses," in *Third World Women and the Politics of Feminism*, ed. Chandra T. Mohanty, Ann Russo, and Lourdes Torres (Bloomington: Indiana University Press, 1991), 51-80쪽.

소망이다.[5] 우리는 이 소망을 위안을 얻으려는 욕망으로, 즉 완벽한 이론에 의해 만족을 얻게 되는, 그래서 끊임없이 그러한 이론을 찾아 나서는 욕망으로 생각할 수 있을 것이다. 주디스 버틀러의 『젠더 트러블』이 미국 제3물결 페미니즘 그룹에 끼친 놀랄만한 영향력은 단지 저자의 비판적 글쓰기의 탁월함을 말해줄 뿐만 아니라, 그러한 이론을 원하는 (심지어 버틀러의 경우처럼 이론가 자신이 위안을 얻으려는 우리의 욕망을 문제 삼을 때조차) 우리 자신의 욕망을 말해준다.[6] 이 욕망은 무모한 것인가? 미국의 제2물결 페미니즘 이론 자체가 만약 정확하게 이해된다면 정확하게 바로잡을 수 있는 여성 억압에 대한 긴 일련의 인과적 설명을 제시함으로써 위안을 얻으려는 우리의 욕망을 자극하지 않았는가? 오늘날 미국 페미니즘 이론가들의 글에서 (모든) 여성들의 고통의 근원이나 원인을 말하는 경우를 찾기는 어려울 것이다. 그러나 위안을 얻으려는 욕망이, 즉 총체적인 이론과 함께 어떻게 정치적으로 행동해야 할지를 말해주는 격언에 대한 욕망이 사라졌는가? 여성 범주 논쟁에서 우리가 알게 된 것에 비추어보면, 분명 그 욕망은 완전한 이론을 창조하여 다양한 체험들을 모두 포괄하고, 인과관계를 정확하게 설명하며, 규범적 헌신을 명확하게 확정함으로써 궁극적으로 우리가 어떻게 행동해야 할지 알려주는 그런 문제가 아니다.

집요하지만 불가능한 그 같은 이론 개념을 추동하는 것은 집단적 이익 추구에 초점을 맞춘 도구적이고 수단-목적적인 활동으로서의 정치개념이다. 이러한 추구는 공동의 관심사를 가진 일관성 있는 집단을 (예컨대 여성들) 요구한다. 그것은 또한 여성들의 삶의 특수성들을 이해하고 체계화하는 규칙으로 작동하는 개념 형태로서의 지식생산, 그리고 정치적 주장들을 명확히 하고 근대의 과학적 합리성과 그 정당화 실천의 용어로 그 주장들을 인

---

5) 이 문구는 David Pears, *The False Prison: A Study of the Development of Wittgenstein's Philosophy* (Oxford. Clarendon Press, 1988), Vol. 2, 488쪽에서 인용한 것이다.

6) Judith Butler, *Gender Trouble: Feminism and the Subversion of Identity* (New York: Routledge, 1990).

정하는 데 사용될 수 있는 그런 지식생산을 요구한다. 이 같은 정치개념을 많은 페미니스트들이 다소 무비판적으로 수용한 점을 고려하면, 차이에 주목해야 한다는 요구에서 표현됐듯이 총체적 이론에 대한 비판이 전반적인 정치적 위기감을 촉진시킨 것은 놀라운 일이 아니다. 달리 말하면, 그 위기의 워천은 페미니즘 주체로서의 여성을 상실한 것에 있는 것이 아니고, 그런 일관되고 미리 주어진 주체를 요구하는 수단-목적적인 정치적 관점에 있다. 이런 식의 정치에 대한 이해가 함의하고 있는 총체적 이론의 가능성은 코르넬리우스 카스토리아디스가 "그 이론적 진리의 *수동적* 대상들"이라고 쓰듯이 사람들 자체를 목적을 위한 수단으로, 그리고 세계 자체를 정적인 대상으로 다룬다: 총체적 이론은 닫힌 체계에 동화될 수 없는 사람들, 즉 새로움을 여는 사람들의 정치적 활동에 대해 결코 설명할 수 없다.[7]

---

7) Cornelius Castoriadis, *The Imaginary Institution of Society*, trans. Kathleen Blamey (Cambridge: MIT Press, 1987), 69쪽. 이후 본문과 각주에서 이 책을 인용할 때는 *IIS*로 표기한다. 카스토리아디스는 마르크스주의가 이론과 실천의 관계를 재구축하려 했다고 주장한다. 이론의 과제는 불변의 이론을 세우는 데 있는 것이 아니라 우리의 사회적 배열을 바꾸기 위한 인간 활동의 산물을 생각하는 데 있었다. 그러나 이론과 실천의 역할을 재구성하려는 마르크스의 시도는 결코 결실을 맺지 못했다고 카스토리아디스는 말하는데, 왜냐하면 자본주의를 비판하려는 시도로 시작했던 것이 "빠르게 인간, 집단, 그리고 계급적 행위와 무관한 법칙 하에 작동하는 자본주의 경제를 설명하려는 시도가 되기 때문이다." 실천이 예측 가능한 이론적 법칙의 단순한 구현으로 축소되면서, "실천은 더 이상 세상을 바꾸는 문제가 아니고 세상을 해석하는 문제가 된다. 세상은 이론에 의해 추론된 의미 안에서 변화되어야 하고 또 변화될 것을 확신하면서, 실천은 세상에 대한 오직 하나뿐인 진실한 해석을 전면에 밀어붙이는 것이 된다"(Castoriadis, *IIS*, 66쪽). 이론은 알기로 제한되었고, 실천은 규칙의 적용으로서의 행동하기와 결합하게 되었다. 이론에 대한 이러한 견해는 특히 앨리슨 재거[Alison Jaggar]의 *Feminist Politics and Human Nature* (Totowa: Rowman & Allanheld, 1983)의 경우처럼 제2물결 사회주의 페미니즘 교재들에서 분명하게 드러난다. 재거의 글과 총체적인 이론 개념에 대한 통찰력 있는 비판으로, Kirstie McClure, "The Issue of Foundations: Scientized Politics, Politicized Science, and Feminist Critical Practice," in *Feminists Theorize the Political*, ed. Judith Butler and Joan Scott (New York: Routledge, 1992), 341-368쪽을 참조하라.

정통 마르크스주의의 위기에 대한 카스토리아디스의 비판적 설명에 이어, 우리는 페미니즘의 꿈으로서의 이 총체적 이론에의 노출이 바로 여성 범주의 논쟁 과정에서 두 개의 서로 다르지만 관련된 반응들을, 즉 독단론 대 회의론이라는 오래된 철학적 투쟁의 현대판 (그래서 약화된) 버전으로 간주될 수 있는 것을 초래했다는 것을 알게 된다: (1) 소위 제2물결 페미니즘 이론의 확실성에 대해 비판하는 것은 옳을 수도 있지만 우리는 급진적 정치의 이해관계를 위해 그 비판을 모른 체하고 총체적 이론을 인정해야 하는데 (예컨대 "전략적 본질주의"), 왜냐하면 급진적 정치는 토대론적 지식 주장과 그 주장을 구체화하는 이론 없이는 활동을 시작할 수 없기 때문이다; (2) 총체적인 (페미니즘) 이론은 존재할 수 없기에 우리는 페미니즘 프로젝트 자체는 아니더라도 이론적 기획은 포기하게 되는데, 왜냐하면 이론적 기획은 이제 카스토리아디스의 말을 빌리자면, "어떤 대가를 치르더라도 자신이 알지 못하는 어떤 것을 심지어 그보다 더 알지 못하는 어떤 것으로 변형시키려는 맹목적 의지로. . .간주되기 때문이다" (*IIS*, 71-72쪽). 이 반응들은 서로 연관되어있다. 비록 두 번째 반응은 첫 번째 반응에 의해 거부된다 할지라도 이 두 반응 모두가 총체적 이론 없이는 어떠한 의식적 행위도, 그 이상에 대해 우리가 즉각적으로 토론하고 누군가의 이름으로 투쟁하는 그런 공동기획에 대한 감각도, 있을 수 없다는 견해를 공유하기 때문이다. 총체성으로서의 현재와 미래의 사회조직들을 생각할 수 있게 해주면서 동시에 그 조직들을 판단할 수 있게 기준을 제공해주는 합리적 지식이 없다면, 페미니즘 정치는 결정론적 정치 (즉 어떠한 특수한 이상이나 규범적 헌신도 찾아볼 수 없는 정치) 이외에는 존재하지 않게 된다. 그 경우, 우리는 "페미니즘의 종언"을 선언하는 편이 차라리 나을 것인데, 왜냐하면 페미니즘의 기획을 비페미니즘 심지어 반페미니즘의 기획을 포함한 다른 정치적 기획들과 차별화시킬 것이 거의 없기 때문이다.

(페미니즘과 같은) 혁명적 기획은 "완벽한 이론에 토대를 두어야 한다"는 요구는 카스토리아디스에 따르면, "정치를 기법과 동화시키고, 그 활동공간 ─ 역사 ─ 을 완성된, 그리고 철저한 지식의 가능한 대상으로 위치짓는. .

.것이다. 이 논리를 도치시켜서, 이런 종류의 지식은 불가능하기 때문에 명쾌한 [즉 이론적으로도 비판적으로도 잘 아는] 혁명적 정치 역시 불가능하다고 결론짓는 것은 결국 허구적 기준에 따라 모든 인간 활동과 역사를 불만족스러운 것으로 도매금으로 거부하는 것과 같은 것이다"(*IIS*, 75쪽). 도구적 정치개념의 신세를 지고 있는 페미니스트들은 대부분 그런 지식은 가능하지도 않고 바람직하지도 않다고 보지만, 어떻게 그런 지식 없이 혹은 좀 더 정확히 말하자면 어떻게 정치적 주장들을 규정하고, 구체화하고, 판단할 수 있는 그런 객관적 기준을 마련하는 것과 관련된 지식 없이 페미니즘을 지속할 수 있을 것인지에 대해 갈수록 어려움을 느끼고 있다. 그러므로 페미니스트들은 독단론과 회의론의 유혹을 받으면서, 자신들이 잘 알고 있는 것을 (예컨대 "여성"은 단일한 집단이라는 것) 사실이 아니라고 단언하거나, 자신이 모르는 어떤 정치적인 것도 단언할 수 있다는 것을 (예컨대 여성의 이름으로 말하는 것) 부인하게 된다. 그리고 이 동일한 논리가 터무니없는 결론에 도달해서, 페미니즘의 미래를 "이 방에 여성들이 있다"는 선에서 인지적 판단을 내리는 우리의 능력에 달려있게 만든다.

정치를 기법과 동화시키는 경향에 대한 카스토리아디스의 비판은 정치를 조작 혹은 제작의 형태로 생각하는 경향에 대한 한나 아렌트의 설명을 연상시킨다. 아렌트의 주장에 따르면, 정치를 이런 식으로 생각하는 것은 "공적 공간을 조작된 대상 이미지에 맞게 구축하는 것으로" 상상하는 것이고, 이런 대상은 말하자면 사상의 모델로 먼저 존재하며 정치는 그 모델을 실천을 통해 구현하도록 안내하는 일련의 규칙들로 작동하는 것으로 보는 것이다.[8] 아렌트는 이러한 도구적 정치개념을 행위-중심적 관점으로 맞서면서, 정치적 행위자들은 "자신이 무엇을 하는지 알지 못한다,"라고 주장한다.[9] 아렌

---

8) Hannah Arendt, *The Human Condition* (Chicago: University of Chicago Press, 1989), 227쪽.

9) Hannah Arendt, "'What Remains? The Language Remains': A Conversation with Günter Gaus," in *Essays in Understanding, 1930-1954*, ed. Jerome Kohn (New York: Harcourt Brace & Co., 1994), 1-23쪽; 인용문은 23쪽.

트는 여기서 (플라톤식의) 알기와 하기의 분리, 그리고 아는 사람들과 (철학자 혹은 지배자) 행동하는 사람들의 (민중 혹은 피지배자) 위계적 구분을 받아들이지 않는다.[10] 오히려 아렌트는 행위로서의 정치가 규칙-지배적인 활동이며, 이론에 의해 모델의 형태로 미리 주어진 것으로서, 실제 활동 자체보다 앞서서 알 수 있는 결과물이라는 바로 그 생각에 의문을 제기한다. 그렇다면 정치적 행위자들은 그것을 아는 사람들이 (이론가나 철학자) 따로 있기 때문이 아니라, 우리가 행동할 때 우리는 우리의 행동의 결과가 무엇이 될지 알 수 없기 때문에 (즉 예측하거나 예견할 수 없기 때문에) 자신이 무엇을 하는지 알지 못하는 것이 된다.

정치적 행위의 결과나 (아렌트) 실천의 결과를 (카스토리아디스) 예측할 수 없음이 문제가 되는 것은 오직 수단-목적적 정치 개념과 그 허구적 지식 기준의 요구를 따를 때 뿐이다. 카스토리아디스와 아렌트는 둘 다 정치는 인간의 활동을 기록하는 것이고 참여자들이 자신들의 활동에 대한 완성된 이론을 제공하거나 제공할 수 있기를 요구하는 것이라고 보는 생각에 의문을 제기한다. 이 두 사상가 누구도 이 같은 완전한 지식의 부족을 비판적으로 사유할 수 없음이나 비성찰적인 활동들, 혹은 무분별하고 강박적인 습관과 관련지어 생각하지 않는다. 비트겐슈타인처럼, 이들은 우리의 규칙-지배적인 실천들은 비결정적인 것이라고 주장한다. 즉 그 실천들은 세계와의 창의적이면서도 비판적인 관계의 일부로 인정되기 위해 그 실천들이 바닥까지 모두 정당화되어야 하는 것도 아니고, 또 그러한 정당화를 필요로 하는 것도 아니라고 주장한다. 좀 더 구체적으로 말하자면, 아렌트와 카스토리아디스는

---

10) "플라톤이 시작하는 행위와 달성하는 행위라는 오랫동안 사용돼왔던 행위 구분방식 대신, 알지만 행위하지 않는 사람과 모르면서 행위하는 사람으로의 구분을 처음으로 도입함에 따라, 무엇을 해야 할지 아는 것과 그것을 실제로 행하는 것은 두 개의 완전히 다른 수행이 되었다"(Arendt, *The Human Condition*, 223쪽). 이상석인 철학자는 인식하는 사람이며 그 인식에 기반을 두고 통치하는 사람이다. 아렌트는 아는 것과 행하는 것, 즉 지배자와 피지배자의 이 같은 구분을 서구 정치철학의 전통을 규정했던 "인간사의 나약함으로부터 조용함과 질서의 견고함으로의 도피" 시도로 본다 (윗글, 222쪽).

정치를 알기의 실천에 기반을 둔, 말하자면 증거를 제시하고, 진실과 거짓을 확정하며, 정당화나 비정당화를 제공하는 것에 기반을 둔 수단-목적적 활동으로 생각하기를 거부한다. 카스토리아디스는 만약 정치가 "정치적 영역에 대한 완전한, 혹은 거의 완전한 지식에 기반을 둔 '순전히 합리적인' 활동"이었다면, "정치영역에서 발생하는, 그리고 실천과 관련된 어떠한 질문도 결정 가능할 것이며," ─다시 말해, 이론상으로 그리고 실제 실천과는 완전히 분리된 방식으로 결정 가능할 것이며 ─"그 질문은 정치가 추구하는 목적에 도달하기 위한 수단을 사실로 상정하고, 의도한 결과들을 가져올 원인들을 확립하는 것으로 제한될 것,"이라고 쓴다 (*IIS*, 72쪽).

2. 페미니즘 토대론 논쟁에 대한 비트겐슈타인식 읽기

어떠한 페미니스트도 정치를 전적으로 합리적인 활동이라고 주장하지는 않을 테지만, 그것이 정치는 페미니즘 주장의 진실 혹은 거짓을 확립하는 데 적합한 인식론적 도구로 무장된 기법과 같은 것이어야 한다고 보는 경향을 바꾸는 것은 결코 아니다. 일부 페미니스트들은 가장 넓은 의미에서 인식자와 인식대상의 관계뿐만 아니라 우리가 무엇을 알며 어떻게 알게 되는지를 변형시키는 작업을 하는 지식 생산자들이다. 그 작업은 가치 있는 것이지만, 정치운동으로서의 페미니즘의 작업에 인식론적인 것이 가장 우선되고 중요한 것은 아니다.[11] 정치적 주장은 지식과 진리 주장으로 보완되어야 한다는

---

11) 인식론적 문제의 중심성을 전면에 내세우는 페미니즘 연구들은 너무 많아서 여기에 다 인용할 수 없을 정도다. 1990년대의 소위 토대론 논쟁은 정당화 개념이 페미니즘에서 얼마나 중심적인 역할을 차지하는지 보여주는 한 가지 예일 뿐이다. 필자가 제4장에서 주장하겠지만, "페미니즘 정치는 반드시 인식론적이어야 한다," 라는 수잔 헤크만의 주장은 입장론을 다시 소환하려는 현대적 시도일 뿐만 아니라 좀 더 일반적으로 페미니즘에 인식론이 필요하다는 주장을 대변하는 것으로, 인식론이 없다면 페미니스트들은 설득력 있는 정치적 주장을 할 수 없을 뿐만 아니라 어떠한 담론적 권위도 갖지 못하는 것으로 추정하는 것이다: Susan Hekman, "Truth and Method: Feminist Standpoint Revisited," *Signs: Journal of Women in Culture and Society* 22, no. 2 (1997): 341-365쪽; 인용구는 342

생각은 페미니즘을 자유의 실천으로서의 정치에서 (즉 우발적이고, 세계-구축적인 활동이면서, 행위에 뿌리를 두고, 가능성의 영역에 거주하는 정치) 벗어나서, 독단론과 회의론의 강한 혹은 약한 판본의 방향으로 향하도록 페미니즘을 이끈다. 우리가 제4장에서 좀 더 명확하게 볼 수 있겠지만, 정치적 주장을 토대론적인 것으로 보거나 (그러므로 정치적 주장은 논쟁의 대상이 되지 않는다는 것) 토대론적이지 않은 것으로 보는 것은 (그러므로 정치적 주장은 설득력이 없다는 것) 제3의 가능성을 차단하는 것이다: 정치적 주장은 논리적 혹은 인지적인 (결정론적) 판단 수단에 의해 맞다 틀리다로 보완되어야 하는 지식 주장이기보다는, 개념이 매개되지 않은 우리들의 (성찰적) 판단을 요구하는 우발적으로 형성된 여론에 기반을 둔 것이다.

1990년대의 페미니즘 논쟁에서 인식론적 헌신은 사실상 그 외의 모든 것을 제외하면서 강박적으로 토대에 초점을 맞추었다: 즉 자신들이 인정하는 것과 배제하는 것에 기반을 두고 토대를 방어하거나 비판하는 것이다.[12]

쪽. 세일라 벤하비브 역시 페미니즘 정치를 우선적으로 인식론적인 것으로, 즉 지식과 정당화의 광범위한 질문들을 포괄하는 것으로 본다. 후기 형이상학적 보편주의를 재구축하려는 기획은 그 "인식론적 결절들"에서 시작되어야 한다: Seyla Benhabib, *Situating the Self: Gender, Community and Postmodernism in Contemporary Ethics* (New York: Routledge, 1992), 13쪽. 페미니즘의 인식론적 가설들을 시작한 1980년대의 대표적 연구들로는 Nancy C. M. Hartsock, *Money, Sex and Power: Toward a Feminist Historical Materialism* (New York: Longman, 1983); Sandra Harding and Merrill B. Hintikka, *Discovering Reality: Feminist Perspectives on Epistemology, Metaphysics, Methodology, and Philosophy of Science* (Dordrecht: D. Reidel, 1983); Catherine A. MacKinnon, *Feminism Unmodified: Discourses on Life and Law* (Cambridge: Harvard University Press, 1987)가 있다. 1990년대의 연구들은 이 장과 이후의 장들에서 논의되는 것들인데, 토대가 페미니즘 정치의 중심이라는 생각에 의문을 제기한다. 그러나 이 연구들은 토대의 필요성은 의심하지만, 단단한 토대기 미련된 페미니즘 이곤, 즉 행위의 근거를 세공해줄 수 있는 이론 추구의 배후에 존재하는 정치개념은 좀처럼 탐문하지 않는다.

12) 이 논쟁의 내용을 간략히 살펴보려면, Seyla Benhabib, Judith Butler, Drucilla Cornell, and Nancy Fraser, *Feminist Contentions: A Philosophical Exchange*

이 신랄한 논쟁에서 자신이 어떤 입장을 취하든, 토대를 방어하거나 비판하는 양측은 모두 (심지어 서로 다른 주장을 할 때 조차) 정치적 주장은 근본적으로 지식 주장이라는 가설을 공유했다: 따라서 (일부 페미니스트들의 관점에서) 보호되어야 하거나 (또 다른 일부 페미니스트들의 관점에서) 의문시되어야 하는 것은 (비추론적) 지식의 하나인 토대였다. 한편으로, 페미니즘의 토대에 대한 이러한 논쟁은 페미니즘의 조직원리는 "여성들과 그들의 이해관계"에 있다는 논리와 연결되어 그동안 배제되었던 일련의 문제들을 (예컨대 인종차별주의, 이성애주의, 그리고 서구중심주의) 새롭게 조명할 수 있게 되었다는 점에서 대단히 생산적인 것이었다. 다른 한편, 이 동일한 논쟁은 비판적 성찰의 특징에 대한 문제점 있는 가설들의 영향을 받았다. 제임스 툴리[James Tully]가 비트겐슈타인과 정치철학에 대한 논문에서 보여주었듯이, 이 문제점 있는 가설들은 우리의 일상적 실천과 비판적 사유의 실천 사이에는 뚜렷한 차이가 있다는 생각과 우리의 말과 행동은 우리가 그 근거를 댈 수 있는 한에서만 합리적이라는 생각을 포함한다.[13] 비트겐슈타인에 이어, 툴리는 비판적 사유는 우리가 합리적으로 행동하기 위해 정당화하지도, 해야 하는 것도 아닌 것들을 언제나 당연하게 여길 것이라고 주장한다.[14]

(New York: Routledge, 1995)를 참조하라.

13) James Tully, "Wittgenstein and Political Philosophy: Understanding Practices of Critical Reflection," in *The Grammar of Politics: Wittgenstein and Political Philosophy*, ed. Cressida Heyes (Ithaca, NY: Cornell University Press, 2003), 17-42쪽.

14) 윗글에서, 특히 18-35쪽을 참조하라. 비트겐슈타인은 우리의 참조틀에 고려되거나, 방어되거나, 논쟁되는 대상으로 들어오는 일련의 가설들 대신, 보이지 않는 "우리 사유의 골격"이자 의문이 제기되지 않는 이유 없는 근거이고 —우리가 합리적으로 행동하는지 의문을 가질 필요가 없는 가설들 —그리고 우리의 다양한 언어게임을 지속하게 해주는 가설들에 우리의 관심을 집중시킨다 (Ludwig Wittgenstein, *On Certainty*, ed. G. E. M. Anscombe and G. H. von Wright, trans. Denis Paul and G. E. M. Anscombe [New York: Harper & Row, 1969], 211절. 이후부터는 본문과 각주에서 섹션 번호와 함께 *OC*로 표기함). 우리의 개념들은 언제라도 의심되고, 거부되고, 입증되고, 혹은 확인될 수 있는 —

비판은 특정한 것들을 당연하게 여기는 것이 합리적이지 않다면 시작조차 할 수 없을 것이다.

『제2의 성』의 수용에서부터 『젠더 트러블』의 수용에 이르기까지, 이러한 비판적 성찰 개념은 (즉 어느 것도 당연한 것으로 간주하지 않는 것) 페미니즘 이론의 과제에 대한 우리의 이해에 강한 영향을 끼쳤다. 제2물결 페미니즘은 이론은 실천과 여성들의 일상적 삶에 뿌리를 내려야 한다고 주장했다. 하지만 제2물결은 또한 이론을 그것 없이는 맹목적으로 고수하게 될 사회적 관습으로부터 우리를 해방시켜 줄 비판적 개념을 형성하는 활동으로 생각했다. 제3물결 페미니즘 이론은 대개의 경우 우리를 자유롭게 해줄 총체적 이론이라는 생각에 의문을 제기하긴 했지만, 제3물결 역시 비판적 기획을, 우리가 합의한 판단의 근거 없는 성격을 드러내면서, 우리의 이원-섹스 체계의 언제나-이미-거기에 있는 특성을 벗어나는 것으로 생각하는 경향이 있다. 이론을 우리의 관습적인 행동하기와 생각하기 방식에 대한 비판으로 보는 것의 문제점은 비판적 성찰의 실천을 모든 다른 (비성찰적) 실천들의 체제와는 무언가 완전히 다른 체제로 생각할 때 발생한다. 데이비드 흄[David Hume]이 강력하게 주장했듯이, 비판에 대한 그 같은 견해는 비판을 하는 행위자를 자

한마디로 말해서, 알 수 있는 ―일련의 전제들에 의해서뿐만 아니라, 토대론자가 요구하고 회의론자가 이의를 제기하는 강한 인식론적 의미에서 봤을 때 의심의 여지가 없는 것은 아니지만 일상의 조건에서는 의심의 여지가 없는 일련의 "축명제들[hinge propositions]"에 의해서 (예컨대 "나는 두 손을 갖고 있다"; "세계는 오랫동안 존재해 왔다"; "모든 인간은 부모가 있다") 고정된다. 이 명제들은 그 안에서 우리가 의심의 언어게임을 하고 진실과 거짓을 구분하게 되는 (이성에 의해 구성된) 토대를 형성하기보다는, 토대 없는 (즉 행위를 통해 구성된) 틀을 형성한다. 우리에게 확고한 것은 회의론적 문제가 주장하듯이 비추론적 지식으로서의 토대가 아니고, 그 안에서 단어의 의미가 인간의 실천과 밀접하게 연결되는 일련의 행동들 혹은 훈련들(Abrichtungen)이다. 비트겐슈타인은, "어린이는 책이 존재한다, 의자가 존재한다, 등등을 배우지 않는다 ―그들은 책을 가지고 오는 것, 의자에 앉는 것, 등등을 배운다,"라고 끝낸다 (Wittgenstein, OC 476절). 필자는 이 문제를 다음 글에서 다루었다: Linda M.G. Zerilli, "Doing without Knowing: Feminism's Politics of the Ordinary," *Political Theory* 26, no. 4 (August 1998): 435-458쪽.

율적 이성의 형식으로, 즉 관습과 편견에서 스스로를 철저하게 해방시킨 자로 보는 것이다. 흄의 철학적 성찰 비판의 표적이었던 아르키메데스적 입장을 사용할 수 있다고 상상하는 페미니스트들은 거의 없지만 —그리고 많은 페미니스트들이 그러한 시도에 비판적이지만 —페미니즘의 비판적 성찰을 관습과 습관에 연결되지 않는 해석적 기획으로 보는 경향은 여전히 지속되고 있다. 이것은 다시 두 가지 잘못된 가설들을 도출하는 데 기여했다: (1) 이원-섹스 체계는 근본적으로 인식론적 주장의 문제이며, 지식 혹은 진리의 가능성에 대한 고전적인 회의론적 질문에 의해 불안정해질 수 있다는 가설; (2) 그 같은 회의론적 질문하기가 페미니즘 이론의 과제를 규정하며, 우리의 비성찰적인 습관과 관습을 불안정하게 하고, 페미니즘의 정치적 실천의 의제를 설정한다는 가설.

토내 논쟁에서 흥미로운 것은 토대론을 비판하는 페미니스드 비평가들이 이론을 자율적인 비판적 실천으로 고양시키는 것과 종종 깊은 갈등을 빚었다는 것이다: 더구나 그들은 이원-섹스 체계의 비인지적 차원을 인지하고 있었다. 예컨대 버틀러가 발전시킨 젠더 수행성이론은 지식 주장으로 환원될 수 없는 계보학적 특징을 포함하고 있다. 심지어 페미니스트 생물학자인 앤 파우스토-스털링^{Anne Fausto-Sterling}의 좀 더 경험론에 기반을 둔 연구 역시, 형상을 두 개의 성으로 제한하는 광범위한 상징적 틀이 세상에는 적어도 다섯 개의 성이 존재한다는 과학적 주장의 정치적 효과까지 제한한다는 것을 인정하고 있다.[15] 버틀러도, 파우스토-스털링도, 우리가 무언가를 *알고* 있을 것이지만 (예컨대 성적 이형태성^{sexual dimorphism} 개념에 맞지 않는 몸들이 있

---

15) Anne Fausto-Sterling, "The Five Sexes: Why Male and Female Are Not Enough," in *The Sciences* (March/April 1993): 20–24쪽. 적어도 인구의 4%는 간성으로, 즉 여성적 형질과 남성적 형질을 혼합적으로 갖고 태어난다. 그들을 어떻게 분류하느냐에 따라, 다섯 가지의 성 혹은 더 많은 성이 있을 수 있다. 간성으로 태어난 아이에게 수술을 통해 이성애적 규범성을 강제하려는 것은 우리의 문화가 성적 이원주의라는 관념에 깊이 개입하고 있음을 징후적으로 보여주는 것이다. 지지자들은 성적 이원주의가 생물학적 사실을 반영하는 것이라고 말한다. 그러나 파우스토-스털링은 그것을 자연적 사실로 위장한 사회적 규범이라고 말한다.

다는 것) 지속적으로 그것을 몰랐다는 듯이 행동한다는 것을 (예컨대 간성의 몸들이 기형이나 예외적인 것으로 처리되어 절대로 성적 이형태성 개념을 교란시키지 않는다는 것) 알고 있다. 그러나 때로 그들은 성차에 대한 우리의 준거틀the system of reference을 우리의 지식의 확실성에 대한 전통적인 회의론적 질문을 통해 즉각적으로 의문시하는 것이 가능해야 한다고 생각하는 것처럼 보인다.16)

버틀러와 파우스토-스털링 같은 페미니스트들은 우리가 사용하는 기준의 우연성을 드러냄으로써 정확하게 우리의 이원-섹스 체계에 대해 의문을 제기한다. 기준은 그것에 의해 어떤 존재가 객관적으로 확정되는 수단으로 간주된다: 기준은 우리의 판단 수단이다. 우리는 경험적 명제는 검증될 수 있으며 우리의 기준은 객관적 척도를 구성하여 우리가 검증할 수 있도록 한다고 말한다. 만약 당신이 "이 사람은 여자이고 이 사람은 남자입니다,"라고 말하고, 내가 "당신이 그걸 어떻게 알지요?"라는 회의론자의 질문을 제기한다면, 당신은 염색체, 호르몬, 그리고 성기와 같은 표준적인 성차의 기준을 불러낼 것이다. 그러나 만약 그 판단의 원칙 자체가 판단이라면 어떻게 되는가? 척도 자체가 판단이라면 무엇을 가지고 무엇을 검증해야 하는가? 어느 시점에서 우리는 우리의 경험적 명제를 검증하는 객관적 수단을 확보했는가?17)

비트겐슈타인이 보여주듯이, 특정 시점에서 우리의 기준은 우리를 실망시킨다 —그리고 거기에 급진적 의심과 회의론에의 충동이 있다. 그동안 여성임을 검증하기 위한 테스트로 사용해왔던 성기 검사를 1968년에 염색체

---

16) 비슷한 논법의 주장으로, Martine Aliana Rothblatt, *The Apartheid of Sex: A Manifesto on the Freedom of Gender* (New York: Crown Publishers, 1995)를 참조하라. 앤 파우스토-스털링처럼 로스블라트(국제변호사협회 생명윤리위원회 부위원장이며 그녀 자신이 트랜스여성임)는 우리의 이원-섹스 체계는 다수의 섹스와 젠더를 수용할 수 없다고 주장한다. 그녀는 성차에 대한 표준적 기준인, 예컨대 염색체 변화나 성기와 같은 것이 피부톤 만큼이나 사회 내 개인의 위치와 무관한 것이라고 주장한다. 이 책은 우리 언어의 근본적인 변화를 주장하며 "국제성 권리장전The International Gender Bill of Rights"의 제시와 함께 결론을 맺는다.

17) Wittgenstein, *OC* 110절, 124-131절.

검사로 바꾼 후, 1992년에 다시 성기 검사로 바꾼 국제올림픽위원회의 조치를 생각해보라. (심판 앞에 나체로 정렬해야 했던 여성 운동선수들은 DNA 제출을 요구받았다가 이제 다시 나체로 정렬해야 했다.) 각각의 경우에, 기준을 충족시키지 못했지만 여성으로 간주하지 않을 수 없는 사람들이 있었다. 여성처럼 "보였지만," 그리고 스스로 여성이라고 생각했지만, 남성 성염색체를 가진 사람들이 있었고; 여성 성염색체를 가졌지만, 호르몬 생산 결핍으로 남성의 근육과 성기를 가진 사람들이 있었으며; XX염색체를 가졌지만, 그러나 추가로 Y염색체도 가진 사람들 등등이 있었다.

여성임을 입증해줄 수 있는 가장 확실한 검사를 추구해왔던 국제올림픽위원회의 활동은 역으로 성차를 입증해줄 수 있는 확실한 기준은 존재하지 않는다는 많은 페미니스트들의 주장을 분명히 드러내 준다. 그러나 성차를 입증해줄 수 있는 확실한 기준이 없다는 것이 기준 자체가 아예 없다거나 일상에서 우리가 사람들을 만날 때 성차에 대한 판단을 내리지 않을 것을 의미하는 것은 아니다. 우리는 이러한 판단을 대개는 순식간에 아무런 생각 없이, 비트겐슈타인이 사전적 "판단 합의"라고 부른 것과 같은 비성찰적 반응에 기반을 두고 내린다. "이것은 의견[사실]에 대한 합의가 아니고 삶의 형식에 대한 합의다,"라고 비트겐슈타인은 쓴다.[18] 애초에 기준을 설정하는 것을 가능

---

18) Ludwig Wittgenstein, *Philosophical Investigations*, 3rd ed., trans. G. E. M.
   Anscombe (New York: MacMillan, 1968), 242절, 241절. (이후부터는 본문과
   각주에서 이 책을 인용할 때 섹션 번호와 함께 *PI*로 표기함) "언어가 의사소통
   수단이 되려면, 개념에 대해서 뿐만 아니라 (이상하게 들리겠지만) 판단에 대해서
   도 합의가 있어야 한다. 이것은 논리를 없애는 것 같지만 그렇지 않다 ―측정 방
   법을 묘사하는 것과 측정 결과를 확보하고 공표하는 것은 서로 다른 문제다. 그
   러나 우리가 '측정하기'라고 부르는 것의 일부는 측정 결과의 어떤 일관성에 의해
   결정된다" (*PI* 242절). 여기서 비트겐슈타인의 요점은, 개념은 단어를 특정 맥락
   에 적용하는 법을 알지 못할 경우, 쓸모없는 것이라는 점이다. 측정의 실천을 통
   해 확보된 사실들은 실천 그 자체를 설명하지 못한다 (우리가 그 사실들에 대해
   합의하지 않았다면, 우리는 소위 측정이라는 것 자체를 갖지 못했을 테지만). "그
   래서 당신은 인간들 사이의 합의가 진실과 거짓을 결정한다고 말하는 겁니까? ―
   진실과 거짓은 인간이 *말하는* 것입니다; 그리고 그들은 자신들이 사용하는 *언어*

하게 해주는 것은 언어 안에서의 합의다.[19] 말할 필요도 없이, 이 합의는 우리 누구도 서명하지 않은 형태의 합의다: 그런 점에서 그것은 관습적인 것도 아니고 합리적인 동의에 기반을 둔 것도 아니다. 그러나 그렇다고 하여 그것이 자연발생적인 것도 아니다. 만약 그 자연스러움이 우리의 기준에 의해 결정되고 또 그 기준을 결정하는 것을 의미한다면 말이다. 합의는 우리가 언어 안에서 상호 조율하는 것과 같은 것이다; 우리는 보통 다른 여성이나 남성이 어떤 단어를 사용할 때 그 사람이 말하려는 것이 무엇인지 안다.[20]

안에서 합의하지요. 이것은 의견에 대한 합의가 아니고 삶의 형식에 대한 합의입니다" (*PI* 241절).

19) 제2물결 페미니즘 이론은 "여성"과 "여자"와 같은 개념들의 보편적 의미를 확보했다. 그러나 그 대가는 특수성들이나 차이들에 대해 말할 수 없는 것이었다. 그 같은 보편적 이론은 단어를 실제로 그 단어가 적용되는 어떤 실천이나 맥락과는 완전히 무관한 의미를 갖는 개념으로 생각하는 경향을 보여준다. 비트겐슈타인이, "언어를 상상하는 것은 삶의 형식을 상상하는 것을 의미한다,"라고 쓴 것은 아마도 이런 의미에서였을 것이다 (*PI* 19절). 그것은 언어와 삶의 형식이 동일하다는 것이 아니고, 단어가 (우리 자신의 문화나 다른 문화권의) 일상적 실천에 어떻게 적용되는지 이해하지 못한다면, 우리는 그 단어가 무엇을 의미하는지 알 수 없다는 것이다. 만일 비트겐슈타인의 말이 맞다면, "여성"과 같은 개념은 구체적인 맥락에서 개념이 적용되는 특정한 실천 안에서만 그리고 그 실천을 통해서만 우리에게 의미를 갖는다. 우리가 단어의 일반적인 의미라고 부르는 것은 단어 사용의 관련된 실천들 안에서 그리고 그 실천들을 가로질러서 그 단어가 우리에게 주는 유사성을 가리키는 것이다. 이렇게 감지된 유사성은 ―비트겐슈타인이 "가족 유사성"이라고 부르는 것 ―규칙의 형태로 주어져서 단어에 적용되는 것도 아니고, 무언가 "객관적인", 즉 우리의 단어 사용 실천 외부에 있는 어떤 것도 아니다. 규칙 자체는 그 자체의 시행을 억누르지 않는다 ―이것은 언제나 단어의 적용 자체에 달려있을 것이다. 공유된 개념 적용 방식은 결과의 어떤 일관성과 연관되겠지만, 삶의 형식은 사실에 대한 합의 이상의 것을 가리킨다; 삶의 형식은 개별 사례들에 대한 합의의 축적으로, 보장되지 않는 것은 말할 것도 없고, 환원되지 않는다. 그러나 마찬가지로 우리가 삶의 형식에 합의한다고 하여 그것이 사실에 대해서도 합의할 것임을 보장하는 것은 아니니, 삶의 형식이 보장하는 것은 오직 우리가 합의하지 않은 사례들을 합의하지 않은 사례로 *인정*할 것이라는 점이다. 이 합의하지 않은 사례들이 (혹은 불확실한 사례들이) 합의하는 사례들을 훨씬 초과하게 되면, 우리는 (올림픽위원회가 그러하였듯이) 판단기준을 조정하게 될 것이다.

페미니스트들이 이원-섹스 체계에 예외가 있음을 지적하는 것은 중요한 것이지만, 이 예외들이 깊이 새겨진 축 명제들을, 예컨대 "남성들이 있고 여성들이 있다; 남자들이 있고 여자들이 있다"를 불안정하게 만들지 않는다면, 그것은 우리가 이 명제들을 결코 경험적으로 배우지 않았기 때문일 것이다. 우리에게 축 명제들이 확고한 것은 그것이 분명하거나 설득력이 있기 때문이 아니고, "그 주변에 있는 것에 의해... 확고해지기 때문"이라고, 비트겐슈타인은 쓴다 (*OC* 144절). 따라서 모든 재현 형태는 그 재현 형태를 포기하지 않고도 "일탈적인 것"을 (예컨대 "남성" 성호르몬을 갖고 있는 "여성들") 다룰 수 있는 수단을 제공한다. 『철학적 탐구*Philosophical Investigations*』 79절에 나오는 문구를 의역해서, 필자는 이 문제에 대해 다음과 같이 간단히 말하겠다: 만약 내가 생각하는 개념들 중 하나에 —예컨대 여성은 두 개의 X 염색체를 갖고 있다 —의문이 제기된다면, 그것은 말하자면 나는 모든 일련의 소도구를 준비했는데 그중 하나를 빼앗긴다면 다른 하나에 기댈 준비가 되어있고 또 그 역도 마찬가지인 그런 경우가 아닌가? 내가 생각하는 여성 인간의 얼마나 많은 것이 거짓으로 밝혀져야 나는 내 개념 정의가 잘못되었다고 포기하게 될까? 핵심은 내가 어느 시점에선가 내 개념 정의를 포기하겠지만, 정확하게 어느 시점에서 포기할지 고정된 시점은 없다는 것이다. 나는 (다른 모든 개념처럼) 고정된 의미 없이 "여성" 개념을 사용한다. 그 점이 왜 이원-섹스 체계의 기준에 맞지 않는 사례들이 규칙에 대한 예외적인 경우로 남는지, 즉 단지 변종으로 처리돼서 우리가 잠시 우리 기준의 정확성에 대해 생각은 해보겠지만 결코 그 기준이 검증의 역할을 하는 바로 그 개념 자체를 파괴하지는 못하게 되는지, 그 이유가 된다. 세발 테이블은 약간 흔

---

20) 카벨이 관찰하듯이, "여기서 합의라는 개념은 주어진 경우에 합의가 되거나 합의에 도달한다는 것이 아니고, 처음부터 끝까지 합의한 상태로, 마치 음색처럼, 혹은 시계처럼, 혹은 저울처럼, 혹은 도형 기둥처럼, 조화를 이룬 상태로 있다는 것이다. 인간집단이 그들의 언어 안에서 *일치한다*는 것은, 말하자면, 그것에 대하여 상호 목소리를 내고, 철저하게 상호 *조율*을 한다는 것이다" (Cavell, *The Claim of Reason* [Oxford: Oxford University Press, 1979], 32쪽).

들릴 수 있지만, 그렇다고 우리가 그것을 테이블이라고 부를 수 없는 것은 아니다. 올림픽위원회는 검증 방식을 (두 차례나) 바꾸었지만, 검증 대상이 (즉 성차가) 존재한다는 것을 조금도 의심하지 않았다.

올림픽위원회의 심의 결과는 우리가 특정 집단의 회원 자격으로 연관 짓는 표준적인 설명을 충족시키지 못하는 구성원들을 해당 집단의 구성원으로 포함시킬 수 있다는 것을 보여준다. 힐러리 퍼트넘^{Hilary Putnam}이 비트겐슈타인에 대한 작업을 하면서 주장하듯이, 소위 모든 자연종들은 ("레몬," "물," "호랑이," 혹은 "금") 규정될 수 없는 것이다; 지정된 집단의 구성원들을 식별할 수 있는 필요충분조건으로 간주되는, 그런 일련의 설명을 제공하는 것은 불가능하다. 모든 자연종들은 "비정상적인 구성원들"을 갖고 있지만, 그 구성원들이 그 집단에 속하는지 여부를 질문하는 사람은 거의 없을 것이다. "초록색 레몬은 여전히 레몬이다 ─어떤 비정상성 때문에 그 레몬은 *절대로* 노란색으로 바뀔 수 없더라도 말이다. 세발 호랑이도 여전히 호랑이다. 기체 상태의 금도 여전히 금이다." 등등.21) 요약하면 용어의 확장은 개념에 의해 고정되지 않는다. 우리의 경우에 이것은 성차에 대한 어떠한 특정한 일련의 기준도 ─올림픽위원회가 보여주듯이, 심지어 불안정한 수준까지 ─탄력적일 수 있으며, 성차라고 불리는 것이 존재한다는 우리의 기본 감각을 치명적으로 훼손하지 않으면서 그 기준을 의심할 수 있다는 것을 의미한다.22) 그러

---

21) Hilary Putnam, "Is Semantics Possible?," in *Philosophical Papers*, vol. 2, *Mind, Language and Reality* (Cambridge: Cambridge University Press, 1975), 139-152쪽; 인용구는 140-141쪽. 퍼트넘의 관심사는 용어가 속성을 나타내는 것으로 사용되기보다는 참조용으로 사용되는 것임을 보여주는 데 있다: 우리는 세상의 사물들에 대해 그 사물들이 집단의 구성원으로 간주 되기 위해 공유*해야* 하는 특정한 특성들을 단정 짓지 않으면서 언급할 수 있다. 여기서 필자가 관심을 갖는 부분은 '직접 참조이론^{the theory of direct reference}, 이기보다는 퍼트넘의 설명이 고정된 개념에 대한 우리의 이해에 주는 함의다.

22) 카벨은 다음과 같이 쓴다,

일상적인 혹은 공식적인 기준의 경우에, 심사위원들은 자신들이 의존하는 기준을 바꾸려 하지 않겠지만, 오래된 기준이 어떤 이유로 불편하거나 신뢰할

나 이 감각은 인간 몸의 어떤 객관적 속성에 기반을 둔 것이 아니고 판단의 합의에, 즉 우리의 용어 사용의 합의에 기반을 둔 것이다. *우리가 말하는 것*을 넘어선 어떠한 것에도 호소할 것은 없다.

　　회의론자의 의심은 우리가 말하는 것의 정당화의 한계를 밀어붙여서 드러내게 하는 것을 의미한다. (왜 새로운 검증방식이 예전 것보다 낫다는 것인가? 두 가지 다 무모한 추측에 불과한 것이 아닌가?) 그러나 고전적 형태의 회의론적 충동은 회의론자가 이의를 제기하는 독단론적 주장을 지배하는 절대적 지식이라는 이상 그 자체에 대해서는 결코 의문을 제기하지 않는다; 오히려 회의론적 충동은 그 같은 절대적 지식의 불가능성이나 실패에 대한 우리의 실망을 과장한다. 회의론에 대한 비트겐슈타인의 접근은 (G.E. 무어 Moore와 같은 공통감각^{common sense} 철학자들이 그러하듯이) 회의론을 절대적으로 반대해야 하는 혹은 반대할 수 있는 위협으로 다루는 것이 아니라, 더 이상 환원할 수 없을 정도로 인간적인 유혹으로 다루는 것이다. 어떤 중요한 의미에서 회의론자는 옳다: 즉 절대적 지식은 불가능하고 우리의 기준은 필

───────

　　수 없게 될 경우, 그 기준을 바꾸고 새로운 기준을 설정할 수 있는 권위를 가진 기관이 [예컨대 올림픽위원회] *있다*; 즉 오래된 기준으로는 그 기준이 처음 만들어졌을 때의 용도로 판단을 내릴 수 없게 되는 경우다. 반면에 비트겐슈타인의 경우에는 우리의 기준을 바꾼다는 것이 무엇을 의미하는지가 분명하지 않다. 우리가 하는 합의를 비트겐슈타인은 [『철학적 탐구』에서] "판단 합의"(*PI* 242절) 라고 부르며, 우리의 언어사용 능력은 "삶의 형식"(*PI* 241절)에의 합의에 달려 있는 것이라고 말한다. 그러나 삶의 형식은, 비트겐슈타인에 따르면, 바로 "수용되어야" 하는 것이다; 삶의 형식은 "주어진 것"이다. 이제 모든 것이 거꾸로 보인다. 원래, 기준은 기반이 (특징들, 표식들, 규격들) 되어서 그것을 근거로 특정한 판단들이 (비-독단적으로) 내려지는 것이었다; 즉 기준에 대한 합의가 있기 때문에 판단에 대한 합의가 가능해지는 것이었다. 그러나 비트겐슈타인의 논리에서는 먼저 판단에 대한 합의가 있어야 기준을 확립할 수 있는 우리의 능력이 생기는 것으로 보인다. [실제로,] 보통의 경우에 기관이 자신들의 기준을 바꿀 수 있다고 말하는 것은 대략 결과가 어떻게 나와야 하는가에 대해서 그들이 먼저 어떤 공유된 판단을 하고 있다는 것을 말하는 것이다.

　　(Cavell, *The Claim of Reason*, 30–31쪽).

연적으로 우리를 실망시킨다. 그러나 회의론은 우리는 결코 완전한 확신을 가지고 어떤 것을 알 수 없다는 단순히 부정적인 명제인 것만이 아니라, 스탠리 카벨Stanley Cavell이 명확히 하듯이, 타자와 세계에 대한 우리의 관계는 알기knowing의 관계라는, 관련성은 있지만 다소 다른 발상이다.23) 인간관계를 이렇게 인식론적으로 특성화하는 것은 어떤 주어진 경험적 사례에서 우리의 기준이 들어맞지 않을 때, 그것을 인간 공동체의 기반이, 즉 언어 안에서 상호조정의 기반이 무너지는 것으로, 무의미의 심연으로 해석하게 만든다. 이것은 다시 인간의 실천 외부에 의미를 정초하고, 의미를 우리가 말하는 것과 완전히 무관한 진리 조건을 갖는 어떤 것으로 만들며, 객관적이고 올바른 규칙 적용의 방식을 찾으려는 우리의 독단론적 유혹을 추동한다.

그러나 규칙-준수rule-following와 언어 사용에 대한 비트겐슈타인 자신의 설명은 이런 유혹들에 분명하게 대항하기는커녕, 형이상학적 실재론에 대한 회의론적 도전이 추동하는 현기증을 증폭시키는 것으로 보일 수 있다. 카벨이 비트겐슈타인의 가르침을 생생하게 표현했듯이,

우리는 특정 맥락에서 단어들을 배우고 가르치며, 그런 다음 우리는 그 단어들을 다른 맥락으로 확장할 수 있기를 기대받고 다른 사람들도 그렇게 하기를 기대한다. 아무것도 우리가 동일한 확장을 할지 그리고 동일한 것으로 이해할지 보장해주는 것은 없듯이, 이 확장이 일어날지 (특히 그것은 보편성을 완전히 이해한 것도 아니고 규정집을 완전히 이해한 것도 아니라는 점에서) 보장해주는 것 역시 아무것도 없다. 전반적으로 우리가 하는 것은 흥미와 느낌의 경로를 공유하고, 반응의 방식을 공유하며, 유머와 의미와 성취의 감각을 공유하고, 무엇이 터무니없는 것이고 무엇이 다른 무엇과 유사한 것인지, 무엇이 비난이고 무엇이 용서인지, 언제 발언이 주장되고, 호소되며, 설명되는지를 ―비트겐슈타인이 "삶의 형식"이라고 부르는 온갖 종류의 유기적 조직체의 소용돌이를 ―공유하는 문제다. 인간의 말과 활동은, 즉 온전한 정신과 공동체는 이것 이상도 이하도

23) 윗글, 46쪽.

아닌 곳에 놓여있다. 그것은 어려운 만큼 간단한 통찰력이며, 두려운 만큼 (그리고 두렵기 때문에) 어려운 통찰력이다.[24]

규칙을 적용하는 데 있어 객관적으로 올바른 방법은 없으며, 우리가 갖고 있는 것은 주관적 반응들의 혼합물뿐이라는 생각은 우리가 발 딛고 있는 바닥을 제거하는 것처럼 보인다. 우리는 우리의 규칙-준수적 실천들에서 어떻게 공유된 언어나 어떤 정확성의 기준 같은 것을 말할 수 있을까? 우연성은, 철학자들에게는 늘 그래왔듯이, 진정 무의미의 극치로 보일 것이다.

실재론자는 가령 "두 개의 숫자를 더하라,"라는 규칙의 의미에 대한 우리의 이해는 임의의 새로운 조합의 숫자들을 더하는 방법을 우리에게 알려주는 일련의 지침으로 기능함으로써 어떠한 새로운 계산에 대해서도 분명한 답을 우리에게 미리 약속한다고 주장하면서 이 현기증을 밈추려고 할 것이다. 비트겐슈타인의 표현을 따르면, 그 같은 설명은 규칙을 "시리즈"를 조성하는 것으로, 즉 "무한대로 끝까지 보이지 않게 놓여진 철도로 ... 그리고 끝없이 긴 철도는 규칙의 무제한적 적용에 해당되는" 것으로 보는 것이다 (*PI* 218절). 앞에서 묘사된 현기증의 느낌에 사로잡혀서 우리는 우리 자신의 규칙-준수적 실천의 외부에 그 실천의 성공을 보장하는 무언가가 틀림없이 있다고 생각하는 경향이 있다. 비트겐슈타인의 표현대로,

"모든 단계가 사실상 이미 다 수행되었다,"라는 것은 나에게는 더 이상 어떠한 선택의 여지도 없다는 것을 의미한다. 규칙은 일단 특정한 의미로 각인되고 나면 공간 전체를 통해 따라가야 하는 선을 찾아낸다. ─그러나 만약 이와 같은 것이 정말 사실이라면, 그게 어떤 도움이 될까? (*PI* 219절)

---

24) Cavell, *Must We Mean What We Say?* (Cambridge: Cambridge University Press, 1976), 52쪽. "우리는 언어가 (그리고 이해와 지식이) 대단히 허약한 토대 위에 ─심연 위에 놓인 얇은 망에 ─놓여있을지도 모른다는 것에 위협을 느끼기 시작하거나, 느껴야 한다." (Cavell, *The Claim of Reason*, 178쪽). 이 현기증과 같은 느낌이 오히려 실재론적 규칙 개념과 같은, 의미에 대한 보장을 추구하게 한다.

비트겐슈타인은 우리 마음속의 무언가가 이런 식으로 모든 미래의 우연성들에 대해 올바른 규칙 적용을 결정할 수 있다는 생각에 의문을 제기하면서, 『철학적 탐구』의 201절에서 그 유명한 회의론적 반론을 제시한다: "이것이 우리의 역설paradox이었다: 어떤 행동 경로도 규칙이 결정할 수 없는데, 왜냐하면 모든 행동 경로는 그 규칙을 따르는 것으로 만들어질 수 있기 때문이다." 솔 크립키Saul Kripke에 따르면, 비트겐슈타인은 세계는 규칙-준수적 실천과 무관하게 존재하는 진리 조건을 구성한다는 생각과, 다른 한편 공유된 의미란 있을 수 없다는 회의론적 결론 이 둘 다를 우리가 단호히 거부할 수 있다는 것을 보여준다.25) 비록 특정 사례들에 대한 우리의 합의를 설명해주는, "두 개를 더하라,"라는 것과 같은 규칙으로 우리 모두가 의도하는 객관적 사실은 존재하지 않지만, 그럼에도 우리가 공유된 의미를 말할 수 있게 되는 것은 그러한 사례들에 대해 "우리가 대체로 합의한다는 단순한 사실" 때문이라고, 크립키는 주장한다.26) 크립키는 비트겐슈타인이 의미의 문제를 객관적 진리 조건을 충족시켜야 한다는 실재론적 요구에서 특정 공동체가 부여한 정당화 조건을 충족시켜야 한다는 반실재론적 요구로 이동시킨다고 주장한다. 만약 내가 비슷한 훈련을 받은 다른 규칙 사용자들이 반대하지 않는 방식으로 그 규칙을 적용한다면, 나는 규칙을 정확하게 따르고 있는 것이다. 카벨이 묘사한 현기증의 느낌을 방지하는 것은 사실문제에 대한 공동체의 합의다.

언뜻 보면, 회의론적 역설에 대한 규칙-준수의 해결책으로 합의에 호소하는 것은 호소력이 있다. 규칙-준수에 대한 비트겐슈타인의 설명은 결국 규칙-준수가 무엇보다도 일련의 사회적 실천들이지, 고립된 개개인들이 사적 언어를 말하면서 수행하는 고립된 행동들이 아님을 보여주는 것과 관련된다: "게임, 언어, 규칙은 제도다,"라고 비트겐슈타인은 쓴다.27) 합의는 규칙

---

25) Saul Kripke, *Wittgenstein on Rules and Private Language* (Cambridge. Harvard University Press, 1982).

26) 윗글, 97쪽.

27) Ludwig Wittgenstein, *Bemerkungen über die Grundlagen der Mathematik*,

이 존재하기 위해 필요한 것이지만, 그 합의는 우리의 특별한 실천들에 의존하는 것이지 개념의 객관적 특성에의 순응에 의존하는 것이 아니다. 왜냐하면, 도널드 배리[Donald Barry]에 따르면, "결과나 '특정 사례들'에 대한 합의가 의미를 구속하는 모든 것이라면," "의미의 우연성이 너무 강렬해져서 실제로 어떤 신뢰할만한 지속성도 유지할 수 없게 되고, 의사소통은 붕괴될 것이기 때문"이다.[28] 배리는 이것을 크립키가 "합의라는 단순한 사실"에 호소함으로써 해결했다고 생각한 관념론의 문제가 재도입된 것으로 본다. 배리의 견해에 따르면, 이 문제에 대한 비트겐슈타인의 최종적인 응답은 사실의 문제에서가 아닌 삶의 형식에서의 합의다.[29] 그러나 크립키도, 배리도, 왜 우리는 합의에 대한 어떤 이론이 필요하다고 생각하는지에 대해 (그것이 반실재론적 이론이라 하더라도) 질문하지 않는다. 정당화 조건을 분명히 명시하려는 시도는 카벨이 묘사한 현기증의 느낌에 사로 잡힌 후 다시 그것을 잠재우려는 우리의 경향을 단지 가리키는 것에 불과한 것이 아닐까?

크립키는 우리가 의견이나 사실의 문제에 합의하고 그래서 삶의 형식에 합의한다고 추정하는 반면에, 배리는 우리가 삶의 형식에 합의하고 그래서 사실의 문제에 합의한다고 말하는 것으로 비트겐슈타인을 읽는다. 이 두 가지 합의 개념 간의 차이를 ─그리고 왜 비트겐슈타인은 한 가지 합의만 있다고 제안하는지를─ 고려하는 것이 중요하다 하더라도, 우리는 비트겐슈타인이 제시하는 것은, 형이상학적 실재론에 대한 대안적 정당화 이론이라기보다, 그런 실재론의 부재 및 우리가 말하는 것 너머에 있는 항소 법원의 부재에서 우리가 느끼는 현기증을 극화한 것일 가능성을 놓칠 위험이 있다.[30]

---

collected works in 8 vols. (Frankfurt am Main, 1984), 6:32절, 334쪽.

28) Donald K. Barry, *Forms of Life and Following Rules: A Wittgensteinean Defense of Relativism* (Leiden: E. J. Brill, 1996), 19쪽. 배리가 이 점을 강조하는 이유는 회의론적 역설에 대한 크립키의 해결책이 답하려고 했던 것이 바로 관념론이라고 보았기 때문이다.

29) 비트겐슈타인은 『철학적 탐구』에서 "삶의 형식"에 대해 오직 다섯 번만 언급한다. Barry, *Forms of Life and Following Rules*, 87쪽을 보라.

30) 삶의 형식과 의견의 문제 간의 차이가 어디에 놓여 있는지를 제시하는 올림픽위

이 항소 법원을 독립적으로 존재하는 (실재론적 개념의) 진리 조건에서, (크립키가 하듯이) 의견 문제에서의 합의라는 (반실재론적 개념의) 단순한 사실로 재배치하거나, (배리가 하듯이) 좀 더 분산된 (반실재론적) 삶의 형식에서의 합의로 재배치하는 것은 의미론을 비트겐슈타인에 귀속시키는 것인 반면에, 비트겐슈타인의 핵심 요지는 그 같은 이론에 대한 우리의 갈망 자체에 의문을 제기하는 것이었을 가능성이 높다. 문제를 이렇게 보게 되면, 비트겐슈타인이 제시하는 것은 반실재론적 정당화 개념에 기반을 둔 (예컨대 의견의 문제에서나 삶의 형식에서의 합의) 대안적 의미론이 (예컨대 사용으로서의 의미) 아니고, 우리 자신이 느끼는 유혹에 대한, 특히 모든 다양한 형태의 회의론과 독단론에 대한 비판적 성찰을 활성화하려는 발견적 장치heuristic device임을 알 수 있다.

그렇다면 비트겐슈타인의 진정한 통찰력은 단순히 정당화의 용어를 실재론적 기준에서 반실재론적 기준으로 옮긴 것에 있는 것이 아니고, 그동안 규칙 준수에 대한 철학적 설명을 사유하는 방식이었던 정당화 문제 전체에 대해 의문을 제기한 것에 있다고 말해야 할 것이다. 독단론자와 회의론자는 우리의 실천이 의미를 갖기 위해서는 그렇게 정당화되어야 한다는 생각을 공유한다; 그들이 일치하지 않는 것은 그러한 정당화가 가능한가에 대해서 뿐이다. 반면에 『철학적 탐구』에서, 비트겐슈타인은 정당화 문제를 다음과 같이 기술한다:

원회의 고역을 상기해보라. 여성임의 기준에 대한 논쟁은 특정 사례들에 대한 의견 불일치에 대응해서 등장했다. 어느 시점에서 기준은 특정 사례에 대한 합의가 도출될 수 있도록 표준을 제공해야 하는 자신의 기능을 제대로 수행하지 못하는 것으로 보였다. 그러한 사례들에 대한 합의와 의견 불일치는 오직 언어 안에서만, 즉 비트겐슈타인이 "판단에서의 합의" 혹은 "삶의 형식"이라 부르는, 개념의 적용이나 용어의 사용에 대한 합의를 배경으로 해서만 일어날 수 있다. 만약 그렇지 않았다면, 올림픽위원회는 새로운 검증방식을 선택하기보다는 (비록 그것이 오래된 검증방식이었다 할지라도) 누구를 여성으로 간주해야 할지 결정하는 작업을 포기했을 것이다.

"나는 어떻게 규칙을 지킬 수 있을까?" —만약 이것이 원인을 묻는 질문이 아니라면, 그것은 내 방식대로 규칙을 준수하는 것을 정당화하는 것에 대한 질문이 된다.

　내가 정당화의 이유를 다 소진해서 바닥에 이르렀다면, 내 삽은 돌려진다. 그러면 나는 이렇게 말하고 싶어진다: "나는 그냥 이렇게 할 뿐이야.This is simply what I do." (*PI* 217절)

회의론자에게 그 같은 인정은 규칙-준수적 실천들의 무의미함을 선언하는 것이나 마찬가지다: 즉 그 실천들은 진정 무모한 추측에 불과한 것이다. 그러나 그 같은 회의론적 결론을 도출하기 꺼려하는 다른 사실주의의 비평가들에게 비트겐슈타인의 발언은 의미론의 가능성을 반박하는 것이 아니라 우리의 실천을 보편적이고 합리적인 용어로 정당화하는 것을 반박하는 것이 된다. 리처드 로티Richard Rorty가 읽듯이, "내 삽이 돌려지는" 장소는 우리의 실천을 공유하지 않는 사람들에게 우리의 실천을 정당화시키려는 시도가 가지는 절대적 한계를 가리킨다.31) 그러나 비트겐슈타인은 실제로 로티가 해석하는 대로 말하고 있는가?

　정당화가 고갈되는 장소를 지적하면서, 비트겐슈타인은 가상의 대화 상

---

31) 로티에 따르면, 비트겐슈타인이 "받아들여져야 할 것은, 즉 주어진 것은, *삶의 형식*이다 —그렇게 말할 수 있다 —" (*PI*, II, 11, 226쪽) 라고 쓸 때, 비트겐슈타인은 "자민족중심주의"가 인식론적 입장으로 이해될 때 "'인간의 유한성'과 거의 유사한 —피할 수 없는 조건"임을 가르치는 것이다. 우리와 삶의 형식을 공유하지 않는 사람들에게 우리의 도덕적 기준을 정당화시키려는 진보적 기획은 시작부터 실패할 수밖에 없다고, 로티는 말한다. 진보주의자의 정당화는 필연적으로 소진해서 바닥에 닿을 것이고, 그는 비트겐슈타인과 함께 다음과 같이 결론을 내릴 수밖에 없을 것이다: "나는 그냥 이렇게 할 뿐이야" (*PI* 217절). Richard Rorty, *Philosophical Papers*, vol. 1, *Objectivity, Relativism, and Truth* (Cambridge: Cambridge University Press, 1991), 15쪽. 로티는 *자민족중심주의*ethnocentrism라는 용어의 두 가지 용도를 구분한다. 로티의 자민족중심주의 용어 사용이 좌파들에게 불러일으킨 적개심에 대한 반응으로, 로티는 자민족중심주의가 단순히 부르주아 민주주의에 충성하는 정치적 발언이 아니라 인식론적 입장임을 명확히 하려고 한다.

대자가 제시한, 실천은 정당화되어야 한다는 요구에서 시작한다. 비트겐슈타인은 우리는 왜 우리의 실천이 의미의 총론적 이론체계에 따라 정당화되어야 한다고 생각하는지 질문할 것을 강조한다. 여기서 쟁점은 우리가 그러한 근거에 대한 요구가 발생할 수 있는 아주 구체적인 맥락에서 우리 행위의 이유를 제시할 수 있느냐 없느냐가 아니다. 정당화 요구를 우리가 이유를 제시할 수 있느냐 없느냐에 두는 것은 이미 그것을 오해하는 것이다. 여기에서 정말로 문제가 되는 것은 왜 우리는, 로티가 우리에게 시키는 대로 우리의 실천은 사실상 정당화될 수 없는 것이라고 독단론적 방식으로 선언하지 않고, 정당화 이론이 필요하다고 생각하는가이다.

"근거를 제시하는 것은... 언젠가는 끝이 난다. 그러나 그 끝은 [회의론자가 비난하듯이] 근거 없는 가정이 아니다; 그 끝은 근거 없는 행동 방식이다"(OC 110절).[32] 만약 비트겐슈타인이 여기서 말하려는 것이 우리의 행위의 근거는 동이 난다는 것을 우리에게 상기시키는 것이라면, 그것은 로티가 하려고 했듯이 정당화의 절대적 한계를 선언하기 위해서가 아니고, 우리의 행위를 인식론적 용어로 해석하려는 유혹을 드러내기 위해서이다.[33] 비

---

32) 우리가 어떻게 누군가에게 규칙을 준수하라고 지시할 수 있는지 질문하는 가상의 대화 상대자에게 응답하면서, 비트겐슈타인은 다음과 같이 쓴다, "만약 그 질문이 '나는 근거가 있는가?'를 뜻하는 것이라면, 그 답은 다음과 같다: 나의 근거는 곧 바닥이 날 것이다. 그러면 나는 근거 없이 행동할 것이다"(PI 211절).

33) 우리의 행위는 우리가 그 행위의 근거를 댈 수 있는 한에서만 합리적이라거나, 혹은 그러한 근거가 없을 때 합리적이라는 생각은, 우리로 하여금 모든 미래의 우연성들을 설명할 수 있는 이론을 추구하게 만든다. 그 같은 이론은 무한대로 향하는 철도처럼 어떠한 실천에 대해서도 우리가 무엇을 기대해야 할지 말해주는 규칙처럼 기능할 것이다. 그런데 만약 내가 나의 실천들은 정당화되어야 하고 될 수 있다는 것을 안다면, 나는 실제로 규칙을 적용하기에 앞서서 이미 내 말과 행동은 내가 그 근거를 댈 수 없는 한 어떠한 의미도 가질 수 없다는 것을 안다는 뜻이 된다. 그것이 위르겐 하버마스Jürgen Habermas와 같은 사상가들이 발전시킨 입장이다. 대신에, 만약 내가 나의 실천은 (바닥에 이르러) 정당화될 수 없다는 것을 안다면, 그 역시 규칙을 적용하기에 앞서서 나는 나와 실천을 공유하고 있지 않은 사람들에게 의미있는 말을 할 수 없다는 것을 아는 것이 된다. 그것이 로티와 같은 사상가들이 발전시킨 입장이다. 그러나 이 두 입장은, 서로 아무리 다르다 하

트겐슈타인은 우리가 정당화 그 자체를 포함하여, 우리 자신의 실천을 오해하게 할 수도 있는 어떤 종류의 요구를 하고 있다는 것을 알게 해준다. 모든 정당화 실천은 검증되지 않았지만 비합리적이지 않은 가정들에, 즉 합리적으로 행동하기 위해 우리가 결코 의심하지 않는 것들, 의심할 필요가 없는 것들, 그리고 —특별한 경우에는 —의심할 수 없는 것들에 의존한다.

비트겐슈타인을 염두에 두면서, 이제 우리는 (사실상 과거의 검증방식이었던) 1992년의 새로운 검증방식에 대한 올림픽위원회의 "정당화"가 "우리는 이렇게 할 뿐이야"를 말하는 것과 같다는 것을 알 수 있게 된다. 그러나 그렇다고 하여 회의론자가 우리를 끌어들이려고 하는 극단적인 결과로 (예컨대 모든 지식 주장은 근거를 갖고 정당화되어야 하기 때문에 우리는 더 이상 성차의 존재에 대해 말할 수 없다) 이어질 필요는 없다. 페미니스트들은, 버틀러식으로 말하면, "[성차의 기준에 대한] 토대론적 전제를 우언적이고 논쟁의 여지가 있는 추정"으로 드러내게 함으로써, "우리가 하는 일"을 심문할 수 있다.[34] 그런데 그 추정은 "우리가 하는 일"은 근거가 있어야 한다는 생각을 당연시하게 하고, 비트겐슈타인이 의문을 제기했던 바로 그 정당화의 인식론적 문제에 우리를 다시 끌어넣지 않을까? 그리고 만약 이 실천이 그렇게 드러날 수 있는 토대에 기반을 둔 것이 아님이 밝혀진다면 어떻게 될 것인가?

3. 젠더 하기, 규칙-준수 하기

페미니즘에서 토대론적 전제의 정체를 벗기려는 버틀러의 비판적 기획은 종종 토대를 제거하려는 시도이거나, 반토대론을 정합성 있는 인식론적이고 정치적인 입장으로 내세우려는 시도인 것으로 간주되곤 한다. 그러나 "토대를 제거하려는 시도와 반토대론이라는 이 두 입장은 모두 토대론 및 토대론

더라도, 비트겐슈타인이 의문을 제기한 정당화 문제에 여전히 붙잡혀있다.

34) Judith Butler, "Contingent Foundations," in *Feminists Theorize the Political*, ed. Judith Butler and Joan Scott, 3-21쪽; 인용구는 7쪽.

이 야기하는 회의론적 문제점들의 다른 판본들에 속한다,"라고 버틀러는 정확하게 말한다.35) 서구철학의 인식론적 전통과 거리를 두면서, 버틀러는 (푸코 및 데리다와 함께) 자신의 주요관심사를 지식 주장을 정초하는 문제에 두지 않고 권력관계와 그 권력관계가 정체성의 형태로 이입되는 문제에 둔다. 그녀는 서구철학의 전통이 주체를 구성하는, 즉 (젠더) 정체성이 독창적이고 지속적인 실체로 보이게 하는 방식으로 주체를 구성하는, "규칙과 실천들"을 고려하는데 실패했다고 비판한다.36) 이러한 실재론적 설명과는 대조적으로, 버틀러는 "젠더는 진실일 수도 거짓일 수도 없으며, 단지 근본적이고 안정된 정체성 담론의 진리 효과로 생산되는 것일 뿐"이라고 쓴다.37) 젠더를 주체의 속성으로 생각하는 것이 (참 혹은 거짓의) 경험적 명제가 아니고 진리와 권력 담론의 효과라면, 비판은 위에서 설명한 정당화의 문제점에 따라 진행되던 방식과는 다소 다르게 진행되어야 한다. 여기서 핵심은 젠더는 토대론의 관점으로 정당화되지 않는다는 것을 입증하는 것에 있는 것이 아니고, 우리가 그에 근거해 젠더 자체의 진실과 거짓을 결정하는 토대라는 환상이 어떻게 생산되고 그것이 페미니즘 정치에 어떤 결과를 가져오는지 보여주는 것에 있다는 것이다.38)

---

35) 윗글, 7쪽.

36) 버틀러의 관심사는 사물의 세계와 맞서는, 그리고 자기 자신의 담론의 주인인, "나"라는 철학적 개념에 있다. Butler, *Gender Trouble*, 144쪽 참조.

37) 윗글, 136쪽. 젠더는 행위의 양식화된 반복을 통해 구성되고 공동체의 합의에 의해 확보되는 관습이다: "따라서 젠더는 정기적으로 그 기원을 감추는 구조물이다; 각각 분리된 극과 극의 젠더들을 문화적 허구들로 수행, 생산, 유지하려는 암묵적인 집합적 합의는 그 생산물들에 대한 신뢰성으로 인해 ─그리고 그 생산물들을 믿기로 합의하지 않는 데 따른 처벌로 인해─ 보이지 않게 된다; 구조물은 그 필요성과 자연스러움에 대한 우리의 믿음을 강요한다" (윗글, 140쪽). 드랙Drag은 우리가 결코 그런 식으로 생각해본 적이 없던 젠더의 의무적인 수행을 폭로한다.

38) 그 환상이 기반을 누고 있는 "실실서인 나"처럼, 센더 징체싱은 "그 자제의 긱둥 방식은 감추고 그 효과는 자연스럽게 보이게 하는 의미화 실천을 통해서만 그렇게 나타난다" (윗글, 144쪽). 여기서 버틀러에게 핵심적인 이슈는 토대론적 사고를 반박하는 데 있기보다 이 의미화 실천과 그 실천이 지원하는 배제의 논리의

그렇다면 어떻게 버틀러의 『젠더 트러블』은 많은 페미니스트들에 의해 젠더의 "거짓된" 혹은 "환상에 불과한" 특징을 선언한 책으로, 마치 그 책의 요점이 회의론적 논조로 우리는 인식론적 확실성을 가지고 여성이 *존재한다* 는 것을 말할 수 없기 때문에 페미니스트들은 여성의 이름으로 정치적 주장을 할 근거가 없다는 것을 선언한 책으로 간주될 수 있었을까? 버틀러의 연구가 — 앞에서 제시된 성난 뉴욕 청자의 비난 사례가 잘 보여주듯이 — "실제 여성들"의 존재를 부정하고 있다는 비난을 받았다는 것은, 여성들 사이에 존재하는 분열을 악화시키거나 새로운 분열을 만들어낸 20세기 말의 변화하는 사회적, 경제적, 정치적 현실에 직면한 상황에서 페미니즘의 가능성에 대한 불안감을 반영하는 것이다. 필자는 앞에서 20세기 말의 이러한 변화가 제2물결 페미니즘의 규칙-지배적인 이론화를 불안정하게 만들었음을 시사했다. 비틀러와 같은 제3물결 사상가들은 페미니즘 실천의 정합적이고 토대론적인 범주로서의 여성의 손실을 — 대단히 비판적이고 비감정적인 용어로 — 야기하지 않고 규명했다. 이제 필자가 고려하고자 하는 것은 『젠더 트러블』에 대한 페미니스트들의 독단적인 반응이 — 앞에서 논의했던 페미니즘 이론과 실천의 관계에 대한 잘못된 이해를 징후적으로 보여주는 것이라 할지라도 — 버틀러가 도전하기 위해 설정한 회의론적 문제점에 역설적으로 버틀러 자신이 얽히게 되었음을 보여주는 것일 수 있을 가능성이다.

버틀러의 비판적 개입은 총체론적 지식의 이상과 고전적 회의론이 가정하는 주체-중심적 이성 및 의미 개념을 거부하면서, 의미화 실천으로서의 젠더의 구성적 효과와 그 실천이 지원하는 배제의 논리를 드러내려는 것에 있다.[39] 독창적이고 지속적인 젠더 정체성이라는 생각에 의문을 제기하는 구절에서, 버틀러는 비판을 낯선 것, 혹은 이상한 것과의 마주침과 관련하여 위치 짓는다:

구성적 효과를 폭로하는 데 있다.
39) 윗글, 149쪽.

여기서 요점은 규범적인 성생활을 위해 만들어진 주장을 단순히 상대화하기 위해 괴이한 것이나 예외적인 것에 의지하려는 것이 아니다. 그러나 프로이트가 『성에 관한 세 편의 해석*Three Essays on the Theory of Sexuality*』에서 제시하듯이, 우리에게 일상의 당연시되는 성적 의미의 세계가 어떻게 구성되는지 그 단서를 제공해주는 것은 예외적인 것, 혹은 낯선 것이다. *오직 자의식적으로 비자연화된 입장에서만* 우리는 자연스러움의 외양 자체가 어떻게 구성되는지 알 수 있다. 우리가 성별화된 몸에 대해, 그 몸을 여성 아니면 남성으로 분류하는 것에 대해, 그리고 그 성별화된 몸에 내재해있거나 그런 식으로 양분화된 몸에 수반되는 것이라고 일컬어지는 의미에 대해 만드는 전제들은, 우리를 위해 몸의 영역을 문화적 관습이라는 조건 안에서 자연화하고 안정시키는 범주들에 순응하는 데 실패한 사례들에 의해 *갑자기 그리고 상당히 강력하게 혼란을 겪게 된다*. 그러므로 낯선 것, 정합적이지 않은 것, 그리고 범위 "밖에" 있는 것은 성적 범주화의 당연한 세계를 구성된 것으로, 진정 다르게 구성될 수도 있는 것으로, 이해할 수 있는 방식을 우리에게 제공해준다.[40]

버틀러의 저작과 1990년대 페미니즘 이론의 대표적 저서들에 나타난 "이상한 것"과 낯선 것으로의 방향 전환은 아무리 강조해도 지나치지 않을 것이다. 젠더에 대한 규범적 개념들을 불안정하게 만들려는, 어쩌면 다른 삶의 형식들을 상상하려는 시도로서 버틀러의 호소와 같은 낯선 것에 대한 페미니스트들의 호소는 설득력이 있다. 그러나 낯선 것으로의 이러한 전환이 앞에서 논의한 비판적 성찰의 속성에 대한 문제적 가설에 궁극적으로 우리를 다시 얽매이게 한다는 것이 가능할까? 방금 인용한 문구를 보면, 비판적 성찰은 "자의식적으로 비자연화된 입장"으로 이해되고 있다. 그 같은 입장은 실제로 어떤 모습일까?

비트겐슈타인이 주장하듯이 의심은 확신을 전제로 하는 것이라면, 우리가 우리의 삶의 형식 외부에 위치하면서 그 삶의 형식이 임의적인 것이라고 (혹은 그 점에 있어서는 비밀의식인 것이라고) 판단하는 것이 어떻게 가능

---

40) 윗글, 110쪽; 강조는 필자가 추가한 것임.

할 수 있겠는가? 여기서 요점은 페미니스트 비평의 가능성을 반박하려는 것이 아니고, 그 비평이 꼭 버틀러가 제시한 것으로 보이는 그런 형태여야 하는 것인지 의문을 제기하려는 것이다. 어떤 상황에서는 낯선 것이 "성적 범주화의 당연한 세계"를 ─정확히는 구성된 것이 아니더라도─ 가변적인 것으로 볼 수 있도록 도와줄 수 있지만, 통상적으로는 낯선 것은 우리 일상의 실천에서 이례적인 것으로 간단히 처리되는 경우가 더 일반적이다. 낯선 것으로 일상적인 것을 변화시키려고 한다면, 우리는 일상적인 것 외부에 있는 장소를 (즉 외부의 입장을) 찾으려고 하는 대신, 그러한 변화가 일어날지도 모르는 맥락에 대한 설명을 할 수 있어야 한다. 당연히 이 일상의 세계와 비판적 관계를 맺을 수 있게 해주는 것은 대상^{object}으로서의 낯선 것이 갖고 있는 어떤 것이 아니고, 우리가 실천의 일부로 관여하고 있는 다른 대상들과의 관계망에서 그 낯선 것이 놓여있는 상소이며, 그리고 이 실천에는 규칙 준수가 포함되어있다. 그렇다면 우리는 낯선 것에 직면할 때마다 우리의 이원-섹스 체계는, "갑자기 그리고 상당히 강력하게 혼란을 겪는다,"라고 가정하기보다, 오히려 다음 두 가지를 질문해야 한다: (1) 어떤 조건하에서 어떤 것이 혹은 어떤 사람이 우리에게 낯설게 보이는가? (2) 어떤 조건하에서 낯선 것이 비판적 사유를 촉발시키는가?

『젠더 트러블』에서 드랙은 "낯선 것"의 전형적인 예로 작동하면서 우리의 이원-섹스 체계의 자연스러움을 의문시하는 해석적 행위를 요청한다: "*젠더를 흉내 내면서 드랙은 ─ 젠더의 우연성뿐만 아니라 ─ 젠더 자체의 모방적 구조를 암묵적으로 드러낸다.*"[41] 드랙은 관중들에게 독창적이고 지속적인 정체성으로서의 젠더가 환상임을 드러내보일 뿐만 아니라, 젠더를 본질이기보다는 수행으로, 즉 "*행동의 양식화된 반복*"으로 이해할 수 있는 패러다임

---

41) 윗글, 137쪽; 강조는 원문 그대로임. 드랙이 여성을 폄하하는 것을 발견한 페미니스트 비평에 반론을 제기하면서, 버틀러는 "드랙은 '여성'에 대한 단일한 모습을 창조하지만 (그 단일한 모습은 비평가들이 자주 반대하는 것인데), 드랙은 또한 이성애적 정합성의 규제적 허구를 통해 하나의 단위로 잘못 자연화된 젠더 경험의 양상들을 뚜렷이 드러낸다,"라고 쓴다. (윗글, 137쪽).

을 ─사실상 결정적으로─ 제공한다.[42] 『의미를 체현하는 육체$^{Bodies\ That}$ ^{Matter}』에서 버틀러는 의지주의^{voluntarism}라는 혐의에 대한 응답으로, "수행"으로서의 젠더와 ("규범의 강제적 인용") "공연"으로서의 드랙을 ("규범의 풍자적 인용") 구별함으로써 이러한 수행성에 대한 설명을 복잡하게 만든다.[43] 그러나 여전히 남아있는 문제는 드랙은 우리가 일반적으로 본질적이고 지속적인 속성을 가진 대상으로 간주했던 것을 우연적이고 가변적인 실천인 것으로 볼 수 있도록 해주는 해석적 행동을 야기한다는 생각이다. 젠더는 의무적인 것인 반면 드랙은 그렇지 않지만, 둘 다 원본 없는 모방적 수행이라는 점에서는 같다. 따라서 예술적 공연으로서의 드랙은 드랙이 모방하는 것으로 추정되는 원본으로서의 대상에 고유한 내용의 충실한 재현이 아니고, 바로 그 내용이라는 생각이 허구임을 폭로하는 것이다. 이 점을 표현하는 또 다른 방법은, 우리가 젠더를 수행할 때 우리는 규칙을 준수하는 것이지만, 이 규칙-준수는 우리 눈에 보이지 않는다; 반면에 우리는 드랙을 볼

---

42) 윗글, 140쪽; 강조는 원문 그대로임.

43) Judith Butler, *Bodies That Matter: On the Discursive Limits of Sex* (New York: Routledge, 1993), 232쪽. 버틀러를 비판하는 비평가들은 드랙에 대한 버틀러의 설명에서 세 가지 문제점을 지적한다: 첫째, 젠더를 공연으로 생각하는 것은 의지주의의 경향을 보이는 것이다; 둘째, 드랙으로서의 젠더라는 발상은 젠더로부터 어떤 현실감각을 없앤다; 그리고 셋째, 드랙은 버틀러가 묘사하는 집요하고 어디에나 있는 이성애적 규범성에 대한 정치적 해답이 될 수 없다. 『의미를 체현하는 육체』에서 이러한 비판에 응답하면서, 버틀러는 젠더는 드랙과 같을 수 없다는 것은 인정한다. 젠더는 일련의 반복적이고 대체로 비성찰적인 행동인 반면에 드랙은 그렇지 않다. 더구나 젠더와 드랙을 동일시하는 것은 규범의 풍자적 인용과 규범의 강제적 인용 간의 구별을 없앰으로써 의지주의라는 혐의를 자초하는 셈이 될 것이다. 『젠더 트러블』에서는 수행성은 공연과 같은 것을 제시하는 것으로 보인 반면에, 『의미를 체현하는 육체』에서는 그 둘 사이의 차이가 강조된다: "제한된 '행동'으로서의 공연은 행위자에 앞서서 행위자를 제약하고 행위자를 넘어서는 규범의 반복으로 이루어지는 수행성과 차이를 보이며, 그 섬에서 수행성은 행위자의 '의지'나 '선택'으로 직조될 수 없다; 나아가, '수행된' 것은 모호하고, 무의식적이고, 수행될 수 없는 것으로 남아있는 것을 부정하지는 않더라도 숨기는 작용을 한다. 수행성을 공연으로 환원하는 것은 실수일 수 있다"(윗글, 234쪽).

때 우리가 젠더를 수행할 때 준수하는 규칙에 눈뜨게 되고, 따라서 젠더는 공연이지 본질이 아니라는 사실을 깨닫게 된다고 말하는 것이다. 버틀러는 거기에서 드러나는 것은, "당연하면서도 필수적인 것으로 간주되는 인과적 단위들의 문화적 배열에 직면한 섹스와 젠더 관계의 급진적 우연성"이라고 말한다.[44]

　그렇다면 어떤 의미에서 드랙은 젠더를 구성하는 규칙-준수적 실천을 폭로하는 해석을 요구하기 때문에, 드랙은 다음과 같은 버틀러의 설명에 대해 비판적 사유를 하게 만든다: "다양한 젠더적 행동들이 젠더 개념을 창조하며, 그 행동들이 없다면 젠더 자체가 존재하지 않을 것이다".[45] 물론 매우 중요한 몇 가지 점에서 젠더에 대한 이러한 사고방식은 맞다. 버틀러가 정확히 보여주듯이, 젠더는 실천이며 이 실천은 규칙의 지배를 받는다. 문제는 그 같은 실천에 참여하는 것, 즉 규칙을 준수하는 것이 무엇을 의미하며, 우리가 젠더를 규칙-준수적 실천으로 보는 비판적 입장을 갖게 되는 방식으로 그 규칙들을 가시화하는 것이 무엇을 의미하느냐는 것이다. 이러한 질문들은 낯선 것의 예인 드랙이 과연 버틀러가 드랙에게 부여한 비판적 힘을 갖고 있는지 우리가 결정할 수 있기 전에 답변되어야 한다.

　젠더에 대한 버틀러의 수행적 설명과 규칙-준수하기에 대한 비트겐슈타인의 생각 사이의 수렴현상을 이해하기는 쉽다. 두 사상가 모두 규칙이나 규범이 그 실제적 적용과는 별도의 의미를 갖고 있다는 실재론적 개념을 거부한다. 비트겐슈타인처럼, 버틀러에게도 의미는 개인의 선택으로 결정되는 것이 아니며 사회적 실천으로 이해되어야 하는 것이다. 『의미를 체현하는 육체』에서, 버틀러는 (의지주의라는 혐의에 대응하면서) 어떻게 "문화적 결정론의 함정에 빠지지 않으면서 젠더 규범의 구성적이면서 강제적인 상태를 이해할 수 있을 것인가,"라는 도전을 받아들인다.[46] 그러나 우리가 『젠더 트러블』에 대한 특정한 읽기가 시사하는 바와 같이 젠더를 "[드랙이 하는 것

---

44) Butler, *Gender Trouble*, 138쪽.

45) 윗글, 140쪽.

46) Butler, *Bodies That Matter*, x쪽.

처럼] 자유자재로 받아들이거나 벗어버릴 수 있는 인공물로, 따라서 선택의 효과로" 생각하지 않고, 오히려 젠더를 반복적이고 인용적인 실천으로, 혹은 비트겐슈타인의 용어로는 규칙을 준수하는 것으로 생각한다면 왜 결정론의 위협이 생기겠는가?[47]

구성적이면서 강제적인 (예컨대 "규범의 강제적 인용으로서의 여성성") 그러나 결정적인 것은 아닌 규칙 개념을 우리가 어떻게 이해해야 하는지가 즉각적으로 명확한 것은 아니다. 버틀러가 규칙-준수가 실패하거나 어떤 점에서 불완전할 수 있다고 주장할 때, 그녀는 (구성적이면서 강제적인 것과 결정적인 것의) 차이가 어디에 놓여있는지 암시하는 셈이다. 그녀가 "섹스"의 구축에 관하여 설명하듯이,

> [구]축은 주체가 시도해서 일련의 고정된 효과로 정점을 찍는 단일한 행동이나 인과적 과정이 아니다. 구축은 시간 *안에서* 일어나는 것일 뿐만 아니라 그 자체가 규범의 반복을 통해 작동하는 시간적 과정이다; 섹스는 이 반복의 과정 안에서 생산되고 또 흔들린다. 반복적인 혹은 의례적인 실천의 침전된 효과로 섹스는 자연화되는 효과를 획득하지만, 그러나 바로 그 반복을 통해 공백과 균열이 그러한 구축의 구성적 불안정성으로, 규범을 피하거나 넘어서는 것으로, 그리고 그 규범의 반복적인 노동에 의해 완전히 규정될 수 없는 것으로 열린다. 이 불안정성이 바로 반복의 과정 그 자체에 내재해 있는 *해체*의 가능성이며, "섹스"를 안정되게 만드는 바로 그 효과를 무효화시키는 힘이며, "성" 규범의 강화를 잠재적으로 생산적 위기로 몰아넣을 수 있는 가능성이다.[48]

어떠한 반복적인 혹은 인용적인 실천에도 내재해 있는 가능성으로서의 이 실패 개념의 부인할 수 없는 호소력은 규범이나 규칙을, 우리가 그것들을 성공적으로 적용한다면, 앞에서 묘사된 대로 정확하게 결정론적 결과를 갖는 것으로 설명하는 것과 깊이 연결되어 있다. 이 같은 결과로부터 우리를 지켜주는 것은 바로 규칙-준수적 실천 그 자체에 내재해 있는 실패의 가능성이

---

47) 윗글, x쪽.
48) 윗글, 10쪽.

다: 즉 버틀러가 앞에서 설명했고 또 아래에서 설명할 예정이듯이, 모든 규범의 인용은 "규범을 피하거나 넘어설 수 있는" 가능성을 열어 놓는다는 것이다.

규범 (혹은 규칙)과 그것을 이런 식으로 인용 (혹은 준수)하는 것이 무엇을 의미하는 지에 대한 생각은, 버틀러를 데리다가 존 오스틴$^{John \ Austin}$의 수행적 발화이론$^{theory \ of \ the \ performative}$에 대한 응답으로, "주변적이고, 비정상적이며, 기생적인 것 등등으로 해석되는 사례들의 본질적 가능성,"이라고 부르는 것을 사실로 상정하는 방향으로 나아가게 한다.[49] 실패의 위험은 발화행위에 내재해 있는 것이라는 데리다의 생각은 우연적 사건의 가능성을 언어 자체의 조건으로 두는 오스틴의 개념을 변형시킨다. 데리다에게 변칙은 전혀 변칙적이지 않으며, 우연적 사건들과 관련되지 않은 소위 모든 이상적인 사례들의 내적 조건이나. 버틀러가 데리다의 설명을 긍정적으로 요약하듯이,

> 데리다는 수행적 발화의 실패가 그 가능성의 조건이라고, "바로 그 출현의 법칙이자 힘"이라고 주장한다. 수행적 발화가 틀릴 수 있다는 것, 잘못 사용되거나 잘못 언급될 수 있다는 것이 그 발화의 "올바른" 작동에 필수적인 것이 된다; 그 같은 사례들은 언제든지 잘못될 수 있는, 그리고 모방 예술이 수행하는 "속임수"에 의해 악용되는, 보다 일반적인 인용성^{citationality}의 예이다. 실제로 모든 수행성은 믿을 수 있는 "권위"의 생산에 의존하기 때문에, 수행성은 그 자신의 전례들을 반복하게 되고, 그래서 독창적인 사례를 상실하게 될 뿐만 아니라, 그 인용성으로 인해 끝없이 모방하게 된다. 따라서 수행적 발화의 속임수가 소위 "합법적인" 작동의 중심을 이룬다; 모든 믿을 수 있는 생산은 정당성의 규범에 따라 생산되어야 하기 때문에 그 규범과 똑같을 수 없고 그 규범 자체와 거리를 둔다. 정당성의 수행은 정당성의 신뢰할 수 있는 생산이며, 그것을 가능하게 하는 격차를 외관상 좁히는 것으로 보인다.[50]

---

49) Jacques Derrida, *Limited INC*, trans. Samuel Weber (Evanston, IL: Northwestern University Press, 1988), 126쪽.

50) Judith Butler, *Excitable Speech: A Politics of the Performative* (New York:

규범을 (혹은 규칙을) 그 규범의 인용과 별개로 존재하는 것으로 생각한다는 것은 무엇을 의미하는가? 우리는 소위 이상적 사례들, 즉 수행적 발화가 실패하지 않는 사례들에서는 규범과 그 규범의 인용 사이에 공백이 존재하지 않는다고 말할 수 있다. 그러나 실패가 바로 그 실패할 수 있는 가능성의 조건으로 인용의 실천에 장착되어있다면 —그리고 (오스틴이 그러했듯이) 우리가 더 이상 변칙적 사례와 이상적 사례를 구별할 수 없는 방식으로 장착되어있다면 —규범은 (혹은 규칙은) 여기서 사실상 그 규범의 어떠한 인용과도 별개로 존재하는 것으로 보일 것이다. 버틀러 자신이 앞에서 언급했듯이, "모든 믿을 수 있는 생산은 정당성의 규범에 따라 생산되어야 하며, 그래서 그 규범과 똑같을 수 없고, 그 규범 자체와 거리를 두게 된다." 이것은 버틀러가 앞에서 "섹스"를 구축하는 반복적 실천에 대해 지적했던 것과 같은 논점이다. 비트겐슈타인의 용어로 말하자면, 규칙은 왠지 그 규칙의 적용과 무관한 것 같다. 그러나 우리는 가장 먼저 의문이 제기되었어야 하는 규칙과 규칙-준수라는 생각으로 바로 돌아오게 된다.[51]

규칙은 어떻게든 결정하는 것이라는 생각은, "수행성을 변형과 관련지어"

Routledge, 1997), 151쪽.

51) 이 유혹은 규칙을, 의미를 갖기 위해, 우리를 강제하는 무언가로 생각하려는 유혹에 기생한다. 규칙을 철도로 형상화하는 것이 암시하듯이, "모든 단계는 실제로 이미 실행된 것이다" —"나는 선택권이 없다." 그러나 "내 설명은," "상징적으로 이해됐을 때만 이치에 맞았다 —라고 비트겐슈타인은 덧붙인다.

나는 이렇게 말했어야 했다: *이런 생각이 듭니다.*
나는 규칙을 따를 때, 선택하지 않는다.
나는 *맹목적으로* 규칙을 따른다.
(*PI* 219절)

여기서 요점은 우리가 규칙을 준수할 때 선택의 여지가 없다는 것이 마치 규칙-준수의 강제성을 나타내는 것처럼 이해되어서는 안된다는 것이다. 오히려 그것은 규칙-준수를 필요에 의해 특징지어지는 것으로 생각하려는 유혹을 부식시키려는 것으로서, 구체적인 맥락에서 규칙을 준수하는 우리들의 실제적 실천과는 완전히 별개로, 여기서는 규칙을 어떻게 준수할 것인가를 결정하는 것은 규칙이라고 간주된다. 선택이라는 생각은 단지 그러한 필요의 다른 측면일 뿐이다.

생각하려는 버틀러의 시도와 분명히 상충된다.[52] 데리다처럼, 그녀는 규칙 자체에 의해 특정한 의미가 보장된다는 생각을 강화하는 대신, 규칙과 사건을 동시에 생각하기를 원한다. 실패의 근본적인 가능성과 인용의 무한히 모방적인 특징은 버틀러에게 결정적으로 중요한 것인데, 왜냐하면 그것들은 "그 자체의 '합법적인' 작동"의 조건으로써 수행적 발화에 속하는 "속임수"를 (따라서 드랙의 변혁적 잠재력을) 드러내기 때문이다.[53] 이 속임수가 우리가 분명한 의미의 사례라고 생각하는 것이 사실상 특정한 해석이 주도하는 것임을 알 수 있게 해주는 진정성의 공간의 붕괴가 아니라면, 이 속임수는 무엇이란 말인가? 그렇다면 규범은 실재론자가 주장하는 의미에서의 규칙이 아니고 (즉 모든 규칙 적용 사례를 위에서 결정하는 것), 규칙을 이런 식으로 해석하는 사람은 우리 자신이라는 것을 인정하지 않고 반복하는 경향이 있는 — 그러나 다른 식으로 해석할 수도 있는 — 침전된 해석 혹은 패권적 적용이다.[54] "일탈적 사례들의 본질적 가능성" 덕분에 모든 수행적 발화는 다른 가능한 해석들을 내포한다; 수행적 발화는 "이전의 상황과," 즉 "이전의 어떠한 사용과도" 단절할 수 있다.[55] 수행적 발화를 사회적 관습 안에 억제하려던 오스틴과 달리 수행적 발화를 사회적 관습에서 풀어주려는 데리다의 문제의

---

52) Butler, *Excitable Speech*, 151쪽.

53) 윗글.

54) 데리다와 (버틀러의) 설명에서 해석의 개념은 규범적인 것의 해체에 정말로 필요한 실패의 개념과 밀접히 연관되어 있다. 마틴 스톤Martin Stone이 말하듯이, "해석은 기호의 규범적 거리를, 그래서 그 의미를 결정하기 위해 요구된다고 말하는 것은 어떤 다른 해석들이 있었을 수 있다는 것을, 그리고 앞으로도 있을 수 있다는 것을 말하는 것이다. 해석들은 다른 *가능한 해석들의 공간*으로도 쓰인다. 따라서 이해하는 것은 해석하는 것이라는 주장을 우리가 받아들일 수 있다면, 이해에 대한 그 같은 설명에서 우리는 '오해'의 가능성을 필수적인 것으로 드러내게 될 것이다" (Stone, "Wittgenstein on Deconstruction," 87-88쪽). 일단 해석이 실행되면 우리는 회의적인 영역에 있게 되는데, 왜냐하면 위에서 서술된 규칙-준수의 역설은 모든 규칙은 그 규칙을 해석하기 위해 또 다른 규칙을 필요로 한다는 무한회귀의 개념을 전제하고 있기 때문이다.

55) Butler, *Excitable Speech,* 148쪽.

식을 지지하면서, 버틀러는 다음과 같이 쓴다. "실제로 그 이전의 상황과의, 혹은 일상적 사용과의 그 같은 단절이 수행적 발화의 정치적 작동에 있어 결정적으로 중요하다. 언어는 정확히 일상적인 것 안에, 그리고 일상적인 것으로, 침전돼있는 것과 논쟁하기 위해 비-일상적 의미를 떠맡는다."[56]

어떤 점에서 수행적 발화에 대한 이러한 설명은 카벨이 단어를 투입하는 능력으로 묘사한 것과 일치한다. 그러한 투입은 이전의 사용이나 사회적 관습에 기반을 둔 객관적 성공을 보장받지 않았다는 것을 우리는 기억한다. 그러나 카벨은 그러한 보장의 결여를 언어의 기능 자체에 내재하는 일탈의 본질적 가능성으로 설정하지 않았다. 만약 그것이 본질적인 것이라면, 의미의 실패는 기호는 오직 상황 안에서만 의미를 가지며 상황은 늘 변화한다는 단순한 사실에 주어진 가능성인 것으로 해석됐다. 하나의 상황에서 의미를 가졌던 기호가 다른 상황에서도 의미를 가질지 —똑같은 의미를 가질지는 말할 것도 없고 —장담할 수 있는 것은 아무것도 없다. 그러나 그것은 우리의 언어적 삶에서 *비일상적인* 것에 대한 진술이라기보다는 극도로 *일상적인* 것에 대한 진술이다. 우리가 정상적 사례들에 대한 힐러리 퍼트넘의 주장에서 보았듯이, 비정상적 사례들은 언제나 가능하지만, 그 사례들이 의미의 조건으로 의미의 실패의 본질적 가능성을 보여주는 것은 아니다. 비트겐슈타인에 따르면, 우리는 실패를 의미의 결정론을 방지하기 위한 언어의 내적 조건으로 상정할 필요가 없다. 왜냐하면 개념의 성공적 적용은 버틀러가 데리다를 따라 가정하는 것으로 보이는 의미의 폐쇄 위협을 동반하지 않기 때문이다. 언어는 오직 언어에서의 실패의 본질적 가능성만이 우리를 구해줄 수 있는 새장이 아니다.

사회변혁을 일상적인 것과의 단절을 요구하는 것으로 생각하려는 유혹은, 그리고 여기서 그 일상적인 것이 이전의 사용이나 사회적 관습을 의미하는 것일 때, 규칙의 지배적 적용에 대한 유일한 대안은 규칙이 무한대로 해석될 수 있는 한에서만 변화가 가능한 것으로 이해하려는 경향과 연결되어

---

56) 윗글, 145쪽.

있다. 비트겐슈타인은 이러한 경향에 다음과 같이 목소리를 실어준다.

> 규칙은 표지판처럼 거기에 서 있다. —표지판은 내가 가야 할 길에 대해
> 아무런 의심도 남기지 않는가? 그것은 내가 표지판을 지났을 때 어떤 방
> 향을 택해야 할지를 보여주는가; 도로를 계속 따라가야 할지, 오솔길로
> 가야 할지, 아니면 들판을 횡단해서 가야 할지를? 그러나 내가 어느 쪽으
> 로 가야 할지 표지판 어디에 쓰여있는가; 그 손가락이 향하는 방향으로?
> 아니면 (예를 들어) 반대쪽 방향으로? —그리고 만약 표지판이 한 개만
> 있는 것이 아니라 가까운 곳에 일련의 표지판들이 있거나 바닥에 일련의
> 분필 표시가 있다면 —그것들을 해석하는 방법은 *오직 한 가지*만 있는 것
> 인가? —그래서 나는 이렇게 말할 수 있다, 표지판은 결국 의심의 여지를
> 남기지 않는다. 아니 더 정확히 말하면: 표지판은 때로는 의심의 여지를
> 남기고 때로는 남기지 않는다. (*PI* 85절)

우리의 유일한 선택은 모든 의심은 제거되어야 하며 그렇지 않으면 모든 것
이 의심스럽다는 것을 인정하는 것에 있는 것처럼 보인다: 규칙에 대한 어떠
한 해석도 그것을 이해하는 것으로 간주될 것이다. 규칙을 이런 식으로 생각
하는 것은 어떤 실제의 실천의 우연성보다 앞서서 우리가 어떻게 행동해야
할지 미리 결정한다는 점에서, 규칙이 우리를 그렇게 행동하게 한다거나 아
니면 규칙은 모든 행동 과정을 열어두는 것이라고 말하는 것이다.

해석이 규칙-준수에 대해 생각할 수 있는 최상의 방법인가? 그리고 그것
이 사회변혁과 비판을, 즉 규칙의 비지배적인 적용을 상상할 수 있는 유일한
방법인가? 이러한 질문들에 대해 비트겐슈타인이 도출해 낸, 기호를 해석하
는 것과 기호를 이해하는 것의 차이를 고려하면서 접근해보자. 해석은
(*Deutung*), "규칙에 대한 하나의 표현을 다른 표현으로 대치하는 것"이다
(*PI* 201절). (크립키와 관련하여) 위에서 설명한 규칙-준수의 역설은 이 구
별을 하지 못한 데 따른 것이다. 만약 규칙을 이해하는 것이 규칙을 해석하
는 것과 같은 것이었다면, 우리는 규칙을 이해하기 위해 그 규칙에 대한 또
다른 해석이 필요할 것이고 이 과정은 무한 반복하면서 퇴행할 것이다.[57]

이것이 비트겐슈타인을 "해석이 아닌 방식으로 규칙을 준수하는 방법이 있다,"라고 말하게 만드는 것이다. 이 방식은 즉각적인 파악 혹은 이해이며, 우리가 행동하는 데서 나타난다. 그것은 우리가 절대로 규칙을 해석하지 않는다는 것이 아니라, 해석은 오직 우리의 일상적 절차들이 효력을 잃을 때, 즉 의구심이 생기는데 어떻게 해야 할지 모를 때 요청된다는 것이다. (버틀러와 데리다가 하듯이) 일상의 규칙-준수 사례들에 해석을 적용하게 되면, 우리는 규칙을 준수한다는 것의 의미에 대해 오해를 하게 된다. 무언가를 할 줄 안다는 것은 (예컨대 표지판 읽기, 체스 두기, 계산하기, 혹은 노래 부르기) 행위를 통해 드러나는 즉각적인 이해 혹은 파악과 관련된 것이지, 해석과 관련된 것이 아니다.58) 젠더 "하기" 혹은 젠더 "수행하기"에 대해서도 동일한 방식으로 말할 수 있지 않을까?

『철학적 탐구』의 제2부에서, 비트겐슈타인은 "'본다see'라는 단어의 두 가지 사용"을 논의하는 맥락에서 이 점을 명확히 하는데, 비트겐슈타인의 이러한 지적은 드랙 공연의 계시적 성격에 대한 버틀러 주장의 문제점에 대해 우리가 더 잘 알 수 있게 해줄 것이다. 여기서 비트겐슈타인이 생각하는 "보기"의 개념은 일반적 의미에서의 지각에만 한정되지 않으며, 언어에서 의미를 감지할 수 있는 우리의 능력에도 적용된다. 오리-토끼의 유명한 게슈탈트 이미지, 즉 토끼의 머리로도 보일 수 있고 오리의 머리로도 보일 수 있는 이

---

57) "해석적 설명은 이해를 명확하게 하는 대신, 이해의 문제를 한 걸음 물러서서 제안된 해석으로 대체한다. 어떻게 이해해야 하는가? 등등으로." (Tully, "Wittgenstein and Political Philosophy," 37쪽). 어쨌든 규칙을 준수하는 사람은 이해를 해석으로 보는 이러한 설명 때문에 규칙과 일치하는 것으로 보일 수 있다. 이 역설에 대한 비트겐슈타인의 대답은, 해석이 아닌 방식으로 규칙을 준수하는 방법이 있다고 말하는 것이다 (PI 198절).

58) "해석은 기호에 대한 성찰이다; 기호를 어떻게 받아드려야 할지에 대한 의견 혹은 믿음이다. 기호를 해석한다는 것은 기호를 저 표현보다는 이 표현으로 택하는 것이다. 그에 반해서, 기호를 이해한다는 것은 기호에 대한 침전된 의견을 소유하거나 그것을 어떤 것으로 택하는 것이 아니고, 그것을 파악할 수 있게 되는 것이다; 말하자면, 그것을 일상적인 방식에 일치하거나 일치하지 않게 사용하면서, 그것을 가지고 행동하는 것이다" (Tully, "Wittgenstein and Political Philosophy," 40쪽).

미지를 거론하면서, 비트겐슈타인은 소위 "한 측면의 '지속적인 보기'와 한 측면의 '떠오름'"이라고 일컫는 것을 구별 짓는다.[59] 대상을 한 측면에서 지속적으로 보는 것은 일상적 지각행위의 특징인데, 대상을 즉각적으로 특정한 종류로, 즉 토끼-그림으로 인지하는 것이다. 한 측면의 떠오름을 경험하는 것은 확실히 일어나는 일이지만 일상적 지각행위의 특징은 아닌데, 동일한 대상을 말하자면 갑자기 다른 종류로, 즉 오리-그림으로 보는 것이다. 대상은 바뀌지 않았지만 우리의 보는 방식은 바뀌었다. 이것이 어떻게 가능한 걸까?

비트겐슈타인은 어떤 지각의 기원이나 원인이 대상 자체에 있다고 보는 식의 지각의 속성에 대한 주장을 거부한다. 논의를 진행해감에 따라, 비트겐슈타인의 비판의 방향은 일상적인 지각행위에 대한 경험론적 이해에서부터 ("나는 토끼-그림을 본다"와 같은 명제들에 의해 표현되는 것) 해석을 수반하는 행위로 보는 것으로 ("나는 토끼-그림을 토끼-그림으로 본다"와 같은 명제들에 의해 표현되는 것) 향해있다는 것이 분명해진다. 실제로 측면-떠오름의 낯선 경험을 탐구하는 것으로 보였던 것이 일상적 보기에 대한 비판적 조사임이 드러난다. 비트겐슈타인은 우리가 대상들을 곧바로 지각하거나, 조정을 거치지 않고 파악한다고 말한다; 특별한 대상 유형으로서의 대상들의 지위는 우리의 말과 행동에서 그냥 당연하게 받아들여진다. 우리는 사물을 일반적인 종류의 물질적 대상으로, 처음에는 감각적으로 주어진 후, 이어서 우리의 개념들에 따라 해석되거나 조직화 되어야 하는 것으로 접하지 않는다. 우리는 우리가 대상을 해석할 때 그러하듯이, 대상에 대해 "틀릴 수도 있는 가설을 구성하는 방식으로," 대상을 직면하는 것이 아니다.[60] 지속적인

---

59) Wittgenstein, *PI*, II, 11, 193e쪽, 194e쪽.

60) 트레이시 스트롱Tracy Strong은 "우리는 토끼의 형태를 검사하고 있다고 생각하지 않는다; 토끼를 의심할 실질적 가능성이 없기 때문에 조작하거나 증명해야 할 것은 아무것도 없다,"라고 설명한다 (*The Idea of Political Theory* [Notre Dame, IN: University of Notre Dame Press, 1990], 96쪽). 요점은 우리가 토끼를 의심할 수 있는 가능성을 배제한다거나 그렇게 할 필요를 느끼게 되는 상황이 발생할 가능성을 (예컨대 빛이 흐린 방 안에 있는 나는 사물을 제대로 볼 수가 없다: 그래

측면 지각이 확실성의 형식이다. 내가 식탁 위에 있는 나이프와 포크를 볼 때, "나는 이제 이것을 나이프와 포크로 본다,"라고 말하는 것은 말이 안된 다고, 비트겐슈타인은 말한다. 간단히 말해서, "우리는 식사 중에 식사 도구 로 인지하는 것을 식사 도구로 *간주하지는* 않는다; 우리가 식사를 할 때 일 반적으로 입을 움직이려고 시도하거나 입을 움직이려고 하는 것을 목표로 하는 것이 아니듯이 말이다.[61]

그러나 정확히 바로 그 점이 문제가 아닐까? 라고 버틀러 같은 페미니스 트라면 물어볼지도 모른다. 우리가 포크를 *포크로* 간주하지 않는 것처럼, 우 리가 보는 여성을 *여성으로* 간주하지 않는 것은 문제가 아닌가? 페미니즘 비 평의 전체적인 요점은 바로 그 일상적 보기의 경험에 의문을 제기함으로써 일상을 변모시키려는 것이 아닌가? 그러나 특정 기호에 대한 우리의 잠재적 으로 비판적인 관계를 근본적으로 모든 기호에 대한 해석적 관계를 요구하 는 것으로 생각하는 것은 무엇을 의미하는 것일까? 버틀러는 해석이 기호와 우리의 관계의 토대를 이룬다고 말하는 것으로 보이는 반면에 ─오직 몇몇 해석만이 침전될 뿐이며 그 침전된 해석도 다른 평범하지 않은 해석들에 의 해 대체되어야 한다 ─비트겐슈타인은 우리는 일반적으로 해석 없이 이해하 며, 그것은 우리의 어떤 결함이나 실패가 아니고, 우리가 비평이라고 부르는 모든 것의 비성찰적 기반이라고 말한다. 툴리가 설명하듯이,

---

서 "저것은 토끼야?" 라고 물어볼 수 있다) 배제한다는 것이 아니다. 우리가 분명 하게 볼 수 있고, 그 형태가 분명하게 그려져 있으며, 그리고 우리가 토끼라는 개 념을 갖고 있다고 가정하면, 우리는 우리가 보는 것을 검사해볼 필요성을 느끼지 못할 것이다.

61) Wittgenstein, *PI*, II, 11, 195쪽; 독일어 원문 구절인 "Man '*hält*' auch nicht, was man bei Tisch als Essbesteck erkennt, *für* ein Essbesteck,"는 "One doesn't *take* what one knows as the cutlery,"로 번역되었다. 영어로 "knows" 로 번역된 독일어 동사는 *erkennen*이다. 그러나 *erkennen*의 주된 의미는 "아는 것[to know]"이 아니라 "알아보는 것[to recognize]"이다. 전체적인 논지는 비성찰적 실천 의 일부로 무언가를 보고 즉각적으로 파악하는 것에 대한 것이다. 이 구절은 알기 의 한 형태로서의 보기와 행동의 한 형태로서의 보기의 차이를 이해하게 한다는 점에서 정말로 중요하다. 우리는 식사 중에 입을 움직이면서 식사 도구를 본다.

이로부터 영원히 해석적 논쟁을 벗어나는 비축된 관습적 사용들이 있을 것이라고 추론하지 않는 것이 중요하다. 첫째, 문제적 기호를 해석하는 어떠한 특정한 활동 상황도 다른 기호들에 대한 매개되지 않은 파악을 포함하는데, 바로 그 사실 때문에 그 기호들은 잠정적으로 해석이 필요 없는 것으로 여겨진다. 둘째, "되돌리는 것"은 언제나 가능하다: 즉, 이 다른 기호들의 규칙적인 사용에 의문을 제기하고 그 기호들을 해석의 대상으로 삼는 것.62)

어떤 점에서, 측면-떠오름의 경험은 (예컨대 오리를 이제 토끼로 보는 것) 상당히 드문 일이긴 하지만 툴리가 제시하는 방식에서는 중요하다. 한 측면이 떠오르는 것을 통해서 우리는 이미 어떤 것을 어떤 것으로 보고 있다는 것, 즉 우리는 지속적인 측면-보기를 하고 있다는 것 혹은 우리는 여하튼 보는 방식을 갖고 있다는 것을 깨닫게 된다. 비트겐슈타인은 분명히 말한다,

> 그러면 그것은 *이렇게* 된다: "나는 언제나 기호 'Σ'을 시그마로 읽었다; 그런데 누군가가 그것이 M자가 돌려진 것일 수 있다고 내게 말하고, 나도 이제 그것을 M자가 돌려진 것으로 보게 된다: *그러므로 나는 그전까지는 그 기호를 언제나 시그마로 보았던 것이다*"? 그것은 나는 단지 Σ모양을 보고 *이렇게* 읽어왔을 뿐만 아니라 나는 그 모양을 *이렇게 보아왔다*는 것을 의미할 것이다!63)

측면의 교체는 당신이 지금까지 그 기호를 시그마로 보았다는 것을 보여주면서, 당신이 어쨌든 그것을 어떤 것으로 보고 있었다는 것을 알게 해준다. 그러나 중요한 것은 마치 측면-떠오름의 해석적 순간이 (예컨대 시그마를 M

---

62) Tully, "Wittgenstein and Political Philosophy," 39쪽. Wittgenstein, *OC* 204절도 참조하라; Ludwig Wittgenstein, *Zettel*, ed. G. E. M. Anscombe and G. H. Wright, trans. G. E. M. Anscombe (Oxford: Basil Blackwell, 1967), 234-235절.

63) Ludwig Wittgenstein, *Remarks on the Philosophy of Psychology*, vol. I, ed. G. E. M. Anscombe and G. H. Wright, trans. G. E. M. Anscombe (Oxford: Basil Blackwell, 1980), 427절.

이 돌려진 것으로 보는 것) 기호에 대한 우리의 일상적 삶의 특성을 보여주는 순간이라거나 (예컨대 그것은 시그마인가 아니면 M인가?) 혹은 우리가 기호를 사용할 때 우리의 확실성의 감각을 부식시키는 순간이라는 듯이 (예컨대 그것은 시그마처럼 보이지만 그것은 M일 수도 있다), 우리가 어떤 것을 어떤 것으로 볼 수 있는 이 보기의 능력을 일상적 보기의 경험과 혼동하지 않는 것이다. 중요한 것은 어떠한 측면의 떠오름도 어떤 종류의 환상을 극복하는 것이기보다는 (예컨대 우리가 보는 여성은 우리가 보고 있다고 생각하는 것을 실제로는 연기하고 있다고 보는 것) 언제나 일상적 보기의 방식에 기생하는 것임을 잊지 않는 것이다.

측면의 떠오름은 우리가 보는 것이 대상의 속성에 기인하는 것이 아니라 오히려 또 다른 개념 사용에 기반을 두고 있는 것임을 볼 수 있게 한다. 비트겐슈타인은 이렇게 말한다, "측면의 떠오름에서 내가 지각하는 것은 대상의 속성이 아니고, 그 대상과 다른 대상들 사이의 내부 관계다."[64] 내가 한 측면 아래서 기호를 볼 때 ─그것이 지속적인 측면-보기이든 혹은 측면의 떠오름이든─ 나는 그 기호를 다른 사물들과 내면적으로 관련된 것으로 본다. 이 관련은 개념에 기반을 둔 것이다. 보기는 직접적인 것이지 (파악되는 것) 조정을 거치는 것이 (해석되는 것) 아니다. 어떤 것이 내가 보는 방식을 방해하기 전까지는 내가 전혀 눈치채지 못하는 관점은 그 자체로 해석이 아니며, 그 점에 있어서는, 내가 지금 보고 있는 것도 해석이 아니다. 마찬가지로, 내가 측면의 교체 아래 보는 것은 내가 과거에 보았던 것을 의심했기 때문에 생기는 것이 아니다. 내가 시그마나 오리를 본다면, 나는 시그마나 오리를 보는 것이다. 내가 M자나 토끼를 볼 때, 나는 M자나 토끼를 보는 것이다. 이것들은 해석이 아니며, 어떤 것을 어떻게 볼지에 대한 선택이 아니며 (마치 내가 파악하기에 달렸다는 듯이), 그리고 의심의 대상이 아니다 (마치 내가 보는 것에 이유가 필요하다는 듯이). 사람들은 그동안 오리로 보았던 것을 토끼로 보게 되면서, "나는 이 토끼를 토끼로 보고 있다,"라든지, 혹은

---

64) Wittgenstein, *PI*, II, 9, 212쪽.

"이제 토끼를 보게 되니 그것이 정말 오리였는지 모르겠다,"라고 말할지 모른다. 그러나 그것은 어떤 것을 어떤 것으로 보는 것이 작동하고 있는 언어게임과 관련된 것이다. 즉 대상을 보고 있는 상황과 관련된 것이지 대상 자체의 어떤 것과 관련된 것이 아니다.[65]

드랙을 보는 것이 젠더에 대한 비판적 사유의 계기가 된다면, 그것은 버틀러가 말하듯이 젠더 규범의 "과장된" 사례인 드랙이 "결국 오직 과장된 것과 관련해서만 결정되는 것, 즉 절제되고 당연한 것으로 여겨지는 이성애적 수행성을 부각시키고 있기" 때문이 아니다.[66] 한 가지 이유로는, 어떤 특정한 젠더 규범에 대해 의문을 제기할 수 있는 나의 능력은 잠정적으로 의문의 여지가 없는 다른 규범들에 기생하기 때문임을 들 수 있다. 또 다른 이유로는, 드랙 공연 자체에서 내가 드랙과 젠더를 동일한 종류의 대상으로 볼 것임을 보장하는 것은 —즉 드랙 공연을 젠더가 정말로 무엇인지를 보여주는 것으로 (즉 수행적인 것으로) 보는 것 —아무것도 없기 때문이다. 그것은 —마치 내가 토끼-그림을 보고 이후 그것을 오리-그림으로 볼지 모르지만, 결코 그 둘 사이에 어떠한 필연적 연관성도 보지 못하는 것처럼 —나는 드랙을 볼 때는 드랙을 보고 젠더를 볼 때는 젠더를 보는 것과 같은 것이다. 결국 드랙을 본다는 것은 젠더가 공연되고 있다는 것을 *안다는 것이다*—그렇지 않다면, 우리는 단순히 젠더를 보는 것일 것이다. 드랙이 해석 행위를 자극하고 (어떤 조건에서?) 결국에는 젠더 규범에 대한 비판적 성찰을 불러일으킨다는 (누구에게서?) 것에 동의한다고 해서, 젠더가 마치 드랙 *같다거나*, 드랙은 "젠더화된 몸은 . . . 그 실태를 구성하는 다양한 행위들과 무관한 별

---

65) 내가 (오리를 본 다음) 토끼를 본다면, 그것은 내가 "토끼"라는 개념을 갖고 있기 때문이다. 내가 드랙을 본다면, 그것은 내가 "드랙"이라는 개념을 갖고 있기 때문이다. 내가 여성을 본다면, 그것은 내가 "여성"이라는 개념을 갖고 있기 때문이다. 보통의 상황에서, "나는 이 여성을 여성으로 보고 있다,"라는 것은 "나는 이 포크를 포크로 보고 있다,"라는 것만큼 거의 말이 안 된다. 그렇게 말하는 것이 타당*할 수 있는 것*은, 그 의미가 어떤 것을 어떤 것으로 보는 것이 작동하고 있는 어떤 특정한 언어게임에서 나올 때이다.

66) Butler, *Bodies That Matter*, 237쪽.

개의 존재론적 지위를 갖지 않는다,"는 사실을 *폭로한다*는 것으로 동의가 이어지는 것은 아니다.[67]

의심의 조건은 일반화된 명제로 공식화될 수 없다.[68] 예컨대 드랙 공연을 통해 첫 번째 사람은 젠더 정체성에 대해 실존적 의문을 갖게 됐고, 두 번째 사람은 원래 자신이 생각해왔던 것을 확인할 수 있게 되었으며, 세 번째 사람은 그 공연을 외설적인 쇼로 소비한 상황을 생각해 볼 수 있다. 우리가 의문을 갖게 될지 여부는, 각각의 개별 주체가 (드랙이나 젠더나 여성과 같은) 일반 객체에 초점을 맞출 때 감춰지는 경향이 있는 상황에 대한 질문과 관련된다. 예컨대 *여성*이라는 단어가 나에게 의문을 제기하지 않는 상황이 있을 것이며 (예컨대 내가 내 친구에게 비행기 안에서 내 옆에 앉아있었던 여성에 대해 말할 때), 동일한 단어가 나에게 의문을 제기하게 되는 상황이 있을 것이다 (내가 내 남성 동료가 그 동일한 여성에 대해 말하는 것을 들을 때).

게다가 우리가 제기하는 의심이 단순히 주관적인 "내-생각에는"을 넘어서서 어떤 비판적 공명을 일으킬지 여부는, 일반 객체에 (예컨대 내재적인 전복적 효과를 지닌 예술공연으로서의 드랙) 초점을 맞출 때 차단시키는 경

---

67) Butler, *Gender Trouble*, 136쪽.

68) 의심의 조건들은 대부분 확실성의 조건을 일반화할 수 없기 때문에 일반화할 수 없다. 확실성은, 비트겐슈타인의 설명에 따르면, 하나가 아니고 고도로 분화된 실천이며, 의심은 끝이 없는 것이 아니고 의심에는 그 조건이 있다. 2 + 2 = 4와 같은 명제에서 우리가 표현하는 분석적 확실성의 종류가 있다. "우리집 현관문을 열면 낭떠러지가 있는 것이 아니다"와 같이, 우리가 결코 분명히 표현할 수 없는 명제에 대해 우리가 갖는 확실성이 있다. 그리고, 줄스 데이빗 로[Jules David Law]가 설명하듯이, "우리가 *어떻게* 의심해야 할지 알지 못하는 문제들에 대한 더 깊은 확실성이 있다 —인식 가능한 명백한 정반대의 믿음을 상상하거나 구축할 수조차 없는 그런 확실성." 비트겐슈타인이 "자신이 손이 있음을 분명하게 그리고 진정으로 의심하는 것은 불가능함을 주장"할 때, 그는 이런 종류의 확실성의 예를 제시하는 것이다. Jules David Law, "Uncertain Grounds. Wittgenstein's *On Certainty* and the New Literary Pragmatism," *New Literary History* 19, no. 2 (Winter 1988): 319-326쪽; 인용구는 321쪽. 자신의 손에 대해 의심하는 구절은, Wittgenstein, *OC* 24절, 54절, 125절, 247절 참조.

항이 있는 평판^{publicity}이라는 광범위한 질문과 관련된다. 우리가 제4장에서 보게 되겠지만, (버틀러가 말한) 수행적 발화에서 비판적인 정치적 효과를 갖거나 갖지 못하게 되는 공적 영역을 창조하는 것은 관중과 그들의 판단이다. 그러나 이것을 보기 위해서는 주체 문제와 (주체 문제에서는 대중 개념이 규범의 집행자라는 것 외에는 거의 드러나지 않는다) 회의론적 문제라는 (회의론적 문제에서는 비판 개념이 이해의 사용과 광범위한 해석적 실천에서의 개념 적용, "일탈적 사례들의 본질적 가능성," 그리고 급진적 의심을 제기할 수 있는 능력과 동의어이다) 두 가지 틀 밖에서 페미니즘 비평을 재고할 수 있어야 한다.

비트겐슈타인의 말을 따르면, 우리는 마치 누군가 혹은 어떤 것이 우리가 의심하는 것을 가로막는다는 듯이 어떤 것을 의심*할 수 없다*는 게 아니고, 일상적 상황에서는 그것을 의심하지 않는다는 것이다. 확실성은 하기 ^{doing}이지, 알기^{knowing}가 아니다: "왜 나는 내가 의자에서 일어나고 싶을 때 두 발을 가진 것에 대해 만족하지 않는가? 이유는 없다. 나는 만족하지 않을 뿐이다. 그게 내가 행동하는 방식이다,"라고 비트겐슈타인은 쓴다 (*OC* 148절). 언젠가 내가 두 발을 가진 것을 증명이 필요한 경험적 명제로 형식화하는 날이 올지도 모르지만, 그러나 내 현재의 참조틀 내에서는 나는 그냥 일어나서 걷는다.[69] 비트겐슈타인은 자신의 손이나 발의 존재와 같은 것을 의심할 수 있는 가능성을 배제하지 않는 대신, 우리가 가장 깊이 간직하고 있는 믿음이 무효화 되기 위해서는 어떤 조건이 확보되어야 하는지의 문제와 싸워나간다.[70] 그러나, 그 과정에서 그는 의심이란 무엇이며 어떤 조건에서

---

69) "나는 두 손이 있다"와 같은 진술에서 표현되는 확실성은 규칙-준수에 대한 비트겐슈타인의 설명에서 기본을 이루는 것이다. 그것이 진리-조건적 설명일 것이기 때문에, 의심이나 정당화에 구속되지 않는 기본 명제들을 적용하는 방식이 있다. 내가 "나는 두 손이 있다,"라고 말할 때, 이 판단은 의심의 대상이 될 수도 없고, 정당화될 수도 없는데, 왜냐하면 내 판단이 기반을 두고 있는 내가 두 손을 가지고 있다는 것보다 더 확실한 것은 없기 때문이다. 우리는 자신이 손이 있음을 의심하는 것이 역할을 하는 언어게임을 상상할 수 있지만, 그것은 언제나 실천과의 관계에서, 따라서 상황과의 관계에서일 것이다.

의심이 생길 수 있는지에 대한 우리의 (회의론적으로 굴절된) 이해에 대해 (예컨대 외부세계의 존재를 의심하는 것, 혹은 좀 더 구체적으로 당신의 서재에 홀로 앉아 페미니즘 이론에 대한 글을 쓰는 여성들의 존재를 의심하는 것) 급진적으로 의문을 제기한다. 결국 그동안 줄곧 쟁점이 되어온 것은 젠더 관습이 영원히 논쟁의 여지가 없을 정도로 확실한 것인가가 아니고 그 논쟁이 어떤 결과를 초래할 것인가 하는 것이다.

『확실성에 관하여*On Certainty*』의 약 3분의 2 되는 지점에서 비트겐슈타인이 한 발언은 필자가 염두에 두고 있는 의심하기의 실천을 시사한다. 줄스 데이빗 로*Jules David Law*가 설명하듯이, "그는 [비트겐슈타인] 특정한 의심을 일관성이 없거나 상상할 수 없는 것이라고 묵살한 후에," "거의 필연적으로 되돌아와서 어쨌든 어떤 기이한 방식으로라도 의심을 상상할 수는 없는 것인지 질문한다."71) 이 의심은 자신이 정말 영국에 살고 있는지에서부터 자

---

70) 이 점에 관해서는, Law, "Uncertain Grounds," 322쪽을 참조하라. 다음 단락이 보여주는 것처럼, 우리가 당연시하는 언어게임의 배경은 비트겐슈타인에 의하면 결코 동결되었거나 고정되어있는 것이 아니다.

경험적 명제들의 형식 중에, 어떤 명제는 응고되어서, 응고되지 않고 액체 상태로 있는 경험적 명제들을 위한 수로 역할을 했다고 생각할 수 있다; 그리고 이 관계는 시간이 지나면서 변화해서, 액체 상태의 명제들은 응고되고, 응고되던 명제들은 액체화된 것으로 생각할 수 있다. 신화는 유동 상태로 복귀할 수 있고, 생각의 밑바닥은 변화할 수 있다. 그러나 나는 강바닥 위에서의 물의 이동과 강바닥 자체의 변화를 구별한다; 비록 이 둘을 확연히 구별할 수는 없지만 말이다. ... 그리고 그 강둑은 일부는, 어떠한 변화도 없거나 있더라도 감지할 수 없는, 단단한 바위로 구성되어 있고, 일부는, 한 곳에 있다가 다른 곳으로 씻겨 내려가거나 퇴적되는, 모래로 구성되어 있다. (Wittgenstein, *OC* 96~97절, 99절).

현재의 의심 후보들이 더 이상 의심의 대상이 아닐 수 있듯이, 새로운 의심 후보들도 언제나 가능하다. 실수는 근거를 제시하는 능력과 언어게임을 할 수 있는 능력, 즉 다른 사람들이 규칙을 준수하고 있다고 인식할 수 있는 방식으로 규칙을 준수할 수 있는 능력 간의 차이를 혼동하는 데 있다.

71) Law, "Uncertain Grounds," 322쪽.

신의 이름과 성별에 대한 의심까지 모든 것을 포함한다. 이 의심은 필자가 논의해 왔던 비판적 성찰이라는 문제적 형식으로 제기되지 않고, 타인의 관점에서 문제를 보려는 것과 관련된 상상적 연습으로 제기된다: 그 타인이 자신이 비를 오게 할 수 있다고 믿는 왕이든, 자신의 현관문을 열면 바로 낭떠러지로 연결된다고 믿는 사람이든, 혹은 자신은 몸이 없다고 믿는 사람이든 말이다.[72] 필자는 드랙에 대한 버틀러의 비판적 설명에 대해서도 비슷한 말을 할 수 있다고 제안하고 싶다. 우리는 드랙을 볼 때, 버틀러가 주장하듯이, 젠더의 수행적 발화의 특성을 볼지 모른다. 그러나 그것은 ─우선적으로─ 젠더가 "실제로" 존재한다는 것을 의심할 수 있게 해주는 개념 능력의 비판적 사용을 요구하지 않으며, 무언가 다른 것을, 즉 형상화나 표현^{presentation}의, 즉 상상력의 생산적 능력을 요구한다.

4. 급진적 상상력과 새롭게 생각할 수 있는 형상들

필자는 다음 장들에서 자유-중심적 페미니즘에서는 상상력의 능력과 다른 관점들에서 볼 수 있는 능력이 중요함을 논의하겠다. 하지만 우선은, 외부의

---

72) 이 의심과 관련해서는, Zerilli, "Doing without Knowing," 444-446쪽을 참조하라. 각각의 경우에 비트겐슈타인은 자신의 의심에 응답할 수 있는 다양한 방식을 탐구한다: "지금까지 아무런 의심의 대상이 아니었던 것이 거짓 가설이었던 것으로 드러난다면 어떻게 될까? 나의 믿음이 거짓임이 밝혀졌을 때도 나는 여전히 같은 방식으로 반응할까? 아니면 그것은 내가 발판으로 삼고 있는 판단기준을 무너뜨려서 내가 전혀 판단을 내리지 못하게 할까?... 나는 '절대 그렇게 생각하지 말았어야 했는데!'라고 말할까, 아니면 '수정'은 모든 잣대를 없애는 것과 마찬가지이기 때문에 내 판단을 수정하는 것을 거부(해야) 할까" (Wittgenstein, OC 92절). 비트겐슈타인은 자신의 세계-그림에 대한 이러한 위협에 응답할 수 있는 한 가지 방식이 자신의 의심을 의심하는 것이라고 말한다: "만약 (누군가가 내 이름을 의심하게 만드는 계산된 말을 해서) 내가 내 이름을 의심하게 된다면, 분명히 이 의심의 근거 자체를 의심하게 만드는, 그래서 내 오래된 믿음을 유지하기로 결정할 수 있게 하는 무언가가 분명히 또 있을 것이다." 또 다른 방법은 교체를 경험하는 것이다 (OC 516절, 578절). 등등. 확실성이 한 종류만 있는 게 아니듯이, 의심도 한 종류만 있는 게 아니다.

관점에 거주하려 하지 않고 또 낯선 것은 필연적으로 규칙을 근본적으로 의심하게 만드는 예외적인 것이라는 생각에 우리를 끌어넣으려고도 하지 않는, 그런 페미니즘의 비판적 실천을 가능하게 해주는 능력으로, 상상력 개념을 도입하고 싶다. 비트겐슈타인이 주장하듯이, 우리를 단단히 버티게 해주는 것은 그것이 확실하기 때문이 아니라 그 주위에 있는 것들에 의해 단단히 고정되어있기 때문이라면; 즉 확실성은 근거의 문제가 아니라 근거 없는 행동 방식에 있는 것이라면, 현재의 사회적 배열에서 우리가 확보한 결정적인 강점이 무엇이든 간에 그것은 (버틀러의) "자기-의식적으로 비자연화된 위치"에서 만들어진 대상의 ("있다" 또는 "없다")에 대한 이론적 판단 이외의 어떤 것을 포함해야 할 것이다. 비트겐슈타인이 가르치듯이, 우리가 진실과 거짓에 대해 말할 수 있는 것은 무엇이든, "*진실*이 아니고 아직은 거짓도 아닌" 우리들의 실천의 근거 없는 근거를 항상 당연시한다.73) 상상력은 우리가 진실과 거짓을 결정하는 인식론적 요구 너머에 있는 무언가의 가능성을 생각할 수 있게 해주는데, 필자는 이것이 애초에 버틀러의 비판적 페미니즘 프로젝트였다고 생각한다.

우리가 진실과 거짓 문제를 결정하는 재현체계를 차단하거나 바꿀 수 있는 가능성은 형상화나 표현의 능력을, 즉 합리적 경험이나 개념체계에 이미 주어진 것이 아닌 형태나 형상을, 창조할 수 있는 능력과 관련된다. 대부분의 철학자들의 관심을 끌었던 "2차적 (혹은 재현적) 상상력"과 아리스토텔레스, 칸트, 그리고 프로이트에 의해 발견됐지만 (곧 가려져 버린) "1차적 (혹은 급진적) 상상력"을 구별하면서, 코르넬리우스 카스토리아디스는 재조합 활동과 독창적이고 창의적인 능력의 구별을, 즉 "X에서 시작해서, X로부터 오는 충격에서 시작해서, 혹은 무에서 시작해서, 대상을 정하고, 주체에게 그것을 시원적으로 제시하면서 그것을 대상으로 만드는 독창적이고 창의적인 능력"의 구별을 명확히 한다.74) 급진적 상상력은 한 개념을 다른 개념

---

73) 비트겐슈타인이 지적한 바와 같이, "만약 진실이 근거가 있는 것이라면, 그 근거는 *진실*이 아니고, 아직은 거짓도 아니다"(Wittgenstein, *OC* 205절).

74) Cornelius Castoriadis, "Logic, Imagination, Reflection," in *World in Fragments:*

으로 대체하는 것이 아니라고 카스토리아디스는 주장한다. 오히려 그것은 애초에 개념 적용의 근거가 되는, 즉 우리의 경험을 표현하고 배열하는 (즉 기초적인 논리를 제공하는) 훨씬 더 근본적이면서 비개념적인 능력이다.

상상력으로 갖춰진 형상은 "진실-혹은-거짓의 결정에서 완전히 벗어난다,"라고 카스토리아디스는 말한다.[75] "'진실'은 그 반대개념을 제시하는 것에서부터, 그리고 반대개념을 제시하는 것에 의해서 시작되는 생각이기 때문이다: 즉 확실한 것에서 불확실한 것을, 연속적인 것에서 비연속적인 것을, 시간과 함께 시간 밖의 것을 제시하는 것. 상상력으로 갖춰진 시간적 형상이, 그리고 그 형상에 근거해 시간 밖의 것을 생각하게 되는 그 형상이, 그 형상이 없다면 시간 밖의 것을 전혀 생각할 수 없을 그 형상이 '거짓'이라고 (혹은, 나아가 '진실'이라고) 말하는 것은 무슨 의미가 있을까?[76] 진실-혹은-거짓의 결정에 영향받지 않는 1차적 상상력은 논리적 사유 능력을 전면에 부각시키면서 개념을 형성해서 그 개념 아래 특수성들을 포괄하는 능력에 의존하는 일종의 비판적 사유에 상상력이 잠재적 위협이 되는 것으로 보았던 서구의 철학자들과 정치이론가들에 의해 감추어졌다.

진리의 지배하에서는 오지 않는 형상들을 창조할 수 있는 능력이 급진적 사회운동과 정치운동에 생기를 불어넣는다고 카스토리아디스는 말한다. 버틀러처럼, 카스토리아디스도 당연하게 여겨지는 문제들에 대해, 혹은 그가 "제도화된 사회" 혹은 "일을 하고 처리하는 것을 다루는 규범, 가치, 언어, 도구, 그리고 절차와 방법들로 [이해되는] ... 제도, 그리고 당연히 사회에 의해 주어지는 보편적 형태 및 유형과 특수한 형태 및 유형 둘 다에 있어서의 개인 (그리고 그들의 차별화: 예컨대 남자/여자)"이라고 부르는 것에 대

Writings on Politics, Society, Psychoanalysis, and Imagination, ed. and trans. David Ames Curtis (Stanford, CA: Stanford University Press, 1997), 246-272쪽; 인용구는 258쪽.

75) Cornelius Castoriadis, "The Discovery of the Imagination," in *World in Fragments*, 213-245쪽; 인용구는 242쪽.

76) 윗글.

해, 깊은 관심을 갖고 있다.[77] 카스토리아디스는 개인들은 제도를 선택하지 않고 "번식시켜야 한다,"라고 본다.[78] 사회적 규범과 규칙의 강력한 성격은 우리의 사회적 배열을 필연적인 것으로 다루게 하는 반면, 그 강제의 감춰진 특성은 우리가 그것을 자발적인 것으로 취급하도록 이끈다. 급진적 운동의 과제는 제도화된 재현에 (말하자면, 우리들의 사유의 바로 그 전제나 토대에) 의문을 제기함으로써 제도화된 사회를 변형시키는 것이다. 그러한 과제에 수반되는 성찰은 급진적 의심의 방식이 아니라 급진적 상상력의 방식으로 진행된다: 즉 "생각할 수 있는 *형상들* (또는 *모델들*)의 창조."[79] 카스토리아디스는 비트겐슈타인의 정신에 입각해서, 기존의 확립된 진리에 의문을 제기하는 것은 일시에 일어날 수 없고, "진공상태에서 ... 일어날 수도 없으며, 급진적 상상력에 의해 창조되는 항상 새롭게 생각할 수 있는 형태들/형상들을 설정하는 것과 함께," 일어난다고 말한다. 더 정확히 말하면, 그 같은 설정은 단순히 고독한 주체의 활동이 아니고 집합적 실천에 참여하는 주체들의 활동이기 때문에, 이 새롭게 생각할 수 있는 형태들/형상들은 "[급진적인] *사회적 상상력에 의해*, 혹은 (제도화된 사회와는 정반대로) *제도화하는 사회*에 의해 창조된다."[80] *달리 말하면, 젠더와 같은 "기존 진리"에 대해 어떠한 의심을 제기하든, 그 의심은 언제나 형상화의 생산적이거나 창의적인 순간에서 시작하는 것이지, 그 믿음의 근거 없음을 드러내는 것에서 시작하지 않는다는 것이다 (회의론이라면 그렇게 하겠지만).* 우리가 어떤 특정한 믿음에 대해 그것이 근거 없는 것이라는 통찰에 이른다 하더라도, 우리의 의심 역량은 형상화라는 이 생산적 순간을 조건으로 한다. 우리를 위해 단단히

---

77) Cornelius Castoriadis, "The Imaginary: Creation in the Social-Historical Domain," in *World in Fragments*, 3-18쪽; 인용구는 6쪽.

78) 윗글, 7쪽.

79) Castoriadis, "Logic, Imagination, Reflection," 269쪽. "성찰은 생각이 되돌아와서 그 생각의 특정한 내용늘 뿐만 아니라 그 생각의 선세와 토내블을 심문할 때 나타난다. ... 따라서 진정한 성찰은 사실상 주어진 사회제도에 대한 하나의 도전이며, 사회적으로 제도화된 재현들에 대한 의문이다" (윗글, 267쪽).

80) 윗글, 271쪽; Castoriadis, "The Imaginary," 8쪽.

버티고 있던 것들이 불안정해진다면, 그것은 우리가 새로운 보기의 방식을, 즉 우리의 경험을 다르게 판단하고 조직화하는 방식을 창조했기 때문이다.

비트겐슈타인 자신은 그 같은 변화가 어떻게 일어날 수 있는지 사실상 설명하지 않았는데, 왜냐하면 그의 가장 우선되는 관심사는 우리가 대상을 항상 어떤 것으로 본다는 것을 (즉 모든 전(前) 서술적 보기에는 "구조-라고-말하는-것"이 있다) 보여주는 데 있었기 때문이다.[81] 측면-부상에서, 우리는 다른 개념을 갖고 있기 때문에 다른 대상을 (예컨대 오리 대신 토끼를) 본다. 아직 개념이 고정되지 않은 사례들을 허용하는 반면에, "...으로 보는" 것에 대한 비트겐슈타인의 견해는 개념을 고정시키는 것과 함께, "결국 [한] *개념*이 어떻게 대상에 자신을 강제하는지"와 관련된 것이었다.[82] 그러나 그러한 진술에 대해 결정론적 결론을 도출해내기 전에, 우리는 급진적 상상력에 내한 가스토리아디스의 견해와 함께, "문제가 되는 것은 하나의 기존 개념을 다른 개념으로 대치하는 것보다, 개념을 고정시키는 것에 있는" 사례들의 발생 가능성을 고려할 필요가 있다.

필자는 드랙을 말하자면 여장남자로 보지 않고 젠더 규범의 과장된 사례로 보기 위해서는 상상력이 필요함을 제안했다. 우리가 대상 자체를 지나치게 강조하게 되면, 우리는 특수성들을 상호간에 예기치 않은 그러면서도 잠재적으로 비판적인 관계를 맺을 수 있게 해주는 능력으로서의 상상력과 ─ 그 관계가 비판적인 이유는 우리가 어떤 새로운 것, 즉 대상 자체에 주어지지 않은 어떤 것을 볼 수 있기 때문이다 ─우리가 판단을 내릴 때 다른 관점들을 끌어오는 상황 둘 다를 놓치게 된다. 드랙 공연이 잠재적으로 가치 있는 이유는 그것이 자연화된 성차와 같은 기존의 확립된 진리가 거짓임을 보여주는, 경험적 명제의 형태를 갖는 낯선 사례를 우리에게 제공해주기 때문

---

81) 이들은 서로 다른 개념들이고, 여기서 한 개념과 다른 개념의 관계를 보는 것은 비트겐슈타인이 시사하듯이 "넘어진 대상의 그림으로 단순한 삼각형 형상"을 보는 것과 같은 것이다. "삼각형의 이 측면을 보기 위해서는 *상상력*이 필요하다" (*PI*, II, 11, 207쪽).

82) 윗글, 204쪽.

이 아니다. 오히려 그 공연이 가치 있는 이유는 육체를 새롭게 구상할 수 있게 해주는, 새롭게 생각할 수 있는 형상에 대한 극적인 표현을 끌어내기 때문이다. 이 새롭게 생각할 수 있는 형상은 대상 자체에 내재해 있지 않다. 오히려 대상은 ─ 예컨대 드랙 공연 ─ 급진적 상상력에 의해, 즉 표현이나 조직력의 힘에 의해, 사고를 새롭게 형상화하는 데 사용되거나 작동될 수 있다. 잘 알려진 예를 들어보면, 프로이트는 히스테리 환자의 증상 수행을 자신이 히스테리를 급진적으로 새롭게 생각할 수 있게 해준 형상으로 재해석했다. 그리고 버틀러도 드랙의 여성성 공연을 그녀가 젠더를 새롭게 생각할 수 있게 해주는 형상으로 재해석하고 있지 않은가? 필자가 보기에는 바로 이 점이 『젠더 트러블』의 진정한 통찰력이지만 쉽게 간과된 업적이라고 생각한다. 『젠더 트러블』을 진실과 거짓의 모든 문제와 단절하는, 새롭게 생각할 수 있는 형상을 만들어낸 것으로 읽을 때, 그 초기 연구에서 가장 비방 받은 측면이 (즉 드랙을 전복적 인물로 설명한 것) 오히려 가장 창의적이고 급진적인 측면임이 밝혀질 것이다. 다음 장들에서 우리는 새롭게 생각할 수 있는 형상과 비판적 페미니즘에서의 그 위치에 대한 다른 예들을 볼 수 있을 것이다.

만약 창의적 상상력이 카스토리아디스가 주장하듯이, 진실과 거짓을 넘어설 뿐만 아니라 더 이상 기능성에 예속되지 않는다면, 버틀러가 '이성애적 매트릭스'라고 부른 남성과 여성의 자연화된 결합을 규정하는 사용경제를 넘어 (예컨대 사회적 재생산과 생물학적 재생산) 육체를 보는 새로운 방식이 부상하게 된다.[83] 우리가 제3장과 제4장에서 보겠지만, 대상을 사용경제 외부에 설정할 수 있는 이 능력은 자유-중심적 페미니즘에, 그리고 모든 비도구주의적 정치에, 결정적으로 중요한 것이다. 왜냐하면 그 능력은 대상과 사건들에 대한 우리의 판단을 인과적 연결고리에서, 즉 그 출현이 결국 어떤 목적을 향한 수단으로 실현될 가능성인 것으로 미리 짜여진 것에서, 벗어날

---

83) Castoriadis, "Logic, Imagination, Reflection," 262-264쪽과 Butler, *Gender Trouble*, 5쪽을 보라.

수 있게 해주기 때문이다.

가령 드랙을 그 사용으로 규정되지 않는 새롭게 생각할 수 있는 형상으로 본다는 것은 드랙을 낯선 것의 사례로 보는 것이기도 하고 낯설지 않은 것의 사례로 보는 것이기도 하다. 낯선 것처럼, 새롭게 생각할 수 있는 형상으로서의 드랙도 우리의 실천에 대해 급진적으로 낯설게 하는 효과를 가질 수 있다. 그것은 우리가 그 실천들을 우발적이고 변덕스러운, 변할 수 있는 것으로 볼 수 있도록 도울 수 있다. 그러나 낯선 것과는 대조적으로, 새롭게 생각할 수 있는 형상은 급진적 의심으로 시작하지 않으며, 변하지 않은 경험적 대상에 대해 우리가 (반드시) 다른 관점을 가질 수 있도록 하는 새로운 보기의 방식을 제공한다. 예컨대 우리가 간성의 몸을 볼 때, 우리는 버틀러가 말한 낯선 것에 직면하지만, 우리는 파우스토-스털링[Fausto-Sterling]이 보여주듯이, 그 보기 행위를 우리가 지금까지 숱곧 보아왔던 것, 즉 성별화된 몸들로 접어 넣는 경향이 있다. 따라서 만약 규칙에 대한 예외가 모든 몸들을 성차의 규칙 아래 포함시키려는 우리의 경향을 좀처럼 방해하지 않는다면, 그것은 우리가 보고 있다고 생각하는 것을 의심할 수 있는 적절하게 비자연화된 위치가 우리에게 결핍되어있기 때문이 아니고, 바로 그 보기의, 즉 의미의 경험을 새롭게 조직화할 수 있는 대안적으로 생각할 수 있는 형상이 우리에게 결핍되어있기 때문일 것이다. 새롭게 생각할 수 있는 형상들은 인식론의 유혹 및 독단론과 회의론이라는 쌍둥이 유혹들에 저항하는 페미니즘 비판 형식에 있어 결정적으로 중요하다. 그러한 형상들은 성찰적이고 창의적인 판단 방식에 필수적인 것이다.

5. 자유-중심적 페미니즘 이론을 향하여

필자는 인간의 실천들을 지배하는 체계적인 규칙성들을 포착하고 그 효과를 예측하는 것을 목적으로 하는 일련의 가설들 혹은 모델들로서의 이론이라는 개념에 대해 페미니즘이 양가적 관계를 갖고 있다고 주장하면서 이 장을 시작했다. 이론에 대한 그 같은 개념은 외재적인 (아르키메데스의) 입장을 차지하려는 시도를 전제로 한다. 우리는 이 양가적 관계가 섹스/젠더 관계에 대한 어떤 총론적 이론체계를 만들려고 하거나 역으로 우리의 실천들을 비판하기 위해 그 실천의 참뜻을 살펴보려는 많은 페미니스트들의 시도를 막지 못했다는 것을 보아 왔다. 심지어 버틀러 같은 사상가도 총론적 이론 개념을 지지하는 인식론적 가설들에 반박하지만, 그럼에도 불구하고 그러한 이론이 품고 있는 비판적 성찰 개념에 매료된다. 만약 우리가 이 비판적 성찰 개념을 거부한다면, 그것은 필자가 이 장을 시작하면서 언급한 묘사의 실천practice of description에 불과할 뿐인 페미니즘 비판방식을 갖는다는 뜻일까?

만약 우리가 새롭게 생각할 수 있는 형상들의 창조로 이론을 재개념화한다면 어떻게 될까?[84] 이 형상들은 카스토리아디스가 우리에게 보여주었듯이 특수성들을 상호 관계 안에 들여오겠지만, 완전한 대상에 대한 지식 형성과 생산을 목적으로 하는 사변적 이론의 가설이나 모델과는 다를 것이다. 만약 카스토리아디스가 맞다면, 그러한 형상들은 *"폐쇄를 깨뜨리려는 노력,"* 즉 우리가 규칙, 규범, 그리고 법에 의해 구성된 주체로 존재하는 제도화된 사회 영역을 깨뜨리려는 노력으로서의 성찰의 핵심에 있다.[85] 시간이 지나면서 이 새롭게 생각할 수 있는 형상들 역시 그들이 한때 의문을 제기했던 폐쇄를 창출하게 되고, 이것은 말하자면 이들 역시 급진적 상상력에 의해 추동된 또 다른 형상들에 의해 의문시될 것임을 뜻한다. 예컨대 제2물결 페미니즘 이론을 활성화시켰던 섹스/젠더 구별은, 비록 이미 주어진 지식생산의 인식론적 범주로 (필자의 견해로는, 잘못) 해석되었지만, 한때는 새롭게 생각할 수 있는 형상이었다. 그러한 형상으로서의 섹스/젠더 구별은 지식생산 이

---

84) 카스토리아디스는 *이론*을 다음과 같은 방식으로 규정한다: "보다 일반적으로 말해서, 우리는 중요한 새로운 이론은 —예컨대 뉴턴, 아인슈타인, 다윈, 혹은 프로이트 자신. . .의 이론 —결코 단순한 '귀납법'이 아니며, 이전에 존재했던 이론들에 대한 단순한, '뺄셈'에 의한, '반증'의 산물도 아니라고 말할 수 있다. 중요한 새로운 이론은, *데이터의 제약 조건하에서* (이것이 사실상 '반증'뿐만 아니라 경험적 지식에 해당하는 것이다), 새로운 상상적 명료함의 형상/모델을 상정하는 것이다" (Castoriadis, "Logic, Imagination, Reflection," 270-271쪽).

85) 윗글, 271쪽.

상의 훨씬 많은 것을 해냈다; 그것은 급진적 상상력에 의해 생성되어서 여성 경험에 새로운 의미를 부여하는 형식을 마련했고, 그 경험이 어떻게 다르게 만들어질 수 있는지에 대해 생각할 수 있는 공간을 열었다. 그리고, 제2물결의 다른 형상들처럼, 섹스/젠더 구별 역시 결국 체계적 규칙성과 객관적 법칙을 파악하는 데 사용되는 사변적 이론으로 물화 되었고, 버틀러와 같은 제3물결 페미니스트들에 의해 당연히 거부되었다.

새롭게 생각할 수 있는 형상들의 지속적인 생산으로 이론을 개념화하게 되면, 페미니스트들은 이론과 실천의 관계를 재구성할 수 있다. 실천은 카스토리아디스가 쓰듯이, "실천의 대상이 속성상 모든 완결을 능가하는 경우에만 존재할 수 있다; 즉 실천은 대상과 영원히 변형된 관계를 갖는다" (*IIS*, 89쪽). 사변적 이론은 대상을 완결지으려고 하는 반면에, 카스토리아디스는 "실천의 대상은 새로운 것이며," 비트겐슈타인이 말했던 철도와 같은 규칙처럼, "이미 확립된 합리적 체계를 단순히 물리적으로 추적하는 식으로 환원될 수 없는 것,"이라고 말한다 (*IIS*, 77쪽). 우리의 행위를 안내하고 그 결과를 예측하는 규칙을 마련하면서, 사변적 이론은 실천을 "'실증'의 금고에 갇힌" 완결된 대상인 듯이 다루려고 할 것이라고, 카스토리아디스는 말한다 (*IIS*, 89쪽). 그와는 대조적으로, 정치에 적합한 이론은 그 자체가 하기^{doing}이며, 하기에 외재해있는 장소에서 하기를 안내하는 알기^{knowing}가 아니다. 그러한 이론은 일상적 범위 안에서 비판적 판단을 형성할 수 있는 능력을, 즉 우리의 경험을 새롭게 조직화하는 방식을 창출함으로써 특수성들을 예기치 않은 방식으로 (필연적이거나 논리적이지 않은 방식으로) 서로 연결시키는 성찰적 능력을 발휘하게 할 것이다. 무엇보다도 그러한 이론은 당연히 우리의 정치적 실천을 포함하는 경험에 앞서서 주어질 수 없는데, 왜냐하면 그러한 이론은 우리의 활동 자체에서 발생하기 때문이다.

만약 비판적 하기나 카스토리아디스가 이론이라고 부르는 새롭게 생각할 수 있는 형상이 페미니즘에 정치적 도움이 된다면, 그것은 안내나 교훈으로서가 아니다; 그것은 우리가 행동을 같이할 때 무엇을 해야 할지 알려주는 일련의 규칙으로 작동할 수 없다. 이해보다는 상상력의 능력에 더 깊이 뿌리를 내림으로써, 그러한 이론은 보편성이 부여되는 개념을 생산하는 것이나 그 개념들에 의문을 제기할 수 있는 외재적 입장을 확보하는 것을 목표로 하지 않는다. 경험을 조직화할 수 있는 새로운 형상을 창조함으로써, 그러한 이론은 오히려 우리의 현실감각을 바꾸려고 한다 ─즉 우리가 알고 있는 것을 바꾸는 것이 아니라, 우리가 인정하는 것, 즉 중요하게 생각하는 것을 바꾸는 것이다. 비트겐슈타인을 따라 카벨이 관찰한 바와 같이, "인정은 지식을 넘어선다. (넘어선다는 것은 말하자면 지식 체계 안에서 넘어선다는 것이 아니라, 그 지식을 기반으로 어떤 것을 *하거나* 드러내는 것을 요구한다는 점에서 넘어선다는 것이다.)" 예컨대, "내가 늦은 것을 안다고 하여 내가 늦은 것을 인정하게 되는 것은 아니다,"라고 카벨은 쓴다.[86] 지식과 인정의 이러한 차이는 회의론자가 보지 못하는 것인데, 왜냐하면 그/녀는 인간관계에 있어서 중요한 것은 우리가 확실히 안다고 주장할 수 있는 것이라고 가정하기 때문이다. 그리고 그것이 바로 사회변화는 전적으로 사람들이 알고 있다고 주장하는 것에 대해 우리가 제기하는 의심에 달려있다고 페미니스트들이 추정하게 만드는 것이지 않은가? 그러나 이원-섹스 체계에 실증적 예외들이 있다는 것을 안다고 하여 우리가 이원-섹스 체계에 대한 대안이 있을 수 있다는 것을 인정하게 되는 것은 아니다. 이것은 ─단순히 ─우리 쪽의 개인적 실패가 아니며, 세계와의, 그리고 사람들과의 관계를 알기의 측면에서 구축하려는 우리들의 보다 일반적인 경향을 보여주는 징후다. 마치 더 많은 지식이, 그리고 더 많은 의심이, 우리가 현실로, 일상으로, 그리고 공동세계의 일부로 간주하는 것의 비인식적 변형을 만들어낼 것이라는 듯이 말이다.

급진적 상상력에 대한 카스토리아디스의 설명과 규칙-준수에 대한 비트겐슈타인의 비판은 인식론의 거짓 안정감에서 벗어나서 위험을 무릅쓰고 행위의 세계로, 적어도 수단-목적적 정치개념이 요구하는 방식으로는 우리가 무엇을 하는지 알 수 없는 세계로 나아가려는 자유-중심적 페미니즘을 발전

---

86) Stanley Cavell, "Knowing and Acknowledging," in *Must We Mean What We Say?*, 238-266쪽; 인용구는 257쪽.

시키는 데 있어 귀중한 자원이 된다. 그러한 페미니즘은 개념의 힘(이해)과 특수성들을 규칙에 포함시키는 능력보다는, 표현의 힘(상상력)과 새롭게 생각할 수 있는 형상의 창조 능력에 기반을 둘 것이다. 가장 중요한 것은, 그러한 페미니즘은 역사적으로 위치한 그리고 집단적인 자유의 행사로 발생할 것이며, 그 행사를 통해 우리는 우리에게 주어진 조건들을 바꿀 것이라는 점이다; 즉 필연적인 것과 우연적인 것의 관계를 바꾸는 것이다. 우리가 다음 장에서 보겠지만, 이 전환은 외재적 입장에서 보면 모든 것이 비-필연적이고 우연적인 것으로 보이는 그런 외재적 입장을 포함하지도 요구하지도 않는다. 오히려 이 전환은 인간 자유의 사실적 성격에, 즉 규범이나 규칙에 의해 그렇게 하도록 강요받지 않으면서 객관적 상황에서 어떤 새로운 것을 끌어낼 수 있는 능력에, 기초한다. 달리 말하면, 젠더 의미의 변화는 젠더란 우연적인 것이고 따라서 변화될 수 있는 것이라는 회의론적 통찰을 통해 나타나는 것이 아니고 (예컨대 우리는 이론이 있으니까 이제 우리는 행동할 수 있다), *여성*과 같은 단어를 새로운 맥락에 투사하면 사람들이 우리가 예측할 수도 통제할 수도 없는 방식으로 그것을 이어가는 것을 통해 나타난다. 모든 정치적, 세속적 집합체를 변화시킬 수 있는 잠재적 힘을 가지고 있는 것은 바로 이 행동이지, 어떤 내재된 안정성(실재론)이나 불안정성(해체론)이 아니다.

그러므로 심지어 언어적 전환 이후에도 우리의 사유 안으로 슬금슬금 되돌아오는 인식론의 정치적 허세를 해체하는 것도 중요하지만, 자유-중심적 페미니즘에는 그 이상의 것이 필요하다. 자유-중심적 페미니즘은 어떠한 외재적 보장도 없는 상태에서 작동하는 인간 실천의 변형적 성격 역시 인정해야 한다. 인식론의 갑옷을 행위의 불확실성에 넘겨주는 것은 자유의 심연과 마주하고 있는 자신을 발견하는 것이라고, 아렌트는 말할 것이다. 규칙-준수하기의 객관적으로 올바른 방법이 존재하지 않는 것처럼, 객관적으로 올바른 정치적 행동하기의 방식은 ─ 이를테면, 여성의 이름으로 말하기 ─ 존재하지 않는다. 우리가 그것들을 따라가기만 하면 과거의 억압에서 벗어나 현재의 해방으로 이어지고 나아가 미래의 자유로 나아가게 하는, 그런 "무한대로 펼쳐진 규칙들," "공간에 놓여있는 선," 그리고 그 선을 추적할 수 있는 이론은 존재하지 않는다. *여성들*과 같은 정치적 담론 용어는, 젠더 실재론자들이 그러하듯이 실제 상황에서의 사용을 초월하는 무언가에 의해 고정되지 않으며, 그렇다고 버틀러가 제시하듯이 언어 그 자체의 조건으로 언어 안에 내재하는 것으로 간주되는, 항상 존재하는 실패의 가능성 때문에 본질적으로 불확실한 것도 아니다. 오히려 그러한 용어들은 정치적 행위 안에서, 그리고 정치적 행위를 통해, 즉 *우리가 파악하고 있는 것, 우리가 말하는 것을 통해* 의미 있는 *것*으로—혹은 아닌 *것*으로—만들어진다. 다음 장들에서 우리는 페미니즘 정치에 대한 덜 사변적이고 덜 회의론적인 접근이면서, 페미니즘 정치에서 더 이상 환원할 수 없는 요소로 여성을 주장하는 것에 대한 다소 다른 사고방식을 제시하는 것을 통해 이 통찰을 발전시켜나갈 것이다. 결국 자유-중심적 페미니즘은 알기 (여성들이 있다는 것) 자체에 관심이 있는 것이 아니고, 하기에, 즉 변형시키고, 세계-구축하고, 다시 시작하는 것에 관심이 있다.

02

페미니스트들은
시작을 여는 사람들이다

: 모니크 위티그의 『여전사들』과 "새로운 것의 문제"

> 그들은 제로에서 시작한다고 말한다.
> 그들은 새로운 세계가 시작되고 있다고 말한다.
>
> **-모니크 위티그, 『여전사들』**

어떻게 제로에서 시작하지? 어떻게 새로운 세계가 시작되지? 이러한 의문들은 모니크 위티그의 1969년 판본을 미국 제3물결 페미니즘의 시공간에서 — 그 구조적 다양성에도 불구하고 급진적 새로움과 자발적 시작을 상상할 수 없어 보이는 페미니즘 — 다시 읽을 때 발생한다. 시작은 유토피아를 의미하는 것이 아니고 — 페미니즘은 분명히 유토피아적 차원으로 특징지어진다 — 칸트가 "앞선 시리즈의 연속"[1]이라고 불렀던 것이 아닌, 사건을 의미한다. 실제로 전례가 없는 것이라는 생각은, 행위성과 사회변화의 문제는 새로운 젠더 규범의 출현보다는 기존 젠더 규범의 "재의미화"를 필요로 하는 것이라고 보는 페미니스트들에게는 순진하거나 이질적인 것으로 보일 것이다. 바로 그 점에 위티그의 혁명적 텍스트인 『여전사들』의 충격적인 승부수가 — 즉 시리즈를 깨기, 전례가 없는 것을 창조하기와 같은 새로운 차이의 문법 — 놓여있다.

페미니스트들이 『여전사들』을 기존의 범주들로 — 예컨대 "과학소설," "레즈비언 문학," 혹은 "참여문학" — 접수하는 것이 바로 필자가 묘사한 자발적 시작 개념에 대해 페미니즘이 보이는 일반적인 양면성을 입증해주는 예가 된다.[2] 그러나 그러한 양면성이 페미니즘에만 해당 된다고 보기는 어

---

1) Immanuel Kant, *Critique of Pure Reason*, trans. Paul Guyer and Alan Wood (Cambridge: Cambridge University Press, 1977), B478쪽. Hannah Arendt, *The Life of the Mind*: 제2권, *Willing* (New York: Harcourt Brace & Co., 1978), 205쪽. 이후 인용표기는 페이지 번호와 함께 *LMW*로 함.

렵다. 한나 아렌트가 주장하듯이, "새로운 것의 문제"는 정치이론과 실천에 서뿐만 아니라, 서구철학의 모든 분야에서 출몰한다. 그녀는 주장하기를, 사실상 새로운 것은 자유의 문제, 그리고 급진적 우연성의 문제로 우리와 직면하는데 ―"그것은 원인과 결과라는 확실한 구속으로 해명될 수 없고, 아리스토텔레스의 잠재성과 실재성 범주로도 설명될 수 없는, 모든 행동 이전에 열려있는 무의 *심연*이다"(*LMW*, 207쪽). 칸트와 같은 사상가들은, "행동은 그 행동에 앞서 있었던 것에 기인하거나 영향을 받은 것이 아닌 한에서만 자유롭다고 말할 수 있다,"라는 것을 알았지만, 그들은 모든 행동이 일련의 연속선으로 나타나는 시간의 연속선이라는 끊을 수 없는 배열 안에서 그러한 행동을 설명할 수 없었다고, 아렌트는 쓴다 (*LMW*, 210쪽).3) 철학자들은 "급

---

2) 예를 들면, Hélèn Vivienne Wenzel, "The Text as Body/Politics: An Appreciation of Monique Wittig's Writings in Context," *Feminist Studies* 7, no. 2 (Summer 1981): 264-287쪽; Nina Auerbach, *Communities of Women: An Idea in Fiction* (Cambridge: Harvard University Press, 1978); Namascar Shaktini, "Displacing the Phallic Subject: Wittig's Lesbian Writing," in *The Thinking Muse*, ed. Jeffner Allen and Iris Marion Young (Bloomington: Indiana University Press, 1989), 195-210. 웬젤은 위티그의 소설들이 "독자를 시간과 공간, 자아와 타자, 언어와 문화를 거쳐, 궁극적으로 새로운 언어의 기원, 그리고 여성에 대한 재정의에 도달하는 여행으로 안내한다,"라고 말한다 (Wenzel, "The Text as Body/Politics," 275쪽). 위티그의 소설을 즐기는 독자로서 웬젤이 이 재정의 안에서 모든 "여성 세계들"의 창조를 보려는 것이 잘못된 것은 아니지만, 그러나 그녀의 분석은 위티그 자신이 이의를 제기하는 레즈비언 소설 범주를 재현하는 경향이 있다. 필자가 아래에서 논의하듯이 니나 아우어바흐는 이 모든 여성 세계들에서 "여성 주체"가 사라지는 것에 대한 괴로움을 표현한다. 그에 반해서 나마스카 샤크티니는 위티그의 프로젝트는 동성애 정치와 "레즈비언 소설"이라는 전형적인 생각을 훨씬 넘어서는 것임을 인정한다. 필자는 위티그를 수용하는 방식에 나타난 문제점들 중 일부를 다음 글들에서 다루었다: "The Trojan Horse of Universalism: Language as a 'War Machine' in the Writings of Monique Wittig," *Social Text: Theory/Culture/Ideology* 25-26 (1990): 146-170쪽; "Rememoration or War? French Feminist Narratives and the Politics of Self-Representation," *differences: A Journal of Feminist Cultural Studies* 3, no. 1 (1991): 1-19쪽.

진적 새로움과 예측 불가능성을 상상할 수" 없었기 때문에, 아렌트는 (앙리 베르그송^{Henri Bergson}을 인용해서) "자유의지를 믿는 극소수의 사람들도 그 자유의지를 단순히 두 개의 혹은 몇 가지 방안 사이에서의 '선택'의 문제로, 마치 그 방안이 '가능성'이라는 듯이 축소시켰다... 그리고 의지는 그 가능성 중 하나를 '실현시키는 것'으로 제한됐다. 따라서 그들은 모든 것은 주어진 것이라는 것을... 여전히 인정했다,"라고 말한다 (*LMW*, 32쪽).[4]

---

3) 칸트에 따르면 현상은 연속적인 순간들로 재생될 수 있어야 하는데, 왜냐하면 재현이 내 의식 안에서 완결되기 위해서는 시간이 소요되기 때문이다. 그러나 "만약 내가 언제나 생각에서 앞의 재현들을 빠뜨렸다면 (한 행의 첫 부분, 그 시대 이전 부분, 혹은 재현된 체계 내의 단위들), 그리고 그것들을 이어지는 재현들로 나아가는 동안 재생시키지 않았다면, 완벽한 재현은 결코 얻을 수 없을 것이다" (Immanuel Kant, *Critique of Pure Reason*, A102쪽). 나아가 재생된 재현은 현재의 재현들에 추가됨으로써 현재의 재현과 함께 동일한 전체에 속해야 한다. "우리가 지금 생각하는 것이 방금 전에 우리가 생각했던 것과 동일한 것임을 우리가 의식하지 않았다면, 일련의 재현들에 나타나는 모든 재생은 쓸모없을 것이다. 왜냐하면 그렇게 재생된 재현은 현 상태에서 새로운 재현이 됨으로써 어떤 식으로든 *그것이 점차적으로 생성될 행위에* 속하지 않을 것이기 때문이다. 그러므로 재현의 집합체는 결코 전체를 형성하지 않을 것인데, 왜냐하면 그 집합체는 오직 의식만이 부여할 수 있는 그런 통일성이 결핍되어있기 때문이다" (B134쪽; 강조점은 필자가 추가한 것임). 필자는 자유와 관련된 이러한 시간순서의 문제를 제4장에서 다룰 것이다.

4) 가능성과 실재의 관계를 비판적으로 고찰하면서, 베르그송은 다음과 같이 쓴다,

> 세계의 불확정성과 자유를 위한 공간을 남겨 놓는 데 성공한 이 학설의 결점은 ―철학사에 있어서 진정 드문 일인데 ―그에 대한 단언이 함의하는 바를 보지 못했다는 것이다. 그들은 불확정성과 자유를 이야기할 때, 불확정성은 가능성들 간의 경쟁을 의미하는 것으로, 자유는 가능성들 간에 선택을 의미하는 것으로 이해했다. 마치 자유 그 자체가 가능성을 창조한 것이 아니라는 듯이! 마치 어떤 다른 가설도 실재에 대한 기존의 이상적 가능성들을 단언함으로써 새로운 것을 단순히 이전의 요소들을 재배열한 것으로 환원시키지 않았다는 듯이! 마치 그러한 재배열은 따라서 조만간 계산 가능하고 예측 가능한 것으로 간주되는 것으로 이어지지 않았다는 듯이! 우리는 반대이론의 전제를 받아들임으로써 적을 들어오게 하고 있었다. 우리는 피할 수 없는 것에 대해 단념해야 한다: 실재는 스스로 가능하게 하는 것이지, 가능성이 실재가 되는

아렌트에 따르면, 새로운 것의 문제는 "전문적 사상가들"만 당황하게 한 것이 아니라, "자신들의 활동의 성격이 세상을 바꾸는 데 있지 세상을 해석하거나 아는 데 있는 것이 아니기 때문에 자유를 위해 헌신해야 하는 활동가들"도 당황하게 했다. 그들 역시 "순수한 자발성의 심연"을 "옛것을 개량해서 재-진술하는 것으로 *새로운 것*을 이해하는... 서양 전통의 전형적인 장치"로 덮어버렸다 (*LMW*, 198쪽, 216쪽). 이 장치는 새로운 정치적 통일체의 창립이라는 전형적인 자유의 행위로 작동하고 있다. 그것은 로마인들이 (시인) 버질^{Virgil}에 의지하여 자신들의 공화국의 창립을 트로이의 부활로 설명한 바로 그것이었다. 그것은 미국 건국의 아버지들이 그들 역시 "자유의 심연"에 직면했을 때 로마인들에게 의지한 바로 그것이었다 (*LMW*, 207쪽). 자신들의 자유로운 행위를 전통에 정박시킴으로써 그 행위를 합법화시킬 수 있기를 간절히 바라면서, 그들은 사실상 시간성의 순서가 깨졌다는 것을 부인하고, 불가항력적인 시간 연속체 안에서 어떻게 시간을 다시 시작할 것인가라는 창립의 수수께끼"를 풀려고 노력했다 (*LMW*, 214쪽).

철학자들과 정치행위자들이 급진적 새로움에 대해 보였던 양면성에 관한 이러한 발언들에 비추어, 사람들은 새로운 것에 대한 위티그의 설명을 예외로 취급하면서 그것을 판타지나 그냥 문학인 것으로 여기고 싶어 할지 모른다. 급진적 상상력을 도구로 하는 소설의 창작권을 누가 인정하지 않겠는가? 그러나 그러한 양보는 새로운 것과 그에 따른 자유를 반복적으로 부정하는 제한적인 것이다. 바로 그것이 (위티그의 설명을 예외로 취급하는 것) 그렇지 않았으면 부정하느라 바빴을 철학자들과 "활동가들"이 기꺼이 예술적 천재의 창의적 상상력을 인정해온 이유가 아닌가?⁵⁾

급진적 상상력의 예술영역으로의 제한이 철학, 정치이론, 그리고 다른 사

것이 아니다.

(Henri Bergson, *The Creative Mind: An Introduction to Metaphysics*, trans. Mabelle L. Andison (New York: Citadel Press, 1992), 104쪽.

5) 아렌트가 설명하듯이, 여러 사상가들 중에서도 칸트와 같은 철학자들은 예술적 창작품에서 자발성의 "증거"를 보았다 (*LMW*, 183쪽).

회적 담론들에서 허구에 주어지는 하찮은 지위와 깊이 연결되어 있다는 것을 우리가 정말로 인정한다면, "소설의 창작권"은 의심스러운 것으로 보인다. 에르네스토 그라씨Ernesto Grassi에 따르면, 허구는 기껏해야 수사학적 형상들과 (예컨대 고귀한 거짓말) 관련되며, 이 형상들은 이성에, 즉 있는 그대로의 인간에 —이미지를 필요로 하는 열정적인 생물체—도움을 주는 역할을 한다. 코르넬리우스 카스토리아디스는 동의한다: "허구는 자신의 모국어에 내재해 있는 존재론이나 선존재론preontology에서 지위가 없다; 허구는 존재하지 않는 것의 일관성 없고 허약한 변종일 뿐이다," 즉 모든 합리적인 사람들이 알고 있는 것은 비현실적이라는 것에 대한 긍정적 표현일 뿐이다. "급진적 상상력에 대한 충분한 인정은 다른 차원의 급진적 상상계, 즉 사회적-역사적 상상계의 발견과 나란히 병행할 때만 가능하다,"라고 그는 말한다.6) 주체가 아닌 실천에 뿌리내리면서 사회적, 역사적, 정치적 영역을 활성화시키는 인간의 근본적 상상력으로서의 급진적 상상력의 능력을 우리가 인정할 때까지, 창의적 상상력은 개개인의 천재성의 독특함과 (소위) 예술과 같은 정치와 무관한 영역에 국한되면서 빈 개념으로 남아있을 것이다.

위티그의 표현처럼, 급진적 상상력은 "아직은 과학이나 철학에 이름이 없는," "현상"을 창조한다.7) 이 새로운 형태의 동기부여가 되지 않은 배치가 바로 그라씨가 이탈리아의 인문주의적 전통을 따라 독창성ingenium이라고 ("감각적 외양들 간에 예상치 못한 관계를 보는 것") 부르는 것이다. 카스토리아디스처럼, 그라씨도 이 독창적인 활동을 예술가의 특권으로 보지 않고, 우리가 "우리의 감각적 인식으로 우리 앞에 놓여있는 것을 넘어설" 수 있게

---

6) Cornelius Castoriadis, "The Discovery of the Imagination," in *World in Fragments: Writings on Politics, Society, Psychoanalysis, and the Imagination*, ed. and trans. David Ames Curtis (Stanford, CA: Stanford University Press, 1977), 213-245쪽; 인용구는 223쪽과 245쪽. 카스토리아디스는 최초의 상상력이라는 자신의 생각을 아리스토텔레스의 『영혼에 관하여De Anima』 제3권에 나타난 사유체계를 따라가면서 발전시키고 있다.

7) Monique Wittig, "The Site of Action," in *The Straight Mind and Other Essays* (Boston: Beacon Press, 1992), 90-107쪽; 인용구는 91쪽.

하는 평범한 인간적 실천으로 본다.8) 재생산적 상상력과는 대조적으로, 감성에 주어진 것을 넘어서는 행동은 직관적 통찰에 없는 것을 재현하지 않으며, 이미 존재하는 요소들을 재결합하지 않는다. 그것은 "그 자체 안에서 그리고 그 자체로부터 유사점과 차이점의 구별을 찾는다." 달리 말하면, "오직이 비교를 [즉 비유적, 은유적 활동] 통해서만 감각적 현상은 그 의미를 획득하게 된다,"라고 그라씨는 말한다.9) 독창성은 이성, 언어, 그리고 지각의 "다른 면"이 아니다. 독창적인 활동은 개념에 필요한 최소한의 체계나 논리를 제공하면서, 그람씨가 말하듯이, "합리적 주장의 기초나 틀을 개략적으로 설명한다; 그것은 개념에 '우선하며,' 추론으로는 결코 발견할 수 없는 것을 제공한다." 상상력은 사유, 지식, 그리고 판단의 조건이다.10)

위티그가 기존의 사회적 담론들에서는 그 이름을 찾을 수 없는 현상의 급진적 창조에 대해 쓸 때, 우리는 그 과정을 의미를 감각적 외양으로 (즉 은유적으로) 변화시킴으로써 "세계"의 최소한의 구조를 구축하는 것으로 생각해야 한다. 만약 그라씨와 카스토리아디스가 주장하듯이, 합리적 언어가 — 그리고 우리가 그 언어와 관련짓는 판단하기, 생각하기, 그리고 알기와 같은 활동들이 —이 고어$^{archaic\ language}$에 기생하는 것이라면, 급진적 상상력에 의해 생성된 이미지와 은유의 고어는 우리 세계의 일부로 무엇이 나타나고 나타날 수 있는지 이해하는 데 있어 결정적으로 중요하다. 이 언어는 단지 드러내 보일 수 있을 뿐이고 (눈앞에서 이끌어서 보여주는 것) 증명할 수는

---

8) Ernesto Grassi, "The Roots of the Italian Humanistic Tradition" and "Rhetoric as the Ground of Society," in *Rhetoric as Philosophy: The Humanist Tradition*, trans. John Michael Krois and Azizeh Azodi (Carbondale: Southern Illinois University Press, 2001), 1-17쪽, 68-101쪽; 인용구는 8쪽과 97쪽.

9) Grassi, "Rhetoric as the Ground of Society," 98쪽.

10) 윗글, 97쪽. 카스토리아디스는 비슷한 주장을 하기 위해 아리스토텔레스를 소환한다: "일반적으로, 그리고 특히 최초의 상상력은, 영혼이 알고, 판단하고, 생각할 수 있게 해주는 영혼의 잠재력 (혹은 권력) 중 하나로 정의될 수 있다" (Castoriadis, "The Discovery of the Imagination," 243쪽).

없는 것이라 하더라도 (논리에 기반을 두고 무언가를 보여주는 것), 위티그와 같은 페미니스트들에게나 현재 우리의 참조체계에서는 이름을 찾을 수 없는 현상들을 창조하고 자유, 우연성, 그리고 새로운 것을 단언하는 것이 가능할 수 있는 체계를 생성하는 것에 관심이 있는 사람들에게는 결코 그 중요성이 달라지지 않는다. 만약 판타지를 "드러나게 하는 활동으로 정의한다면," 특히 그라씨가 주장하듯이, 서로 무관한 것들 사이에서 유사성을 발견하는 방식으로 비현실적인 무언가를 드러나게 하는 활동으로 정의한다면, 그 경우에 『여전사들』은 진정한 판타지 작품이다. 그것은 인지할 수 없는 것을 (즉 개념으로 드러나지 않는 것을) "눈앞에서 펼쳐 보인다."[11]

개념에서 자신을 드러내지 않으면서 위티그의 판타지 텍스트가 등장하게 하는 것은, "성의 범주"에서는 현실성이 없고, 또 "너무나 당연한" 이성애에 기반을 둔 "사회계약"에서는 목소리가 없는, 인간의 정치적 유대의 공간이자 형태다. "이성애가 무엇인지" 말할 수 없는 것처럼, "사회계약이 무엇인지"도 정의 내릴 수 없다는 것을 발견하면서, 위티그는 "나는 [두 경우 모두에서] 그 효과를 통하지 않고서는 현실적으로 파악될 수 없는 존재하지 않는 물체, 주술적 숭배물, 이념적 형태와 직면하게 되는데, 그 존재는 사람들의 마음속에 있으면서 그들의 삶 전체에, 즉 그들의 행동, 움직임, 사고방식 등 모든 것에 영향을 미치는 방식으로 존재한다,"라고 말한다. 이 "이성애적 사회계약"의 틀 안에서, "동성애는 단지 희미하게, 때로는 전혀 보이지 않는 유령처럼 나타난다,"라고 그녀는 쓴다.[12] 사회계약에서 비이성애적 실천의

---

11) Ernsto Grassi, "Language as the Presupposition of Religion: A Problem of Rhetoric as Philosophy?" and "Rhetoric as Philosophy," in *Rhetoric as Philosophy*, 102-114쪽, 18-34쪽; 인용구는 105쪽과 20쪽. 판타지와 독창성을 문학과 같은 예술적 실천에 대한 관습적 이해로 환원시키는 것은 서양 전통에서 합리적 언어에 주어진 특권을 확인시켜주는 것이다. 그라씨가 주장하듯이, 이 전통 안에서 판타지, 은유, 그리고 모든 형태의 비유적 언어는 수사학과 문학 분야로 귀속되게 된다. Ernesto Grassi, *Die Macht der Phantasie: Zur Geschichte abendländ-lischen Denkens* (Königstein: Athenäum Verlag, 1979), xvii쪽; "무언가를 드러나게 하는" 활동으로서의 판타지에 대해서는 185-187쪽을 보라.

비현실성에 대한 위티그의 놀라운 대응책은, 사회계약을 사기라고 비난하는 대신에 비이성애적 실천을 자유롭고 자발적인 유대의 진정한 실천으로 새롭게 창조할 것을 요구하는 것이다. 『여전사들』의 놀라운 성취는 (개념이나 주장에 기반을 두고) 입증하는 것에 있는 것이 아니라, (이미지와 은유를 통해) 이성애적 사회계약의 급진적 재구성을 눈앞에서 펼쳐 보이는 데 있다.

따라서 필자가 판타지 작품으로서의 『여전사들』에 관심을 갖는 부분은 예술적 천재의 급진적 행동으로서의 새로운 것의 출현이 아니고, (시작을 여는 인간의 힘으로 이해되는) 자유와 새로운 사회계약에 대한 본문의 정교함이다.13) 칸트가 "시간 속에서 자발적으로 시리즈를 시작하는 능력"(LMW, 158쪽)이라고 불렀던 문제는, 예술가의 (모니크 위티그) 새로운 시작을 여는 상상력에 관한 것이 아니고 그녀의 글이 즉시 시작하고 기념하는 잠재적 자유의 공간에 관한 것이다: 그 공간은 그녀의 표현처럼 "사회계약을 새롭게 재구성할 수 있는" 공간, 현재는 단지 "유령"에 불과한 것이 나타나서 우리의 현실 감각의 일부가 될 수 있는 그런 공간이다.14)

위티그를 정치적 자유의 문제에 관한 것으로 읽으면서, 필자는 자유를 개인 의지의 속성으로 보면서 주체 문제를 수반하는 제2물결 및 제3물결 페미

---

12) Monique Wittig, "On the Social Contract," in *The Straight Mind and Other Essays*, 33-45쪽; 인용구는 41쪽, 40쪽, 41쪽.

13) 아렌트처럼 필자도 자발성 개념을 예술적 창의성으로 한정시키고 싶지 않다. 존재론적으로 필자는 자발성 개념을 독창性의 능력으로, 다른 한편으로는 개별적인 현상들에서 연관성을 볼 수 있는 능력으로 위치 짓고 싶다 (그라씨와 카스토리아디스). 정치적으로 필자는 자발성 개념을 공론장에서 다른 사람들과 연대하는 자유의 실천으로 위치 짓고 싶다 (아렌트). 이 두 개념 모두 칸트와 그의 비평가들 대부분의 철학적 전통과 상충된다. 예컨대 칸트의 첫 번째 저작인 『순수이성비판』의 B 판본에 나타난 초월적 상상력으로부터의 칸트의 "후퇴recoil"에 비판적이었던 하이데거는 우리가 독창性이라는 개념을 그로부터 차용하는 이탈리아의 인본주의적 전통에 대해서도 적대적이었다. Ernesto Grassi, *Einführung in die humanistische Philosophie: Vorrang des Wortes* (Darmstadt: Wissenschaftliche Buchgesellsc haft, 1986), 17쪽.

14) Wittig, "On the Social Contract," 45쪽.

니즘의 경향을 중단시키고, 그와 함께 공론장에서의 자유를 인간 유대의 실천으로 재배치하고 싶다.[15] 위티그에게 자유는 말과 행동의 영역 밖에서는 상상도 할 수 없는 정치적 현상 —아렌트가 "나의-의지I-will"가 아닌, "나의-할수-있음I-can"이라고 부른 속성 —이다. 위티그의 정치적 에세이들은 때때로 고독한 주체와 그 추정되는 내적 자유의 금욕적 위치로 물러서고 싶은 소망을 표현한다 —"만약 궁극적으로 우리가 새로운 사회질서를 거부당해서 그 질서는 오직 말로만 존재할 수 있게 된다면, 나는 그것을 내 자신에게서 찾을 것이다."[16] 그러나 그러한 소망은 전혀 다른 종류의 자유를 위한 투쟁에서 예견되는 패배에 대한 좌절감의 표현이라고 보는 게 좋을 것이다.[17]

---

15) 아렌트에 따르면, "정치영역의 경험에서부터 자유 개념을 끌어내려는 모든 시도는 이상하면서도 놀랍게 들린다. 왜냐하면 이 문제에 관한 한, 우리의 모든 이론은 자유는 행동의 속성이라기보다는 의지와 사유의 속성이라는 개념의 지배를 받고 있기 때문이다. 그리고 이 우선 순위는 ... '완전한 자유는 사회의 존재와 양립할 수 없으며,' ... 오직 인간사의 영역 밖에서만 그 완전함은 용인될 수 있다는 개념에서 도출된다." 행동하기와 연출하기의 정치적 영역이라는 기원에서 벗어나서, 근대적 자유는 "덕성이기를 멈추고 ... 자유 의지의 이상인, 타자로부터 독립하고 궁극적으로 그 타자들을 지배하는 주권이 되었다." 이 반정치적 자유 개념에 이의를 제기하면서, 아렌트는 단언한다: "사람들이 자유를 원한다면, 그들은 정확히 주권을 포기해야 한다." Hannah Arendt, "What Is Freedom?," in *Between Past and Future: Eight Exercises in Political Thought* (New York: Penguin Books, 1993), 143-172쪽; 인용구는 155쪽, 163쪽, 165쪽.

16) Wittig, "On the Social Contract," 45쪽. 자기 안에서 새로운 질서를 정초하려는 이러한 시도는 문학적 실천의 일부이며, 『여전사들』과 같은 글을 낳게 한다. 그러나 이 텍스트는 특성상 사적이 아니고 공적인, 그리고 다른 사람들과의 자발적인 유대에 기반을 둔 공간을 가시화시킨다.

17) 위티그는 때때로 자신의 글들에 나타난 보편적 주체를 "주권적 주체"라고 말한다. 그럼에도 불구하고 그녀가 이해하는 주권은 아렌트가 비판하는 주체와 아무런 공통점이 없다. 오히려 위티그의 주권적 주체는 오직 인간 다양성의 영역에서만 가능하다. 위티그가 페미니스트들은 "'자발적 유대'를 지금 당장 형성할 수 있으며, 지금 당장 사회계약을 새로운 것으로 재형성할 수 있다,"라고 선언할 때, 그녀는 나의-의지의 자유와 나의-할수-있음의 자유의 구분을 명확히 하고 있지만, "만약 궁극적으로 우리가 새로운 사회 질서를 거부당해서 그 질서는 오직 말로만 존재할 수 있게 된다면, 나는 그것을 나 자신에게서 찾을 것"이라는 결론을 내렸다.

위티그에 있어서 자유는 심연적 구조를 가지고 있다. 그것은 잠재력의 형태로 미리 주어지는 것이 아니며, 억압의 관계에서 무언가에 의해 필요해지는 것이 아니며, 그리고 외부의 어떤 것으로도 정당화될 수 없는 것이다. 그것은 전적으로 임의적이고, 우연적이며, 따라서 아렌트의 말을 빌리면, "그냥 내버려 두는 것이 오히려 더 나을 수도 있는 것이다"(*LMW*, 207쪽). 위티그의 이러한 심연에 대한 각색을 —즉 "우연성, 자유를 위해 기꺼이 지불한 대가"(*LMW*, 133쪽) —제대로 인식하려면, 우리는 그녀의 작품에 등장하는 정치적 자유의 문제를 진지하게 대하는 데 —혹은 보는 것조차도 —실패한, 그녀의 작품에 대한 대부분의 과거의 이해방식에서 벗어날 필요가 있다. 이러한 실패는 페미니즘이 자유에 대해 갖는 전반적인 양면성에 대한 증언일 뿐만 아니라, 주체 문제가 제2물결 및 제3물결 페미니즘의 가장 중요한 텍스트들에 대한 우리의 접근을 규정하게 된 방식에 대한 증언이기도 하다.

예컨대 휴머니스트로서의 위티그에 대한 주디스 버틀러의 잘 알려진 비평은 오로지 주체성 문제에만 초점을 맞추고, 위티그의 텍스트에 나타난 자유의 문제는 (혹은 기껏해야 주체성으로 재규정된 자유의 문제는) 도외시했다.[18] 위티그 작품에 대한 버틀러의 독해는 이후 많은 미국 페미니스트들에

비록 위티그는 여기서 에픽테토스^{Epictetus}의 비세속적 자유를 받아들이는 것처럼 보이지만, 그녀의 소설뿐만 아니라 정치적 에세이 대부분은 나의-의지의 주권적 자유를 반대하고, 아렌트처럼 나의-할-수-있음의 세속적인 정치적 자유를 주장하고 있다. Wittig, "On the Social Contract," 45쪽.

18) 버틀러에 따르면, 위티그의 작품은

현존, 존재, 급진적이고 중단 없는 풍요에 대한 철학적 추구의 전통적 담론 안에 위치해 있다. 모든 의미는 운영상의 *차이*에 의존한다고 보는 데리다의 입장과는 달리, 위티그는 발화는 무엇보다 자연스럽게 연결되는 정체성을 요구하고 유발한다고 주장한다. 이 근본주의적 소설은 그녀에게 기존의 사회제도들을 비판할 수 있는 출발점을 제공해준다. 그러나 여전히 남아있는 중요한 질문은 존재, 권위, 보편적 주체성에 대한 추정이 어떤 우연적 사회적 관계에 도움이 되는가? 왜 주체에 대한 권위주의적 개념의 박탈을 중시하는가? 왜 주체와 그 보편화하는 인식론적 전략의 탈중심화를 추구하지 않는가? 하는 것이다.

게 결정적인 평결로 작용했는데, 놀랍게도 1990년대 이후 페미니즘 논쟁에서 위티그의 작품은 보이지 않게 된다.[19] 위티그 작품의 이러한 기각은 버틀러의 비평으로 야기된 것도, 환원될 수도 없는 것이며, 그 당시 페미니즘의 지배적인 문제였던 주체 문제를 징후적으로 보여주는 것이다. 따라서 당연하게도 위티그의 작품이 기각되지 않았다면, 그것은 여성 범주 논쟁의 지배적 입장을 특징짓는 급진적 의심의 페미니즘적 실천에 동화되는 한에서였다. 그러나 이러한 동화는 위티그 작품의 진정한 가능성을 왜곡시키는 것으로서, 그 진정한 가능성은 성을 의심하는 데 있는 것이 아니고, 자유의 공간과 실천, 시작을 여는 힘, 그리고 인간 유대의 새로운 양식을 극화하는 데 있다.

1. 의심의 한계

그렇다면 위티그의 텍스트를 자유와 인간 유대의 정치적 실천을 문제 삼는 텍스트로, 그리고 자발적으로 제때 새로운 체계를 시작하려는 집단적 시도로 새롭게 접근해보자. 위티그가 부수려고 하는 체계는 *규범적 이성애성*이라는 이름하에 진행되는 것이다. "이성애성은 모든 정신적 범주에 언제나 이미 존재하기" 때문에 이 시리즈를 부수는 것은 위티그에게는 시간을 다시

Judith Butler, *Gender Trouble: Feminism and the Subversion of Identity* (New York: Routledge, 1990), 118쪽. 휴머니즘이라는 혐의는 위티그 작품의 정치적 기획을 놓치고 있는 것이다. 위티그의 기획은 주체를 분산시키는 데 있는 것이 아니라 ─비록 버틀러의 주장과는 반대로 주체의 분산 자체도 그녀의 작품들에서 발견할 수 있지만 ─자유를 위한 정치적 조건을 만들어내는 데 있다.

19) 필자는 이 점에 대해 테레사 드 로레티스Teresa de Lauretis와 나마스카 샤크티니Namascar Shaktini와의 대화에 빚지고 있다. 예컨대 최근에 출판된 모니크 위티그 평론집의 참고문헌 목록을 보면, 위티그에 대한 301개의 평론들 중 1990년 이후 쓰여진 것은 한 줌에 불과하다는 것을 알게 된다. Diane Crowder and Namascar Shaktini, "Selected Bibliography of Monique Wittig Criticism," in *On Monique Wittig: Theoretical, Political, and Literary Essays*, ed. Namascar Shaktini (Urbana: University of Illinois Press, 2005).

시작하는 것에 상당하는 것이다. 그것은 우리의 창립 신화에, "지금까지 변하지 *않았고* 앞으로도 변하지 *않을* 무언가로," 언제나 이미 존재한다. 그것은 우리의 언어 안에 있다: "*아버지들, 어머니들, 형제들, 자매들, 등등, 그들의 관계는 마치 그렇게 영원히 계속되어야 하는 것처럼 연구될 수 있다.*" "우리가 그 바깥을 생각할 수 없는" 참조체계이면서 동시에 원래는 그것에 대해 존재론적 근거가 전혀 없었던 정치적 관계인 이성애성은 아무도 공식적으로 동의하지 않지만, "우리가 지금 하듯이 공용어를 말할 때"마다 동의하게 되는 "사회계약"이다.[20]

우리는 성을 정치적으로 구성된 범주로 보는 위티그의 간단한 설명에 현혹되어서는 안된다.[21] 그녀가 "'이미 거기에 있는' 성들"이라고 부르는 것은 사실상 극도로 복잡한 문제인데, 페미니스트들에 의해 상투적으로 "섹스/젠더는 구성된 것이다,"로 불충분하게 다뤄지고 있다.[22] 한때 섹스/젠더를 본질적인 것으로 보는 생각에 대한 급진적 대응이었던 이 구성된 것으로서의 섹스/젠더 개념은, 시간이 흐르면서 구성된 것으로서의 섹스/젠더는 그렇게 구성된 것으로 보여질 수 있고, 필자가 제1장에서 주장했듯이 엄청난 지적 행위와 회의론적 의심을 통해 그 우연성이 드러날 수 있다는 잘못된 견해를 끌어냈다. 이 행위는 우리가 섹스와 젠더 같은 문화적 산물과 실천들을 완전히 구성된 것으로 보는 외부의 관점을 얻을 수 있다는 잘못된 생각을 가동시킨다. 의심의 실천에 대한 대단히 문제적인 가정 (예컨대 우리는 모든 젠더를 단번에 의심할 수 있다) 외에도, 이 접근의 기본적인 오류는 진리와 의미를 혼동한다는 데 있다. 페미니즘에 있어서 성차는 단지 진리나 인지만이 아니라 의미와 관련된 것이다. (규정적) 판단에서 규칙에 따라 인지할 수 있

---

20) Wittig, "On the Social Contract," 43쪽, 42쪽, 40쪽.
21) 필자는 위티그의 에세이가 그녀의 소설과는 달리 덜 정교하며 소설과 인접해있지 않다는 주디스 버틀러의 평가에 동의하지 않는다. 위티그의 정치적 에세이들은 그녀의 문학작품이 다루고 있는 문제의 본질을 정확히 제시한다: 이원 섹스 체계의 집요함, 의혹을 제시하는 페미니즘 실천으로는 끝낼 수 없는 체계.
22) Moniq Wittig "The Category of Sex," in *The Straight Mind and Other Essays*, 1-8쪽; 인용구는 5쪽.

는 것을 "성차"라고 부르며, 그것은 사회과학과 생명과학에 적절한 (그리고 원칙적으로 알 수 있는) 대상이다. 이분법적 성차 판단을 뒷받침하는 기준들은 추정상 자명한 기본 원칙들에 근거하지 않으며 비교적 안정적인 인간적 실천양식에 기초한다. 그 기준들은 비트겐슈타인이 말하는 우리의 삶의 형식에 대한 판단의 사전적 합의다. 그 기준들은 의심의 여지가 없는 확실한 것이 아니며 사실상 페미니스트들이 의문을 제기해 온 것들이다. 일단 지식의 대상으로서의 이분법적 성차가 불안정해졌을 때 (예컨대 앤 파우스토-스털링이 우리에게 상기시키듯이, 섹스에는 적어도 다섯 가지가 있다는 것을 우리가 "알게" 되었을 때), 지속되는 것은 의미의 문제로서의 성차다.[23] 의미의 문제로서의 성차는, 일단 우리가 이분법적 성차가 우연적인 사회적, 역사적 구성물임을 알게 되면 끊임없이 생각하게 되는 문제이면서 배제되지 않는 조건이다.[24]

---

23) Anne Fausto-Sterling, "The Five Sexes: Why Male and Female Are Not Enough," *The Sciences* (March-April): 20-24쪽; Anne Fausto-Sterling, *Sexing the Body: Gender Politics and the Construction of Sexuality* (New York: Basic, 2000).

24) 필자는 칸트가 이성(*Vernunft*)과 지성(*Verstand*)을 구분한 것에 대해 아렌트가 특유의 방식으로 설명한 것에 빚지고 있다. 이성의 능력은 끝없는 사유 과정을 활성화시키는 의미의 문제와 관련이 있는 반면, 지성의 능력은 검증 가능한 기준을 요구하는 진리의 문제로 향한다. 아렌트에게 있어 이러한 구분은 (이성과 지성, 생각과 지식, 의미와 진리) 철학적 전통에 대한 그녀의 비판의 핵심을 이루는 것이다. "모든 구체적인 형이상학적 오류들보다 우선하는 기본적 오류는 진리 모델을 가지고 의미를 해석하는 것이다" (Hannah Arendt, *The Life of the Mind*, 1-vol. edition [New York: Harcourt Brace & Co., 1978], vol. 1, *Thinking*, 15쪽. 이후부터는 이 책을 인용할 때는 페이지 수와 함께 *LMT*라고 명기함). 의미의 문제와 진리의 문제에 대한 이러한 구분을 표명하지 못한 것이 뤼스 이리가레^{Luce Irigaray}와 같은 연구자들이 왜 "본질주의자"로 읽히고 (즉 성차를 옹호하기 때문에 이리가레는 '성차'에 대한 인지에 의문을 제기하지 못한다고 보는 것); 모니크 위티그가 왜 "사회구성본자"로 읽히게 되는지 (성차에 반대하기 때문에 위티그는 앞에서 언급한 인지에 의문을 제기한다고 보는 것); 그리고 그들 사이에 대화를 하는 것이 왜 사실상 불가능한지를 설명해주는 많은 이유 중 하나가 된다. 성차를 단지 진리의 문제이며 지식의 실천인 것처럼 다루는 경향이 과학의 시대에 과학

성차를 진리나 지식보다는 의미, 이해, 그리고 행위의 문제이자 조건으로 받아들인다면, 그것은 인간의 인지능력이 아니라 인간의 상상력에 관여하는 것이다. 만약 에르네스토 그라씨가 상상력이 풍부한 은유와 이미지의 고어가 —그가 미사여구라고 부르는 것 —모든 합리적 연설의 기반을 이룬다고 주장하는 것이 맞다면, 이분법적 성차에 대한 지식을 생산하고 (그리고 이의를 제기하는) 인지^{cognition}는 그 자체가 *환상*과 독창*성*의 능력에 뿌리를 두고 있는 것이다.25) 이 고어가 진위 여부의 문제인, 성차 입증의 필요조건이 된다. 게다가 그것은 "진위여부의 결정에서 완전히 벗어나 있는" 언어다. 그것은 카스토리아디스가 우리에게 상기시키듯이,

"진실" 자체는 그 모순을 제시하는 것에서부터, 그리고 그 제시를 수단으로 해서 시작되는 것으로 간주되기 때문이다: 확실한 것에서 불확실한 것을, 연속적인 것과 불연속적인 것을, 시간과 시간 밖의 것을 제시하는 것. 상상력에 의해 추동된 시간적 형상이 없다면 시간 밖 시간에 대한 사유 자체가 없어지는 상황에서, 상상력에 의해 추동된 시간적 형상이 "거짓"이라고 (혹은 나아가 "진실"이라고) 말하는 것이 무슨 의미가 있겠는가?26)

뿐만 아니라 페미니즘을 특징짓고 있다.

25) 코르넬리우스 카스토리아디스가 설명하듯이, 환상은 직관에 없는 대상을 단순히 재현하는 것이기보다는, 이미지를 생성하는 상상력의 능력의 근거가 되는 것이다. 환상과 그에 따른 상상력의 발견은 아리스토텔레스의 『영혼론$^{De\ Anima}$』 제3권에 있다. 거기에서 아리스토텔레스는 "생각하는 영혼에게 환상은 감각과 같다. . . 그렇기 때문에 영혼은 환상 없이는 결코 생각하지 않는다,"라고 말한다 (3권 7-8). Castoriadis, "The Discovery of the Imagination," 217쪽에서 인용. 그라씨도 *Die Macht der Macht der Phantasie*, 184-186쪽에서 환상에 대해 유사한 주장을 한다.

26) Castoriadis, "The Discovery of the Imagination," 242쪽. "[아리스토텔레스가 단언하듯이] 영혼이 환상 없이는 결코 생각하지 않는다면, 상상력의 산물 대부분은 거짓이라는 생각은 무의미해진다. 진위 여부는 그것이 첫 번째 상상력의 기능인 대상의 제시, 분리와 구성, 그리고 마지막으로 무엇보다도 도식의 문제일 때 따분한 것이 된다" (윗글, 241-242쪽).

비트겐슈타인도 같은 점을 지적했듯이, "진실한 것이 근거가 있는 것이라면, 그 근거는 *참*이 아니고 아직 거짓도 아니다." 참인지 거짓인지 판단하지 않고 형상/환상에 의해 형성된 참조체계는 이분법적 성차에 대한 우리의 주장이나 증명이 살아 있는 곳으로서, "그 물려받은 배경에 근거해 나는 참과 거짓을 구별할 수 있다".27) 여기에서 우리는 의미의 문제를 다루는 것이지 진리의 문제를 다루는 것이 아니다.

언뜻 보기에 위티그의 정치적 에세이들은 의심의 실천에 의해 완전히 규정되지는 않는다 하더라도 적어도 이 의미의 문제와 상충하는 것처럼 보일 것이다. 그녀의 요점은 자신의 반대 사실의 주장을 통해 (예컨대 "성은 경험적이고 우연적인 것이다") "성 범주"라는 것이 보편적이면서 필연적인 진리로 행세하지만, 사실은 사회적이고 정치적인 구성물임을 폭로하려는 것으로 보인다. 그러나 필자는 그녀의 작품에 대한 이 같은 지배적인 반응에 맞서, 위티그의 글은 소설과 에세이 모두에 있어 성 범주에의 집착과 의심의 한계를 보여주는 훌륭한 예임을 보여주려고 한다. 위티그는 성 범주가 알기와 의심하기의 인지적 실천들을 통해 해결될 수 없는 의미의 문제를 제기한다는 것을 인정한다. 한편으로, 성의 문제점은 정확하게 진리로서의 그 지위에 있는데, 왜냐하면 "진리는" 아렌트가 쓰듯이, "필연성의 힘으로 강요하기 때문이다" (*LMT*, 60쪽). 위티그의 언어로 표현하면: "성 범주는 전체주의적 범주다.... 그것은 우리의 마음을 그 바깥을 생각할 수 없는 방식으로 장악한다. 이것이 왜 우리가 조금이라도 생각을 시작하고 싶다면 그 범주를 파괴하고 그 범주를 넘어 생각을 시작해야 하는지의 이유가 된다."28) 따라서 진리

---

27) Ludwig Wittgenstein, *On Certainty*, trans. Denis Paul and G. E. M. Anscombe (New York: Harper, 1972), 205절, 94절. "명제가 맞거나 틀리다는 것은 단지 그 명제에 찬성하는지 반대하는지 결정할 수 있어야 한다는 것만 의미할 뿐이다. 그러나 이 사실은 그러한 결정의 근거가 무엇인지에 대해서는 말하지 않는다" (윗글, 200절).

28) Wittig, "The Category of Sex," 8쪽. 전지적 이성애에 대한 위티그의 설명에 비추어 보면, 그녀가 왜 자기 자신의 그림자를 뛰어넘어 완전히 이성애적 규범의 바깥에 있는 레즈비언 주체성을 구축하려는 것으로 이해될 수 있는지 쉽게 이해할

와 필연성으로서의 성, 혹은 운명으로서의 성은 자유와 상충된다. 다른 한편으로, "성이란 것은 없다"와 같은 반대 진리로 전체주의적 성 범주를 반박하는 것은 성의 진리가 뿌리박고 있는 틀을, 그 틀 안에서 가능한 모든 증명에 생명을 불어넣는 형상/환상을 건드리지 못한다. 의심의 한계에 대한 이러한 인식은 위티그의 혁명적 시학의 조건을, 즉 의미를 찾아서 그리고 차이의 새로운 문법을 찾아서 진리를 피하는 자유로운 행동의 조건을, 형성한다.

의심이 언제나-이미-거기^{always-already-there}에 있는 성에 대한 것일 때, 의심의 한계에 대한 이해는 급진적 우연성으로부터의 도피에 관한 아렌트의 설명에서 다시 시작할 때 더 깊어질 수 있다. 새로운 것을 옛것의 관점에서 설명하려는 경향은 다양한 형태의 필연성, 운명론, 그리고 결정론을 동반한다고, 아렌트는 주장한다. 베르그송^{Bergson}에 이어, 그녀는 다음과 같이 말한다,

> [인간의 자유를 인정하는 데 있어서의 어려움은] 우리가 실제로 *필연성*이
> 라는 사실의 세계에 살고 있다는 것을 말해주는, 똑같이 정당한 마음의
> 경험 및 상식의 경험과 관련이 있다. 어떤 것이 완전히 무작위로 일어났

수 있다. 주디스 버틀러가 위티그의 프로젝트를 비판적으로 해석하듯이, "이성애로부터의 급진적 배제로 스스로를 정의하는 레즈비어니즘은 이성애적 구축에 의해 레즈비어니즘이 부분적으로 그리고 필연적으로 구성되는 그 이성애적 구축 자체를 재의미화할 수 있는 능력을 스스로 박탈하는 것이다." 버틀러가 보기에 이러한 문제점은 "재배치와 재평가"의 전략을 사용하는 위티그의 문학작품에서는 약화된다 (Butler, *Gender Trouble*, 128쪽, 124쪽). 위티그는 이성애 바깥으로 나가려고 하지 않으며 ─그녀가 인정하는 그런 바깥은 없다─ 내부에서부터 그것을 파열시키려고 한다 (필자가 위티그의 "트로이 목마 전략"이라고 부르는 것). 이러한 파열은 버틀러가 이해하고 있는 것과 같은 재의미화 전략의 측면에서는 제대로 이해될 수 없는 것이다. 위티그의 프로젝트는 고대의 혹은 은유적인 수준에서 작동하면서 이성애적 참조틀에서는 기껏해야 "유령"일 뿐인 최소한의 가시적 조건을 창조하는 새로운 상상적 의미를 창조하는 것이다. 이러한 접근은, 우리가 앞으로 보게 되겠지만, 또한 작품 속의 혁명적 주체에 의해 창조된 것을 포함해서 지속적인 개념들의 파괴를 (뒤집기^{renversement}) 수반할 것인데, 왜냐하면 이렇게 수정된 개념들마저도 이성애적 사회계약에 속하는 형상/환상들을 반복하는 경향이 있기 때문이다.

을 수도 있지만, 일단 그것이 존재하게 되고 현실로 가정되게 되면, 그것은 우연성의 측면을 상실하고 필연성을 가장하여 우리 앞에 나타난다. 그리고 심지어 그 사건이 우리 자신이 만든 것이거나 ─결혼 계약을 하거나 범죄를 저지르는 것처럼 ─적어도 우리가 그 기여 원인 중 하나라 하더라도, 그것이 (이유가 무엇이든) 과거에 그래왔던 것처럼 현재에도 그렇게 존재한다는 단순한 실존적 사실은 그 본래의 무작위성에 대한 모든 성찰에 저항하게 할 것이다. 일단 우연적인 것이 발생하게 되면 우리는 그것이 *사건*이 될 때까지 더 이상 그 우연적인 것의 얽힌 가닥을 풀 수 없다 ─마치 그것이 여전히 사건이 될 수도 있고 아닐 수도 있다는 듯이. (*LMW*, 138쪽)[29]

우리가 경험하는 이러한 본래의 무작위성을 반영하는 어려움은 우리 측의 실패 때문이 아니며, 우연성에 대한 더 나은 지식으로 바로 잡을 수 있는 것이다. 아렌트가 설명하듯이, "현실의 영향은 우리가 '생각에서 떨쳐버릴' 수 없을 정도로 압도적이다; 행동은 이제, 결코 의식의 단순한 망상이거나 가능한 대안을 오직 제한적으로만 상상할 수 있는 우리 능력의 한계 때문이 아닌, 필연성을 가장해서 우리 앞에 등장한다," (*LMW*, 30쪽). 아렌트의 견해에 따르면, 이 어려움이 수많은 자유의 역설들의 근저를 이룬다. 한편으로, "모든 실재하는 것은 그 원인 중 하나로 잠재력이 선행되어야 한다고 가정하는 것은 진정한 시제로서의 미래를 암묵적으로 부정하는 것"이라고 (*LMT*, 15쪽), 아렌트는 쓴다. 다른 한편으로, 그 가정과 부정은 인간 현실

---

29) 베르그송은 다음과 같이 쓴다, "왜냐하면 가능성은 일단 시행되면 그 이미지를 과거로 돌려보내는 마음의 행동이 추가되어야만 현실이 되기 때문이다. 그러나 우리의 지적 습관은 바로 그 점을 우리가 정확히 보지 못하게 만든다" (*The Creative Mind*, 100쪽). 비록 아렌트는 과거가 그 자신을 특정한 방식으로 (예, 필연성으로) 우리에게 드러낸다고 말하는 것처럼 보이지만, 그녀의 관점은 대상에 의미를 두는 경험론적 설명과는 다른 것이다. 우리가 대상을 여러 측면에서 놀 수 있는지 여부는 대상의 속성에 달려있는 것이 아니라 대상을 보는 공간에 달려 있다. 예컨대 전체주의 사회와 대중 사회에서 대상은 자신의 오직 한 측면만 드러낸다.

그 자체의 구조의 일부인 것처럼 보인다.

"내 자신의 존재에 필요조건으로 존재하고 필요조건이 *된*" 무언가의 우연성을 인정하기 어려운 것이 인과관계 개념의 치명적 결함을 암시한다고, 아렌트는 말한다. "달리 말하면, 실재는 필연적으로 그보다 앞선 잠재 상태에서부터 생기는 것으로 보는 아리스토텔레스식 이해는 그 과정을 실재에서 잠재 상태로, 적어도 정신적으로 되돌릴 수 있어야만 검증이 가능할 것이다; 그러나 이것은 할 수 없는 것이다. 실재에 대해 우리가 말할 수 있는 모든 것은 그것이 분명히 불가능하지 *않았다*는 것이다; 우리는 그것이 일어나지 않은 상황을 상상하는 것이 불가능하기 때문에 우리는 그것이 필연적인 것임을 결코 입증할 수 없다"(*LMW*, 139쪽). 진실 주장은 인과관계에 관한한 타당하지 않다는 것을 —아렌트가 결코 지치지 않고 반복적으로 지적하는 것— 우리가 *안다* 하더라도, 그것이 우리가 진실 주장과 인간사를 인과관계로 생각하기를 멈출 것이라는 것을 의미하는 것은 아니다.

아렌트에 따르면, 우리가 아는 것과 우리가 행동하는 것 사이의 긴장은 의지의 능력과 사유의 능력 사이의 깊은 긴장을 반영하는 것이다. 이것이 존 스튜어트 밀이 '우리의 내면 의식은 우리가 힘을 [즉 자유를] 가지고 있다고 말하는데, 인류의 모든 외형적 경험은 우리가 그 힘을 결코 사용하지 않는다고 말한다,'라고 말하게 한 것이다; 왜냐하면 이 '인류의 외형적 경험'이란 것이, 과거를 향한 역사학자들의 시선이 이미 일어났던 것 —사실의 진술*factum est*—과 이미 필연적인 것이 되어 버린 것으로 향해있는 그런 기록 외에 무엇으로 구성되어 있겠는가?"(*LMW*, 139쪽) 모든 이야기는 —단지 소설뿐만 아니라 존재하는 것에 대한 모든 설명— 그 이야기의 조건으로 "우연적 요소들"을 제거한다. 그것은 어떤 이야기꾼도 사건을 구성하는 모든 요소를 나열할 수 없다는 것이 아니라, "어떤 일관된 설명도 필연적으로, 그리고 우연적이지 않게, 야기된 사건의 어떤 단선적 순서에 대한 선험적 가정 없이는 가능하지 않을 것"이라는 것이다 (*LMW*, 140쪽). 문제는, 우리는 단지 존재했던 것이 아니고 —사실의 진술— "다르게 될 수도 있었던 것"을 보여주는, 즉 우연성을 인정하는 이야기를 말할 수 있는가일 것이다. 만약 아렌트가 맞다면, 우리는 이야기를 하는 데서 인과관계를 제거할 수는 없지만, 아마도 우리는 인과관계에 의해 접촉되고, 틀지어지고, 그리고 활성화된다 하더라도, 무슨 일이 일어났는지에 대해 인과관계 자체가 우연적인 것임을 보여주는 설명은 할 수 있을 것이다.[30)]

인과관계와 우연성 사이의 긴장을 유지하면서, 아렌트는 "이미 거기에 있는 특성," 즉 사실의 진술인 어떤 것(섹스)에 대해 논박하려 하고 자유를 단언하려 하는 위티그와 같은 페미니스트들의 문제는, 섹스의 우연성에 대한 최근 페미니스트들의 단언이 그렇게 보이게 하려는 것보다 훨씬 더 복잡하다고 말한다. 비트겐슈타인처럼, 아렌트도 왜 우리가 섹스를 "사회적으로 구성된 것으로," 즉 우연적인 것으로 볼 수 있는 외재적 입장을 취할 수 있다고 잘못 생각하게 되는지 이해할 수 있게 해준다.

우리가 새로운 것의 문제를 한편으로 우연적 인과관계와 같은 무언가를 단언할 수 있는 가능성을 유지하면서도 우연성을 인정함으로써 우리가 갖게 되는 진정한 어려움을 설명하는 방식으로 구성한다면, 섹스가 급진적인 회의적 의심의 대상이 될 수 있다는 생각에 대한 대안이 필요하다는 것을 알 수 있게 된다. 이미 거기에 있는 것으로서, 주어진 것의 일부로서, 과거로서, 섹스는 내 자신의 존재에 필연적인 조건이 되었다. 내 자신과 나의 행동을 섹스 바깥에 있는 것으로 생각하는 것은 내 자신의 그림자를 뛰어넘으려는 것과 같은 것이다.[31)]

---

30) 아렌트에 따르면, 이 가능성은 중세의 철학자인 던스 스코터스[Duns Scotus]가 제안한 것이다. 스코터스는 그때까지의 철학적 전통 전체와는 대조적으로 "과정상의 우연적 성격"을 인정한다: "다양한 원인들이 일치하기 때문에 그리고 그 일치가 실재의 결을 발생시키기 때문에 모든 변화가 일어나는 이론." 아렌트가 설명하듯이, 이 원인들의 일치는 자유와 필연성 둘 다를 살린다. 스코터스가 하듯이, 무언가가 "우연히 발생한다"고 말하는 것은 "정확히 인간사의 인과적 요소가 바로 인간사를 우연성과 예측 불가능성에 처해 있도록 하는" 것임을 인정하는 것이다 (*LMW*, 138쪽, 137쪽, 138쪽).

31) 여기서 요점은 소위 생물학적 성이 젠더에 부합한다는 것이 아니고, 물론 이것은 실제로 사실이 아니지만, 다르게 성별화된 봄늘을 확인하려는 보는 노력뿐만 아니라 생물학적 성과 젠더 간의 어떠한 조합도 이원 섹스 참조체계를 유지한다는 것이다. 이 참조체계는 (급진적 의미에서 회의론자들이 가정하듯이) 의심할 수도, 부정할 수도, 혹은 뛰어넘을 수도 없는 것이다. 그것은 오직 다시 상상될 수 있을

2. "전쟁 기계"로서의 언어

위티그가 "이미 거기에 있는 섹스들"이라고 부르는 것은 우연성이 어떻게 필연성으로 변형되는지에 대한 아렌트의 설명의 (불손하긴 하지만) 한 예가 된다. 섹스는 "모든 사회에 앞서, 선험적인," 자연의 보편적 형태로 존재하는 것으로 보인다.[32] "문화 . . . 안에는 조사를 거부하는 자연의 핵심이 남아 있다." 위티그는 무엇보다도 인류학, 사회학, 그리고 언어학의 "원시적 개념들"과 보편주의적 주장에 나타나는 이 핵심을 "나는 스트레이트 마인드^{the} straight mind[33]라고 부르겠다,"라고 말한다.[34] 형태에 대한 고대의 개념을 중심으로 구성된, 개체들의 존재의 궁극적인 뿌리 또는 원인으로 위티그가 발전시킨 스트레이트 마인드는 섹스를 가능한 인식 형태의 필연적 숙명이나 경계로 설정한다: "당신은 스트레이트 마인드이거나 존재하지 않거나일 것이다."[35] 외관상의 용어로 말한다면, 이것은 보여질 수 있는 것은 성별화된 것이고, 성별화된 것이 존재하는 것임을 의미한다.

위티그는, 아렌트보다 더욱 분명하게, 내 존재의 필요조건이고 그래서 필

뿐이다. 그리고 이 창의적인 언어는 고독한 주체의 산물이 아니고, 상호 간에 대화를 나누는 사람들 간의 실천의 산물이다.

32) Wittig, "The Category of Sex," 5쪽.

33) 위티그가 고안한 개념인 "스트레이트 마인드"는 이성애성과 그 결과인 젠더 이분법의 전체 원리를 외부에서 보는 자의 관점을 말한다 (역자주).

34) Monique Wittig, "The Straight Mind," in *The Straight Mind and Other Essays*, 21-32쪽; 인용구는 27쪽.

35) Wittig, "The Straight Mind," 28쪽. "이러한 보편성으로의 경향의 결과는, 이성애성이 모든 인간관계에 대해서뿐만 아니라 바로 그 개념의 생산과 의식을 벗어나는 모든 과정에 대해 명령하지 않는 그런 사회, 그런 문화를 스트레이트 마인드는 상상할 수 없게 되는 것이다." 고대의 존재 개념에 대한 위티그의 언급에 대해선, Monique Wittig, "Homo Sum," in *The Straight Mind and Other Essays*, 46-58쪽을 참조하라. 필자는 다음의 논문에서 형태와 보편성의 관련성에 대해 좀 더 자세히 논의했다: Linda M.G. Zerilli, "This Universalism Which Is Not One," *Diacritics* 28, no. 2 (Summer 1998): 3-20쪽.

요조건이 된 것은 경이로운 것이기보다는 정치적인 사실이며, 정치적 사실은, 필연성에 대한 미구엘 바터의 묘사를 빌리자면, "그 기원의 우연적이고 취소 가능한 특징이 백주에 등장하지 못하도록, 질서에 따라 상징적이고 정치적인 폭력을 행사하는 것"에서부터 발생한다는 것을 인정한다.[36] 위티그의 견해에 따르면, 정치적이고 사회적인 질서는 자연의 필연성 안에서 성 범주의 우연성과 함께 그들 자신의 기원을 감춤으로써 자유와 역사성 둘 다를 부인한다. 한편으로, 이 기원의 문제를 가리는 것은, 위티그의 주장에 따르면, "사회질서 바깥에 있는 어떤 것 때문에 남자와 여자라는 두 집단의 이미-거기 있는 특성을 당연시하는 일부 언어학자들, 역사학자들, 정신분석학자들, 인류학자들 등에 의해 창조된 문화적 이야기들이다. . . . 이 견해는 기원의 문제를 다루지 않는 사회계약이라는 점에서 그들에게 이점이 있다. 그들은 자신들이 공시성보다는 통시성을 다루고 있다고 믿는다."[37] 다른 한편으로, 일상의 구조와 실천이, 즉 그 규칙, 관습, 그리고 공시적 특성이, 우리가 움직이고, 행동하고, 혹은 말할 때마다 확인되는 그런 이성애적 사회계약의 체험된 현실을 설명하지 못하는 것처럼 보인다면, 이들의 설명은 신뢰를 얻기 어려울 것이다.

위티그의 말에 따르면, 사회의 근원과 우리의 "동의"의 성격은 홉스와 로크가 말했던 조약이나 협정과 같은 것이 아니다. 그것은 루소가 자세하게 설명한 사회계약과 더 유사한 것으로서, 루소에 따르면 "사회계약은 기본적인 관습들의 총합이며, '그 관습들은 비록 공식적으로 선언되진 않았을지라도 그럼에도 사회의 삶에 내재되어 있는 것'"이라고, 위티그는 쓴다.[38] 위티그에게 사회계약 개념을 역사적 문서나 조약으로 보는 흄 같은 사람의 반대는 요점에서 벗어난 것이다. 문제는, 흄이 우리가 그렇게 하기를 바라듯이, 문서가 없을 때 우리는 서로에 대한 의무를 확인하는 것은 고사하고, 이 문

---

36) Miguel Vatter, *Between Form and Event. Machiavelli's Theory of Political Freedom* (Dordrecht: Kluver Academic Publishers, 2000), 9쪽.

37) Wittig, "On the Social Contract," 41쪽.

38) 윗글, 38쪽.

서를 헛되이 찾지도 않는다는 것이다.[39] 오히려 루소가 가르치듯이, "계약을 성립시키기 위해서는 각각의 계약자는 새로운 조건으로 계약을 재확인해야 한다." 하지만 그것은 우리가 움직이고, 행동하고, 혹은 말할 때 이미 우리가 하는 것이 아닌가? 계약은 이런 일반적인 인간관계들일 뿐이다. 그러나 사회 계약이라는 바로 그 생각이 이 동의가 나에게 유리한 건지 물어볼 수 있게 하는 것이기도 하다. "그래야만 그것은 용어 자체가 계약자들이 계약조건을 재점검해야 한다는 것을 상기시킨다는 점에서 도구적 개념이 된다. 사회는 단번에 확정적으로 만들어지지 않았다. 사회계약은 우리의 행동, 우리의 말에 따라 정해질 것이다,"라고 위티그는 말한다.[40]

(흄에 반대하는) 스탠리 카벨과 함께, "사회계약론을 가르치는 것의 효과는 내가 얼마나 사회와 깊이 연결되어있는지를 보여주면서 동시에 사회와 나 사이에 거리를 두게 함으로써 사회를 인공물로 보이게 하는 것"임을 인정하면서, 우리는 위티그가 우리에게 하게 하려 했던 사회계약을 변화시키는 것이 왜 일상에 위치해 있는지를 알 수 있게 된다.[41] 회의론이 인간을 절망으로 이끈다고 이해한 흄처럼, 위티그 역시 급진적 의심의 한계를 암묵적으로 본다. 그러나 흄이 사색적 사유의 외로움에 대한 해결책으로 일상의 삶으로 돌아온 것과는 대조적으로, 위티그는 "두말할 필요가 없는," 일상의 실천에서 위안을 찾지 못한다. 이 사실상의 사회계약은 어디에나 있으면서 어디에도 없는데, 왜냐하면 사회계약은 우리의 존재를 말하는 존재로 정의하기 때문이다. 위티그는, "사회계약의 처음이자 마지막이면서 영구적인 것은 언어,"라고 선언한다. 언어는 우리 각자가 동의한 무언가가 아니고, 우리가 태어나기 이전에 이미 이루어진 판단에 대한 합의다. 우리는 우리의 언어게임 밖에서 말하려고 해볼 수 있지만, 그렇게 되면 우리는 다른 사람들이 이

39) David Hume, "Of the Original Contract," in *Political Writings*, ed. Stuart D. Warner and Donald Livingston (Indianapolis: Hackett, 1994), 164-181쪽.

40) Wittig, "On the Social Contract," 38쪽.

41) Stanley Cavell, *The Claim of Reason: Wittgenstein, Skepticism, Morality, and Tragedy* (Oxford: Oxford University Press, 1979), 25쪽.

해할 수 있는, 그리고 그들이 동의하거나 하지 않을 수 있는 어떤 말도 할 수 없을 것이다. "무법과 광기는 규칙과 협약을 따르기를 거부하는 사람들뿐만 아니라 공통의 언어를 말할 수 없거나 말하기를 거부하는 사람들에게도 적용되는 말이다."[42]

따라서 위티그에게 있어 비판의 양식은 일부 독자들이 해석하듯이 근본적으로 이성애 외부에 존재하는 동성애를 상정하는 것이 될 수 없다. 왜냐하면 위티그는 언어와 이성애적 사회계약에는 외부가 없다는 것을 간파하고 있기 때문이다. 그러나 아마도 외부로 나가는 (외재적 입장) 환상에 굴복하지 않고 내부에 (일상) 거주하면서 그 내부를 교란시킬 수 있는 방법이 있을 것이다. 이러한 가능성은 위티그의 급진적 글쓰기의 이미지에서 "전쟁 기계," 즉 "트로이 목마"와 유사한 것으로 암시되어있다.

처음에는 그것은 목마이고, 색이 바랬으며, 덩치가 크고, 야만적인 것이어서, 트로이인들에게 이상하게 보인다. 마치 산처럼 그것은 하늘로 향해있다. 그리고 그들은 조금씩 조금씩 그것에서 말의 모습과 일치하는 익숙한 형태를 발견하게 된다. 이미 트로이인들에게는 많은 다양한, 때로는 모순된, 형태들이 있었고, 이들은 이 형태들을 합쳐서 하나의 말을 창조할 수 있었는데, 왜냐하면 그들은 오래된 문화를 갖고 있기 때문이다. 그리스인들이 만든 말은 의심할 여지 없이 트로이인들을 위한 말이기도 하지만, 트로이인들은 여전히 그것을 불편하게 여기고 있다. .... 그러나 이후에 그들은 외관상의 단순함을 좋아하게 되고, 그들은 그 안에서 정교함을 보게 된다. 그들은 그것을 자신들의 것으로 만들고, 기념물로 채택하여, 자신들의 벽 안에 그 유일한 목적은 그 자체로 발견되는 데 있는, 불필요한 물건으로 보호하려고 한다. 그러나 만약 그것이 전쟁 기계라면 어떻게 될까?[43]

"어떠한 중요한 문학작품도 처음 작품이 만들어졌을 때는 트로이 목마와

---

42) Wittig, "On the Social Contract," 34쪽, 40쪽.
43) Monique Wittig, "The Trojan Horse," in *The Straight Mind and Other Essays*, 68-75쪽; 인용구는 68쪽.

같다. 새로운 형식을 담은 작품은 모두 전쟁 기계처럼 작동하는데, 왜냐하면 그 디자인과 목표가 낡은 형식과 형식적인 규약을 부수는 데 있기 때문이다,"라고 위티그는 쓴다. 문학적인 전쟁 기계는 "명확한 정치의식을 가진 문학"이 아니다.[44] 다시 말하면, "사회적 주제를 가진 ... 그래서 사회 문제에 대한 관심을 촉발시키는," 그리고 "하나의 상징이자, 선언문이 되는," 그런 문학이 아니다.[45] 명확한 정치적 의식을 가진 문학은 그 문학이 의문을 제기하는 바로 그 현실을 재현할 수밖에 없다고, 그녀는 주장한다. 그러한 문학은 무언가 새로운 것을 절대로 내놓지 못한다는 것이다. 그 이유는 그러한 문학은 문자나 형식의 수준보다는 개념적 의미의 수준에서 작동하기 때문이다.[46] 그녀는, "내가 말하려고 하는 것은 문학에서 단어의 충격은 그 단어들이 촉진시키고자 하는 개념에서 나오지 않는다는 것,"이라고 설명한다. "그리고 목마 이야기로 돌아가서, 만약 우리가 완벽한 전쟁 기계를 만들고 싶다면, 우리는 사실, 행동, 생각들이 단어에 직접 그 형태를 지시할 수 있다는 망상을 피

---

44) 윗글, 69쪽.

45) Monique Wittig, "The Point of View: Universal or Particular?," in *The Straight Mind an Other Essays*, 59–67쪽; 인용구는 62–63쪽.

46) 언어는 의미일 뿐만 아니라 "문자"라고 위티그는 주장한다. 위티그는 언어의 형상적 힘, 혹은 에르네스토 그라씨가 "수사학적 측면"이라고 부른 것을 염두에 두고 있는 것처럼 보인다. 문자의 근원적 실재는, 수사학적 발언의 것이 합리적 발언에서 사라지듯이, 의미 안에서 사라진다: "의미는 언어를 [즉 문자를] 보이지 않게 한다." 위티그는 "지시 대상이 조급하게 기호 어휘를 간섭하는 것을 피하기" 위해, 기표와 기의에 대한 전통적인 기호학적 구분을 "문자와 의미"로 ("기호를 오직 언어와의 관계에서만 묘사하는 것") 치환한다 (Wittig, "The Point of View," 65쪽). "의미는 보이지 않기 때문에, 언어에서 벗어난 것으로 [즉 사물의 본질로 주어진 것으로] 보인다" (윗글, 67쪽). 언어가 형태를 갖출 때, "그것은 문자 그대로의 의미 안에서 사라진다. 의미는 스스로를 강화시키면서, 그리고 형상적 의미, 즉 말의 형상을 형성하면서, 추상적으로 언어로 다시 나타날 수 있을 뿐이다. 그렇다면, 이것이 ─문자, 구체적인 내용, 언어의 가시성, 즉 그 물적 형식이 ─바로 작가의 작업이 된다,"라고 위티그는 쓴다 (윗글, 67쪽). 위티그의 문학적 실천은 특정한 정치적 형성과 개념에 (예컨대 "섹스") 매몰되는 것을 막기 위해 많은 부분 비유적 어구와 형상들의 이용을 활성화한다.

해야 한다. 우회로가 있고, 단어들의 충격은 단어들의 조합, 배치, 배열, 그리고 각각의 단어가 개별적으로 사용되는 것에 의해서도 발생한다."47) 위티그는, "만약 이런 우회로를 피한다면, 우리는 "동성애자"와 같은 인식 가능한 인물들로 채워진 작품을 만들게 될 것이고, 그 작품은 "오직 동성애자들의 흥미만 끌 뿐이며," 바로 그 정체성은 "유령으로 등장하거나 전혀 등장하지 않는," 그런 참조체계를 변형시키는 데 실패할 것이라고 말한다.48)

　이성애적 계약의 변화에 대한 위티그의 접근방식을 형성하는 두 가지 통찰력은 첫째, 급진적 작품은 그것이 분열시키려는 일상언어 속에서 인식 가능해야 한다는 것이고; 둘째, 작품은 인식 가능한 개념, 주장 등등을 가지고, 소수자의 관점을 단지 재현하는 것 그 이상을 해야 한다는 것이다. 만약 트로이 목마가 말로 인지되지 않는다면, 그 목마는 도시 안으로 들여지지 않을 것이다. 만약 트로이 목마가 너무 쉽게 말로 인지된다면 ─즉 낯설어 보이지 않는다면─그 목마는 전쟁 기계로 기능하지 않을 것이다. 일상적인 것의 파괴에 있어서 낯선 것의 중요성을 어떤 식으로든 부정하지 않으면서, 위티그는 일상적인 것이 우리의 이성애적 참조체계에 속하는 여러 일상적인 면들을 전복시킬 수 있는 방식으로 낯선 것을 인식하게 해주는 것임을 보여준다. "처음에는 그것은 트로이인들에게 낯설게 보인다. 나무로 되었고, 색은 바랬으며, 덩치가 크고, 야만적인.... 그러더니, 서서히, 그들은 말의 형태와 일치하는 익숙한 형태들을 발견한다." 일상적인 것을 인식하는 것은 (익숙한 말의 형태) 낯선 것이 파괴적인 일을 하도록 허용하는 것이다. 그렇지 않으면 그것은 끝까지 낯선 것으로 (누구도 말이라고 주장하지 않을, 색은 바랬으며, 덩치가 크고, 야만적인 나무 덩어리로) 남을 뿐이다.

　위티그 접근방식의 두 번째 특징과 관련해서는, 참조체계로서의 이성애는 진실 또는 거짓의 문제를 넘어서는 것이기 때문에 주장과 요구를 하는 명확한 정치의식을 가진 문학의 파괴적 잠재력은 제한적이라는 것이다. 이

---

47) 윗글, 72쪽.
48) 윗글, 63쪽.

것은 그러한 헌신적인 문학의 사회적 사상이 중요하지 않다는 것이 아니라, 그 사상이 얼마나 중요한지는 참조체계에 달려있다는 것이고, 우리는 그 참조체계에 따라 무엇이 참이고 거짓인지, 그리고 애초에 무엇이 좋은 논쟁으로 간주되는지를 결정한다는 것이다. 위티그는, "주변화된 소수자 작가의 텍스트가 효과를 보이는 유일한 경우는 그 텍스트가 소수자 관점을 보편적으로 만드는 데 성공할 때뿐이다,"라고 쓰는데, 이것은 달리 말하면 텍스트가 우리의 참조체계를 변화시키는 한에서만 그렇다는 뜻이다. 만약 작가가 우리의 관점을 바꿔놓지 않는다면, 동성애자와 같은 소수자의 특성들은, "스트레이트 마인드의 분명함"이라는 규칙을 증명해주는 예외적인 경우로 흡수될 것이다.[49]

위티그의 문학적 "전쟁 기계"는 페미니즘 이론의 중요한 부분을 특징짓는 회의론적 문제 영역에서 벗어나 있다. 여기서 핵심은 그녀의 작업을 단순히 급진적 의심의 예로 전용하는 것에 대해 의문을 제기하는 것이 아니고, 그녀가 하는 것처럼 성이 정치적 범주라고 말하는 것이 무엇을 의미하는지를 재고하는 것이다. 성 범주의 정치적 성격을 힘주어 강조하면서, 위티그는 사회계약은 동의를 요구하는 것이고, 이성애적 사회계약은 우연적인 것임을 우리에게 상기시킬 것이다. 그러나 성을 정치적인 것으로 만드는 것이 단지 성의 우연성이라는 사실 때문만은 아니다. 모든 경험적인 것은 우연적인 것이지만 그렇다고 모든 경험적인 것이 다 정치적인 것은 아니다. 소수자들의 입에 오르내리는 주장들을 회피하면서, 『여전사들』의 전쟁 기계는 인식 가능한 단어들과 낯선 단어들 둘 다로부터의 충격을 통해 우리의 관점을 바꿔놓을 것이다. 그것은 무엇이 필연적이고 무엇이 우연적인지에 대한 모든 질문은 행동 그 자체의 공간 밖에서는 결정될 수 없다는 것을 보여줄 것이다. 만약 사회계약이 위티그가 선언하듯이 우리의 행동에, 그리고 우리의 말에 굴복한다면, 그것은, 그녀의 설명에 따르면, 급진적 의심이 아니라 바로 행동이 (언행) 필연적인 것과 우연적인 것의 배치를 바꾸기 때문이다. 우리가

---

49) 윗글, 64쪽, 65쪽.

말할 수 있는 지점은 없다: 모든 것은 우연적이고 필연적인 것은 아무것도 없다; 또는 반대로 모든 것은 필연적이고 우연적인 것은 아무 것도 없다. 바터가 마키아벨리의 정치이론에 대해 쓴 글은 위티그의 작업에 대해서도 다음과 같이 말해질 수 있다: "'필연적인' 모든 것은 사건과 같은 성격을 가지고 있다: 상황은 실천과 시대의 밖이 아니라 실천과 시대와의 만남 안에서, 만남을 통해, 필연적인 것이 되며, 따라서 시간이 지나면 더 이상 필연적이 되지 않을 수 있다."[50] 이 점을 염두에 두고 이제 위티그의 유명한 전쟁 기계인 『여전사들』로 돌아가도록 하자.

3. 반전

"모든 몸짓은 반전이다TOUT GESTE EST RENVERSEMENT" [모든 몸짓/행동/행위는 전복/반전이다]. 이것이 위티그의 『여전사들』의 시작을 여는 문구다. 이 문구는 약간 수정된 형태로 마지막에 반복된다: 중단없는/몸짓의 반전SANS RELÂCHE/GESTE RENVERSEMENT [중단없는/행동의 타도].

비평가들은 정확하게 이 문구가 위티그 시학의 혁명적 특징을 서술하는 것으로 그 중요성을 강조해왔다.[51] 그러나 위티그가 반전이라고 부르는 놀라

---

50) 바터는 마키아벨리의 시작으로의 복귀를 설명하면서 다음과 같이 말한다: "이러한 [혁명적] 사건들에서 ... 주어진 법적, 정치적 질서의 필연성은 그 사건의 우연성으로 철회되고 (마키아벨리가 말하듯이, '그 시작으로 축소되고'); 반대로, 새로운 질서의 우연성에 필연성의 외양이 주어진다. 필연적인 것을 우연적인 것으로 그리고 우연적인 것을 필연적인 것으로 '반복'하는 이러한 가능성이 없다면, 급진적인 정치적 변화도 없을 것이다" (*Between Form and Event*, 10쪽).

51) Erika Ostrovsky, *A Constant Journey: The Fiction of Monique Wittig* (Carbondale: Southern Illinois University Press, 1991), 3-9쪽, 35쪽; Laurence M. Porter, "Feminist Fantasy and Open Structure in Monique Wittig's *Les guérillères*," in *The Celebration of the Fantastic: Selected Papers from the Tenth Anniversary International Conference on the Fantastic in the Arts*, ed. Donald E. Morse, Marshall B. Tymn, and Csilla Bertha (Westport, CT: Greenwood Press, 1992), 261-269쪽.

운 성취는, 만약 우리가, 일부 독자들이 그러하듯이, 텍스트를 영어판 뒤표지에 묘사된 방식으로, 즉 "이 서사시적 축제는 여전사들로 이루어진 부족이 낡은 질서를 전복시키는 것을 묘사하면서, 가부장적 제도와 언어의 파괴 그리고 새로운 페미니즘 질서의 탄생을 선언한다,"라는 것으로 접근한다면, 소멸된다. 이 뒤표지의 묘사는 반전이 여성 노예제에서 자유로의 선형적 이동 중의 한 단계임을, 즉 서사 형식의 시간적 범주와 (과거, 현재, 미래) 부합하는 것임을 함의한다. 그것은 반전을 구질서의 파괴와 새 질서의 정초로 축소시킴으로써 위티그 텍스트의 근본적 성취를 왜곡시킨다. 위티그 텍스트의 근본적 성취는 (가부장제) 질서를 (페미니즘) 질서로 대체한 데 있는 것이 아니고, 로렌스 포터Raurence Porter가 말한, 자유의 "열린 구조"를 창조한 데 있다.52) 달리 말하면, 위티그 텍스트의 급진성은 대부분의 논평가들이 추정하듯이 가부장제의 전복에 있는 것이 아니고, 가부장제 대신 다른 형태의 정치적 형식, 즉 자유를 "정초할" 수 있는 형식을 설치하는 것을 (비록 그것이 페미니즘이라 하더라도) 거부한다는 데 있다. 행위와 마찬가지로 자유 역시 실천이다; 자유는 특정 제도들에 의해 보장된다는 식으로 정초될 수 없는 것이다.53)

포터는 짧지만 중요한 에세이를 통해, 위티그는 전통적인 유토피아 문학의 폐쇄적 구조 및 새로운 정통성, 즉 새로운 일련의 고정된 가치관을 추진하는 경향에서 벗어나 있다고 주장했다. "그녀의 [위티그의] 허구적 세계에서는 여성들의 구전 및 문학적 전통이 불변의 기준을 형성하지 않는다. 여성들은 어떠한 상징도 절대적이지 않다는 것, 즉 끝없는 기호현상에 눈뜨게 된다.... 그리고 그들은 자신들의 기원을 숭배하기를 거부한다. 간단히 말해

---

52) Porter, "Feminist Fantasy and Open Structure," 261쪽. 포터는 "토릴 모이Toril Moi와 니나 아우어바흐Nina Auerbach와 같은 훌륭한 페미니스트 비평가들조차 『여전사들』을 여성이 전쟁에 이긴 후 남성을 지배하는 새로운 균형상태의 시작이라는 폐쇄적 구조로 읽었다,"라고 정확하게 지적한다 (윗글). Zerilli, "The Trojan Horse of Universalism"도 참조할 것.

53) 아렌트의 다음과 같은 주장을 상기해보라: "인간은 그들이 행동하기 전도 아니고 행동한 후도 아닌, 행동하는 한에서 ... 자유롭다; 왜냐하면 자유로운 것과 행동하는 것은 같은 것이기 때문이다." Arendt, "What Is Freedom?," 153쪽.

서, 여성들은 [위티그 자신의 말로 표현하면] '모든 형태의 무질서를 키운다.'[54] 창립자는 없으며 창립 문서도 없다. 우리는 "페미너리들feminaries"[55]을 가지고 있는데, 그 글들은 저자불명이며, 그 글의 자격은 불확실하다 — "[그 글들은] 동일한 원본을 다양하게 복사한 것들이거나 몇 가지 종류의 글들이다." 한 때 『여전사들』보다 앞선 세대에 필수적이었던 페미너리들이 후세대에 들어서는 순수한 오락의 목적으로 큰 소리로 읽히곤 한다. 소수자 관점에서 지배적인 이성애 질서의 신화를 장난스럽게 재조명하는 것으로 구성된 페미너리들은 자신들이 이의를 제기할 그 참조체계에 계속 붙잡혀 있다: 평가 절하된 것을 (즉 여성적인 것) 재평가하면서 그들은 관점을 보편화하는 데 실패한다. 예컨대 여성 성기에 대한 격정적 표현은 신세대들 사이에 웃음을 자아내게 하는데, 왜냐하면 그 표현들은 성적 도착의 낡은 상징적 실천을 보여주기 때문이다. "쓸데없는 지식으로 방해받지 않기 위해 우리가 할 수 있는 일은 그 글들을 [페미너리들] 광장에 쌓아놓고 불태우는 것뿐이다. 그것은 축하의 이유가 되어줄 것이다."[56]

---

54) Porter, "Feminist Fantasy and Open Structure," 267쪽. 필자는 "Rememoration or War?" 논문에서 유사한 주제를 다루었다. 포터의 에세이는, 위티그의 작품에서 자유를 가부장제의 전복에서 비롯된 것이라거나 새로운 정치 형태의 창조에 기반을 둔 것으로 보기보다는 열린 구조로 언급하려고 한, 사실상 유일한 글이다.

55) feminary는 페미니스트 집합적 글쓰기(feminist writing collective)를 뜻한다. (역자주)

56) Wittig, *Les guérillères* (Paris: Les Éditions de Minuit, 1969), 49쪽, 68쪽. David Le Vay가 번역한 영역본에서는 14쪽과 17쪽을 참조하라 (Boston: Beacon Press, 1985). 이후부터 *Les guérillères*를 출처로 사용할 때는 *G*로 표기한다. 첫 번째 숫자는 영어 번역본의 페이지 번호이고, 두 번째 숫자는 불어 원본의 페이지 번호다. 번역상의 문제 때문에 필자는 몇몇 문구의 경우 번역문을 수정했다. 가장 심각한 문제는, 아래에서 자세히 논의하겠지만, "*elles*"를 "여성들"로 번역한 것이다. 위티그 책에서 전형적인 어구는 "*elles disent*,"인데, 번역자는 이것을 "여성들은 말한다"로 번역했지만, 필자는 이것을 "그늘은 말한다"로 면녁한다. 이 어구의 문법적 탁월함은 "여성들"로 번역함으로써 파괴됐고, 중립적 용어인 "그들"로 번역해서 간신히 포획할 수 있었지만, 필자는 이 어구의 반복적 특징을 포착하기 위해 관련된 문구가 등장할 때마다 괄호 안에 불어 원문을 표기했다.

포터가 쓰듯이, 위티그의 이야기는 "만약 여성들이 스스로를 통치한다면?
이라는 명확한 가설로 시작"하지만, 그 이야기는 (여성들의 혹은 그 외의 인
정받을 만한 정치적 주체의) 통치와 같은 어떤 안정적인 정치적 형식 같은
것으로 끝나지 않는다.57) 이것은 『여전사들』을 새로운 사회계약의 창립에
대한 텍스트로 간주할 것인지, 아니면 오래된 이성애적 계약으로부터의 해
방에 대한 시적 설명으로 읽는 것이 더 적절한 것인지의 질문을 제기한다.
그것은 모두 당신이 창립의 실천과 대상을 어떻게 정의하느냐에 달려있다.
위티그의 여전사들은 새로운 질서를 헌법과 법률, 그리고 정치적 단체들로
정비된 통치의 형태로 정초하지 않는다. 그들이 정초하는 것은 자유가 유일
한 원칙인 광범위한 환경 속에서 타자와 상호작용하는 방식이다.58) 이 자유
는 지배당하지 않으려는 욕망과 일치한다 ―"그들은 노예 상태로 사느니 차
라리 죽는 게 더 낫다고 외친다," (*G*, 92쪽/132쪽). 그러나 그것은 소극적

에리카 오스트로브스키^Erika Ostrovsky^는 페미너리는 "폐기되고 재설정되어야 할
전통적인 생각을 재현"하며, "그 내용으로 판단하건대 저자들은 분명히 남
성"이라고 주장한다 (*A Constant Journey,* 56쪽). 필자는 페미너리가 문제
제기되어야 하고 궁극적으로 폐기되어야 할 글이라는데 동의하지만, 저자들
이 남성이라는 주장은 확실하지 않다고 본다. 페미너리는 유럽문화의 중심이
되는 신화를 고쳐 쓰는 이야기들, 그리고 *여성*-중심적 문화와 매우 잘 관련
될 수 있기에 거부되어야 하는 풍부한 성적 상징성을 보이는 이야기들을 담
고 있다. 페미너리는 어느 정도는 페미니스트 서점의 뉴에이지 코너에서 볼
수 있는 책들처럼 보인다.

57) Porter, "Feminist Fantasy and Open Structure," 261쪽.
58) 이 상호작용 방식은 제임스 툴리^James Tully^가 협치^governance^라고 묘사한 것과 유사하
다. 덜 제한적인 의미에서, 협치는 "상호주관적인 인정, 권력, 행동 방식과 자유의
전략적 관계들"과 관련된다. 이 오래된 의미는 형식적인 정치적 권력기관들로 정
비된 통치^government^의 공식으로 인해 상실되었다. 그는 이러한 오래된 협치의 개념
을 회복시키고 재상상하는 것이 푸코와 아렌트의 작업에 활력을 불어넣는다고 주
장한다. 협치와 통치를 구별하는 것은 정치적인 것의 영역을 공식적인 공적 영역
으로 환원시키거나 민주주의적 실천을 대의민주주의 제도로 환원시키기를 거부하
는 페미니스트들에게 결정적으로 중요한 것이다. James Tully, "The Agonic
Freedom of Citizens," *Economy and Society* 28, no. 2 (May 1999): 161-182
쪽; 인용구는 177쪽.

자유로 환원되지 않는다. 그것은 노예제도의 종식뿐만 아니라, 평등한 사람들 사이에서 말과 행동이 오갈 수 있는 공간에 대한 욕망이다.

위티그의 이야기에서 자유는 정초될 수 없는 것이고 오직 행위로만 존재하는 것이라면, 문제는 어떻게 행위가 계속되게 할 것인가, 어떻게 정치적 사건(혁명)이 정치적 형식으로 (법/통치의 지배) 굳어지는 것을 멈추게 할 것인가가 될 것이다. 필자는 기원에 대한 끈질기면서도 무례한 질문이 위티그의 전사들이 확립된 진리를 불안정하게 만들거나, 더 낫게는 애초에 의견이 진리가 되지 않도록 하는 태세를 유지하게 하는 한 가지 방법이라고 주장했다. 그러나 필자가 이 장을 시작할 때 다뤘던 새로운 것의 문제는 더 심각하다. 위티그는 사건(혁명)은 단지 앞선 원인의 결과일 뿐이고, 따라서 앞선 시리즈의 연속일 뿐이라는 결론을 어떻게 제압할 수 있는가? 그녀는 어떻게 우연성을 유지하고 자유를 구할 수 있는가?

이러한 맥락에서 위티그 텍스트의 서사구조를 생각해보라. 필자가 앞에서 말했듯이, 『여전사들』영어판 뒤표지의 소개글은 독자들이 시간의 직선적 개념에 따라 전개된 이야기를 기대하게 만든다: 과거 (억압이 있었다), 현재 (해방을 위한 투쟁이 있다), 그리고 미래 (해방은 새로운 페미니즘 질서를 낳을 것이다). 이것은 끝은 이미 시작에 포함되어있다는 것 —새로운 것의 실재(현실)는 이미 여성 노예 상태의 상황에서 잠재력(가능성)으로 존재한다 —그리고 정치적 행위의 유일한 목적은 예상할 수 있고 전략적으로 미리 계획을 세울 수 있는 것을 생산하는 것이라는 감각으로 이어진다. 그 경우, 베르그송을 인용하자면, "가능성은 자신의 시간이 오기를 기다리는 환영으로 항상 거기에 있었을 것이다."[59] 만약 위티그의 이야기가 자발적인 시작의 이야기라면, 어떻게 그것이 특히 고전적인 서술형식으로 정해진, "끊을 수 없는 시간 연속체의 배열"과 조화될 수 있겠는가? 아렌트가 주장하듯이, 필연성을 가정하지 않는다면 이야기의 모든 일관성은 결여될 것이라는 것이 사실이라면, 우리는 어떻게 자유에 대한 이야기를 할 수 있겠는가?

---

59) Bergson, *The Creative Mind*, 101쪽.

우리는 먼저 새로운 사회계약에 대한 위티그의 이야기는 그런 종류의 전통적인 이야기들과는 다르다는 것을 관찰함으로써 이러한 질문들에 접근할 수 있을 것이다. 사회계약론의 고독한 주체가 다양한 필연성의 단계로 특징지어지는 (죽음에 대한 두려움, 사유재산 보호) 정치사회로 진입하는 것과는 대조적으로, 『여전사들』은 집합적 유대의 장면들로 시작한다. 첫 문장은 "비가 오면, 그들은 [elles] 여름-별장 안에 머무른다,"라고 쓰여있다 (G, 9쪽/9쪽). 누군가가 혹은 어떤 기관이 서명인들을 (혹은 그들의 후세들을) 대신하여 행동할 수 있는 권한을 부여받게 되는, 그런 서명해야 할 조약은 없으며 ―오직 수평적으로 구조화된 사회적 상호작용의 실천들만 있을 뿐이다.

그것이 왜, 에리카 오스트로브스키Erika Ostrovsky가 관찰한 바와 같이, "『여전사들』의 동사는 모두 현재시제이고, 대부분 타동사이며, 그리고 능동태인지"의 이유가 된다.[60] 그것이 또한 왜 위티그의 전사들이, 항상 야외에 있으면서, 기념비적인 것과 일상적인 것 모두에서 자신들의 자유로의 여정을 지속적으로 이야기하는지의 이유가 된다: "헬렌 포케이드의 이야기에서, 트리에우는 새벽에 그녀의 병력을 배치했다"; "그들은 슈지가 누와에 대한 이야기를 그들에게 하도록 슈지를 설득한다"; "여자들 중 한 명이 아델 턴지의 죽음에 대해 그리고 그녀의 몸이 어떻게 방부처리 됐는지에 대해 이야기한다"; 그리고 "소피 메나드의 이야기는 모든 색깔의 나무들이 심어진 과수원과 관련이 있다" (G, 92쪽/130쪽, 80쪽/112쪽, 69쪽/98쪽, 52쪽/72쪽) 등등. 확실히 『여전사들』은 다양한 화자들이 자유를 위한 투쟁에 대해 그리고 상상할 수 있는 모든 사건과 대상에 대해 이야기하는 잡동사니 이야기 모음집이다. 이야기하기는 탁월함 혹은 기교의 한 형식이다. 그것은 또한 ―사실상 결정적으로― 사람들과 상호작용하는 주된 방식이며, 필요에 의해 정의되지 않는 과거와의 관계를 가능하게 한다.

말해진 이야기들의 순수한 다면성은 모든 단일 버전의 이야기가 확보하고 있는 필연성에 의문을 제기한다. 이야기들에 대한 이야기, 즉 투쟁한 사

---

60) Ostrovsky, A Constant Journey, 61쪽.

람들의 말과 행동이 기록되어있는 자유에 대한 집합적 이야기 역시 마찬가지다.

> 위대한 기록부가 탁자 위에 펼쳐져 있다. 가끔 그들 중 한 명이 [*l'une d'entre elles*] 다가가서 거기에 무언가를 쓴다. 그 기록부는 거의 사용할 수 없기 때문에 점검하기 어렵다. 설령 점검을 한다 해도 첫 페이지를 열고 차례를 찾는 것은 소용이 없다. 무작위로 페이지를 열어서 관심 있는 것을 찾을 수도 있지만, 그런 일은 매우 드물 것이다. 그 글들은 다양하지만 공통점을 가지고 있다. 그들 중 한 명이 [*l'une d'elles*] 거기에 무언가를 쓰거나 아니면 큰소리로 어떤 구절을 낭독하기 위해 다가가지 않는 순간은 없다. 낭독은 낭독자의 관자놀이에 앉아서 낭독자를 괴롭히는 파리 한 마리 말고는 청중이 전혀 없는 상태에서도 일어날 수 있다. (*G*, 53-54 쪽/74-75쪽)

이 "다양한" 글들의 "공통점"은 자유다. 비록 접근은 가능하다 하더라도, 이 집합적 텍스트는 "사용 가능한 경우가 거의 없다." 그 텍스트를 읽을 때, 내용을 구별할 수 있는 차례는 없으며, 어떠한 경우에도 차례의 가능성은 무작위적인 독자들의 삽입에 의해 무산된다. 그렇기 때문에 위대한 기록부가 이전 세대가 과거에 기록할만한 가치가 있다고 판단한 것에 근거하여 미래의 행동을 제약하는 일종의 창립 문서로 전환될 가능성은 거의 없다.

위대한 기록부의 순차적이지 않은 특징은 자유의 문제와 관련되기 때문에 서사구조라는 더 큰 이슈를 제기한다. 위티그가 설명하듯이, 고전적인 서사 형식이 필연성이라는 환상에 중대한 공헌자인 한, "서사의 연대기적 시작은 —즉 전면전은— 책의 세 번째 부분에서 발견되었고, 본문의 시작은 사실상 서사의 끝이었다는 사실은 의미심장한 것으로 보인다. 거기서부터 책에는 원의 기하학적 형태가, 즉 행위^{gesta}로써 작업방식으로 표시되는 동그라미의 형태가 나온다."[61] 확실히, 『여전사들』의 첫 페이지를 접는, 모든 몸짓은

---

61) Monique Wittig, "The Mark of Gender," in *The Straight Mind and Other Essays*, 76-89쪽; 인용구는 85-86쪽.

반전이다*TOUT GESTE EST RENVERSEMENT*라는 문구는 곧바로 상징으로서의 동그라미로 이어진다. 이 상징은 "제로나 원, 혹은 외음부를 상기시키며," (*G*, 14쪽/16쪽) 따라서 지속적으로 *반전*의 전략을 특징짓는 시작으로의 귀환을 상기시킨다. 상징으로서의 동그라미는 한 페이지 전체를 차지하며 책 전체에서 세 번 등장한다. 이것 또한 "3자 구조"를 창조한 것으로, 직선적 시간과 관련된 어려움을 넘어서기 위한 노력으로 읽힐 수 있다.[62] 우리가 몸짓 *gesta*이 "행위*deeds*"를 뜻하는 라틴어임을 고려한다면, 우리는 순환적 형식의 서사가 어떻게 시간적 연속체가 제기한 문제에 (즉 모든 행동은 연속되는 시리즈에 불과한 것이며; 실제는 가능성을 따른다는 것) 응답하는지, 그리고 어떻게 위티그로 하여금 새로운 행위와 그에 따른 자유를 중시할 수 있게 하는지, 더 잘 이해할 수 있게 된다.

위티그의 이야기는 과거의 근원적 자유를 (예컨대 고대의 모계제) 찾아내는 것도 아니고, 특정한 사건에 의미를 부여하기 위해 역사적 과정이라는 개념을 (예컨대 그들*elles*의 승리) 적용하는 것도 아니다. 전체적인 과정 중에서 특정한 위치를 차지한다는 점에서 사건을, 즉 특수성을 정당화하려는 경향은 분명히 근대적인 것이다. "무슨 일이 있어도 오직 과정 ... 만이 단순한 시간 순서에 그것이 결코 가진 적이 없는 중요성과 위엄을 부여하면서 그것을 의미 있게 만든다,"라고 아렌트는 쓴다.[63] 우리 근대인들에게 기억할만한 것은 역사에 대한 "객관적인" 판단이 승리냐 패배냐의 기준으로 우리에게 드러난 것이다. 『여전사들』은 패배자(남성)의 행위를 기념하지 않지만, 특정한 사건에 그렇지 않았다면 갖지 못했을 가치를 부여하면서 직선적인 시간 개념을 방해한다.

그들은 말한다*Elles disent*, 한 사건이 기억할만한 가치가 있는 것인지를 어떻게 결정하는가? 아마테라스 자신은, 엎드려서 이마를 바닥에 대고 감히

---

62) Ostrovsky, *A Constant Journey*, 43쪽.

63) Hannah Arendt, "The Concept of History," in *Between Past and Future*, 41-90쪽; 인용구는 64-65쪽.

얼굴을 들지 않는 사람들의 시선은 보이지 않게 한 채, 밝은 얼굴로 신전 앞마당으로 나아가야 하는가? 아마테라스는 자신의 모든 불을 지피면서 강한 불길을 일으키며 자신의 둥근 거울을 세워야 하는가? 그녀의 비스듬히 기울어진 거울로부터 나오는 광선은 태양의 여신들에게 경의를 표하기 위해 온 사람들의 [*de celles qui sont venues*] 발 아래 대지에 불을 질러야 하는가? 그녀의 분노는 본보기가 되어야 하는가? (*G*, 28쪽/37쪽)

이 문제를 결정하는 것은 역사가 아니고 자유 그 자체에 대한 주장이다.

동그라미로 상징화된 원형의 서사구조는 역사적 과정의 개념에는 적합하지 않다. 그러나 그것은 (고대의) 순환적 역사이론으로 읽힐 수 있지 않을까? 이 원형의 구조는 시작은 사실상 시작들로 되돌아가는 것이며, 원본을 반복하는 것이라는 전통적인 의미의 반복을 함의하는 것이 아닐까? 이것은 바로 옛것의 관점에서 새로운 것을 사유하는 (로마를 새롭게 세우는 것이지, 새로운 로마를 세우는 것이 아닌) 또 다른 판본이 아닌가?

『여전사들』의 원형적 구조는 순수한 기원이나 시작의 원리로 돌아가는 것이 아니다. 여전사들의 후세대들은 어떻게 해서든 새로운 사회의 기원을 유지해야 한다는 생각은 위티그식의 *반전*의 실천과 부합하지 않을 것이다. "그들은*Elles* [여신들]인 아마테라스나 시우아코아틀을 언급하는 것이 더 이상 적절하지 않다고 말한다. 그들은*Elles* 신화와 상징이 필요없다고 말한다. 그들은*Elles* 그들이 제로에서 시작했던 시간은 그들의 기억에서 지워지는 중이라고 말한다. 그들은*Elles* 그 시간과 거의 관련지을 수 없다고 말한다. 그들이 이 질서는 파괴되어야 한다고 반복할 때, 그들은*Elles* 어떤 질서를 의미하는지 알지 못한다고 말한다"(*G*, 30쪽/38쪽).

시간이 지남에 따라 필요한 것이 변화하듯이, 무엇이 파괴되어야 하고 무엇이 기억할만한 가치가 있는 것인지에 대해서도 모든 세대의 여전사들이 같은 생각을 하는 것은 아니다. 시작의 원리로서, *반전*은 지속적으로 기원으로 복귀할 것을 요구하면서 기원의 존엄성을 지지하는 모든 상징적 질서와 상충한다. 이 기원으로의 복귀는 대단히 위태로운데, 왜냐하면 새로운 질서를 정초하는 자유로운 행동이 언제나 필연성의 모습을 띨 위험에 처하기 때문이다. 반면에 *반전*의 과업은 모든 질서를 그 시작으로 환원시켜서 그 출현의 우연성과 본래의 임의성을 되살리는 것에 있다.[64]

4. 더-이상-아닌 그리고 아직은-아닌

방금 설명한 시작으로의 복귀에 대한 급진적 이해가 바로 위티그의 여전사들이 가부장제 이전의 황금기로의 복귀 형태로 옛것의 모델 위에 새로운 것을 정초하지 않게끔 하는 것이다. "엘사 브라우어는 '당신이 노예가 아니던 시절이 있었다, 그 점을 기억하라'와 같은 말을 한다. 당신은 웃음이 가득한 채, 혼자 걸었고, 배를 내놓고 목욕을 했다. 당신은 그것에 대해 아무것도 기억할 수 없다고 말한다. . . . 당신은 그 시절을 묘사할 단어가 없다고 말하며, 그러한 시절은 존재하지 않는다고 말한다. 그러나 기억하라. 기억하려고 노력하라. 만약 그것이 안 될 경우에는, 지어내라" (*G*, 89쪽/126-127쪽). 달리 말하면, 시작으로의 복귀는 그 자체가 발명이고 창조다. 마지막으로, (기억 속에서) 돌아갈 수 있는 최초의 여성 자유의 순수한 기원은 없는데, 왜냐하면 소급해서 보면 자유로운 행동은 필연성의 형식을 띠는 경향이 있기 때문이다. 만약 자유로웠던 시절을 기억할 수 없다면, 그것은 위티그가 주장하듯이, 여성과 남성은 그들 자신을 필연적인 것으로, 무엇이 나타날 수 있고 무엇이 존재하는지의 필요조건으로 우리에게 제시하는 경향이 있는 정치적 형태이기 때문이다. 따라서 자유는 과거를 기억하는 행위를 통해 출현하지 않

---

64) 마키아벨리의 시작으로의 복귀에 대한 자신의 독서에서, 미구엘 바터는 (데리다, 라쿠-라바르트$^{Lacoue-Labarthe}$, 그리고 들뢰즈를 이용하면서) 다음과 같이 질문한다, "하지만 어떻게 반복이나 복귀와 같은 것이 혁신이나 시작과 같은 것과 일치할 수 있는가?" 문제는 "만약 역사가 엄밀히 말해서 똑같은 사건들의 반복이라면, 혁신이란 존재하지 않으며 그 결과로 영원히 (역사의) 시작에 머무르는 것이 가능하다,"라는 것이다. 바터는 마키아벨리의 시작으로의 복귀에 대한 설명은 "반복이 형식(원형)의 '1차성' 혹은 '우선성'에 의존하는 '2차적인 것'이라는 믿음을 거부한다,"라고 주장하면서, "복귀해야 할 시작은 없다. 왜냐하면 바로 이 복귀가 시작이기 때문이다,"라고 말한다 (*Between Form and Event*, 238쪽, 239쪽).

으며, 발명을 통해, 즉 새롭게 시작하는 행위를 통해 출현한다.

돌아갈 수 있는 여성 자유의 황금기에 대한 생각은 나아가 그들*elles*이 일종의 원시 공동체를, 즉 이미 주어진 "우리"를 형성한다고 가정하게 한다. 이 "우리"의 출현과 특징이 페미니즘 정치와 모든 인간 공동체의 주요 문제가 된다. 아렌트가 말하듯이, "이 '우리'가 어떻게 처음 경험되고 구체화 되든 간에 그것은 언제나 시작을 필요로 하는 것으로 보이며, '처음에는'이라는 말만큼 어둠과 신비에 싸여있는 것은 없는 것으로 보인다" (*LMW*, 202쪽). "우리"의 문제는 사실상 의미의 문제다. 그것은 과학적 (생물학적, 고고학적, 그리고 인류학적) 증거로 적절히 답해질 수 없는 것인데, 왜냐하면 아렌트에 따르면, "우리"는 "우주와 자연에 존재하는 모든 것"처럼 한때 "'무한한' 불가능성"이었기 때문이다 (윗글).

필연적이지 않은 용어로 "우리"의 이야기를 하기 어려움이 서양 전통의 토대가 되는 두 전설 ─하나는 로마제국, 다른 하나는 유대왕국─에 대한 아렌트 설명의 주제가 된다.[65] 아렌트는 이 전설들에서 놀라운 점은, 두 경우 모두에서 "고무적인 행위원리는 자유에 대한 사랑인 점,"이라고 쓴다 (*LMW*, 203쪽). 더구나, 각각의 이야기는 "해방으로부터 오는 자유와 무언가 새로운 것을 시작하는 자발성에서 나오는 자유 사이의" 간격, 혹은 "틈"을 이야기한다 (*LMW*, 204쪽, 203쪽). 이 "더-이상 아닌 것과 아직은-아닌 것" 사이의 간격이 실제와 가능성 사이의 심연, 즉 "자유의 심연"을 연다 (*LMW*, 204쪽, 207쪽). 아렌트가 설명하듯이, "해방은 자유의 조건이 될 수 있지만, 결코 자유의 원인이 되는 조건은 아니다" (*LMW*, 207-208쪽). 따라서, "옛것의 종말이 반드시 새로운 것의 시작은 아니다 ... 전능한 시간 연속

---

65) 아렌트는 다음과 같이 쓴다. "우리는 유대민족을 구성하는 모세의 율법에 앞서는 유대민족의 이집트 탈출기에 대한 성경의 이야기와, 고대 로마의 건국을 이끈 아이네이아스*Aeneas*의 방랑에 대한 버질*Virgil*의 이야기를 갖고 있다." 이 두 토대에 대한 전설들은 "자신들의 행위를 설명하고 정당화해줄 패러다임을 찾는데 필사적인 후세대 활동가들" ─로마와 미국 설립자들─에 의해 언급되었다 (*LMW*, 204쪽). 아렌트는 고대 로마의 토대에 대한 또 하나의 전설인 로물루스*Romulus*는 언급하지 않았는데, 로물루스는 마키아벨리에게는 중요한 인물이었다.

체라는 개념은 환상이다"(*LMW*, 204쪽).

위티그에게 있어 아렌트가 제기하는 문제는, 어떻게 "우리"의 출현을 가능성이나 혹은 이미 있었던 것으로 자연화하거나 미리 예단하지 않으면서, 그 출현을 자유로운 행위로 구성된 것으로 구체화시킬 것인가 하는 것이다. 새로운 것이 옛것의, 즉 여성이 노예가 아니었던 황금기의, 재건이라는 생각은 이 자유로운 행위를 부정하는 것에 해당한다. "우리"는 (『여전사들』의 그들) 억압을 받은 적이 없었던 집합적 주체의 재부상이 아닐 뿐만 아니라, 억압으로부터의 해방을 달성하는 주체로 환원되거나 단순히 지속되는 것도 아니다. 왜냐하면 이러한 해방은 한 번에 달성되는 것이 아니기 때문이다. 이것이 왜 *반전*의 원리가 『여전사들』 텍스트의 시작과 끝을 구성하는지의 이유가 된다. 자유와 해방 둘 다를 표현하지만, 결코 이 중 어느 것으로도 환원되지 않는 *반전*은 끝이 없는 능동적 원리다.

위티그 작품의 제목인 『여전사들』 자체가 해방에서 자유로의 통로는 심연으로, 즉 새로운 세계를 가져오는 자유로운 행위로, 특징지어진다는 것을 나타낸다. 오스트로브스키가 말하듯이,

> *여전사들*^{Guérillères}은 존재하는 어떤 것도 지명하지 않는다는 점에서 시적 언어다.... *여전사들*^{guérillères}을 그저 여성들의 호전적인 역할을 ―즉 군인이나 여전사 및 여성 복수형 게릴라의 혼합으로 ―나타내거나 강조하는 용어로 피상적으로 해석함으로써 그 책의 주제를 양성 간의 전쟁으로 환원시킬 수도 있겠지만, 다른 수준의 해석에서 보면, *여전사들*이라는 책 제목은 훨씬 더 복잡한 의미를 담고 있다. *여전사들*이라는 단어 자체는 기존 질서나 전통적인 견해를 파괴하는 "전쟁 기계"로 비유될 수 있다.[66]

따라서, *여전사들*^{guérillères}이라는 단어는 이미 정해진 의미로 환원될 수 없다.

그러나 이 시적 언어의 혁명적 효과는 백지상태에서 일어나지 않는다. 자유로운 행위를 제시하는 위티그의 방식은 무에서 창조해내는 것이 아니

---

66) Ostrovsky, *A Constant Journey*, 34쪽, 33쪽.

다. 이성애적 사회계약은 말하는 존재의 언어적 실천 안에 놓여 있다는 것을 인정하는 언어의 작품으로서, 『여전사들』은 그에 앞서는 현실을 피할 수 없다. 이 이성애적 사회계약의 공통 언어가 바로 (혁명적인) 것을 말할 수 있는 조건이 된다. 위티그는, 카스토리아디스의 용어로 말하자면, "*옛것은 새로운 것이 옛것에 준 의미를 가지고 새로운 것에 들어오며, 그 외의 방식으로는 새로운 것에 들어올 수 없다,*"라는 것을 인정한다.[67] 모든 사회변화는, 혁명적 행위자들이 주장하는 "절대적 시작"을 포함해서, 언제나 그 변화에 앞선 현실을 전제한다. 그러나 그 현실 (옛것) 자체는 새로운 것에 의해 구체화 될 때만 우리에게 이용 가능한 것이 된다. 우리는 결코 변화과정을 현실성에서 (새로운 것) 잠재력으로 (옛것) 되돌려서 해명할 수 없다; 우리는 옛것을 오직 새로운 것이 우리에게 주는 형태로서의 옛것으로만 갖는다. 그렇다면 새로운 것을 결정하는 것은 옛것이 아니며, 옛것이 우리에게 줄 수 있는 의미를 결정하는 것은 새로운 것이다. 따라서 *여전사들*이라는 시적 언어는 옛것과 새로운 것 사이에 역동적이면서 비인과적인 관계를 통해 창조된 급진적 상상의 표명이다. 그것은 새로운 개념의 창조를 향해있는 것이 아니고 (예컨대 영역본 뒷 표지에 묘사된 "여전사 부족"은 물론, 패권을 잡은 레즈비언 "주체"라는 개념), 새로운 출현 및 관점의 공간을 창출할 수 있는 능력에 향해있다.

5. 그들^{Elles} — 환상적 보편성

위티그의 명작이 "새롭게 생각할 수 있는 형상들"(카스토리아디스)을 산출한다면, 그것은 *여전사들*의 형상에만 한정되지 않는다. 사실은, 오스트로브스키가 말하듯이, 이 단어 혹은 형상이 전쟁 기계로 기능한다고 말하는 것은 그다지 옳은 것은 아니다. "기존 질서나 전통적인 견해를 파괴하는" 것은 *여전사들*이라는 시적 언어가 아니고 —실제로 *여전사*라는 말은 위티그의 책 제목으

---

67) Cornelius Castoriadis, "The Imaginary: Creation in the Social-Historical Domain," in *World in Fragments*, 14쪽; 강조는 원문 그대로임.

로 쓰인 것 외에는 등장하지 않는다 —일반 대명사인 *그들*^{elles}이다. 『여전사들』의 영어 번역본에서 "여성들"로 대단히 잘못 번역된 대명사 *그들*^{elles}은 사회 계약을 변화시키려는 위티그의 급진적 프로젝트의 중심에 놓여있다. 이 오역의 심각성을 이해하지 못한다면, 위티그 프로젝트의 성격은 상당한 오해를 살 수 있다. 문제를 이해하기 위해 먼저 위티그가 사용한 *그들*^{elles}이라는 단어에 대해 위티그가 "젠더의 표식"에서 말한 내용을 살펴보도록 하자.

> 『여전사들』의 책에서는 집합적 인칭 대명사로, 통상은 일반 대명사인 *ils* (*they*)가 주로 쓰이지만, 불어에서는 거의 사용되지 않으며 영어에서는 존재하지 않는 *elles* (*they*) 가 쓰인다. *그들은 말한다*는 사람들은 말한다 라는 뜻이다. 내 생각에 영어의 그들^{they}에는 가정상 그녀^{she}가 포함되지 만, 불어의 일반 대명사인 *ils*에는 *elles*가 포함되지 않는 것 같다.... 간 혹 *elles*가 사용되는 드문 경우에도 *elles*는 결코 보편적인 사람들을 대변 하지 않으며 보편적인 관점을 전하는 사람도 아니다. 따라서 보편적인 관 점을 지지할 수 있는 *elles*는 문학이나 그 밖의 다른 곳에서도 혁신일 것 이다. 『여전사들』에서 나는 *elles*의 관점을 일반화하려고 한다. 이러한 접 근방식의 목표는 세계를 여성화하려는 것이 아니고 언어에서의 성 범주를 쓸모없게 만들려는 것이다. 따라서 나는 작품에서 *elles*를 세계의 완전한 주체로 설정한다. 문자 그대로 성공하기 위해서, 나는 적어도 처음 두 파 트에서 *그[il]*나 *그들[ils]*을 제거하는 식의 매우 엄격한 조치를 도입할 필요가 있었다. 나는 그 독특한 존재감 때문에 *elles*가 심지어 여성 독자 들도 공격하는 것이 되는, 그런 텍스트 안으로 들어오는 독자들에게 충격 을 주고 싶었다.... 한마디 한마디마다, *elles*는 스스로 주권적 주체를 확 립한다.[68]

위티그가 말하듯이, 대명사 *elles*의 사용이 "책의 형식을 지배했다"는 점 을 고려할 때, 우리는 영역본에서 놓친 것이 무엇인지 이해할 수 있게 된다. 번역자는 *elles*에 대한 사전적 등가물을 찾을 수 없었다. 그러나 그가 *elles*

---

68) Wittig, "The Mark of Gender," 84-85쪽.

를 "그들they" 대신 "그녀들the women"로 번역한 것은 치명적인 결과를 초래했다: "보편화 과정은 파괴되고, 갑자기 *elles*는 *인류*가 되기를 멈췄다. 사람들이 '여성들'이라고 말할 때, 그것은 수많은 개별 여성들을 뜻하는 것이 되면서 내가 보편자로 의도했던 것을 개별화시키고 관점을 완전히 바꿔놓는다." 우리가 갖고 있는 것은 "작품 전체에 걸쳐 강박적으로" 등장하는 *여성들*이라는 단어다. 게다가 "여성들"이 있는 곳에는 "남성들"이 있고, 이 두 집단과 함께 성 범주, 혹은 가장 먼저 문제화되어야 할 이성애적 사회계약의 "당연함"이 있다.69)

위티그는 *elles*의 새로운 번역으로 *they*라는 대명사를 제안한다. "오직 *they*를 사용함으로써만 본문은 (『여전사들』) 그 힘과 낯설음을 되찾을 수 있을 것이다."70) 이 힘과 낯설음이 필자가 위티그의 "보편주의의 트로이 목마"라고 부르는 것에 속하며, 『여전사들』에서 그 주요 수단은 대명사 *elles*가 된다.71) 대명사는 자유 및 사회와의 관계라는 범주와 연관된 문제와 난관을 떠맡는 주체를 나타내는 것이 아니고, 행동하고 무언가 새로운 것을 볼 수 있는 것이 가능해지는 관점을 나타낸다. 개념이기보다는 이미지로서, *elles*는 위티그의 책에 거주하고 출몰한다. 누가 *elles*에 속하는지 물어봐야 한다면, 가장 근접한 대답은 다음과 같이 임의로 삽입된 이름 목록이 있는 페이지들일 것이다.

---

69) 윗글, 86쪽.
70) 윗글, 87쪽. 그러나 영문 번역본에서 *they*는 책의 마지막 부분에서 남성들이 대명사 *they*를 공유하는 한에서만 사용된다. "새로운 영문 번역본에서 남성 젠더는 현재 번역본 형태에서보다 좀 더 체계적으로 특화되어야 한다. 남성은 *they*가 아니라 오랫동안 여성 젠더에 사용되어왔던 것(*woman, she, her*)과 유사하게 *man, he, his*의 용어로 제시되어야 한다 (윗글).
71) 유사한 문학적 전략을 사용한 위티그의 다른 소설들로는 『오포포낙스*The Opoponax*』와 『레즈비언 육체*The Lesbian Body*』가 있다. 『오포포낙스』에서 위티그는 중립적이고 단수형이면서 일정 수의 사람들을 동시에 대변할 수 있는 대명사 *사람들on*(one)을 연구대상으로 한다. 이 대명사를 가지고 그녀는 소설의 중심인물인 어린 소녀를 중심으로 보편적인 관점을 만든다. 『레즈비언 육체』에서는 위티그가 "The Mark of Gender"의 87쪽에서 "과잉의 기호"로 묘사한 대명사 *j/e*를 가지고 창의적인 작업을 한다. Zerilli, "The Trojan Horse of Universalism," 참조.

DIONÉ INÈS HÉSIONE ELIZA
VICTOIRE OTHYS DAMHURACI
ASHMOUNIGAL NEPHTYS CIRCÉ
DORA DENISE CAMILLE BELLA
CHRISTINA GERMANICA LAN-ZI
SIMONE HEGET ZONA DRAGA (*G*, 67쪽/95쪽)

니나 아우어바흐는 위티그의 이름 목록에 대해 항의한다: "이 이름들이 그들 자신의 주술적 삶을 나타낸다 하더라도, 그 소리의 공허한 울림은 우리가 그들을 만나기 위해 소설을 읽곤 하던 실제 사람들의 소멸을 뜻하는 것이기도 하다."[72] 이런 지적에 대해, 토릴 모이는 "그 이름들이 누군가에 의해 말해지고 있는지"는 결코 분명하지 않으며, 아우어바흐의 독해는 다중적 의미를 가진 위티그의 소설에 주체 혹은 "통합된 인간의 목소리"를 적용하려는 소망을 표현하는 것이라고 정확하게 말한다.[73]

필자는 국제적인 특성을 보이는 이 이름들은 위티그의 낯설은 대명사 *elles*의 사용과 관련해서 읽어야 한다고 제안한다. 한편으로, 만약 이 이름들이 주체-중심적인 것이었다면, *elles*를 "여성들"로 번역하는 것이 타당했을 것이다. 심지어 『여전사들』을 "미래의 여성들을 위한 청사진"으로 묘사하는 것도 타당했을 것이다.[74] 다른 한편으로, 만약 *elles* 자체가 패권적인 단일 주체였다면, 지속적으로 이름들의 목록을 올림으로써 책을 혼란스럽게 만드는 것이 아무 의미가 없었을 것이다. "여성들"은 보편성을 주장하지 않는 특

---

72) Auerbach, *Communities of Women*, 191쪽.
73) Toril Moi, *Sexual/Textual Politics* (New York: Metheun Press, 1985), 80쪽. 모이는 아우어바흐가 전쟁의 종식과 함께 아우어바흐가 살펴본 또 다른 텍스트인 『작은 아씨들^Little Women』에 등장하는, 아우어바흐의 말로 표현하자면, "메그, 조, 그리고 에이미의 개인성으로 돌아가는 것이 가능하기를," 갈망한다고 주장한다 (윗글).
74) 영어 번역본의 뒤표지에서 발견되는 이 서술은 『뉴욕타임스』가 표현한 것이다. 그리고 에드나 오브라이언^Edna O'Brien의 현명한 발언이 뒤를 잇는다: "위티그씨는 눈부신 작가다. 그녀의 이야기는 명쾌하고 달빛처럼 환하게 빛난다."

수성들을 의미하지만, 단일한 "elles"는 특수성과는 무관한 보편성을 의미할 것이다. 분명한 것은 첫 번째와 두 번째 대안 모두, 그 중심 원리가 시대를 초월한 존재의 보편성이 아니고 능동적인 생성의 실천, 즉 *반전*인 『여전사들』에 나타난 자유의 실천과는 상충된다는 것이다.

『여전사들』을 진정으로 급진적인 책으로 만드는 것은 "가부장적 제도와 언어의 파괴"에 대한 대담한 말도 아니고, 신조어인 게릴라*guérillères*의 발명도 아니며, 완전히 평범한 대명사인 *elles*를 낯설게 사용하는 것에 있다. 그 대명사는 참조 수준과 개념에서가 아니고, 고어적 은유의 언어 수준에서 작동한다. 그것은 우리 눈앞에 사물을 가져와서 그로부터 우리가 명백하지 않거나 인식의 대상으로 주어진 것이 아닌 무언가를 볼 수 있게 해준다 ("여성들"이 시사하는 것이 그것이다. 비록 그것 역시 고어에 기반을 둔 것이긴 하지만). 독창성이라는 인간의 능력에 기반을 두고, 그라씨는, 아리스토텔레스를 따라서, 은유는, "특이하고 예상치 못한 것을 드러내기 때문에 [외국인에게] 독특한 기이함으로 특징지어진다,"라고 쓰고 있다.[75]

이미 존재하는 성 범주의 특성이 여성들 사이에 (거짓) 공통성의 기반을 제공하는 반면, *elles* 사이의 유사성은 감각적 외양에 주어지지 않으며, 전이(*metapherein*)와 환상, 혹은 나타나게 함(*phainesthai*)의 창조적 행위를 포괄한다. 위티그가 일반적으로 상호 관련이 없는 기존의 두 개념을 (예컨대 여성 젠더와 보편적 목소리) 결합해서 보여주는 것은 ─패권적 주체는 말할 것도 없고─새로운 주체가 아니며, 새로운 선언적인 위치, 즉 함께 말하고 행동할 수 있는 장소다 (*예컨대 그들이 말하고, 보고, 그리고 판단을 내리는 장소*). 그녀의 텍스트는 논리적으로나 역사적으로나 전혀 관계가 없는 것들 사이의 관계를 분명히 보여준다. 그것은 현재 비현실적인 무언가가 (성 범주에 의해 규정되지 않는 자유로운 사회적, 정치적 관계들) 독창성, 즉 정체성이 아닌 유사성의 발견을 거쳐 나타날 수 있게 한다.

『여전사들』이 이룬 것은 고어적 이미지 언어의 수단으로 우리의 헌신감

---

75) Grassi, "Rhetoric as the Ground of Society," 95쪽.

각을 변화시킨 것이다. 위티그의 텍스트는, 비트겐슈타인의 말을 의역하면, 남성과 여성이라는 두 집단의 공시적인 혹은 언제나-이미-거기에 있는 모습인 이성애적 사회계약을 교란시킨다. 그리고 그녀는 논쟁이나 회의적 의심이 아니라 *elles* 라는 일반 대명사의 낯설은 사용을 통해 그렇게 한다. 보편적 목소리의 (*ils disent*) 선언적 위치에 거주하면서, 대명사 *elles*는 여성들의 배제를 드러낼 뿐만 아니라, "모두가 말한다,"와 같은 의문의 여지가 없고 말할 필요도 없는 것으로서의 모든 말투가 사실은 그 자체가 사람들이 말하고 행동하는 것, 즉 *그들은 말한다*^{elles disent}의 산물이라는 사실을 보이게 한다. 근본적인 회의론의 우울함이나 비애감 없이, *elles*는 어떤 의구심은 결코 발생하지 않는 우리의 기준틀을 바꾼다.

그렇다면 이미지 elles는 일상에서의 급진적 창조다. 그것은 이성적 진실이 아니고 —이미지로서 —의미에 대한 문제로 귀결된다. 다시 한번, 여기서 문제는 의미와 진실, 미사여구와 논리적 추론 간에 거짓 대립각을 세우거나 미사여구적 텍스트에서 논리나 개념의 존재를 부정하는 것이 아니라, 그들의 관계와 그들의 출처를 재개념화하는 것이다. 그라씨가 쓰고 있듯이, "감각적 현상을 해석하는 근원이자 기반으로서 '의미 전달'과 은유를 담고 있는 논리는 이성적 논리와는 대조적으로 이미지와 은유의 논리다. 그것은 추론의 논리가 아닌 발명의 논리임을 주장할 것이다. . . . 그러한 논리는 그것이 인류의 새로운 세계를 보여주고 은유를 통해 시야를 열게 하는 한에서 '환상적'이다.[76] 이성적 논리처럼, 이 이미지와 은유의 수사학적 논리 역시 보편적인 것을 창조한다. 다만 그 보편성은 논리적 추론을 거친 것 —즉 이성적인 것 —이 아니고, "환상적 보편성"이 될 것이다.

*Elles*는 일상생활의 실천에서 발견되어야 하는 "환상적 보편성"이며, 초월적이고 자명한 제1전제에서 추론할 수 있는 것으로 추정되는 관념적인 이성적 보편성이 아니다. 그라씨가 설명하듯이, "구체적 현실은 환상적 보편성을 통해 드러나기 때문에," "환상적 보편성"은 논리적 추론이 아니라 *독창성*

---

76) 윗글, 99쪽.

에 그 근원을 두고 있다.[77] 따라서 *elles*는 그것이 관여하는 인간적 실천의 다양한 방식을 제외하면 아무것도 아니다 (*예컨대, 그들*[elles]*은 누워서 혹은 서로 떨어져서 운다; 그들*[elles]*은 에리스티코스 여신은 바보며 노란 눈을 갖고 있다고 말한다; 그들*[elles]*은 곧장 자기 방으로 올라갔다 등등*). 위티그가 일상적인 대명사를 혁신적으로 사용함으로써 구축하려는 새로운 사회계약이나 세계는 수사학적 실천에 기반하기 때문에, 텍스트에서 가장 중심되는 활동은 말하기이며, 가장 흔한 어구는 *그들은 말한다*[elles disent]이다. 필자는 이러한 실천이 말하기나 미사여구에 전통적으로 주어지는 좁은 의미의 "문학적" 실천이 아니라는 점을 말했다. 그것은 사회적이고 정치적인 실천이다.

위티그는 우리가 페미니즘을 회의적 실천보다는 수사학적 실천으로 생각할 수 있도록 도와주는데, 그것은 생각과 행동의 관계를 재고한다는 것을 의미한다. 회의적 실천이 섹스는 우연적인 것임을 먼저 밝힌 후에 그것을 변화시키기 위해 행동해야 한다고 제안한다면, 수사학적 실천은 섹스의 우연성을 (혹은 그 점에 있어서는 어떠한 사회적, 정치적 질서의 본래적 임의성을) 회복시키는 것은 생각이 아니고 행위임을 제안한다. 우리는 독창적 행위의 실천을 통해 필연적인 것과 우연적인 것의 관계를 바꾸며 ─실제로 변화의 가능성을 인식하게 된다.

위티그는 우리가 무언가 새로운 것을 시작할 때마다 나타나는 자유의 심연을 우리에게 보여주었다. 그러나 그녀는 인간의 실천들에 성 범주가 널리 퍼져있는 한, 페미니즘이 그 실천들을 바로잡을 수 없는 것으로 다루는 경향이 있다. 그러한 우려는 로지 브라이도티[Rosi Braidotti] 같은 비평가들로 하여금 위티그의 작업을, "우리 정체성의 결정적 역설로부터 [즉 정체성을 주장하고 또 해체해야 할 필요성] 여성들을 벗어나게 하려는 자발적 시도,"라는 해석에 이르게 한다. 위티그는 회의론자들이 모든 것을 의심할 수 없는 것처럼 자신도 이 실천들 바깥으로 뛰어내릴 수 없다는 것을 인정하지만, 그녀의 글들은 그럼에도 "우리는 여성을 오래된 피부처럼 벗겨버리고, 제3의 [포스트

---

77) 윗글, 100쪽.

젠더] 주체 지위로 올라가면서 '여성'을 없앨 수 있다,"라는 생각을 지지하는 것으로 보일 수 있다.78) 브라이도티의 위티그 비판은 자유-중심적 페미니스트들이 성차에 대한 정치적 주장을 할 수 있는지의 문제, 즉 제3물결 페미니즘 사상을 지배하는 주체 문제의 틀을 넘어서는 주장을 할 수 있는지의 문제를 제기한다. 다음 장에서 우리는 "여성 신화"를 다시 새기지 않고도 혹은 자유를 향한 급진적 요구를 포기하지 않고도 그 같은 주장을 하는 것이 가능하다는 것을 보게 될 것이다.

---

78) Rosi Braidotti with Judith Butler, "Feminism by Any Other Name," *differ-ences: A Journal of Feminist Cultural Studies* 6, nos. 2-3 (Summer-Fall 1994): 27-61쪽; 인용구는 51쪽.

03

●

페미니스트들은
약속을 하는 사람들이다

: 밀라노여성서점조합의 『성적 차이』와
세계-구축 프로젝트

권위를 인정받은 여성 대화 상대자를 갖는 것이
사회에서 공인된 권리를 갖는 것보다 더 중요하다.
만약 누군가 자유의 프로젝트에 따라 자신의 삶을
구체화 시키고 싶다면, 권위를 인정받은 대화 상대자가
필요하다.... 자신의 권리를 주장하는 정치는,
그 주장이 얼마나 정당하든 혹은 그 주장을 얼마나
깊이 느끼든, 부차적 종류의 정치일 뿐이다.
－밀라노여성서점조합,
『성적 차이』

이 놀라운 주장은 이탈리아의 '밀라노여성서점조합'이 1987년에 출간한 『당
신에게 권리가 있다고 생각하지마세요: 여성 공동체의 사상과 변천과정에
나타난 여성 자유의 창출』에 실려 있다.[1] 이 책은 1990년에 『성적 차이』
(Sexual Difference) 라는 제목으로 영어로 번역되었지만 현재 절판된 상태
이며, 매우 어려운 작업을 해낸 저서임에도 미국의 페미니스트들 중에 이 책
을 읽은 독자는 많지 않다.[2] 소위 1990년대의 미국 페미니즘 논쟁 목록에서
이 책은 사실상 빠져있는 셈이다.[3] 이 공백은 의미가 크다. 『성적 차이』의

---

1) 이탈리아어로 된 책 제목은 다음과 같다: *Non credere di avere dei diritti: La
   generazione della libertà femminile nell'idea e nelle vicende di un gruppo
   di donne* (Turin: Rosenberg & Sellier, 1987) (역자주).
2) 이하 *Sexual Difference*는 본문에서 『성적 차이』로 번역해서 사용하며, 페이지
   번호 표기 시에는 SD로 적는다 (역자주).
3) 『성적 차이』를 공동 번역한 테레사 드 로레티스에 따르면, "이탈리아 페미니즘은
   미국에 잘 알려져 있지 않다. 극소수의, 그리고 최근의 예외를 제외하면, 이탈리

공역자이자 편집자인 테레사 드 로레티스^{Teresa de Lauretis}는 그 점을 다음과 같이 간결하게 요약했다: "역설적이게도, 여성의 권리를 옹호할 것을 요구하지도 않고, 법 앞에서의 평등을 요구하지도 않으며, 여성에게 오직 완전한 정치적, 개인적 책임감만을 요구하는 자유는 서구사상에 출현했던 그 어떤 생각 못지않게 놀랍도록 급진적인 생각이다."[4]

아 페미니즘 비평서들은 미국과 그 외 영어권 페미니스트들에 의해 번역되지도, 논의되지도, 혹은 인용되지도 않는다." Teresa de Lauretis, "The Practice of Sexual Difference and Feminist Thought in Italy: An Introductory Essay," in *Sexual Difference*, ed. Patricia Cigogna and Teresa de Lauretis (Bloomington: Indiana University Press, 1990), 1-21쪽; 인용문은 1쪽. 이러한 상황은 『성적 차이』가 번역되고 나서도 바뀌지 않았다. 그러나 1980년대와 1990년대에 유럽에서의 상황은 상당히 달랐다. 유럽에서 이탈리아 페미니즘은 미국에서처럼 "밀라노여성서점조합과 베로나디오티마공동체"의 페미니즘으로 동일시되지 않았으며 —혹은, 로지 브라이도티가 불평하듯이, 축소되지 않았으며 —열린 논쟁의 대상이 되었다. Rosi Braidotti, *Nomadic Subjects: Embodiment and Sexual Difference in Contemporary Feminist Theory* (New York: Columbia University Press, 1994), 209쪽. 예컨대 독일에서는 이탈리아 페미니즘의 성적 차이 개념에 대한 폭넓은 반응이 나타났다. 논쟁을 잘 정리한 글로 다음을 참조하라. Heike Kahlert, *Weibliche Subjektivität: Geschlechterdifferenz und Demokratie in der Diskussion* (Frankfurt am Main: Campus Verlag, 1996); Britta Kroker, *Sexuelle Differenz: Einführung in ein feministisches Theorem* (Pfaffenweiler, Germany: Centaurus-Verlagsgesellschaft, 1994).

4) de Lauretis, "The Practice of Sexual Difference and Feminist Thought in Italy: An Introductory Essay," 12쪽. 드 로레티스가 설명하듯이, 이 요구는

> 페미니즘이 그에 기반을 두고 세워졌지만 페미니즘 사상의 첫 번째 임무는 그 엮임을 풀어내는 것인 그 역설 —즉 담론의 포로이지만 담론 안에 없는 존재, 끊임없이 언급되지만 정작 자신은 들을 수도 표현할 수도 없는 존재, 구경거리로 전시되지만 아직 재현되지 않은 존재인 그런 여성의 역설; 실존과 특수성이 동시에 주장되면서 거부되며, 부정되면서 통제되는 존재인 그런 여성의 역설 —을 가장 먼저 명심하고 있지 않으면, 자유에 대한 이러한 요구는 환원론이자 관념론, 본질론이면서 심지어 수구적인 것으로 보일 수밖에 없게 된다. 그리고 그 결과, 페미니즘 철학의 과제는: "차이 자체를 고려하지 않음을 지지하는 그런 사상 범주들을 가지고 성적 차이를 사유하는 것이 된다."

자유는 평등권을 주장하는 데 있지 않으며, 여성에게 정치적, 개인적 책임감을 진작시키는 데 있다는 말은 무슨 뜻인가? 그리고 만약 그러한 실천이 진정 우리가 서구사상사에서 찾을 수 있는 그 어떤 생각 못지않게 급진적인 것이라면, 왜 미국의 페미니스트 이론가들은 『성적 차이』를 거의 무시한 것일까? 이 질문들을 숙고하면서, 페미니스트들은 서구 전통에서 물려받은 자유의 개념에, 즉 자유는 의지의 현상이고 주체의 소유물이며 주권이라는 이름의 목적을 위한 수단이라고 이해된 자유의 개념에, 그들 자신이 엮여있음을 생각하게 될지 모른다. 우리 같은 자유민주주의 국가들에서 우세한 이런 설명 때문에, 자유는 고도로 개인주의적인 용어로 정의되고, 헌법상 보장된 권리로 자리 잡으며, 정치가 끝나는 곳에서 시작되는 어떤 것으로 경험된다.5) 그러나 밀라노여성서점조합에게 있어 자유는 전혀 다른 것이다: 자유는 창의적이고 집합적인 세계-구축의 실천이며, 성격상 근본적으로 새로운 시작을 여는 특징을 지니는 것으로, 남성적인 교환경제 안에서 자신들의 위치를 갖는 것 외에는 아무 것도 가진 것이 없는 성적 존재인 여성들 사이에 근본적으로 상황 의존적이면서 정치적으로 중요한 관계들을 구축하는 것이다.

제1물결과 제2물결 페미니스트들이 주장했던 자유의 틀을 기각하면서, 밀라노 페미니스트들은 여성들이 남성들과 유사한 측면에서 (같음) 혹은 사회의 전반적인 복지에 여성들이 특별히 기여하는 측면에서 (다름) 자유를 요구하는 것에 대해 정당화하기를 거부한다. 확실히 밀라노 페미니스트들은 자

드 로레티스는 계속해서 이 역설은 분명한 정치적 차원을 가지고 있다고 말한다: 그것은 "오로지 담론적인 것만은 아니며, 남성들이 설계하고 통치하는 세계에 놓여있는 여성들에 대한 진정한 역설에 근거를 두고 있다." 그리고 오직 페미니즘만이 그 역설을 해결하기 위해 노력해왔다 (같은 글, 12쪽). 밀라노여성서점조합의 관심사는 자유의 문제와 관련되어 있는 그 역설의 상징적인 측면과 정치적인 측면을 통합하는 데 있는데, 이들의 텍스트가 미국 페미니스트들의 논쟁에 등장하지 않는다는 사실은 신기하면서도 충격적인 것이다.

5) 서구의 자유 개념에 대한 강력한 비판으로 한나 아렌트의 다음 글을 참조하라. Hannah Arendt, "What is Freedom?," in *Between Past and Future: Eight Exercises in Political Thought* (New York: Penguin, 1993), 143-172쪽.

유에 대한 지금까지의 이해를 특징짓는 주권이라는 판타지를 거부할 뿐만 아니라, 자유에 대한 여성들의 주장을 여성들의 사회적 기능으로 축소시키는 실용성 혹은 편의성 논리도 거부한다. 그들이 볼 때, 이 같은 같음과 다름의 자유 프레임은 여성문제와 여성 권리에 대한 논쟁 —여자는 무엇을 *위한* 존재인가? —의 역사적 반복을 유명적으로 지배해온 논리다. 페미니즘에서 작동하고 있는 사회 문제의 논리를 제쳐두고, 밀라노 페미니스트들은 "독특한 방식의 정치하기"를 통해 (*SD*, 51쪽), 서구 페미니즘 프로젝트 전체를 "여성들 사이에 자유로운 관계를 맺는 실천"으로 (*SD*, 79쪽), 혹은 밀라노 페미니스트들이 말하는 소위 "성적 차이의 정치"로 (*SD*, 145쪽), 재구성한다.[6]

필자는 미국의 페미니스트들이 자유를 주권의 문제로 보는 문제적인 관점에 엮여있기 때문에 밀라노 페미니스트들의 텍스트를 무시했을 수 있다는 점을 시사했다. 하지만 그것은 너무 많은 것을 가정하는 것이다. 원서 제목의 부제가 보여주는 주장에도 불구하고 (부제: "여성 공동체의 사상과 변천 과정에 나타난 여성 자유의 창출") 미국의 페미니스트들은 번역서인 『성적 차이』 (*Sexual Difference*)를 결코 여성의 자유에 관한 정치적 선언으로 간주하지 않았다. 오히려 그 책은 (여성 범주 논쟁의 맥락에서) 계급, 인종, 섹슈얼리티, 그리고 국적의 관계를 능가하는 남성성과 여성성 사이의 상징적 비대칭이라는, 양성 간의 환원 불가능한 차이에 대한 논쟁에 속하는 것으로 받아들여졌다.[7] (대부분의 유럽발) 페미니즘 텍스트들을 "본질주의적"이라

---

6) 서론에서 필자는 페미니즘이 "사회 문제"와 "주체 문제"라는, 서로 다르지만 관련된 두 개의 틀 안에 갇혀있다고 주장했다. 사회 문제의 틀 안에서는, 페미니스트들의 자유에 대한 요구는 편의성과 사회적 실용성 측면에서 (예컨대 자유 시민으로서의 여성이 사회를 더 좋게 만들 것이다) 명확하게 표현된다. 주체 문제의 틀 안에서는, 이들의 요구는 주체 형성과 관련된 문제로 (예컨대 자유 프로젝트는 여성성을 하나의 강제된 사회적 정체성으로 변형시키는 것에 있다) 구체화된다. 필자는 이 두 개의 틀이 수단-목적 개념의 정치를 당연시하면서 행동으로서의 자유의 가능성을 배제한다고 주장한다.

7) 밀라노여성서점조합은 성적 차이를 문화, 사회, 그리고 법에 기입하려는 뤼스 이리가레[Luce Irigaray]의 시도로부터 깊은 영향을 받았다. 이리가레는 이탈리아 민법의 변화에 대한 좀 더 최근 연구에서도 여전히 (성적 차이를 특화시킴으로써), 양성

고 성급히 퇴짜 놓는 것에 대한 경고의 목소리에도 불구하고, 미국의 페미니스트들은 대체로 성적 차이에 대한 주장은, 모니크 위티그가 신랄하게 지적하듯이, "우리를 다시 여성 신화로 이끌거나," 다른 범주의 사회적 차이들 및 그들의 정치적 기원과 효과에 대한 진지한 토론을 방해한다고 보았다.[8]

간의 차이를 어떻게든 다른 형태의 차이와는 다른 체계로 분류하려한다는 우려를 불식시키지 못했다. 『민주주의는 둘 사이에서 시작된다』(*Democracy Begins between Two*)에서 이리가레는 다음과 같이 쓴다: "성적 차이는 아마도 다른 형태의 차이들과 시민적 공존을 달성하는데 있어 가장 어려운 방법이면서도 가장 핵심적인 방법일 것이다. 가장 본능적이고 감정적인 수준에서 타자를 존중하기를 배우는 것은 다른 모든 형태의 타자성과의 평화로운 공존을 이끌어낸다." 그녀의 견해에 따르면, 이러한 주장은 인류와 자연에 가장 거대한 위협을 가하는 주권이라는 판타지가 우선적으로 성적 차이를 부정하고 여성적인 것을 배제하는 것을 조건으로 하는 남성적 주체를 설정함으로써 지속되고 있다는 그녀의 확고한 믿음에 근거한다. 이것이 왜 성적 차이가 "주체를 총체화하려는 의지에 반하는 가장 급진적인 제동"인지의 이유가 된다. Luce Irigaray, *Democracy Begins between Two*, trans. Kirsteen Anderson (New York: Routledge, 2001), 12쪽, 6쪽. 비슷한 우려가 문화 간 관계에 대한 그녀의 좀 더 최근 글에서도 나타난다. Luce Irigaray, *Entre Orient et Occident: De la singularité à la communauté* (Paris: Bernard Grasset, 1999). 라캉식 이론에 근거한 성적 차이의 준-초월적인 사상에 대한 비판으로 주디스 버틀러의 다음 글들을 보라. Judith Butler, *Antigone's Claim: Kinship between Life and Death* (New York: Columbia University Press, 2000); Judith Butler, "Competing Universalities," in Judith Butler, Ernesto Laclau, and Slavoj Zizek, *Contingency, Hegemony, Univresality: Contemporary Dialogues on the Left* (New York: Verso, 2000), 136-181쪽, 특히 143-148쪽. 버틀러는 "초월적인 주장으로서의 성적 차이는 우리가 쉽게 이해할 수 있는 문화 안에서 어떤 종류의 성적 배열이 허용되고 허용되지 않을지 미리 규정하려는 이론을 경계하고 싶은 사람이라면 누구나 철저하게 거부해야 하는 논리다,"라고 주장한다 (윗글, 148쪽). 필자는 버틀러의 주장에 동의한다. 문제는, 우리가 성적 차이에 대한 또 다른 주장을, 즉 초월적이지 않고 오히려 정치적이며 따라서 근본적으로 상황 의존적이면서 논쟁의 여지가 있는 그런 수장을 상상할 수 있는가 하는 것이다.

8) 다음의 서지정보를 참조하라. "The Essential Difference: Another Look at Essentialism," *differences: A Journal of Feminist Cultural Studies* 1 (Summer 1989) (창간호 전체의 주제임: 역자주); Monique Wittig, "One Is Not Born a

필자가 의도하는 이 장의 목적은 성적 차이에 대한 페미니즘의 설명에 찬성이나 반대의 입장을 표명하는, 이제는 이미 친숙한 논쟁들을 반복하는 데 있지 않다.[9] 만약 우리 페미니스트들이 성적 차이에 대한 논쟁에서 완전히 소진된 상태라면 —토대 논쟁에 대해서는 분명히 소진되었다고 할 수 있다 —그것은 특히 우리가 성적 차이를 주체 문제가 아닌 다른 문제로 사유하기가 정말 어렵기 때문이다. 주체 문제의 틀 안에서는 성적 차이는 강제적 이성애의 사회적 매트릭스 안에서 주체 형성의 조건 자체를 규정하는 남성적인 것과 여성적인 것 중 하나를 무리하게 선택하는 것 이상을 생각하기 어렵다. 그에 따라 우리는 성적 차이를 사회적인 *것을* 구성하는 것이거나 (즉 준-초월적인 것) 사회적인 *것에 의해* 구성되는 것으로 (즉 역사적으로 가변적인 것) 간주했다.[10] 그러나 밀라노여성서점조합은 페미니즘의 기획을 세계-구축의 문제에 중점을 두는 자유-중심적 틀로 설정하면서, 성적 차이를 *정치적인 것*으로 간주할 것을 제안한다: 즉 앞으로 구체화되어야 할 성적 존재에 대한 *주장*으로, 달리 말하면 공론장에서 다른 그 같은 주장들과 *공적인* 관계를 맺게 되는 것으로, 성적 차이를 간주하는 것이다.

성적 차이라는 이름의 자유의 *실천*이 제기한 도전을 (또 다시) 놓치지 않기 위해서, 우리는 밀라노 페미니즘 정치의 중심에 있는 세계-구축의 과제에 익숙해져야 한다.[11] 이 과제는 "모든 여자는 다 똑같다,"라고 보는 남성

Woman," in *The Straight Mind and Other Essays* (Boston: Beacon, 1992), 9-20쪽; 인용 문구는 13쪽.

9) 이 논쟁들을 잘 개괄한 글로는 다음을 참조하라. Rosi Braidotti with Judith Butler, 대담, "Feminism by Any Other Name," *differences: A Journal of Feminist Cultural Studies* 6: 2&3 (Summer-Fall 1994), 27~61쪽.

10) 성적 차이를 구조화하는 이 두 가지 방식에 대한 좋은 예로 다음 글을 참조하라. Slovoj Zizek과 Judith Butler가 쓴 글 in Judith Butler, Ernesto Laclau, and Slovoj Zizek, *Contingency, Hegemony, Universality.*

11) 『성적 차이』는 페미니스트 세계-구축에 대해, 마치 다른 맥락 혹은 다른 문화권에서도 규칙처럼 적용될 수 있는 그런 보편이론을 제공할 수 있다는 듯이 가장하지 않는다. "정치적 실천을 언어화하면서," 그리고 "여성의 기원에 대한 언급을 통해 정당화 되는... 여성 계보"의 출현에 대해 상세히 기술하면서, 『성적 차이』는 "여

중심적 문화 안에서 여성들이 직면하게 되는, 밀라노 공동체가 쇠약한 (상징적) 무기력 상태라고 부르는 것에 대해 대응하는 것이다. 여기서 같음은 섹스/젠더 차이에 대한 시몬 드 보부아르^{Simone de Beauvoir}의 강력한 비판이 쟁점화 했던 대문자 여성^{Woman} 이미지에만 한정되지 않으며, 보부아르의 유산이라고 할 수 있는 섹스/젠더 평등 원리를 중심으로 조직화된 페미니즘 정치로까지 이어진다. 밀라노 공동체는 말하기를, 페미니즘 안에서 평등은, "젠더 기반의 공통점에 대한 여성의 요구"―"당신은 다른 모든 여성들과 마찬가지로 여성이라는 사실을 잊지 말 것"―를 강화시키지만, 각각의 개별 여성들이 "자신만의 특징을 갖고 싶어 하는 것", 한 세트 내 동등한 구성원 그 이상으로 고려되기를 바라는 여성의 욕망, 달리 말하면 자신의 특수성이 고려되기를 바라는 여성의 욕망은 무시한다 (*SD*, 137쪽, 135쪽). "중립적인 정의는 남녀평등을 장담하며 여성들에게 자기들끼리 서로 비교하지 말 것을 주문했다. 그 결과, 여성경험은 사회적 해석을 거치지 않고 그 자체로 감금된 채 멈춰있다." (*SD*, 113쪽). 부족한 것은 서로 다른 경험들을 인정하고, 가치를 부여하며, 중재할 수 있는 도구였다. "자기 자신을 위치 지을 시-공간"이 없으면(*SD*, 26쪽), 각각의 개별 여성들은 자기 자신의 경험에 갇히게 되고, 그 경험은 철저히 주관적인 경험이 된다: "결국, 누구와 그녀는 대화를 나눌 수 있는가?" (*SD*, 26쪽).

1. 사회계약 파기하기

대화 상대자의 부재와 (세속적인 사이-공간)을 다루는 상징적 매개구조의 부재에 대한 언급은 논의를 "사회계약의 성별화된 토대에 대한 언급으로 이끌면서," 먼저 "남성과 여성 사이에는 사회계약이 부재하다는 것," 그리고 다음으로 "여성은 상징적 수준에서는 무리를 이루었"지만, "사회적 삶에서는... 대부분 서로 고립되었다는 것"을 깨닫게 해준다 (*SD*, 134쪽, 129쪽, 134

성이라는 취약한 개념의 많은 역사적 변천들 중 오직 하나일 뿐인" 경험에 대해 이야기한다 (*SD*, 25쪽).

쪽). 남성적 사회계약의 또 다른 모습은, 캐롤 페이트먼^{Carole Pateman}이 설득력 있게 주장했고 밀라노 공동체 역시 동의했을 내용인, 여성을 단순히 남성의 소유물로 보는 것뿐만 아니라, 여성의 인간성을 "사회적 교환의 규칙"과 기술이 결핍된 "야만적 상태"로 본다는 것이다 (*SD*, 137쪽, 134쪽).[12] 여성들 사이의 관계는, 남녀관계의 규정을 방해하는 경우를 제외하고는, 밀라노 공동체가 "남성 정치사상의 사각지대,"라고 말하는 곳에 위치한다 (*SD*, 136쪽). "개인적 명예를 바라는 자신의 소망과 여성 공통성을 버리지 말 것을 요구하는 자매 여성들의 요구 사이에서 적절히 조화를 이루어야 하는 각각의 개별 여성들이 직면한 문제에 대한 답을 개인과 공동체의 관계에 대한 예로부터 전해오는 남성들의 선언에서 찾으려는 것"은 쓸데없는 짓이다 (*SD*, 136쪽).

밀라노 공동체는 남성적 사회계약은 여성들 사이의 자유로운 관계에 대한 모델이 될 수 없다고 주장한다. 왜냐하면 남성적 사회계약의 핵심 원리인 평등은, 뤼스 이리가레가 "무엇과 같은데?"라는 단순한 질문을 통해 드러냈듯이, 페미니즘을 실패한 논리에 가둬놓기 때문이다.[13] 남녀평등을 향한 여성들의 역사적 투쟁 뒤에는 남성적 척도가 거의 숨김없이 작동하고 있다는 것은 잘 알려진 사실이다.[14] 이 기준은 페미니스트들이 평등과 차이 중 하

12) Carole Pateman, *The Sexual Contract* (Stanford, CA: Stanford University Press, 1988). 페이트먼에 따르면, 사회계약에 대한 고전적 논의는 페미니스트들의 요구를 수용할 수 없다. 왜냐하면 (비록 은유적이라 하더라도) 사회계약은 여성의 부재 하에 만들어진 것이고, (역사적으로) 여성의 부재를 전제로 만들어진 조약에 여성을 포함할 수 있는 방법은 없기 때문이다: "여성이 자율적인 시민으로 존재할 수 있는 자유로운 사회의 창조는 사회계약론의 폐기에서 시작되어야 한다."(윗글, 220쪽).

13) Luce Irigaray, "Equal or Different," in *The Irigaray Reader*, ed. Margaret Whitford (Oxford: Blackwell, 1991), 30-33쪽; 인용문은 32쪽.

14) 정치사상에서 성적 차이 문제가 배제되는 것을 다룬 논의로는 다음을 참조하라. Iris Marion Young, *Justice and the Politics of Difference* (Princeton, NJ: Princeton University Press, 1990); Seyla Benhabib, *Situating the Self: Gender, Community and Postmodernism in Contemporary Ethics* (New

나를 선택해야 하는 불가능한 선택을 하도록 강제하는 것으로써, 페미니즘을 시작부터 괴롭혀온 문제다.15) 이 문제는 페미니즘을 대립적인 두 진영으로 분열시켰고 (평등 페미니스트들 대 차이 페미니스트들), 이 문제는 해결될 수 없는 것으로 보인다.16) 그리고 아마도 그럴 것이다. 겉보기에 모순적으로 보이는 평등과 차이의 두 원리를 중심으로 조직된 페미니즘의 틀 안에서 우리에게 주어진 유일한 선택지는 (1) 평등진영과 차이진영 중 하나를 따르는 불가능한 선택을 하거나, (2) 이 선택의 불가능성을, 조앤 스콧의 말을 빌리자면, "페미니즘 자체의 구성조건으로," 수용하는 것이다.17)

York: Routledge, 1992).

법에서 성적 차이 문제가 배제되는 것을 다룬 논의로는 다음을 참조하라. Drucilla Cornell, *The Imaginary Domain: Abortion, Pornography, and Sexual Harrassment* (New York: Routledge, 1995).

15) 필자가 다른 곳에서 다음과 같이 주장했듯이,

> 같음 대 다름 논쟁은 평등에 대한 주장과 차이에 대한 주장이 서로 대립적이며 상충한다고 보는 경향이 있다. 따라서 우리는 양자택일 명제에 직면하게 된다. 즉 평등을 주장하는 것은 차이를 제거하는 것이고, 그 역도 마찬가지가 된다.... [우테] 게르하르트Ute Gerhard는 평등에 대한 주장이 (단순히) 차이를 제거할 뿐만 아니라 차이를 명확히 정의한다고 주장한다. 즉 평등 주장이 무엇이 사회적으로 그리고 정치적으로 중요한 차이인지를 결정한다는 것이다. 달리 말하면, 평등 주장은 이미 존재하는 정적인 차이의 영역과 대립하거나 반대되는 것이 아니고, 사회적으로 인정된 섹스와 젠더의 차이를 정치적으로 의미 있는 차이로 변형시켜서 논쟁적이고 가변적인 것으로 만들며, 나아가 새로운 사회적 차
> 이들을 생기게 하고, 그 차이들을 다시 정치적 차이로 변할 수 있게 한다.

Linda M.G. Zerilli, "forward to Utte Gerhard," *Debating Women's Equality: Toward a Feminist Theory of Law from a European Perspective* (New Brunswick, NJ: Rutgers University Press, 2001), ix-xiv; 발췌는 xi쪽.

16) 평등을 지향하고 차이에 반대하는 페미니즘의 수상 중 고전적인 문헌으로 다음을 들 수 있다. Catherine MacKinnon, *Feminism Unmodified: Discourses on Life and Law* (Cambridge: Harvard University Press, 1987).

17) 평등과 차이 중 하나를 선택해야 하는 상황을 거부하면서, 조앤 스콧은 페미니즘

그러나 또 다른 선택지가 있을 수 있다: 우리가 평등이나 차이의 (혹은 두 가지 모두의) 기치 아래 페미니즘을 생각하고 실천하지 않고, 자유의 기치 아래 페미니즘을 생각하고 실천했다면 어땠을까?

평등과 차이 중 하나를 선택해야 하는 이 불가능한 선택의 압박으로 인해 페미니즘은 어떤 식으로도 발전하지 못하고 오히려 괴멸될 것이라고 장담하면서, 밀라노 공동체는 평등 대신 자유를 전면에 부각시키고, 심지어 격차의 페미니즘적 실천을 실행함으로써, 엄청난 위험을 감수하면서까지 우리가 일상적으로 알고 있는 서구 페미니즘과 대립한다. 밀라노 공동체가 이런 결론에 도달한 것은 평등을 향한 페미니즘의 역사적 열망을 실현시키기 위해 스스로 오랜 기간 시도했던 것들이 모두 실패하고 나서였다. 밀라노 공동체가 페미니스트들은 그래야 한다고 너무나 충격적으로 제안하고 있듯이, 자유의 이름으로 평등의 원리를 억제한다는 것은, "사회계약을 파기하고," 그 정치적 형식을 거부한다는 것을 의미한다 (SD, 143쪽). 그러나 이들은 왜 평등 원리에 의문을 가질만한 충분한 이유가 있다고 가정하면서, 그 역시 자유에의 요구였던 그 계약을 파기하려 한 것일까?

이탈리아 페미니스트들이 사회계약론의 중심을 차지했던 자유에 대한 미사여구에 귀를 기울이지 않은 것은 아니다. 그러나 사회계약론에서의 그 자유는 그들이 본받을만한 가치가 있다고 생각하는 그런 자유가 아니다. (특정) 남성들의 자유를 위해 역사적으로 형성된 것이라는 점을 제외하면, 사회계약론에서의 자유는 주권이라는 환상으로 해석된 자유다. 이 환상은 제1물결과 제2물결의 많은 페미니스트들이 무비판적으로 수용한 것으로서, 페미

의 특징은 그 역설에 있다고 말한다. "성적 차이"를 수용하기도 하고 거부하기도 하는 역설은 해결될 수 없는 것이며, 역설은 "긴 역사를 통틀어 작동해온 정치운동으로서의 페미니즘의 구성적 조건으로," 수용해야 하는 것이라고 주장한다. Joan Scott, *Only Paradoxes to Offer: French Feminists and the Rights of Man* (Cambridge: Harvard University Press, 1996), 3~4쪽. 마찬가지로, 낸시 코트는 "페미니즘은 성적 차이를 포함하는 성평등을 요구한다,"라고 주장한다. Nancy Cott, *The Grounding of Modern Feminism* (New Haven, CT: Yale University Press, 1987), 5쪽.

니즘을 특정 형태의 사회계약(자유주의)에, 즉 정치적 자유를 소극적 해방과 헌법이 보장한 개인의 권리로 축소시키는 경향에 묶어 놓았다. 여성들 사이에 자유롭고 수평적인 사회-상징적 관계의 실천과 상징이 부재할 경우, 자신의 성적인 몸과 여성들과의 관계를 거부하고 남성들과 함께 자유와 평등을 추구하자는 이 "끔찍한 초대"에 응답하는 자유주의가 부상하게 된다. 성적인 존재에 대한 이러한 거부는 여성 자유를 가능하게 하기는커녕 그것을 파괴시킨다. 밀라노 공동체의 주장에 따르면, "여성 공통성을 떠나기를 원하는 여성, 그리고 자신이 여성 동료들이 필요하다는 사실을 알지 못하고 인정하려고도 하지 않는 여성"은 (SD, 135쪽) 결국 "남성 권력의 석화된 상징들의 영역에 갇혀서, 다른 여성들을 필요로 하지만 자신이 원하는 것을 위해 그들과 협상을 하지는 못하는," (SD, 137쪽) 신화 속의 페르세포네^{Proserpine}처럼 되게 된다. 주권으로서의 자유란 공허한 것, "나는-할 수 있어$^{I-can}$" 없는 "나는-할 거야$^{I-will}$"의 공허한 자유임을 인정하면서, 밀라노 공동체는 만약 여성들이 자유롭고 싶다면, 한나 아렌트의 말을 바꾸어 표현하자면, 그들이 버려야 할 것은 정확히 주권이라고 주장한다.[18]

"사회계약 파기하기"는 주권으로서의 자유뿐만 아니라, 공동체나 보다 높은 가치에 기여한다는 측면에서 (즉 사회 문제의 측면에서) 여성들의 자유를 정당화시키려는 어떠한 시도도 거부한다는 것을 의미한다. "여성 정치는 이러한 마음가짐, 즉 자원봉사하기, 약자 돌보기, 폭력적인 수단 사용하지 않기 등등과 같이 남성보다는 여성에게 체화된 가치를 끌어냄으로써 사회질서를 바꾸려는 정치와 접합되었다," (SD, 125쪽). 그러나 여성들의 자유는 "윤리적 성향의 내용에, 혹은 그런 식으로 말하자면 다른 어떤 내용이든 그 내용에" 의존해야 한다는 생각을 거부하면서, 밀라노 공동체는 다음과 같이 선언한다: "우리들의 정치적 목표는 사회를 더 좋게 만드는 데 있지 않다. 우리들의 정치적 목표는 여성들과 그들의 선택을 자유롭게 해주는 것에 있다," (SD, 126쪽). 여성 자유는 근본적으로 토대가 없는 것이다. 여성 자

---

18) Arendt, "What Is Freedom?," 165쪽.

유의 존재 이유는 토대가 있기 때문도 아니고, 특정 결과를 가져오기 때문도 아니며, 그 자체에 있다.

공동체가 발전시킨 여성 자유에 대한 이런 대담한 설명은 "주로 밀라노에서 1966년부터 1986년 사이에" 출현한 자발적 단체들의 발전을 담은 일련의 짧은 묘사들에서 나온다. 이 시기에 새로운 무언가가 나타났다: 남성 교환경제 안에서 전통적인 기능을 하고 있다는 것 외에는 서로 거의 아무런 사회적 접촉이 없었던 개인들 간에 자유로운 관계라는 아무런 이유 없는 실천이 나타난 것이다.[19] 서구 페미니즘 역사상 결정적으로 중요한 이 단체들은 권리의 영역에 의해 소진될 수 없는 영역, 즉 여성을 위한 공적 자유의 영역과 실천을 구성하는데 주요한 역할을 담당한다. 이 단체들의 성공과 실패에 대한 뒤섞인 이야기를 들려주면서, 밀라노 공동체는 실질적인 정치적 자유의 경험이 없으면서도 형식적 평등과 헌법이 보장한 권리를 갖는 것이 가능한 상황을 보여준다. 진정, 민주주의를 위해서도 그리고 페미니즘을 위해서도, 정치적 자유의 구성 및 실천과 형식적 평등 및 권리의 제도화를 서로 혼동하는 것은 심각한 문제가 있는 것이다. 정치적 자유의 *실천*은 근본적으로 시작을 여는 특징을 갖는다. 실천은 말과 행동을 통해 차이를 드러내는 주관적인 사이-공간^in-between을, 때로 평등권의 제도적 공간을 넘어서는 주관적인 사이-공간을 창조한다. 그러나 여기에 필자가 서둘러 덧붙이고 싶은 말은, 자신의 권리를 주장하는 실천이 자유의 실천이 될 수 없다고 말하는 것이 아니라는 점이다. 오히려 권리와 자유 중 택일이라는 (평등이냐 차이냐) 또 다른 거짓된 선택을 설정하기보다, 우리는 정치적 자유와 세계-구축의 일상적 실천이 갖고 있는 창의적이고 파괴적인 특징이 어떻게 평등권을 향한 투쟁이나 평등권 행사와 관련되는지를 물어야 할 것이다. 필자는 이제 이 문

---

19) 비록 분리주의에 뿌리를 두고 있긴 하지만, (여성들 간의 자유로운 관계라는) 이 (새로운) 사회계약은 "*어떠한 사회적 결과도 가져오지 않는*, 당연시되는 여성 진정성의 공간"에 의문을 제기하는, 그런 정치적 공간을 요구한다 (*SD*, 79쪽). 분리주의는 "페미니즘이 고안한 정치 형태이며, . . . 달리 대수롭지 않은 차이를 위한 보호와 쉼터의 기능을 한다. 그리고 그 집단 안에서 여성들은 내부와 외부의 측면에서 생각하게 된다," (*SD*, 116쪽). 분리주의는 페미니즘이 강력히 방지하려고 하는 여성들 사이의 같음을 재생산한다.

제와 이 문제에 대한 성적 차이의 정치가 제시하는 해결책에 대해 논의하도록 하겠다.

2. 보상에의 욕망

밀라노여성서점조합은 자유의 문제를 억압으로부터의 해방 문제로 축소시키지 않는다. 이들은 오히려 새로운 형태의 정치적 결사체를 정초할 수 있는 능력으로 자유를 이해하는 데 주요 관심을 기울인다. 그러나 이탈리아인들의 관점에서 보면 이러한 새로운 형태의 정치적 결사체는 성적 차이를 무시하고 생각될 수 없는 것인데, 왜냐하면 "여자로 태어난다는 것은 삶의 모든 것을 조건 지우는 사건이기 때문이다" (*SD*, 128쪽). 우연적인 것이지만 필연성의 힘을 지니는 이 성적 차이는 파괴되거나 초월해야 될 것이 아니라, 오히려 재상징화되고, "자유롭지 못함의 사회적 원인인 것이 아니라 우리들의 (여성들) 자유의 원리인 것으로," 변형되어야 한다 (*SD*, 122쪽). 이 변형은 언제나 "어느 정도는, 여성이라는 인간적 조건에 의해 구속받는다" (*SD*, 119-120쪽). 밀라노 공동체에 따르면, 바뀌어야 하지만 벗어날 수 없는 그러나 박멸하거나 격렬하게 파괴하고 싶은 성적 차이라는 인간의 조건은 새로움의 문제를, "강제로 존재하게 할 수는 없는... 그런 새로움"의 문제를 제기한다.

> 사회 혁명은 파괴를 통해 사람들이 새로운 것을 생각하도록 강제한다. 그러나 파괴는 여성의 사상혁명에 있어서는 소용이 없는데, 왜냐하면 여성의 사상혁명에 있어 새로운 것이란 다름이기 때문이다.... 파괴는 사물이 배치되는 방식과, 즉 사물의 의미와 관련된 것이다. 새로운 사물의 배열은 주어진 현실을 의미 없는 것으로 만들고 그 현실을 *악화시킴으로써* 변화시킨다.... 반면에 물리적 파괴는 새로운 사물의 배열을 통한 파괴만큼 효과적이지 못할 것이다. 왜냐하면 파괴되었다 하더라도 기존 사물이 배열은 그 의미를 계속 지니고 있어 필연적으로 다시 등장할 것이기 때문이다. (*SD*, 120쪽)

"오늘날 여성으로 규정되는 개인들은 그들 자신의 규정을 제거해야 한다..., 어떤 의미로는, 자살해야 한다,"라는 말은 티-그레이스 앳킨슨[Ti-Grace Atkinson]이 한때 선언한 유명한 말인데, 이런 생각은 이탈리아 여성들의 자유의 기획에서는 완전히 이질적인 것이다.[20] 만약 과거가 현재의, 그리고 자기 자신이라는 존재의 조건이라면, 파괴에의 소망은 니체가 자기-혐오적이고 소모적인 특징을 보이는 것으로 진단했던, 과거를 거꾸로 돌리려는 불가능한 소망으로 이어질 수 있다. 니체에 따르면, "그랬다"는 결정적인 것인데 — 왜냐하면 과거는 움직이지 않기 때문이다. 과거에 대한 의지의 관계는 "하겠다 그리고 할 수 없다,"이다. 과거는 잊혀질 수도 없고 바뀔 수도 없는 것이기 때문에 과거는 반드시 보상되어야 한다. 과거를 보상하기 위해서는 과거와의 관계를 바꾸어야 한다: "과거를 보상하고 모든 '그랬다'를 '그러므로 나는 그것을 이해할 것이다!'로 변형시키는 것 —바로 그것이 내가 말하는 보상이다."[21]

니체와 마찬가지로, 이탈리아인들은 과거를 보상하는 것은 자기 자신에게 가치를 부여하는 것이며, 새로운 가치를 창조하는 것이라고 생각한다. 그러나 페미니스트들의 자유의 실천인 성적 차이의 정치적 맥락에서 보상은 어떤 모습을 하고 있을까? 페미니스트들은 어떻게 모니크 위티그가 "성 범주"라고 부른 그것을 복원시키지 않으면서 성적 차이를 인정할 수 있을까? 성적 차이의 인정은 우리를 "'여성은 대단하다'라는 익숙한 교착상태"에 빠뜨리지 않을까? 아니면 웬디 브라운이 말한 "고통스러운 귀속"에, 즉 "비자유에의 귀속"에 우선적으로 여성적 정체성을 구성했던 그 역사적 상처들에, 우리를 정박시키는 것이 아닐까?[22]

---

20) Ti-Grace Atkinson, *Amazon Odyssey* (New York: Links Books, 1974), 49쪽.

21) Friedrich Nietzsche, *Also sprach Zarathustra*, bk. 2, "Von der Erlösung," in *Sämtliche Werke,* Kritische Studienausgabe, ed. Giorgio Colli and Mazzino Montinari, 15 vols. (Berlin: de Gruyter, 1999), 4:179쪽.

22) Wittig, "One Is Not Born a Woman," 13쪽; Wendy Brown, *States of Injury: Power and Freedom in Late Modernity* (Princeton, NJ: Princeton University Press, 1995), xii쪽.

주체 문제의 틀로 읽으면, 『성적 차이』는 "자유가 그에 대립해서 출현하는 바로 그 억압구조" 안에서 자유를 향한 투쟁을 하는 페미니즘처럼, 브라운이 말한 "역설적" 얽힘의 전형적인 예가 된다.[23] 브라운이 규정하듯이, 자유의 역설은 주체 형성의 역설적인 특징에 대한 비판적 설명을, 즉 주체는 강제적이진 않다 하더라도 자신을 주체/주체화된 것으로 구성하는 바로 그 사회적 규범들을 반복하도록 극도로 구속되어있다는 설명을 그대로 반영한다. 만약 그런 반복이 없다면, 주체는 실체로서의 자기 자신, 그리고 사회적 존재로서의 자기 자신에 대한 어떠한 감각도 갖지 못할 것이다. 정체성의 반동적이고 재귀적인 구조에 대한 니체의 설명을 가져오면서, 브라운은 다음과 같이 적는다.

> 정치화된 정체성은 배제와 종속에 대한 항의를 통해 등장하는 것이기 때문에, 바로 그 배제에 부착된 정체성을 갖게 된다. 배제를 조건으로 존재할 수 있게 된 정체성은 그것을 비난할 수 있는 현장을 발견함으로써 배제와 종속에 수반된 고통의 방향을 확대하거나 변형시킨다. 그러나 그렇게 함으로써 그 정체성은 보상되지 않은 역사에 대한 자신들의 고통을 바로 그 정치적 주장의 토대 안에, 정체성으로의 인정 요구 바로 그 안에, 설치하게 된다.[24]

이 악순환에 갇혀서, 인정과 배상에 대한 주체의 정치적 요구는 강박적인 형태로 그 동일한 주체를 지배하는, (뿐만 아니라 구성하는) 바로 그 상처의 경험을 반복한다.

밀라노 페미니스트들 역시 보상에의 욕망에 내포된 위험을 알고 있다. 그들은 다음과 같이 적는다: "여성이 보상을 요구하는 한, 그녀가 무엇을 얻어내든 그녀는 자유에 대해 알지 못할 것이다" (*SD*, 128쪽). 브라운과 마찬

---

23) Brown, *States of Injury*, /쪽. "자유의 이상은 보통 그들이 상상한 즉각적인 적들을 무찌르기 위해 출현하지만, 그 작동 과정에서 그들은 종종 자신들을 등장하게 했던 그 지배 조건을 변형시키는 대신 재활용하고 강화시킨다." (윗글, 16쪽).
24) 같은 글, 73-74쪽.

가지로, 밀라노 공동체 역시 배상에의 요구가 어떻게 과거를 보상되지 않은 채 그대로 내버려두게 만들고, 여성들의 고통에 대한 사회적 인정 요구에의 끝없는 추구에 자신들을 가둠으로써, 결국은 "여성들"을 피해자 정체성으로 구성하게 되는지를 알고 있다. 밀라노 공동체는 다음과 같이 적는다.

> 사회는 여성들이 불의의 피해자임을 인정하는 데 아무런 문제가 없다. 비록 인정 후 여성들에게 어떤 보상을 해줄 것인지를 결정할 권리를 사회 자체의 기준으로 남겨둠으로써, 결국 그 게임은 영원히 계속될지도 모르지만 말이다. 그러나 우리 모두는, 손상의 느낌은 너무나 깊은데 보상에의 요구는 너무나 막연한 것이어서, 확실하게 영원히 맞고소할 권리가 있는 것이 아닌 한 만족은 있을 수 없다는 것을 잘 알고 있다. (*SD*, *SD*128-29)

이것이 제2물결 페미니즘을 "피해자 정치"로 만든 내용이다. 제2물결은 "전업주부인 여성들, 임신중절 문제가 있는 여성들, 성폭력 피해가 있는 여성들을 필요로 하며 (했으며) —욕망하고 판단하는 평범한 정상적인 여성들이 아닌 억압받는 여성 인물들, 그 자체로 모든 여성의 아바타인 여성들을 필요로 했다"(*SD*, 103쪽). 이것이 바로 정확하게 "고통스러운 귀속"이 의미하는 모든 것이 아닐까?

밀라노 공동체는 보상에의 요구가 상처를 정체성으로 재설정한다는 데 동의하면서도, 제2물결 페미니즘의 피해자 정치에 대해 뭔가 흥미로운 점을 발견한다: 즉 평범한 정상적인 여성은 피해자의 위치를 차지하는 것이 불가능해 보인다는 것이다. 그에 따라 "여성 젠더의 비참함"을 상징하는 사람은 언제나 "다른 여성"이 되며, 그 다른 여성들에는 무엇보다도 자신의 친어머니를 포함한 자기보다 앞선 여성들이 포함된다.[25] "다른 여성에게 투사하지

---

25) 여성의 비참함을 체현한 것으로, 페미니즘이 설정한 "제3세계 여성"의 모습을 생각해보라. 서구 페미니즘 텍스트들에 등장한 이 모습에 대한 생생한 비판으로는 찬드라 모한티의 글을 참조하라. Chandra Mohanty, "Under Western Eyes: Feminist Scholarship and Colonial Discourses," in *Third World Women and*

만, 어떤 여성도 자신의 것으로 만들지는 않는 모습"이 제2물결 페미니즘의 핵심적인 상징이 되면서, 제2물결은 그러한 상징적인 "전업주부 여성들, 임신중절 문제가 있는 여성들, 성폭력 피해 여성들"이 필요하게 되었다. 결국, 밀라노 공동체의 논지에서 브라운이 말한 "고통스러운 귀속"은 아무도 거주하지 않으면서 동시에 "일부의 고통에 대중적 동일시"를 하는 피해자 정체성인 것으로 보인다 (*SD*, 102쪽).

밀라노 공동체에 따르면, 자유를 동시에 긍정하고 부정하는 경향은 상징적 실천이 갖고 있는 정치적 문제다: "여성들 사이의 자유로운 관계는 상징적 형상이 없었다"(*SD*, 70쪽). 따라서, 공동체는 계속 말하기를, "여성운동에 결여된 것은 여성의 종속에 대한 의식보다 *앞서 와서* 그것을 가능하게 하는 것과 같은 자유로운 여성 사상의 재현이었다. 그러나 여성운동은 자유가 (여성의 종속에 대한) 의식*으로부터* 나온다고 믿었다 (*SD*, 103쪽; 이탤릭체는 필자의 강조). 바꾸어 말하면, 여성이 억압을 의식할 수 있게 하는 것은 억압이라는 명백한 사실 혹은 진실이 아니라 여성 자유의 상징적 재현이다.

그러나 모든 자유의 형상이 똑같이 페미니즘에 권능을 부여하는 것은 아니다. 초기 제2물결 페미니즘에 중요한 사상이었던, 여성 자유의 잃어버린 대상으로서의 고대 가모장제를 생각해보라. 그러한 대상은 자유에의 욕망을 불러일으키지만, 과거를 거꾸로 되돌리려는 불가능한 소망 속에서 스스로에게 불리한 욕망으로 전환될 뿐이다.[26] 어떤 것도 과거의 절대적 자유에 비

---

the *Politics of Feminism*, ed. Chandra Mohanty, Ann Russo, and Lourdes Torres (Bloomington: Indiana University Press, 1991), 51-80쪽.

[26] 신시아 엘러Cynthia Eller는 페미니즘이, 여성성을 경멸하는 사회에서 여성들이 일종의 자신감을 가지고 살 수 있게 하기 위해, 고대 가모장제 신화를 사용했다고 정확하게 주장한다. 그러나 고대 가모장제 신화는 "여성들 사이의 차이를 없애고; 여성과 남성 사이의 차이를 과장하며; 여성들에게 상징적이고, 변함없고, 원형적인 정체성을 부여하는 반면, 여성들 각자의 기질과, 기량과, 취향과, 도덕적이고 정치적인 헌신에 맞는 새로운 정체성을 창조할 자유는 주지 않는다." Cynthia Eller, *The Myth of a Matriarchal Prehistory: Why an Invented Past Won't*

견될 수 없으며, 과거로의 회귀 외에 어떤 것도 그 절대적 자유를 되찾을 수 없다. 현재는 초월되거나 파괴되어야 한다. 밀라노 공동체에 따르면, 고대 과거에 대한 이 같은 생각은 일부 이탈리아 페미니스트들로 하여금, "심지어 가장 최근의 가장 잘 알려진 사건인, 공동체나 공동의 기획을 형성하는 데 있어 결정적 역할을 한 여성들에 대한 설명도 조작하도록 만들었다. 이 여성들의 역할은 조용히 묵살되거나, 그렇지 않으면 각각의 여성들의 자유의 완전한 확장을 방해하는 것으로 분노의 대상이 되었다"(SD, 104쪽). 바꾸어 말하면, 여성들의 자유로운 행동은 그 행동이 고대 여성들의 절대자유에 비하면 희미한 것에 불과하기 때문에 거부되거나, 주권의 관점에서 다수에게 대항하는 한명 혹은 소수의 자유인 것으로 간주되었다.

그렇다면, 이탈리아 페미니즘에게서 부족한 것은 자유의 경험이 아니고 (즉 말과 행동을 통해 다른 여성들과 새로운 정치적 결사체를 형성하는 실천) 그 실천을 상징적으로 형상화하는 것이었다. 그런 형상이 없을 때 자유의 경험은 언제나 저 멀리에 있어서 미래 혁신의 자원이 될 수 없었다. 여성 자유의 상징적 형상은 결정적으로 중요한 것이다: "*간단히 말해* 여성"을 피해자 정체성으로 상정하는 것은, 밀라노 공동체의 말을 빌리면, "결국 가장 불리한 여성들이 속한 범주의 문제를 묘사하면서 그것을 일반적인 여성 조건의 전형으로 제시하는 것과 같다. 이것은 여성들의 상태를 그들의 최소 공통분모에 맞추고, 여성들이 자신들의 상황을 개선하기 위해 가진 진정한 기회뿐만 아니라 여성들의 다른 선택을 사람들이 인식하지 못하게 만들며, 결국 여성 젠더의 존재를 부정하면서 ─결국 누구도 동일시하지 않으려고 할 '여성 조건'만이 존재하게 만든다"(SD, 68쪽). 더 나쁜 것은, 이런 상태는 주도권을 가진 상징적 인물은 거주할 수 없는 주체 위치라는 것이다: 결국 실종이 피해자 여성이라는 상징적 이미지의 대안이 되게 된다.

그렇다면, 페미니즘을 보상 논리에 가두는 것은 모든 구성원들이 공유하는 피해자 정체성이 아니고 여성 자유의 상징적 인물의 부재다. 그 결과, 페

Give Women a Future (Boston: Bacon, 2000), 8쪽.

미니즘이 정치적으로 동원할 수 있는 유일한 인물은 피해자로서의 여성이 된다. 여성들이 불의의 피해자임을 기꺼이 인정하려 함으로써 피해와 보상의 게임이 영원히 지속되게 하는 바로 그 사회가, 보상이 아니라 사회적 기입에의 욕망을 갖고 있는 여성들에 대해서는 제대로 인정하려 들지 않는다. 그리고 여성을 불의의 피해자로 재현하는데 앞장섰던 페미니즘은 여성 욕망을 상징할 다른 대안이 없는 한, 피해와 보상의 게임을 지속한다. 달리 말하면, 실종은 맞대응의 욕망 그 자체가 없다는 뜻이 아니고 ─물론 *일부* 여성들은 어떠한 경우에도 맞대응의 욕망이 없을지도 모르지만, 모든 여성들이 *언제나* 맞대응의 욕망이 없는 것은 아니다 ─ "이런 소극적인 형태만을 보여주는 것이 아닌," 그런 여성 욕망에 대한 "상징적 권위 부여"가 없다는 뜻이다.[27]

만약 피해자 정체성 문제가 사회집단 전체의 실제 욕망의 완성이기는커녕 일차원적인 정치적 재현의 문제라면, 피해자 정체성 문제는 주체 문제에 집중할 것이 아니라 ─혹은 주체 문제에만 집중할 것이 아니라 ─이탈리아인들이 말하는 "상징적인 것에 대한 정치적 작업"에 집중해야 한다 (*SD*, 106쪽).[28] 브라운 자신이 그러했듯이, 피해자가 되기 이전의 주체성 발달의 순

---

27) "여성들은 자신의 욕망을 드러내는 것을 두려워한다,"라고 밀라노 공동체는 적는다. "그리고 이런 두려움은 여성들로 하여금 사람들이 자신의 욕망을 막는다고 생각하게끔 만든다. 그래서 여성들은 외부의 권위에 의해 금지된 바로 그 욕망을 계발하고 드러내려고 한다. 여성 욕망은 오직 이런 소극적 형식을 통해서만 스스로를 정당화시킬 수 있다고 느끼게 된다. 평등권 운동을 생각해보라. 그 운동은 언제나 남성들에게만 적용되고 여성들은 배제됐던 그 주장을 내세우는 여성들에 의해 주도되었으며, 결코 자기 자신의 의지를 내세우는 여성들에 의해 주도되지 않았다" (*SD*, 54쪽).

28) 어떤 면에서, 밀라노 공동체가 무의식의 실천이라고 부르는, 자아에 대한 직접적인 작업이 이 과제를 맡았다. "그러나 그 과제는 여성(the female sex)에 제한되어 있었고, 여성 개개인의 변화를 추구한 것이었기에, 여성들 사이의 관계를 발전시키는 데는 유용한 정치적 지식을 제공했지만, 사회체의 구성원으로서 여성들 사이의 관계를 발전시키는 데 유용한 정치적 지식을 제공한 것은 아니었다." "여성들 사이의 관계는 궁극적으로 그 방향으로 변해갈 것"이라는 추측이 있었지만, 페미니즘의 실천으로 구현된 여성경험의 변화는 여전히 "사회적 기입"과는 거리가 먼 것이었다. 변화된 여성 욕망은 여전히 더불어 사는 시민사회 안에 자리 잡

간으로 회귀할 것을 요구하는 대신, 이탈리아 페미니스트들은 새로운 상징적 실천을 창조할 것을 요구한다. "실패나 부족으로 요약되는, 다른 사람들의 불의(와 그에 대한 보상 요구)의 실천이 아니라, 여성이 더 되고 싶고 또 될 수 있는 그런 실천의 창조를 요구한다" (SD, 101쪽). 이 "더 되고 싶고 또 될 수 있는"은 단순히 남성과의 평등을 바라는 것이 아니며, 따라서 피해 보상에의 욕망이 아니다. 이탈리아 페미니스트들은 페미니즘 정치가 피해의 형상보다는 자유의 형상 아래서, 평등보다는 "무언가 더 되고 싶고 또 될 수 있는,"에 대한 욕망 아래서 구축될 수 있다는 것에 배팅한 것이다. 차별의 형태를 제거하기 위한 (남성들을 향한) 수구적인 저항은 새로운 사회 계약을 창조하기 위한 (여성들을 향한) 주도적인 실천으로 바뀔 수 있다. 그럼 이제 이 "여성들 사이의 자유로운 관계의 실천"이란 무엇인지 알아보도록 하자.29)

3. 평등의 문제

밀라노 공동체의 이름이 말해주듯이, 『성적 차이』에 나오는 이야기들은 우선적으로 밀라노 여성서점의 공간과 관련해서 전개된다. 여성서점은 1975년 10월에 밀라노에서 시작됐다. 서점은 "행동하기의 실천"을 착수하였으며, 1970년대 초반에 자기-인식(autocoscienza)의 실천을 중심으로 "말하기 그룹"을 만들었다. 공동체의 설명에 따르면, "자기-인식의 실천"은 제2물결 초반에 미국 페미니즘이 주도했던 의식화 운동과 유사한 것으로, "완벽한 상호

지 못했고, 전통적 여성의 역할에 동조하거나 여성도 남성도 아닌 중성이 되어 그 역할을 회피하는 것에 머물렀다 (SD, 106-107쪽).
29) 자유는 주체 문제의 측면에서 정의되었기 때문에, 현대의 주체성의 성격을 변형시키지 않는 한, 자유를 역설적이지 않은 형태로 상상하기는 어렵다. 따라서 브라운이 내놓은 해법인, "'존재'의 언어를 '원함'의 언어로 교체하는 것 ─심지어 혼합하는 것 ─"은 자아에 대한 작업의 형태를 취한다: 즉 "정체성 형성의 계보에서 보다 포괄적인 순간들의 회복, 그 결핍을 스스로 배제하기 이전 순간으로의 회복, 그러한 배제와 그에 따른 영원히 반복되는 고통을 통해 확립된 그 주권적 주체성이 자리 잡기 이전 시점으로의 회복" (Brown, States of Injury, 76쪽).

동일시를 전제하고 추진했다. 나는 너고, 너는 나다; 우리 중의 누군가가 사용하는 단어는 여성들의 단어이며, 그녀의 단어이고, 나의 단어이다,"(*SD*, 42쪽). 이러한 자기-인식의 실천은 확실히 힘을 실어주는 것이었지만, 그 힘은 또한 그 한계로 작동했고, "'나는 너고 너는 나'이기 때문에 여성들 사이의 차이를 보여줄 수 없었다"(*SD*, 45쪽). 자기-인식의 실천을 시작한 여성들 중 다수가 남성과의 평등 가능성에 등을 돌렸음에도 불구하고, 지속적이고 만연한 성차별에 반발하면서 자기-인식의 실천은 비록 여성들 사이에서지만 평등 논리를 유지했다. "여성들 사이에 차이가 발생하면 그 차이는 상호 변화를 가져올 수 있는 한에서만 언급되었기에 상호 동일시는 다시 설정될 수 있었다"(*SD*, 44쪽).

모든 여자는 다 똑같다고 보면서 차이를 감지하지 못하고 지속시키는 초기 페미니즘의 상황에서, 행동하기의 실천은 그에 저항하며 출발했다. 행동하기의 실천은 "언어생활의 물적 측면"을 정교화하고, 정치에 앞서 공통성이 먼저 주어지는 친족 형태의 자매애로 페미니즘을 실천하려는 경향에 대항한다. "왜냐하면 행동하기의 실천은 반드시 애정이나 친숙함으로 상호 결속되거나 간결한 슬로건 아래 군집한 여성들을 함께 모으는 것이 아니고, 각각의 개별 여성들이 자기만의 이유와 욕망과 능력으로 그 공동의 기획에 헌신함으로써 집합적 수행이라는 시험을 해보게 하는, 그런 공동의 기획에 의해 통합된 여성들이기 때문이다"(*SD*, 86쪽). 이탈리아 페미니스트들은 일찍부터 "행동하기"라는 생각을 자신들의 정치의 중심에 놓았지만, 그렇다고 처음 말하기 그룹의 특징이었던 사적 경험 교환의 중요성이나 초기 자기-인식의 정치적 가치인 "여성 공통의 정체성"을 거부한 것은 아니었다 (*SD*, 42쪽). 그들은 또한 페미니즘의 역사에서 한 순간을 차지했던, "무의식의 실천"으로서의 공상이나 영적인 삶의 문제를 검토하는 것에 대해서도 거부하지 않았다.[30] 그러나 서서히 나타나기 시작한 것은 평등 정치와 주체에 대한 작업

---

30) 자기-인식의 실천보다는 참여자가 적었지만, 이 (무의식의) 실천은 여성 욕망과 보상이라는 소극적 형태가 아니라면 어떤 방식으로도 그 욕망을 표현하기 꺼려하는 것에 초점을 맞췄다. "페미니즘을 평등 정치의 최전선에서 작동하는 이데올로

둘 다가 갖고 있는 한계에 대한 인식이었다. 그들은 피해자 정체성 문제를 해결하기 위해서는 여성의 차이를 상징화할 수 없게 만드는 사회적 상황을 변화시켜야 한다는 것을 간파했다. 행동하기의 실천에서 "새로운 주제가 도입되었다: 더 이상 의식과 말하기에 [즉 언어에] 집중하는 것이 아닌 여성 정치의 주제.... 이 주제에 맞는 새 용어는 *창조*와 *변형*이었다 —즉 주어진 현실을 변형시키기 위해 여성의 사회적 공간을 창조하는 것이었다"(*SD*, 84쪽). 이 창조와 변형은 여성들 사이의 차이들을, 지금까지 평등 원리와 여성 공통의 정체성을 중심으로 조직되었던 페미니즘 형태에 대한 위협이라고 간주되어 거부되었던 그 차이들을 다룰 수 있는 정치적 기술을 발전시키는 것에서 시작한다.

페미니즘의 가장 큰 문제는 "여성들을 갈라놓는 차이들을 받아들이고 싶어 하지 않고 또 어떻게 받아들여야 할지도 모르겠는 것"이라는 주장은 별로 새로울 것이 없다 하더라도 (*SD*, 86쪽), 서로 연결하고 평가하거나 판단할 수 있는 어떤 방법이 없다면 여성들 사이의 차이는 아무 의미가 없다는 것을 발견한 것은 이탈리아 페미니즘에 고유한 것이다. 그들의 설명에 따르면, 차이를 인정하고 싶지 않은 것은 차이를 *어떻게 인정해야 할지* 알지 못하는 것의 문제다. 그 방법을 배우기 위해서는 여성들 사이의 차이를 연결 짓고 판단할 수 있는 정치적 능력을 발전시켜야 하며, 그러기 위해서는 성적 차이를 페미니즘적으로 상징화할 수 있는 또 다른 정치적 기술이 요구된다. 이탈리아 페미니스트들처럼 미국 페미니스트들도 여성들 사이의 차이를 상징화함으로써 초기 페미니즘과 의식화 운동에 연동된 정체성 정치를 시정해야 할 필요성을 느꼈다. 그러나 차이점은, 미국 페미니스트들이 성적 차이의 상징화가 대체로 여성들 사이의 차이를 소멸시킨다고 보았던 반면, 밀라노 공동체는 성적 차이의 정치적 상징화가 없다면 여성들 사이의 차이는 소멸될 것이라고 본 점이다.

기로 전환시키는 것에 반대한다,"라는 점을 제외하면, 무의식의 실천은 근원적인 한계가 있는 것이었다: 그것은 "직접적인 사회변화보다는 해석과 논평에서 멈추는 경향이 있었다"(*SD*, 58쪽).

밀라노 공동체는 성적 차이의 정치를 서점 공간 내 일상에서 행동하기의 실천으로 발전시킨다. 서점은 행동하기 실천의 중심 프로젝트인 "페미니스트들의 공간" 구축하기의 하나로 간주 된다. 페미니스트들의 공간은 "물질적이면서 상징적인" 공간이며, 여성들 사이의 자유로운 관계가 구체화 될 수 있는 공간이다.[31] 여성서점의 개점을 알리는 포스터를 묘사하면서, 밀라노 공동체는 다음과 같이 적는다: "서점은 거리로까지 개방되어있는 상점이다. … 누구나 들어올 수 있다. 서점은 여성들을 위해 다른 여성들이 만든 것이다. 서점에 들어오는 여성은 자신이 누구이며 어떤 신념을 갖고 있는지 말할 것을 요청받지 않는다. 서점에서 여성들은 '자신이 원한다면,' 다른 여성들과 관계를 맺을 수 있다. 서점이 정치적인 공간인 이유는 서점에서 여성들은 공적으로, 그리고 자유롭게 만나기 때문이다. '여성들 사이에 있는 것 … 그것이 우리들의 정치의 출발점'이다" (SD, 92쪽). 바로 거기에서 "새로운 실천이 … 구체화 되었고," 우리는 그 실천을 여성들 사이의 관계의 실천이라고 불렀다 (SD, 50쪽). 이 실천은, "특이한 방식의 행동하기의 정치였다. 많은 여성들이 사회적 관계의 체계는 변화될 수 있는 것임을 알게 되었고, 그 변화는 우리 모두가 가능하다고 배웠던 추상적인 방식으로서가 아니라, 구체적인 방식으로, 우리 자신의 에너지를 사용하는 새로운 방법을 개발하는 것으로 가능한 것임을 알게 되었다" (SD, 51쪽).

비슷한 관심을 공유하는 여성들이 (예컨대 책, 저자, 장르, 비평, 등등) 함께 모일 수 있는 공간으로서의 서점은 처음에는 정치의 최소한의 조건으로 작동한다. 아렌트가 표현하듯이, "공동의 세속적인 관심사는 글자 그대로 사람들 사이에 공간을 구성함으로써 사람들을 함께 연결하고 묶어준다."[32]

---

31) "페미니스트들의 공간" 구축하기에는 다양한 형태의 여성서점들을 이탈리아의 여러 도시들에 (뚜린, 볼로냐, 피사, 그리고 칼리아리) 개점하는 것뿐만 아니라 출판사를 설립하는 것도 포함된다; 오직 여성 문학만 전담하는 로마의 '여성문제 출판사Edizioni delle donne'와 밀라노의 '거북이 출판사La Tartaruga'; 여성 예술가 공동체 (예컨대 '축복받은 천사들의 거리Via Beato Angelico'); 파르마의 여성도서관; 그리고 "정규 수업과 자체 내 출판물을 제공하는 로마에 세워진 '버지니아울프 문화 센터Virginia Woolf Cultural Center'" 등을 들 수 있다 (SD, 93쪽).

아렌트의 행위-중심적 정치론에 따르면, 이 사이-공간은 사람들을 함께 묶어 주면서 동시에 사람들을 분리시키는 두 가지 기능을 한다. 이 "물질적이고 세속적인 사이-공간은 그 자체의 관심사를 가지고 있으며, 오직 남성들 사이의 말하기와 행동하기라는 배타적 구성의 기원에서 시작된 말과 행동으로 구성된 전혀 다른 사이-공간을 덧씌우면서, 말하자면 그 위로 자란다. 이 두 번째의 주관적 사이-공간은 유형화할 수 있는 것이 아니다." "[왜냐하면] 말 하기와 행동하기의 과정은 그러한 유형화의 흔적이나 최종 생산물을 남길 수 없기 때문이다. 그러나 유형화시킬 수는 없지만, 이 사이-공간은 결코 우리 모두가 분명히 가지고 있는 사물의 세계보다 현실성이 떨어지는 것이 아니다. 우리는 이 현실을 인간관계의 연결망이라고 부른다,"라고 아렌트는 말 한다.33) 밀라노 페미니스트들은 이것을 "여성들 사이의 관계의 실천"이라 고 부른다.

그 자체로 정치적 관계인 이 주관적 사이-공간은 "남성들 사이에 배타적 으로 이루어졌던 행동하기와 말하기에서 출발한다,"라고 아렌트는 말한 다.34) 이것은 단순하지만 중요한 지적이며, 우리가 영원히 놓치기 쉬운 사실 중 하나다. 물론 다른 사람에게 말하기를 하려면 다른 사람이 있어야 하며 ― 이 또한 단순하지만 중요한 지적임 ―이것은 말하자면 대화 상대자가 있어 야 한다는 것을 말한다. 그러나 대화 상대자는 정의상 나의 관점과 다른 관 점에서 보는 사람이며, 인간 다양성의 조건에서만 가능한 존재다. 미국 페미 니즘의 맥락에서 이 다양성은 "여성들 사이의 차이들"로 간주되었다. 따라서 다양성에 대한 이런 논리 때문에 사람들은 그 정치적 구현에 앞서서 인구학 적으로 의미 있는 사회적 차이를 (예컨대 계급, 인종, 섹슈얼리티 등등의 차 이) 인정함으로써만 자신의 대화 상대자들을 발견할 수 있게 된다.

이탈리아 페미니스트들 또한 여성들 사이의 사회적 차이들을 인정하는

---

32) Hannah Arendt, *The Human Condition* (Chicago: University of Chicago Press, 1989), 182쪽.
33) Arendt, 같은 책, 182-183쪽.
34) Arendt, 같은 책, 183쪽.

것이 페미니즘의 정체성 정치를 벗어날 수 있는 해결책이 된다고 생각했다. 그리고 그것이 바로 "행동하기의 실천"의 요점이었다. 그러나 여성들 사이의 차이를 다루는 법을 배우려는 행동하기의 실천은 실패했다. 왜 실패했는가? 이 질문을 던지면서, 밀라노 공동체는 또 다른 행동하기의 실천인 파르마의 여성도서관을 주목하면서 그 설립문서를 분석하기 시작한다.

> 파르마 여성도서관의 기획을 좀 더 분명하게 설명하기 위해, 여성도서관의 창립자들은 "여성들 모두의 의견을 기록"하기로 했다. 즉 창립자들은 그들의 모험을 보여주는 "문서"로 이어질 것인 토론의 일부분을 보고하기로 한 것이다. 이런 선택을 한 이유는 [파르마 페미니스트들의 말에 따르면] "우리 모두의 관점을 반영한 정치적 문서를 작성할" 필요가 있었기 때문인데, 왜냐하면 토론과정에서 한 여성이 말했듯이, "기록은 그룹 내 여성들의 다양성과 비동질성이 아무도 지워지지 않고 모두가 '존재하게' 될 수 있도록 정치적 보장을 해주는 것이기 때문이다." (*SD*, 94쪽)

그러나 그 평등주의적 프로젝트 방식은 그것이 전제했던, 아무도 지워지지 않고 모두가 존재할 수 있게 되는 정치적 보장을 이루지 못하는 문제에 봉착했다. 밀라노 공동체는 다음과 같이 설명한다. "바로 여기에서 복잡한 문제가 나타난다. 여성이 여성으로 존재하는 데는 여성들 사이의 차이들이 필요하다고 하면서도 여성들 사이에 판단을 내리는 것은 허용되지 않은 것이다" (*SD*, 94쪽).[35] 판단에 대한 무언의 금기는 특정한 차이들이 드러나는 것을 허용했음에도 결국에는 그것들을 무의미한 것으로 만들었다. 실제로, 파르마 문서는 (그리고 그와 비슷한 종류의 서류들은) "여성들 사이의 차이의 가치에 대

---

35) "그 해결책은 자의식^{autocoscienza} 안에서 상호조정의 가능성에 있었다: 여성들 사이의 차이들을 나열하는 것은 그 차이들을 판단하지 않는다 하더라도 차이들에 직면한 각각의 개별 여성들로부터 변화를 유도할 수 있는 한, 그 자체로 의미가 있다. 행동하기의 실천은 . . . 한편으로는 사물의 자연스러운 관용과 —나는 이걸 하고, 너는 저걸 하고 —다른 한편으로는 사물의 의미를 말하고 그러기 위해 판단을 해야만 하는 단어들 사이에서 균형을 이루었다" (*SD*, 94쪽).

한 산더미 같은 말들을 무위로 돌려버린다,"라고 밀라노 공동체는 말한다 (*SD*, 99쪽). 여성들 사이의 차이를 평가하고, 구체화하고, 혹은 연결하는 방식인 판단이 금기시될 때, 그 차이는 아무짝에도 쓸모가 없을 것이다. 잘 알려져 있고 심지어 기념하기도 했지만, 그러나 판단의 대상이 되지 않은 차이들은 자의식*autocoscienza*의 실천 안에서 무시되거나 거부되었듯이, "행동하기의 실천"으로서의 페미니즘에서도 더 이상 의미를 갖지 못한다.

　미국 페미니즘처럼 "여성들 사이의 차이들"이 역설적이긴 하지만 "정말로 중요한 차이들"을 감추는 공허한 구호에 불과한 것이 되었음을, 그래서 그것들이 "죄책감의 원인이 되었음"을 인식하면서 (*SD*, 99쪽), 이탈리아 페미니스트들은 행동하기의 실천의 한계에 ―"자기 자신 이외의 타자와 관계를 갖지 않는 것, 대화 상대자 없는 여성 욕망" ―직면하게 된다 (*SD*, 99쪽). 대화 상대자의 존재에 필요한 다양성을 구성하는 것은 처음부터 거기에 있는 여성들 사이의 사회적 차이들이 아니다. 다양성은 인구학적이나 존재론적 사실이 아니고, 사회적 차이들에 대한 정치적 관계다; 다양성은 그러한 사회적 차이들에 대해 내가 무언가를 할 것을, 무언가 정치적으로 중요한 방식으로 그 차이들을 고려할 것을 요구한다. 여성 대화 상대자의 존재는 각각의 개별여성들의 의견을 모두 무차별적으로 기록하는 것으로 환원될 수 없다. 그러한 기록은 얼핏 차이들을 고려하는 것처럼 보이지만, 실제로는 차이들을 참혹한 평등 안에 가두는 것이다. "모든 여성들의 의견을 [판단은 거부하면서] 기록한다"는 생각은, 파르마 페미니스트들이 가정했듯이, "아무도 삭제되지 않고 모두가 존재할 수 있게 되는" 정치적 보장을 제공하기는커녕, 그러한 존재가 현실성을 확보할 수 있는 공간 ―페미니즘 정치의 세속적인 사이-공간 ―그 자체를 파괴한다.

　"여성은 다른 여성들을 판단할 수 있고 해야만 한다. 여성은 (자신에 대한) 다른 여성들의 판단을 직면할 수 있고 해야만 한다,"라고 밀라노 공동체는 선언한다 (*SD*, 142쪽). 초기 페미니즘에서의 판단 유보는 (예컨대 자의식이나 행동하기의 실천) 결코 해방적인 것이 아니었다: 그와는 반대로, 동의에 대한 요구가 팽배하거나, 여성들이 감히 자신의 욕망을 다른 여성들의 판단에 맡기지 못한다면, 여성 욕망은 쇠퇴할 것이다. 파르마 페미니스트들은 다양한 의견들에 대해 판단할 수 없었기 때문에, 왜 여성도서관의 설립이 다른 어떤 프로젝트보다 더 나은 행동하기의 프로젝트인지를 설명할 수 없었다. 밀라노 공동체는 다음과 같이 평한다: "남은 것은 토대로서, 우리는 이것을 하는 것을 좋아한다는 설명이다" (SD, 95쪽). 그러나 밀라노 공동체에 관한 한, (말하자면, 잘 정리된 주장이라기보다는) 단지 욕망에 지나지 않는 이러한 토대는 정치적인 문제가 될 수 없다. "판단하고 판단 받는 것을 두려워하는 욕망은 불필요한 느낌을 일으키면서 [그 욕망인] 토대를 손상시킨다." 남은 것은 "어느 곳에도 귀속되지 않은 채," 여기저기에 흩어져있는 여성 욕망일 뿐이다 (SD, 95쪽). "여성 욕망을 그 과묵함에서 끌어낸 후 그 자체를 위기에 처하게 하여" 판단의 대상이 되게 하는 데 실패함으로써, 행동하기의 정치는 서로 다른 욕망들이 이론상으로는 표출될 수 있지만 판단 금기로 인해 모든 욕망들이 평준화되는 그런 공간을 창출했다. 그 실패는 이탈리아 페미니스트들을 위기의 상태로 유도했다: 그들은 평등 논리와 단절했고, 격차^{disparity}의 정치적 가치를 발견했다.

4. 격차 발견하기

『성적 차이』의 제4장은 밀라노 공동체 역사상 중요한 전환점에 대해 설명한다. 제4장은 "여성문학에 나타난 첫 번째 자유의 인물들"이라는 제목의 절로 시작하면서, "노란색 책자 이야기"―밀라노 여성서점과 파르마 여성도서관이 『우리 모두의 어머니들』이라는 제목으로 1982년에 출간한 홍보책자의 표지가 노란색이기 때문에 붙인 이름―에 대해 이야기한다. 이 책자는 "격차를 다루고 있고, 여성들은 심지어 자기들 사이에서도 평등하지 않다는 단순한 사실을 다루고 있으며, 그리고 이러한 사실에 대해 여성들 자신이 내리는 적절한 사회적 해석을 다루고 있다" (SD, 108쪽). 기획의 측면에서 보면, "노란색 책자는 문학적 글쓰기, 특히 소설을 부각시켰다는 점에서, 그리고 독자의 입장에 섰다는 점에서 같은 유형의 다른 책자들과는 달랐다" (SD, 109쪽). 그 책자는 작품을 생산하는 예술가의 천재성에 초점을 맞추는 게 아니고, 그 작품을 판단하는 독자에 초점을 맞췄다.

여성문학에 이런 식으로 개입함으로써 여성문학의 독특한 문학적 형식을 드러낼 수 있을 것이라는 기대와는 달리, 책자는 "여성문학이 인류 문화에 대한 여성들의 기여의 한 예"로 볼 수 있는 점에 대해서는 거의 아무런 관심도 보이지 않았다. 그 기획이 추구했던 것은 정의내릴 수 없는 어떤 것, 이름 붙일 수 없는 어떤 것, "인류 문화가 알지 못하는 여성이라는 존재 안에 있는 다름에 대한 것,"이었다 (*SD*, 109쪽). "우리와 가장 직접적으로 관련되는 것들의 의미를 발견할 필요가 있다는 것"과 "여성 작가들은 어쨌든 우리를 도울 수 있을 것이라는" 막연한 느낌으로 (*SD*, 110쪽), 밀라노 공동체는 다음과 같이 써 내려간다.

> 우리는 먼저 여성 작가들과 읽어야 할 소설을 정하는 것에서 시작했다. 우리는 즉시 우리가 가장 애호하는 책들을 읽기로 결정했다. 그렇게 결정할 수밖에 없었던 이유는, 좀 더 객관적인 기준이 [정확히 말하면, 미학적 판단 규칙이] 존재하지 않았기 때문이다. 그러나 그 즉각적인 결정은 그 당시 우리가 생각했던 것처럼 단순한 것이 아니었다.... 한 여성이 친구 관계나 연인관계가 아닌 다른 어떤 여성을 선호한다는 사실은 우리가 예상치 못한 것이었다. (*SD*, 109쪽)

그와는 반대로, 그러한 선호는 공동체의 정체성에 위험이 되는 차이들을 드러내는 한, 사실상 금지되는 것이었다. "선호하기의 행위는 그 잠재적인 '해로움'과 함께, 모든 여성 욕망을 마치 십자가에 못 박힌 것처럼 고통스러운 평형상태로 유지하는 여성 정치의 안정적인 도식을 깰 운명에 처했다." 모든 독자들이 똑같은 선호도를 갖고 있지 않았고, 일부는 특별한 선호가 없었으며, 일부는 강력한 선호를 가지고 있었다. "누구도 전혀 고려하지 않았을 바로 이러한 상황이 위기를 몰고 왔다" (*SD*, 110쪽). 위기는 제인 오스틴^{Jane Austen}에 대한 논쟁의 한가운데에서 발발했다.

이것은 오스틴을 읽어야할 작가로 선정하는 것에 가장 반대하던 여성이, 반대하는 소수집단에 속한 채 토론을 하던 중간에 ... 논쟁을 멈추고, 마치 논평하듯이 말하는 데서 일어났다: "[자기 딸들의 자유를 막는] 어머니들은 작가들이 아닙니다; 그 어머니들은 사실상 여기 우리 안에 있습니다. 왜냐하면 여기에 있는 우리들 모두는 평등하지 않으니까요." 이 단순한 진실이 그때 처음 말로 표현되었을 때, 그 말은 끔찍한 소리로 들렸다. ... 그러나 그 말의 의미는 수정처럼 투명한 것이었다. 그 말이 사실이라는 것을 누구도 의심하지 않았다.... 수년간 기입되지 않았지만, 우리 눈앞에 펼쳐졌던 것을 인정하는 데는 오랜 시간이 걸리지 않았다. 우리는 평등하지 않았고, 한 번도 평등한 적이 없었으며, 그리고 우리가 평등했다고 생각할 이유가 없었다는 것을 즉각적으로 발견했다. 첫 순간에 느꼈던 공포는 좀 더 자유로운 상태로의 일반적인 느낌으로 바뀌었다. (*SD*, 110-111쪽)

왜 자유의 느낌이 여성들 사이의 불평등을 발견한 데서 생긴 것일까? 그리고 나아가서 도대체 이것이 미학적 판단하기의 실천과 어떤 관련이 있는 것일까?

좀 더 자유로워지는 순간은, 처음에는 "우리들의 역사에서 나온 것도 아니고, 우리들의 관심사와 일치하는 것도 아닌, 평등의 이상"에서 해방되는 것과 연동된다고, 밀라노 공동체는 평한다 (*SD*, 111쪽). 이 평등의 이상은 비난을 비난으로 맞받아치는 방식이 아닌 (정확히 말하면, 피해자 정체성으로 표현되지 않는) 모든 여성 욕망과 피억압 집단의 구성원 자격에 기반을 둔 공통성의 이름으로 차이를 명확히 표현하는 방식을 꺾어버렸다. 그리고 이 중립적이고 중성적인 평등의 이상 때문에, "우리는 존재하지 않는 것을 상상하도록 스스로를 강요했고, 존재한 것을 이용하는 것을 스스로 금기시했다. 우리의 문제는 마치 강력한 경쟁적 욕망들 사이에 있을법한 대립 구도에서 해결책을 찾는 것인 양 간주 됐다. 그러나 그와는 반대로, 우리의 문제는 우리의 욕망의 애매함과 내키지 않음에 있었다. 우리의 욕망은, 여성들을 끝없이 고통스럽고 끝도 없게 만드는 소위 여성들 사이의 권력 갈등에서는 보이지 않는, 그 아래쪽에서만 보이는 것이었다" (SD, 111쪽).

존재한 것은 여성들 사이의 재능, 능력, 그리고 사회적 지위의 차이들이었다. 이것은 만약 페미니스트들이 그 차이들을 다룰 수 있는 정치적 기술을 가졌다면, 때로 그 실천을 위기에 빠뜨릴 수 있다 하더라도, 전반적으로 여성들의 실천을 풍부하게 해줄 수 있는 것이었다. 존재한 것은 취향의 차이들이었고, 이것은 사회적 차이들로 환원되지 않았다. 모든 여성들은 같지 않다. 이것은 여성들이 서로를 분리시키는 각기 다른 사회집단에 소속되어있기 때문만이 아니라 ─이것이 최근의 미국 페미니즘이 차이 개념을 이해하는 전형적인 방식이다 ─여성들은 서로 다른 선호도를 갖고 있기 때문에, 어떤 점에서는 관련된다하더라도, 특정 사회집단의 구성원이라는 것만으로 그들을 묶을 수 없기 때문이다.

오스틴에 대한 논쟁은 사회적 차이들로 (예컨대 젠더, 인종, 계급, 섹슈얼리티) 환원될 수 없는 차이, 그리고 행동하기의 실천에서 드러나지 않은 차이의 형태를 드러냈다. "행동하기의 실천"은 여성의 비참함을 보편적으로 재현하는 것에 대한 어떠한 대안도 산출하지 못했다. 이것은 페미니스트들이 여성들 사이의 차이를 보지 못했기 때문이 아니라, 그 차이들을 어떻게 다뤄야 할지, 즉 어떻게 평가하고 판단해야할지 몰랐기 때문이다. 이 정치적 기술을 갖고 있지 않았기 때문에, 이들은 여성들 사이의 차이와 심각한 의견 충돌을 감추는 경향이 있었다. 밀라노 공동체는 이들이 아마도 끝까지 이 기술을 발전시키지 못했을 것이라고 추측한다.

> 왜냐하면 이들은 여성들 사이의 차이를 의미화하기 위해서는, 그리고 남성들에게 흡수되지 않기 위해서는, 모든 여성들은 다른 모든 여성들과 ─좀 더 정확히 말하면 여성운동 내 다른 모든 여성들과 ─같아야 한다고 생각했기 때문이다. 이렇게 해서 다양성, 말다툼, 그리고 각기 다른 수준의 의식이 여성들 사이에 존재할 수 있었지만, "나는 임신중절문제를 다루어야 하는 여성들에 대해서는 아무 관심이 없어 ... 와 같은 반박이나 과격한 반대는 여성들 사이에 존재할 수 없었다." (SD, 69쪽)

강력한 갈등과 의견충돌의 공간이 없었기에, 강력한 욕망의 공간도, 진정한 정치의 가능성도 존재하지 않았다. 공동체 역사상 바로 그 시점에서 ― 즉, 각 여성은 "자기 자신 외의 다른 여성들과는 관계를 맺지 않으며, 여성욕망은 대화 상대자가 없는 그 시점"(99) ― 밀라노 페미니스트들은 단지 "이데올로기"이거나, "미리 구성되고 규격화된 담론"이어서 "현실과 더 이상 연동되지 않는," 그런 "페미니즘 관점"으로 판단하는 것이 불필요하다고 보아 배제했다 (SD, 85쪽). 이데올로기는 판단규칙을 제공했지만, 규칙준수는 삼단논법의 추론이 예증하듯이, 하나의 특수성의 자격으로 다른 특수성에 직면하는 미학적 혹은 정치적 판단에는 적용되지 않는다. 아렌트의 말을 빌리자면, "만약 당신이 '장미가 정말 예쁘네!'라고 말한다면, 당신이 이런 결론에 이른 것은, '모든 장미는 예쁘다, 이 꽃은 장미다, 그러므로 이 장미는 예쁘다,'라고 말함으로써 그 결론에 이른 것이 아니다."[36] 마찬가지로, "이 장미는 예쁘다,"라는 판단에 근거해서 말하자면 다른 장미들도 예쁘다, 혹은 모든 장미는 예쁘다와 같이 일반론으로 방향을 트는 것도 아니다. 정치적 영역도 마찬가지라고, 아렌트는 주장한다. 우리는 개별적인 대상과 사건에 직면하는 것이다.

여성들 사이의 격차를 발견한 것은 밀라노 공동체가 단지 문학작품을 다루었을 때 등장한 단순한 우연일 수도 있지만, 그것은 중요한 것일 수도 있다. 오스틴과 같은 작가들에 대한 의견을 교환하고 자신의 선호를 표현하는 과정에서, 여성들은 '나는-그-책이-좋다-혹은-별로다'라는 선호는 진실에 (혹은 진실담론: 이데올로기) 닻을 내리지 못하며, 단순히 선호를 표현하는 것만으로는 합의를 끌어낼 수 없다는 것을 알게 된다. 이데올로기적인 (삼단논법식의) 추론을 통해 (예컨대 모든 여성작가는 대단하다, 이 작가는 여성이다, 그러므로 이 여성작가는 대단하다) 독백과 같은 "올바른" 페미니즘 관점을 확보하고 그 논리로 공동체의 단결을 도모하는 것과는 달리, 취향 판단은

---

36) Hannah Arendt, *Lectures on Kant's Political Philosophy*, ed. Ronald Beiner (Chicago: University of Chicago Press, 1982), 13쪽.

규칙이 포괄하지 못하는 의견 차이들을 드러낸다. (미학적 혹은 재귀적) 판단의 실천에서, 각자는 여성들 사이에 *중요한* 차이들이 존재한다는 것을 깨닫게 된다. 이 깨달음은 다른 여성들을 진정한 대화 상대자 —내 선호와 같거나 다른 선호를 가진 여성들, 내 관점과 다른 관점에서 보는 여성들, 그리고 그들의 의견에 대해 내가 판단을 내리도록 요청받거나 내가 높이 평가해 온 내 자신의 의견이 판단의 대상이 되고 어쩌면 위기라고 느껴질 정도로 불안정해질 수도 있게 만드는 여성들 —가 되도록 위치짓는다.

규칙에 근거해 판정내릴 수 없는 의견 차이들이 존재함을 알게 되는 것을 통해, 밀라노 페미니스트들은 격차를 발견했다. 그들은 자신들이 서로 동등하지 않다는 것을 발견했다. 그러나 격차를 발견하는 것과 격차를 실천하는 것은 별개의 문제다. 수많은 형태의 사회적 격차가 있으며, 무엇보다 그들 중 많은 것이 부당한 것이다. 밀라노 페미니스트들은 "격차의 실천은 꼭 필요한 시험이다,"라고 선언한다. "격차의 실천은 무엇이 부당한 격차의 형태이고, 무엇이 어떤 경우에도 피할 수 없는 격차의 형태인지를 구분할 수 있게 해줄 것이다" (*SD*, 132쪽).[37] 격차의 실천은 "차이를 자유로운 사회적 형태로 표현하기" 위해 필요한 첫 번째 단계다 (*SD*, 132쪽). 이 실천이 어떤 형태가 될 것인지 우리는 아직 알지 못하지만, 그럼에도 우리는 그것이 어떻게 페미니즘의 민주주의적 이상과 일치할 수 있는지 궁금할 수 있다.

평등의 문제로 돌아가 보자. 밀라노 페미니스트들은 사회변화에 있어 권리에 기반을 둔 법률적 전략을 대체로 수용하는 미국 페미니스트들을 포함

---

37) "사회적 관계들에서 격차는 복잡하고 혼동된 형태로 나타난다. 대화 상대자에 대한 우리의 요구가 권력자들의 부당한 이용과 혼동되곤 한다; 부당한 형태의 격차가 안정적이 되면서, 적어도 우리가 피할 수 없고 어떤 경우에는 심지어 도움이 되기까지 한다고 느끼는 그런 차이들에 얹혀서 제거에 저항한다.... 생산적인 형태의 격차들에는, 어른과 아이의 격차가 우리 문화 안에서 우리가 유일하게 내세울 수 있는 격차가 된다. 미용과 건강에서 종종 제거될 수 없는 형태의 격차들이 있다; 불행히도 그 격차들이 최악의 불공평함을 제공하는 경우가 있다 하더라도, 그 격차들을 부당하다고 말하는 것은 무의미하다 —환자의 상태나 빈곤층 노인들의 상태를 생각해보라" (*SD*, 132쪽).

하여 서구의 많은 제3물결 페미니스트들이 견지하는 평등에 대해 대단히 회의적인 관점을 취한다. 평등의 이상과 곳곳에 만연한 차별의 현실 사이에 존재하는 간격은 제외하고라도, 평등의 원리는 여성과 남성의 관계에서, 그리고 다른 여성들과의 관계에서 같음을 여성의 정치적, 사회적 권리의 조건으로 설정하는 것으로 보인다. 그러나 같음은 정치적 평등원리가 성취할 것으로 간주되는 것이 아닌데, 왜냐하면, 아렌트에 따르면, 같음은 "반(反)정치적"인 것이기 때문이다. 아렌트는 다음과 같이 말한다. "공적 영역에 속한 평등은 특정한 측면과 특정한 목적을 위해 '평등해져야 할' 필요가 있는 불평등한 사람들의 평등이다. 이와 같이 평등화 요소는 인간의 '본성'이나 [남성의 본성에서] 나오는 것이 아니고, 외부로부터 나온다."[38]

그러나 역사적 실천에서 정치적 평등 원리는 모든 사회적, 성적 차이들을 평준화하고, 중립적이고 보편적인 것으로 가장한 남성적 기준에 여성들을 흡수하려는 경향이 있었다. 그러나 평등을 이런 식으로 생각하는 것은, 우테 게르하르트[Ute Gerhard]가 우리에게 상기시켜주듯이, "같은 것은 같게," 대우하라는 아리스토텔레스의 원리에 근거한 것이다. 아렌트처럼, 게르하르트도 평등을 서로 다른 것들을 같게 만드는 것이 아니라, *연결시키*는 정치원리로 보도록 우리를 고무시킨다. 게르하르트는 우리가 평등을 같음이나 정체성으로 (a=a) 생각하는 대신, 관계적 개념으로 (a=b) 생각할 수 있다고 주장한다. 고착되거나 정적인 것이 아닌 관계적인 것으로 평등을 생각하게 되면, 평등은 차이들을 부정하기는커녕 (오직 같은 것만 같게 대우받는다), 그 차이들을 당연하게 여기면서 특정 목적을 향해 상호 간에 반드시 특정한 관계를 맺어야 하는 것으로 보는 정치원리가 된다. 여기서 중요한 질문은, "누가 혹은 무엇이 평등한 처우나 비교의 대상이 될 특징들 혹은 특수성들을 결정하는가?"가 된다.[39] 게르하르트는 이것이 정치적 질문이라고 주장한다. 그에 대한 답은, "원칙적인 공식이나 '논증 논리[argumentative logic]'의 수준에

---

38) Arendt, *The Human Condition*, 215쪽.
39) Ute Gerhard, *Debating Women's Equality*, 8쪽. 필자는 이 책의 앞부분에서 이 점을 지적했다, ix-xiv쪽을 참조하라.

서 결정될 수 없으며, 오직 평등 문제가 제기된 그 상황을 고려하는 것을 통해 결정될 수밖에 없다."[40]

이 단순하지만 결정적인 이동은 관점의 변화와 관련된다. 왜냐하면 이제 우리는 마치 그들만이 논리적 운영으로 비교기준을 결정했다는 듯이 비교해야 할 (사회적) 대상에 (예컨대 a와 b; 남자와 여자) 초점을 맞추는 것이 아니라, 비교를 하는 주체에, 그들의 숙고 능력에 (정확히 말하면, 보편적인 것이 없는 상태에서 특수성을 생각하는 능력에), 그리고 그 판단의 사회역사적 맥락에 초점을 맞춰야 하기 때문이다. 달리 말하면, 평등에 대한 페미니즘의 설명에 있어서 그 관점과 맥락의 중요성을 강조하는 것은, 주장을 하는 사람과 비교의 기준을 결정하는 사람 둘 다의 사회적 위치뿐만 아니라 주장이 제기되는 그 특별한 상황을 고려하는 것이다. 그 기준이 대상 자체에 내재해 있는 것이 아니라면, 평등에 대한 모든 주장은 정치적 판단을 요구하는 것이 되며, 정확히 말하면 각각의 특수성들을 (서로 다른 것들을) 관련짓는 판단을 요구하는 것이 된다. 그러므로 페미니즘적 평등 실천은 *제3의 비교*를 할 수 있는 제3자나 정당의 도입을 필요로 한다. 게르하르트에 따르면, 그것은 "결코 간단히 '남성' 혹은 남성들의 지위가 될 수 없으며; 양성 모두에 공평한 기준이어야 한다."[41]

다음 제4장과 제5장에서 우리는 평등을, 말하자면, "논증 논리"보다는 정치적 판단 문제로 보는 것이 무엇을 의미하는지에 대해 다룰 것이다. 하지만 우선은 제3자에 대한 요구가 평등 실천이 된다는 것을 보여주는 것을 통해, 어떻게 근본적으로 반평등주의적인 격차 실천으로 보이는 것이 평등 실천으로 이해될 수 있는지를 다루도록 하겠다. 이탈리아 페미니스트들은 평등이 같음으로 환원되지 않고 재평가될 가능성을 사실상 이해하지 못했지만, 그들의 격차 실천은 바로 그 같은 같음으로 환원되지 않은 평등을 달성했다: 격차 실천은 방금 거론된 제3자의 발전을 가능하게 한다.

---

40) Gerhard, 같은 책, 165쪽.
41) Gerhard, 같은 책.

이탈리아 페미니스트들의 설명에서 제3자는 오스틴처럼, "'원형'으로 불리는" 여성작가들과 관련해서 출현하기 시작했다. 이 원형들의 목적은 "가장 우선시 되는 원형의 위치, 즉 우리 자신을 알고 차별화할 수 있는 수단을 우리에게 제공해주는 원형의 위치의 특징을 밝히는 데 있었다"(*SD*, 112쪽). 이 원형을 현실 속의 평범한 여성은 결코 접근할 수 없는 위상을 지닌 상징적인 대표적 여성상으로 보는 것은 그리 어려운 문제가 아닐 것이다. 이 문제를 날카롭게 인지하면서, 이탈리아 페미니스트들은 뛰어난 여성 형상은 피해자 여성의 상징적 형상의 또 다른 면이고, 현실 속의 평범한 여성은 결코 동일시할 수 없는 것이며, 뛰어난 여성과 피해자 여성 모두 "여성의 사회적 경제"가 사라졌음을 보여주는 징후라고 평한다. 여성들 사이에 이런 식의 (수평적이고 수직적인) 상징적 관계는 전혀 진정한 관계가 아니며, 단지 같음이나 (그리고 불행함) 다름에 (그리고 뛰어남) 즉각적으로 연동되는 관계일 뿐임을 나타낸다. 이 상징적 위치들 중 (피해자 여성 혹은 뛰어난 여성) 어느 것도 현실 속의 평범한 여성들 자신은 거주할 수 없는 형상이다.

따라서 여성을 이상화시키는 경향은 페미니즘에 힘이 되지 *않는* 격차 실천의 한 가지 예가 된다. 여성이 자기 자신에게 가치를 부여할 수 있으려면 집합적 정체성으로서의 여성 젠더와 다른 여성들과 차이를 보이는 개별화된 여성 둘 *다*를 지정하는 권력이, 즉 "여성 플러스$^{\text{female plus}}$"가 있어야 한다(*SD*, 127쪽). 이탈리아 페미니스트들이 찾고 있었던 것은, 그리고 우선적으로 원형들에서 찾은 것은, 자신들을 포괄하는 규칙이 (혹은 이념형) 아니라 특수성들을 연결하는 사례로서의 원형이었던 것으로 더 잘 이해될 수 있다. 아무리 역설적이라 하더라도, 평등 정치가 산출했던 뛰어난 여성들과 달리 원형들은 자신에게 권위를 부여해주는 여성들에게 권위를 부여한다: "세상사와 관련하여 다른 여성에게 권위와 가치를 부여하는 것은 스스로에게 권위와 가치를 줄 수 있는 수단이었다. . . : '[거트루드] 스타인$^{\text{Gertrude Stein}}$을 지키는 것이 나를 지키는 것이다'"(*SD*, 112쪽). 만약 밀라노 공동체가 선언하듯이, 자유의 페미니즘적 실천에 권위를 부여하는 자가 오직 여성들 자신뿐이라면, 그러한 원형은 실천의 일부가, 정확히 말하면 판단, 논쟁, 그리고 토론의 대상이 되어야 한다. 그렇지 않을 경우, 그 형상은 자유를 부정하는 초월적 권위의 원천이 될 수 있다. 그 위험은 다음과 같은 다양한 원형들의 경우에는 (오스틴, 스타인, 모란테Elsa Morante, 울프, 바흐만Ingeborg Bachmann, 플라스Sylvia Plath 등등) 최소화되었다. 그러나 "젠더화된 기원의 형상"과 자유가 "상징적 어머니"로 명명되면 무슨 일이 일어나는가?

언뜻 보기에 실종된 여성 권위자의 형상으로서, "상징적 어머니"는 "남성기원 권위자의 여성 복제판"처럼 보일 수 있다 (*SD*, 111쪽). 어떻게 *어머니*의 형상이 자유의 페미니즘적 실천을 조직할 수 있겠는가? 이 형상은 페미니즘을 처음부터 불구로 만든 친족관계를 상징화하는 것이 아닌가? 남성문화 안에서 어머니와 딸의 관계는 실종됐다는 ("어머니는 언제나 아들을 품에 안고 있다") 뤼스 이리가레의 주장을 받아들이면서, 밀라노 공동체는 "여성과 그 여성보다 더 위대한 여성인 그녀의 어머니 사이에 상징적 결합의 형태는 존재하지 않는다. 두 사람 사이에는 오직 자연적 관계만이 다양한 감정들로 뒤덮인 채... 상징적 번역 없이 존재한다,"라고 주장한다 (*SD*, 127쪽). 그러므로 *상징적* 어머니라는 바로 그 생각은 급진적이면서 동시에 일상적인 것이 —남성주의 문화에서 어머니는 무엇이 되든지 간에 그 어머니는 결코 상징적 어머니가 될 수 없다는 점에서 —될 수 있다.

상징적 어머니는 기원에 대한 젠더화된 형상으로서, 그 형상을 중심으로 자유의 페미니즘적 실천을, 즉 새로운 사회 계약을 조직하는 것이다. 우리는 이탈리아 페미니스트들이 확인한 핵심적인 문제는, "여성이 어떤 여성적 미덕으로 자신을 위장하지 않고서는 공개적으로 자신의 욕망의 광대함을 사회 전면에 내세울 방법이 없음을 인정하면서 직면하게 되는 진정한 어려움,"이라는 것을 기억하고 있다 (*SD*, 115쪽). 통상 정치에서 이 위장은 사회를 더 좋게 만들겠다는 주장의 형태를 취한다. 그리고 여성들이 자신의 정치적 요구를 표현할 때는 이러한 주장은 사회적 효용이나 사회적 편의의 언어로 할 것을 요구하는 보다 큰 틀의 사회적 문제와 공명한다. 예컨대 일부 이탈리아 페미니스트들은, "여성의 다름에 대해 좀 더 새롭고 자유로운 사회적 해석"을 내리는 것과 "사회적 선과 일치하는" 것 간의 차이를 구별할 수 없었다.

"더 나은 것과 다른 것"을 혼동함으로써, 그들은 "이 여성 플러스는 자격이 없다; 그것은 긍정적 가치를 구현하지 못하며, 따라서 그것은 여성의 다름이나 여성정치에 가치도, 권위도, 부여하지 못한다,"라고 반대했다 (*SD*, 124쪽). 그들은 사용경제^{economy of use}에 갇혀서, 여전히 여성과 여성 정치의 존재 이유를 사회발전과 연동해서 제시하려고 한다. 그들은 "어떤 긍정적인 사회적 자질"을 수반하지 않은 채 여성 자유를 추구하는 사회적 실천을 상상할 수 없다 (*SD*, 125쪽). 밀라노 공동체의 그에 대한 응답은 다음과 같다: "여성 플러스는 오직 환원될 수 없는 다름이라는 개념을, 여성으로 존재하기가 남성으로 존재하기에 종속되는 것도 동화되는 것도 아닌 그 다름을 표현하는 것일 뿐이다"(*SD*, 124쪽). 정확히 말하면, 그 다름은 어떠한 사회적 가치도, 사회적 사용도, 나타내지 않으며, 보상을 추구하지 않는 자유에의 욕망, 평등의 기치 아래 포함될 수 없는 자유에의 욕망만을 나타낸다.

　페미니즘이라고 불리는 이 새로운 사회 계약은, "여성의 자유에 토대를 제공해야 한다,"라고 밀라노 공동체는 선언한다 (*SD*, 32쪽). 이 토대는 페미니즘 공동체의 모든 예비-구성원들이 동의해야만 하는 합리적 전제들로 구성된 것이 아니다. 수사적 표현인 상징적 어머니를 중심으로 조직화되면서, 이 새로운 사회 계약은 합리성이나 시대를 초월한 원칙에 호소하는 것이 아니고, "일상의 말과 행동을 통한 정치적 실천의 맥락에서, 이 여성 혹은 저 여성과의 관계에서, 욕망의 신속한 진행에서, 일상의 다반사 곁에서," 호소하는 것을 통해, 여성들의 자유에의 욕망에 권위를 부여한다 (*SD*, 111쪽). 태초의 아버지 ─"다른" 사회 계약 이야기에 등장하는 것으로, 남성들 사이의 정치적 평등관계를 유지하기 위해 반드시 살해되어야 하는 아버지, 그리고 그 아버지의 귀환이 늘 머릿속에서 떠나지 않는 남성들 ─와 같은 토템 없이, 상징적 어머니는 "여성의 다름을 사회적으로 정당화할 수 있는 출처를 나타내기 위해, 세상의 전면에 자신의 욕망을 정당화해주고 지원해주는 여성들에 의해 구체적으로 체화된 여성의 모습으로," 온다 (*SD*, 107쪽). 그것은 이 젠더화된 중재의 형상이 절대적인 것일 수 없다는 것을 표현하는 또 다른 방식이다: 젠더화된 중재의 형상은 여성들 사이의 자유로운 관계라는 물질적이고 상징적인 실천 없이는 존재하지 않을 것이다.

5. 성적 차이의 정치적 실천

여성의 기원, 즉 상징적 어머니를 내세우고 퍼뜨림으로써 그것이 단체의 자원이 될 수도 있게 하는 실천의 이름이 위탁^{affidamento}이다. 밀라노 공동체는 여성들 사이의 관계의 모범이 되는 수많은 사례들 중에서 위탁의 사례가 되는 것들을 (규칙이 아님), 성경에 나오는 루스와 시어머니 나오미의 이야기에서, 시인 H. D.와 (힐다 둘리틀$^{Hilda\ Doolittle}$, 1886-1961) 브라이어^{Bryher}(가명)의 그리스에서의 관계에서 (H. D.의 『프로이트에게 바치는 헌사』(1956)에 잘 묘사되어 있다), 그리고 버지니아 울프와 비타 색빌-웨스트$^{Vita\ Sackville-West}$의 우정에서 발견하면서, 다음과 같이 선언한다: "한 여성이 다른 여성에게 자신을 위탁하는 것은 정치적 투쟁의 소산이다," (SD, 31쪽).

위탁의 가장 뚜렷한 형태는 다른 여성 (혹은 여성들)에게 자신을 위탁한 그 여성이 자신이 권위를 부여한 그 여성(들)로부터 "계속해"라는 말을 들으면서, 자유를 향한 자신의 욕망을 지지받는다는 것이다 (SD, 33-44쪽).[42]

---

42) 『프로이트에게 바치는 헌사』에서, H. D. 는 1920년에 자신이 "브라이어"라고 불리는 젊은 친구와 함께 그리스 코르푸^{Corfu} 여행을 한 것을 두고 1930년에 프로이트에게 말한 것에 대해 이야기한다. H. D. 는 말하기를, 분석의 중심에는 "내가 코르푸의 이오니아섬에 있는 호텔방 벽면에서 본 일련의 어두운 ─혹은 밝은 그림들이 있었다.... [그 그림들은] 명쾌함과 진정성의 수준과 강렬함의 측면에서, 계단을 내려오는, 파라오의 딸인 공주의 꿈 같은 초자연적인 범주에 속하는 것이었다." 이야기를 계속하면서 H. D. 는 다음과 같이 적는다.

> 그러나 [점점 더 강렬해지는] 이런 기분을, 이런 "증상"을, 혹은 이런 [시적] 영감을 유지하는 것은 쉬운 일이 아니었다. 그리고 거기에 내가 앉아있었고, 옆에 내 친구 브라이어가 있었는데... 내가 브라이어에게 말한다: "여기에 그림들이 있었어 ─나는 그 그림들이 처음에는 어둡다고 생각했는데, 그 그림들은 어두운 것이 아니고 밝은 것이었어. 그 그림들은 아주 단순한 것들이지만 ─그래도 역시 굉장히 이상한 것이었지. 나는 이제 내가 원하기만 하면 그 그림들로부터 벗어날 수 있어 ─집중하기만 하면 돼 ─넌 어떻게 생각해? 멈출까? 아니면 계속할까?" 브라이어는 주저없이 말한다, "계속해." (SD, 33쪽)

"이 경험은 시인 H. D.에게, 이 모든 것이 자기 옆에 있어 주면서 결정적인 순간에 자신에게 '계속해'라고 말해주었던 그 여성 때문에 가능했다는 확신과 함께, 자신이 시인이라는 소명 의식을 갖게 해주었다" (SD, 33~34쪽). "확실히, 우리는 자신에게 권위를 부여하는 것이 사적인 행위라고 생각하지 않는다. 권위는 원래 권위를 부여할 수 있는 위치에 있는 사람, 부여할 권위가 있는 다른 사람에게서 받는 것이다. 그러나 만약 그 권위를 받아야 할 사람이 자기가 받은 그 권위를 인정하지 않는다면, 그녀는 그 권위를 가질 수 없다. 브라이어는 '계속해'라고 시인 H. D.에게 답하면서 [H. D.의 『프로이트에게 바치는 헌사』에서], 시인 H. D.가 자신에게 의지하면서 자신에게 부여했던 상징적 위탁의 형태인 모성적 권위를 다시 H. D.에게 돌려준다," (SD, 126쪽). 초기 페미니즘의 이상화된 형상들과는 대조적으로, 이러한 수직적 위탁관계는 수평적이면서 상호적인 관계다: 여성의 욕망을 정당화해주는 권위는 상대가 그 권위를 인정해주지 않는다면 아무것도 아닌 것이다. (그 외에도, "경직된 위계를 진심으로 존중하는 여성은 . . . 자신을 남성에게 혹은 남성 기업에 위탁한다" [SD, 133쪽]).[43]

위탁은 사적인 문제가 아니다: "그것이 우리가 여성 위탁의 관계를 사회적 관계라고 말하는 이유이며, 우리가 그것을 정치적 프로젝트의 내용으로 삼는 이유다. 어머니에 대한 상징적 채무는 [정확히 말하면, 우리의 욕망을 지원하는 여성들에 대한 상징적 채무는] 가시적인 형태로, 공적으로, 남성과 여성인 모든 사람들이 보는 앞에서 지불되어야 한다" (SD, 130쪽). 위탁은 자매애가 아니다: "자기 자신을 위탁하는 것은 다른 여자를 거울처럼 쳐다보

H. D., *Tribute to Freud: Writing on the Wall—Advent* (Boston: David R. Goodine, 1974; reprint, New York: New Directions, 1984).

43) 위탁 개념을 처음 제시한 여성들은 여성들 사이의 위계질서를 옹호한다는 비판을 받았다. 그러나 밀라노 공동체는 그 같은 혐의가 ─앞에서 필자가 요약한 바로 그 이유로 인해 "터무니없는" 것이라고 평가하면서 ─"그 같은 혐의는 권한을 위탁하는 것이 어렵기 때문에, 즉 지배나, 권력의 제재나, 위계질서 형태와 연동되지 않으면서 다른 여성의 우수성을 인정하기가 어렵기 때문에 발생한 것이다,"라고 말한다 (SD, 133쪽).

면서 그녀로부터 자신이 실제로 어떤 사람인가를 확인하는 것이 아니다...
. 위탁의 관계에서, 한 여성은 다른 여성에게 그녀가 무엇을 할 수 있고, 그
녀 안에 무엇이 존재하길 원하는지에 대한 척도를 제공한다"(SD, 149쪽).
위탁이 규칙이나 시대를 초월한 정치 형태인 것도 아니다: "아마도 다른 가
능한 답이 있을 것이고, 그 문제에 대해서는 더 나은 답이 있을 것이다"
(SD, 121쪽). 위탁은 우연적인 정치적 실천이며, 1966년에서 1988년 사이에
밀라노에서 여성들 사이의 관계의 결핍과 여성들의 상징적 무소유에 대응하
기 위해 발전된 한 가지 사례일 뿐이다. 그것은 다른 형태가 될 수도 있었다
는 뜻에서 우연적으로 필요한 실천이었지만, 권위 있는 중재자들의 부재를
경험함으로써 그 필요를 느꼈던 그들의 요구에 응답했다.

만약 "페미니즘이 여성의 자유에 [일종의] 토대를 제공해야" 하지만, 그
것이 논리적으로나 사회적으로 그 자유를 정당화하는 (예컨대 사회개선 등
등) 방식이어서는 안 된다면, 위탁이 바로 그러한 토대가 될 수 있다 (SD,
32쪽). 위탁의 실천에서, "여성 자유는 [다른 어떤 것도 아닌] 여성들 자신
에 의해 보장되는 자유다"(SD, 142쪽). 그러므로 여성의 행동과 주장에 권
위를 부여하는 것은, 그 권위가 자명한 것이기 때문에 여성 자신의 동의나
행동을 필요로 하지 않는 절대적 형상도 아니고, (제2물결 페미니즘이 그런
경향을 보여주었듯이) 여성들의 정치적 주장이 진리 주장이라고 옹호하는
정치적 인식론도 아니다. 오히려 그것은 —일상에서 "계속해,"라고 말하면서
—여성들의 자유에 대한 욕망에 권위를 부여하는 여성과, 교대로 자신들에
게 권위를 부여해주는 그 여성의 욕망에 권위를 부여하는 여성들이다.

이 문구는 그 절대적인 단순함과 다양하면서도 일상적인 표현들을 통해
서, 소박한 방식이지만 교착 상태에 빠진 의지의 자유의 페미니즘이 그 교착
상태에서 벗어날 수 있게 하는 출구역할을 한다. 그것은 "나는-할 거야I-will"
의 공허한 자유에서 "나는-할 수 있어I-can"의 세속적인 자유로의 전환을 상
징한다. "계속해,"라는 말을 하거나 듣는 것은, 그리고 그 문구에 따라 *공적
으로 행동하는 것*은, 여성으로 불리는 집단의 구성원임을 부정하지 않으면
서 동시에 페미니즘의 피해자 정체성, 즉 피해자 정치에서 벗어나는 것이다.

우리는, "동질적이면서 사회적으로 억압된 집단" 이미지가 재현한 모습에 자신을 동일시할 수 없는 여성은 주권에 대한 환상에 사로잡혀서 손쉽게 여성 집단의 존재를 부정하게 된다는 것을 기억하고 있다. "자신에게 동료 여성들이 필요하다는 것을 알지 못하고, 인정하고 싶지 않은"(SD, 135쪽) 여성은 결국 "남성 권력이라는 화석화된 상징 영역에 갇혀서, 다른 여성들을 필요로 하지만 자신이 원하는 것을 다른 여성들과 협상할 능력이 없는"(SD, 137쪽) 상태로 끝나게 된다.

이 문장을 현 시점에서 다시 읽으면서, 우리는 인정한다는 것^{acknowledging}은 단순히 안다는 것^{knowing}과 동의어가 아님을 알게 된다. 내가 빚이 있다는 것을 아는 것이 내가 빚이 있다는 것을 인정한다는 것으로 저절로 이어지는 것은 아니다 ─만약 그랬다면 (스탠리 카벨의 말로 비유해서 표현하자면) 여성들 사이의 관계는 지금과는 다른 형태로 나타났을 것이다. "[카벨처럼] 우리는 이렇게 말할 수 있다: 인정은 지식을 넘어선다. (지식 체계를 넘어선다는 말이 아니라, 말하자면, 그 지식에 근거해서 무언가를 *하거나* 무언가를 드러내기를 요구한다는 점에서 그렇다.)"[44] 그것이 왜 다른 여성들에게 진 빚은 가시적이고 공적인 방식으로 지불되어야 하는지의 이유가 된다. 그 빚에 대한 무언의 지식을 내 머릿속에 전달하는 것으로는 충분하지 않다: 생각만으로는 현실의 결을 바꾸지 못한다 ─행동이 바꾼다. 그러므로 밀라노 공동체는 거침없이 선언한다: "여성 자유는 사실상 여성들 사이의 관계에서 이루어지는 단순한 감사에 기초한다. 그 외의 다른 것은 이론에서든 실천에서든 그 자유의 결과이거나 그 자유와 아무런 관련이 없는 것이다. 자신에게 무언가를 준 다른 여성에게 감사를 표현하는 한 명의 여성이 이런 종류의 감사가 실종된 페미니즘 운동 전체나 집단보다 여성해방에 있어 더 가치가 있다" (SD, 130쪽). 감사는 위계의 표현이 아니고 상호성의 표현이다; 여성 자유의 주권 없는 상태에 대한 상호 인정이며, 공동체에 대한 요구와 개인성

---

44) Stanley Cavell, "Knowing and Acknowledging," in *Must We Mean What We Say?* (Cambridge: Cambridge University Press, 1969), 238-266쪽; 인용구는 257쪽.

에 대한 요구의 겹침에 대한 상호 인정이다. 이 빚을 갚기를 거부하는 여성은 "결코 자유로워지지 못할 것인데," 왜냐하면 "그녀에게 세상은 언제나 다른 사람들이 생각하고 통치하는 것이고, 자신은 거기에서 이런저런 장점을 갈취하지만 언제나 청원자의 자격으로 종속적 위치에 있을 것이기 때문이다" (*SD*, 129쪽). 그렇다면 여성에게 있어 웬디 브라운이 현대의 정치적 주체성의 조건으로 묘사한 배상이나 피해자성의 논리가 갖고 있는 이 명백한 교착상태를 벗어날 수 있는 유일한 방법은, 자신이 다른 여성들에게 진 빚을 인정하는 것이고 정확히 말하면 공동체를 인정하는 것이다. 밀라노 공동체는, "자유를 위해 여성이 치러야 할 값은 이 상징적 빚에 대한 지불이다,"라고 주장한다 (*SD*, 129쪽). 그리고 그러한 인정은 여성이 판단을 내리는 자신의 능력이나 자신의 개인성에 대한 주장을 포기한다면 결코 획득될 수 없는 것이다.

성적 차이를 여성 계보의 성원권에 대한 *정치적* 주장으로 읽게 되면, 성적 차이는 그것이 어떻게 주어졌는지에 대해 전혀 묵인하지 않으면서도 주어진 것과 자기 자신을 화해시켜줄 수 있는 수단이 된다. 그것은 "여성이라는 '인과적' 기준"에서 벗어나고자 하는, 역행하려는 바램에 수반되기 마련인 *분노*^ressentiment를 피하려는 시도다. "남자들이 생각해낸 사회-상징적 질서 속에서 여자로 태어난다는 것은 삶의 전부를 조건 짓는 사건^accident이 된다. 여성은 삶에서 자신의 사적 운명을 갖지 못한다; 여성이 자유와 필연을 겹치게 할 수 있는 방법은 없다. 왜냐하면 그녀의 필연성은 자신의 몸을 (모성, 처녀성, 성매매...) 사회가 사용하는 것에 따르는 것을 의미하기 때문이다 (*SD*, 127~128쪽). 성적 차이는 "사회적 삶에 대한 우리의 소속감이 그 여성적 구성 요소에의 소속감으로 결정된다는 사실에 입각한 전제"가 아니다. 그것은 "그러한 사실에 입각한 비자유의 사회적 원인을 우리들의 자유의 원리로 전환시키는... 정치적 실천"이다 (*SD*, 122쪽). "다시 말해서, 여성은 그것이 선택의 대상이 아니라는 것을 잘 알면서도, 자신의 여성에의 소속을 의미화하려는 선택을 했을 때 자유롭다" (*SD*, 138쪽).

그러므로 이탈리아 페미니스트들이 이해한 성적 차이의 정치는 자기-주권의 환상에 갇혀서 분노에 가득 찬 채 필연성에 묶여있는 나는-할거야$^{I-will}$가, 주어진 조건이자 선택인 공동체 내에서 자유를 경험하는 나는-할 수 있어$^{I-can}$로, 즉 "다른 여성들과의 감사와 교환의 원리에 근거를 둔 ... 사회 계약"으로 전환하는 것이 된다 (*SD*, 142쪽). 이 새로운 사회 계약은 논리적으로 자명한, 일련의 합리적으로 합의된 원리에 근거를 두는 것이 아니고, 공동체에 정당한 요구를 하고 공동체에 진 빚을 인정하는 *약속*에 기반을 두는 것이다. 형상을 중심으로 구체화 되는 (원형들, 상징적 어머니) 이런 종류의 페미니즘 공동체의 토대는 그 서명자들과 그 후손들을 영원히 묶어놓고 공동체의 정당성은 사회계약 이론가들이 말하는 소위 "암묵적 동의" 정도에 불과한 것으로 환원되는, 그런 확실한 사실에 뿌리를 둔 협약이 아니다. 성적 차이는 어떠한 실체도 없으며, 자신보다 앞서 와서 "계속해"라고 말해주는 여성들을 가시적이고 공적인 방식으로 인정하는 일상의 실천을 제외하고는 어떤 것도 보장하지 않는다. 그것은 약속하고 실천하는 일상의 정치적 실천이다.

아렌트가 주장하듯이, 약속하고 실천하는 능력은 비주권적 자유의 실천에서 핵심적인 것이다. 왜냐하면 이 능력은 인간 행동을 특징짓는 예측 불가능성을, 즉 우리는 결코 우리 행동의 결과를 확신을 가지고 예측할 수 없다는 사실을 희석시키기 때문이다. 아렌트는 다음과 같이 말한다.

> 약속하기의 능력은 ... 자신의 자아를 통제하고 타자를 지배하는 것에 의존하는 그런 지배력에 대한 유일한 대안이다; 그것은 비-주권적 상태 아래 주어진 자유의 존재와 정확히 일치한다. 계약과 협약에 의존하는 모든 정치체들에 내재하는 위험과 이점은, 통치와 주권에 의존하는 정치체들과 달리, 말하자면 그 안에 약속을 특정한 예측 가능성의 섬들로 그리고 특정한 표지를 세우는 단순한 매개체로 사용하면서, 인간사의 예측 불가능성과 인간에 대한 신뢰할 수 없음을 있는 그대로 내버려둔다는 점이다. 불확실성의 마나에서 확실성의 고립된 섬의 특징을 갖고 있는 약속이 자신들의 특징을 잃어버리는 순간에, 정확히 말하면 이 속성이 미래의 모든 것을 덮어버리기 위해 그리고 사방으로 확보된 길을 내기 위해 잘못 사용되는 경우

에, 그들은 자신들의 구속력을 잃고 전체 사업은 자멸하게 된다.[45]

약속하고 실천하는 능력은 우연성과 예측 불가능성을 극복하는 방법과는 거리가 먼 것으로, 우리가 "절망에 빠져서 공적 문제의 영역에 등을 돌리고 자유를 향한 인간의 능력을 업신여기고 싶은" 유혹을 받지 않도록, 정치체들을 좀 더 견딜만한 것으로 만드는 방법이다.[46] 심지어 사람들이 행동 통일을 보이지 않을 때도 사람들을 하나로 묶어주는 "무력"처럼, 약속하기는 주권에 어떤 제한된 현실을 제공한다. 아렌트는 이 매우 독특한 형태의, "서로 모여서 함께 하는 일군의 사람들의 주권은, [루소와 같은 사회계약론자들이 생각했듯이] 그들 모두를 뭔가 마법처럼 고양시키는 동일한 의지에 의해서가 아니라, 오직 그것만으로 약속이 유효하고 구속력이 있게 되는 합의된 목적에 의해서 형성되는 것으로서," "어떤 약속에도 묶여 있지 않고, 어떤 목적에도 구속되지 않은, [전통적 의미에서] 완전히 자유로운 사람들,"이 가진 것으로 간주되는 주권보다 훨씬 우월한 것이라고 말한다.[47] 그것은 빚이나 공동체를 전혀 인정하지 않는 '나는-할 거야'의 환상적 주권보다는 서로를 묶어주는 약속을 통해 성취되는 '나는-할 수 있어'의 제한된 주권이다.

약속하고 실천하는 능력은 여성들 사이의 차이라는 단순한 사실을 정치적으로 의미있는 것, 즉 권위가 부여된 대화 상대자들로 전환시킨다. 그것은 "여성들 사이의 부적절한 미러링"(*SD*, 126쪽)에 기반을 둔 평등 개념을 더 위험하지만 덜 반사적인 것, 즉 상호호혜성으로 전환시킨다. 페미니스트는 자신이 아는 것을 자신이 인정하는 것으로 전환시켜야 한다고 주장하면서, 밀라노 공동체는 "권위를 인정받은 여성 대화 상대자를 갖는 것이 이미 사회에서 공인된 권리를 갖는 것보다 더 중요하다,"라고 버젓이 단언한다. 이 말은 페미니즘이 일단 권위가 부여된 대화 상대자들을 만들었다면, 권리에 대해서는 더 이상 관심을 갖지 말아야 한다는 것을 뜻하는 것인가?

---

45) Arendt, *The Human Condition*, 244쪽.

46) Arendt, 같은 책, 233쪽.

47) Arendt, 같은 책, 245쪽.

6. 권리 재구성하기

이 장의 시작에서, 필자는 『성적 차이』는 주체 문제의 틀을 가지고 읽게 되면 본질적인 성적 차이를 주장하는 것으로 쉽게 오해할 수 있는 책이기 때문에, 미국 페미니스트들이 그 책을 간과했을 수 있다고 말했다. 우리는 이제 『성적 차이』를 여성의 본질적인 다름을 논하는 책이라고 보는 것이 왜 잘못된 평가인지 알 수 있는 더 좋은 위치에 있다. 이탈리아 페미니스트들에 의해 단호하게 주어진 정치적 형식 안에서, 성적 차이는 정체성의 생성이나 파괴가 아니고 위탁과 인정에, 약속하고 실천하는 것에, 그리고 판단을 내릴 수 있는 능력에 중점을 둔 자유의 실천이다. 세계-구축에, 그리고 새로운 사회 계약으로서의 페미니즘에 초점을 맞추면서, 성적 차이의 정치적 실천은 현실 세계의 구조에 변화를 가져오려고 한다. 성적 차이를 정치적 공간의 창조로 이해할 경우—정확히 말하면, 새롭게 생각할 수 있는 형상들을 중심으로 조직되면서 (예컨대 "상징적 어머니") 그 조직은 조직개편과 판단의 대상이 되는 그런 공간, 거리와 근접성의 관계에 의해 규정되는 세속적인 사이-공간—그 성적 차이는 여성으로 존재하는 모든 여성들에게 (그 여성의 성원권을 어떻게 정의하든 간에) 전면적으로 적용되지 않는다. 그러한 정치적 공간은 여성 계보의 성원권에 대한 정치적 주장을 하는 개인들에게만 적용된다. 그 정치적 주장은 자신이 진 빚을 인정하는 것, 정확히 말하면, 공적이고 가시적인 방식으로 여성 자유의 비주권적 상태를 표명하는 것이다.

그러나 우리가 『성적 차이』가 본질주의를 주장하는 책이 아님을 인정한다 하더라도—아니면 적어도 그렇게 단순하지는 않다는 것을 인정한다 하더라도—여전히 그 책을 평가절하하게 만드는 또 다른 문제가 있다: 즉 그 책은 평등권을 향한 페미니즘의 그간의 역사적 투쟁을 전면적으로 거부하는 것으로 보인다는 것이다. 확실히 우리의 권리-기반적 틀에서 보면, 『성적 차이』는—본질주의의 공포는 차치하고라도—거의 불쾌한 페미니즘 책으로 남을 운명에 처해있었다. 자유의 정치(성적 차이)와 평등의 정치(성적 무관심)는 손쉽게 제로섬 게임으로, 즉 평등권을 선택할 것인가 아니면 여성 자유를 선택할 것인가로 읽힐 수 있다. 밀라노 공동체는 평등권을 극도로 비판하면서 이 두 가지 모두가 가능할 수 있는 가능성을 제거하고 후자를 선택한 것으로 보인다.

그러나 『성적 차이』를 다르게 읽을 수 있는 ─즉 자유의 실천을 자신의 권리 주장의 조건으로 내세우는 한편, 권리 주장은 자유의 실천으로 내세우는─방법이 있다. "성적 차이의 정치는 성평등이 달성된 *이후*에 오는 것이 아니다; 그것은 여성들 사이의 사회적 관계를 토대로 성취한 여성 자유의 위치에서 모든 종류의 성적 억압과 싸우기 위해, 너무나 추상적이고 모순적이기 일쑤인 평등의 정치를 *교체하는 것이다*"(*SD*, 145쪽; 강조는 필자가 한 것임). 우리는 이 문장을 평등의 정치는 페미니즘에게 막다른 골목이라고 주장하는 것으로 이해할 수도 있지만, 다른 식으로도, 즉 성적 차이의 정치는 성평등이 달성된 *이후에* 온다는 믿음이 오류인 이유는 평등의 정치가 성적 차이의 정치에 의해 *교체되어야하기* 때문이 아니라, 성적 차이의 정치가 없으면 평등의 정치는 현실의 실천에서 실질적으로 이해하기 어려운 상태로 남아있을 것이기 때문인 것으로도 이해할 수 있다.

주체 문제의 렌즈를 통해 이 책을 읽을 경우, 이러한 대안적 해석은 성적 차이를 법조문에 기입해야 한다는 주장으로 읽힐 수 있다. 그리고 아마도 이 탈리아 페미니스트들에게 가장 중요한 페미니스트 사상가로 간주될 뤼스 이리가레가 바로 그 점을 주장해왔다.[48] 그러나 또한 이리가레와 밀라노 공동체는 권리의 또 다른 특징으로서 권리가 자유의 실천과 연동되지 못할 때, 그 권리는 사문화된 법조문으로, 그리고 심지어 위험한 정치적 도구로 변질

---

48) 이리가레의 다음 글을 참조하라: Luce Irigaray, "Towards a Citizenship of the European Union," in *Democracy Begins between Two*; "Comment devenir des femmes civiles?" and "Droits et devoirs civils pour les deux sexes," in *Le Temps de la différence: Pour une révolution pacifique* (Librairie Générale Française, 1989); "Why Define Sexed Rights," in *je, tu, nous: Toward a Culture of Difference*, trans. Alison Martin (New York: Routledge, 1993).

되는 경향에도 우리의 주의를 환기시킨다.49) 확실히 현대 페미니즘 대다수의 뿌리깊은 사법적이고 제도적인 지향성은, 전체적으로 미국 사회의 페미니즘처럼, 한때 권리에 대한 급진적 주장으로 암호화되었던 정치적 자유라는 생각을 우리가 어떻게 놓치게 되었는지를 보여준다. 만약 이리가레가 주장하듯이, 여성들은 성적 시민권을 필요로 한다면, 그것은 그 권리가 평등권처럼 (단순히 정치적 혹은 사법적 대의제가 아닌) 참여와 ("남성 혹은 여성 리더들에 대한 위탁이 아닌") 시민들 상호 간의 위탁 둘 다에 대한 요구이기 때문이다.50) 권리가 제도화될 때, 우리는 자유, 비-지배, 그리고 공적인 일에의 동등 참여를 향한 급진적이고, 근거 없는 주장에서 시작된 권리의 기원에 대해 잊어버리는 경향이 있다. 우리는 애초에 그 권리들을 만들어 낸, 때로는 덜 안정적인 그 실천들을 지속적으로 유지하려 하기보다는, 그 권리들을 권리 자체로 확보하려는 경향이 있었다. 시민권으로의 귀환 요구는 그 기원을 상기시키는 것이다: 페미니즘과 같은 정치적 투쟁은, "권리 변경을 요구하는 데 있어 사법적 판단을 기다리지 않았으며, 심지어 국가의 판단을 기다리지도 않았다,"라고 이리가레는 말한다.51) 자유는 말과 행동의 교환 안에 존재하는 것이며, 권리 요구로 이슈화될 수도 있고 되지 않을 수도 있는 것이다. 자유는 그러한 권리 변경에의 요구를 성공적으로 제도화함으로써 등장한 정치적 대의제에는 존재하지 않는다.

권리가 확보하는 정치적 대의제와 정치적 자유 사이에는 제거할 수 없는 긴장이 놓여있다고, 이리가레와 밀라노 공동체는 주장한다. 페미니즘은 상당히 다양한 정치운동으로서 다양성이 풍부한 젠더를 중심으로 조직되는 것이기에 결코 "여성 일반"이라는 개념으로 대변될 수 없다 (*SD*, 74쪽). 이것은

---

49) 이 문제를 위르겐 하버마스의 최근 연구와 연관 지어 명쾌하게 설명한 것으로, 보니 호니그의 글을 참조하라: Bonnie Honig, "Dead Rights, Live Futures: A Reply to Habermas's 'Constitutional Democracy,'" *Political Theory* 29, no. 6 (December 2001): 792-805쪽.

50) Irigaray, "The Representation of Women," in *Democracy Begins between Two*, 174쪽.

51) Irigaray, 같은 글, 175쪽.

권리, 존재, 대의제에 반론을 제기하는 것이라기보다는, 페미니스트들이 자유의 경험을 대의제 및 권리의 제도화와 혼동하는 것은 큰 실수임을 날카롭게 상기시키는 것이다. 이탈리아 페미니스트들은 우리에게 여성이 진정한 정치적 자유 없이 대의제와 제도화된 권리를 가질 때 치러야 할 비용이 무엇인지 보여줬다. 자유가 없을 경우, 평등권은 동화되거나 이리가레가 "같음의 법칙"이라고 부르는 것으로 수렴되는 비용을 치러야 하는 경향이 있다. 그러나 아렌트가 우리에게 환기시키고 있듯이, 평등은 정치적인 것이며 따라서 인간적으로 구성된 것으로서, 인간의 다양한 경험을, 정확히 말하면 동료들 사이를 자유롭게 활보하면서 다른 관점들을 듣고 판단하는 경험을 지지해야 하는 것이다. 자유와 그 자유를 지탱하는 주관적인 사이-공간의 전면화는, 아렌트와 밀라노 공동체가 각기 다른 방식으로 그렇게 했듯이, 평등한 대의제나 평등권을 거부하는 것이 아니고, 추상적인 원리나 규칙으로 굳어져서 마치 같음을 요구하는 것으로 보이고, 그래서 자유의 실천에서 시작된 기원과 분리된 것으로 보이는 그 평등 개념을 거부하는 것이다.

자유의 실천에서 시작된 그 기원과의 관계를 다시 회복시키면, 권리는 이미 *확정된* 우리 자신을 인정하는 것 (정확히 말하면, 주어진 사회적 정체성으로 이루어지는 다양한 집단의 성원들) 그 이상으로 이용될 수 있다. 그 권리는 우리의 욕망을 무언가 그 이상인 것으로 단언할 수 있고 단언해야 한다. 권리를 이런 식으로 이해하게 되면, 권리는 "계속해,"라고 말하는 자유의 정치적 도구가 된다. 그러므로 "권위를 인정받은 여성 대화 상대자를 갖는 것이 공인된 권리를 갖는 것보다 더 중요한" 이유는 권리가 중요하지 않기 때문이 아니라, 권리가 중요할 때는 오직 우리가 그 권리를 요구하고, 사용하며, 새로운 주장과 새로운 자유를 향해 그 권리를 넘어설 때이기 때문이다. 권리는 그 대화 상대자들처럼 오직 우리가 계속할 수 있도록 영감을 줄 때에만 중요하다. 확실히 권리는, 우테 게르하르트가 주장하듯이, "수입되거나 규정되는 것이 아니다; 권리는 오직 관련된 사람들이 그 권리를 권리로 요구하거나 방어할 수 있는 위치에 있을 때만 적용될 수 있는 것이다."[52] 밀라노 공동체는 그런 위치의 창조는 자유의 실천을, 세속적인 사이-공간을,

그리고 권위가 인정된 대화 상대자들을 가정한다는 것을 보여준다. "만약 각자가 자기 자신의 삶을 자유의 기획에 따라 구현시켜서 여성으로서의 자기 자신을 [여성이라는 우연적 사실을] 이해하고 싶다면 [의미를 생산하고 싶다면]," 즉 "법도 권리도 줄 수 없는" 무언가를 구현시키고 싶다면, 권위가 인정된 대화 상대자가 필요하다 (*SD*, 31쪽). 다시 말해서, 국가를 향해 발언하는 권리 주장은 결코 페미니스트들이 서로를 향해 발언하는 정치적 주장을 대신할 수 없다.[53]

따라서 주체 문제를 통해서가 아니고 그 본래의 고향이자 염원인 자유의 실천을 통해 읽을 때, 권리에의 주장은 자신이 *어떤 사람인지* 인정할 것을 — 단순히 — 요구하는 것이 아니라, 자신이 *누구인지*를, 그리고 더 중요하게는, *앞으로 될지도 모르는 자신*을 인정할 것을 요구하는 것이 된다. 그렇게 이해했을 때, 평등권은 특정 정체성 범주에 포함되는 모든 주체들에게 규칙 같은 형태로 적용될 수 있는 법적 유물이 아니다. 권리는 위에서 아래로 배분되는 것이 아니고, 아래에서부터 만들어지는 그 이상의 것에 대한 요구다.[54] 권리는 사물이 아니고 관계다. 이와 같이 권리는 우리가 *갖고 있는* 것이 아니고

---

52) Gerhard, *Debating Women's Equality*, 176쪽.

53) 권리를 재조정하는 것은 커스티 맥클루어가 주장하듯이, "직언의 정치"를 필요로 한다: "그것은 국가에 권리 주장을 하기 위해 비슷한 점들을 구축하기 위한 목적으로 시작하는 정치가 아니라, 그러한 주장을 그들이 누구이고 무엇을 하는 사람이든 서로에게, 그리고 '타자'에게 하는 것을 목적으로 하는 개방적인 정치다." Kirstie McClure, "On the Subject of Rights: Pluralism, Plurality, and Political Identity," in *Dimensions of Radical Democracy: Pluralism, Citizenship, Community*, ed. Chantal Mouffe (New York: Verso, 1993), 108-127쪽; 인용은 123쪽.

54) 그 이상의 것에 대한 이러한 요구는 게이와 레즈비언들이 동등한 권리를 주장할 때 "특별한 권리"를 추구한다는 혐의를 일부 갖게 하는 것일 수 있다. 그 혐의 뒤에 있는 동성애 혐오 감성이 무엇이든, 평등권을 향한 가장 최근의 이러한 분열적 투쟁은 평등 자체로는 결코 만족시킬 수 없는 것, 즉 자유에 대한 요구로 우리와 부딪치는 사례가 된다.

우리가 *하*는 것이며, 권리는 다른 사람들과의 관계를 제한할 뿐만 아니라 가능하게 한다.

권리를 이런 식으로 생각하는 것은 여성들이 역사적으로 자유의 실천보다 평등에의 주장을 중시하는 평등권을 주장해왔다는 설명에 의문을 제기하는 것이다. 아마도 페미니스트들은 권리의 본래의 고향은 자유에 대한 급진적 주장에 있다는 것을 환기시키면서 이야기를 잘 돌려놓을 것이다. 이 급진적 주장은 해방은 전형적으로 사회적 용어로 설명되고 권리는 코드화되는 것으로 해석되는 그런 여성해방을 위한 투쟁으로 환원되지 않는다. 여성처럼 선거권을 박탈당한 집단에 대한 권리 확장이 반드시 필연적으로 이루어지는 것은 아니다. 자유의 실천으로서의 권리 주장이 반드시 억압으로부터의 해방에서 흘러나오는 것은 아니기 때문이다. 오히려 자유는 권리처럼 그것을 요구하는 사람들에 의해서만 보장될 수 있다. 밀라노 공동체가 관찰한 바와 같이,

> 여성 자유가 그 자체로 보장받기 위해서는 —여성 자유가 없다면 그것은 자유가 아니고, 널리 알려진 대로, 해방emancipation이다 —말하자면, 우리들의 [여성] 해방을 선호했던, 외부에서 주어지는 역사적 상황들은 불필요한 것이 되어야 하며; 그 역사적 상황들은 단성 생식적으로 스스로를 재생산하고 그 실천에 필요한 물적 조건을 생산하는 자유에 의해 번역되거나 대체되어야 한다. 이미 기록된 바와 같이, 우유의 저온 살균이 '참정권' 투쟁보다 여성에게 자유를 주는 데 더 많은 기여를 했다는 것이 사실이라면, 우리는 다시는 그것이 사실이 되지 않도록 행동해야 한다. 마찬가지로 영아 사망률을 낮추고 피임을 발명한 의학이 . . . 혹은 남성들이 여성들을 더 이상 열등한 존재로 생각하지 못하도록 한 사회적 삶에 있어서의 진보가 더 많은 기여를 했다는 것이 사실이라면, 우리는 다시는 그것이 사실이 되지 않도록 행동해야 한다. *저온 살균된 우유병에 도착한 이 자유는 어디서 온 것인가?* 우월한 문명의 표식으로 나에게 주어진 이 꽃은 어떤 뿌리를 가지고 있는가? 나의 자유가 이 우유병 안에, 누군가가 내 손에 놓아준 이 꽃에 놓여있는 것이라면, 그 나는 누구인가? (*SD*, 144쪽: 강조는 필자가 한 것임)

남들로부터 부여받은 것도 아니고 상속받은 것도 아닌 자유는 오직 여성들 자신에 의해서만 주장될 수 있다. 그러면 무엇이 그런 자유를 확보하고, 정착시키고, 정당화시킬 것인가? "여성 자유는 여성들 자신에 의해 보장된다"(*SD*, 142쪽).55)

권리와 대의제 정치에 대한 밀라노 공동체의, 노골적인 거부까지는 아니라 하더라도 철저하게 회의적으로 보이는 태도가, 우리로 하여금 자유의 실천과 연동되지 않은 평등 원리의 한계를 볼 수 있게 해주었다. 밀라노 페미니스트들은 —정치적 질문에 대한 사법적이고 국가-중심적인 답변에 더욱더 눈이 멀게 된 —우리의 눈을 뜨게 하기 위해, 권리를 위한 투쟁과 행사를 통해 여성들이 무엇을 성취할 수 있고 없는지에 대해 알게 하기 위해, 타협적이지 않은 용어로 자신들의 사례를 진술할 필요가 있었을 것이다. 권리가 그런 실천의 일부가 될 수 있을지 여부는 권리 문제가 걸려있는 사례의 세부 사항들의 맥락에서, 그리고 관계에서 결정되어야 한다. 권리에의 요구가 평등을 주장하는 것이라면 그것은 논증 논리에 근거를 둔 요구가 아니다. 왜냐하면 그러한 요구는 그것이 제기된 우연적인 상황을 고려함으로써만 대답될 수 있는 것이기 때문이다. 평등에 대한 요구는 —논리가 그러하듯이 —차이에 대한 요구를 배제할 필요가 없다. 게르하르트가 주장하듯이, 일단 우리가 평등은 (남성을 척도로 하는) 확고한 기준도 아니고, (우리가 수용해야만 하는 논리적 진실인) 절대적 원리도 아니며, 두 개의 용어가 제3의 비교[a] *tertium comparationis*에 의해 구체화되는 역동적이고 진화하는 개념이라는 것을 알게 되면, 우리는 평등의 정확한 의미는 우리가 옳다고 믿는 것에 달려있다

---

55) 밀라노 공동체는 이 점을 몇 번이고 반복해서 강조한다. 자신들의 행동의 전례 없는 성격을 알게 되면서, 그들은 보장의 결핍도 알게 되었다. "오직 다른 여성들만 만난 이 여성들의 행동은, 그래서 결과적으로 자신들의 정치의 내용과 방법을 바꾼 이 여성들의 행동은, 해방적 일탈의 예가 된다. 그들의 행동은 다른 사람들을 성냥와시켰시만, 어떤 것노, 그리고 누구노, 그들의 행동이 옳은 것이라고 보장하지 않았다. 여성의 다름의 가치는 사회적 관계 체계 안에 새겨져 있지 않다. 또한 여성의 다름이 존재하기 위해 행해져야 할 어떤 것도 그것이 옳은 일이라는 보장과 함께 나타나지 않는다"(*SD*, 126쪽).

는 것을 알게 될 것이다. 확실히 비교의 수단으로 무엇을 고려하고 고려하지 않을 지를 결정하는 것은, "결코 논리 연산이 아니며, 그 대신 평가, 즉 가치 판단의 결과다,"라고 게르하르트는 적는다. 그리고 이 가치 판단은 시공간에 기반을 두고 달라질 것이다. 절대적으로 상황 의존적인 의미에서, "사람들을 평등하게 대우하는 것은 '성찰적 관점'에 달려있다." 그것은 논리적인 문제도 아니고, (단순히) 법률적인 문제도 아니며, 오히려 "정치적인 문제"다.[56] 다음 장에서 우리는 이 (성찰적) 판단의 속성이 무엇이며, 왜 그것이 자유-중심적 페미니즘에 결정적으로 중요한 것인지를 보게 될 것이다.

---

56) Gerhard, *Debating Women's Equality*, 10쪽.

04

•

페미니스트들은
판단을 내리는 사람들이다

: 한나 아렌트의 『칸트 정치철학 강의』와 자유의 단언

개인은 스스로 사물을 판단할 능력이 없으며,
개인의 판단력은 최초의 판단에 적합하지 않다고
가정할 때, [물려받은] 기준의 상실은...
도덕적 [그리고 정치적] 세계에 재앙일 뿐이다;
그들에게서 알려진 규칙을 적용하는 것
이상의 것을 기대할 수 없다.
한나 아렌트, 『정치란 무엇인가?』

앞 장에서 우리는 정치적 자유의 실천은 자발성뿐만 아니라 사이 공간의 세계를, 즉 그 공간에 모여있는 개개인들을 연결하고 분리하는 공간을 유지하는 제도들의 창조 및 지속적인 재발명이라는 세계-구축과 관련된다는 것을 보았다. 『성적 차이』는 우리에게 이탈리아 페미니즘에서 그 같은 실천이 출현하는 것을 보여주었다. 그것은 적지 않은 성과였다. "주로 1966년과 1986년 사이에 밀라노에서 일어났던 ... 사건들"을 돌아보면서, 밀라노여성서점조합은 "이름도 없고," 세상 어디에도 없는 것, 즉 여성들 사이의 자유로운 관계를 이해해야 했다. 무엇이 『성적 차이』의 저자들로 하여금 그 관계를 필연적이기보다는 자유로운 것으로 볼 수 있게 했을까? 그들은 어떻게 여성의 비참함의 전통적 이미지를 여성 자유의 급진적 형상으로 바꿀 수 있었을까?

1966년과 1986년 사이에 일어난 사건들은 여성들의 정치적 관계에 대한 밀라노여성서점조합의 색다른 설명의 근간을 이루는 것이지만, 『성적 차이』에 나오는 이야기는 결코 그런 경험적 사건들에 의해 주도되거나 소진되지 않는다. 남들이 고통의 공유 경험을 통해 구축된 공동의 정체성에 기반을 둔 여성 공동체를 발견했던 바로 그 사건들에서, 밀라노 페미니스트들은 새로운 것의 출현을 보았고, 그 새로운 것은 이탈리아 페미니즘의 사후적 설명과 심지어 그 사건들에 관여했던 행위자들조차 깨닫지 못했던 것이었다. 과거의 사건과 사물들이 조합의 구성원들에게 우선 이름이 없는 것으로, 즉 형상이 없거나 기존의 범주나 규칙 아래 포함될 수 없는 것으로 보이게 된 것은, 관중으로서의 그들의 역할에서였다. 그들은 성찰 과정에서, 여성들 사이의 자유로운 관계라는 새로운 실천을 고통을 중심으로 여성들을 엮는 옛 실천의 용어로 설명하려는 지속적인 유혹은 자유를 부정하는 것이라는 것, 그리고 자유 없이는 페미니즘 자체가 말이 안된다는 것을 알게 되었다. 그러나 피해자를 중심으로 한 이야기는 지루할 정도로 뻔한 것이었지만, 그것은 묘한 편안함을 주었다. 과거의 범죄에 대한 보상을 요구하는 여성들의 친숙한 이야기는 자유 그 자체에 대한 욕망 이외의 다른 이유는 없이 자유를 요구하는 여성들의 훨씬 더 생소한 이야기를 보이지 않게 했다.

여성들이 이용 가능한 각본의 관점에 기반해서 (예컨대 더 나은 사회의 창조, 사회정의의 승리 등등) 자유에 대한 여성들의 요구를 정당화하기를 거부하면서, 밀라노여성서점조합은 다른 이야기를 하는 법을 배워야 했다. 이탈리아 페미니즘의 이러한 대안적 설명에서 자유에 대한 급진적 요구는 역사적 진보와 같은 포괄적인 과정과의 관계 덕에 사건을 의미 있게 만들어주는 그런 서술 논리에 의해 희석되지 않는다. 우리는 인과론적이고 목적론적인 해석방식으로부터의 이탈을 "객관적 사실"의 발견으로, 즉 여성 자유라는 실상의 발견으로 해석할 수도 있을 것이다. 그러나 그 경우에 우리는 가장 중요한 것, 즉 밀라노 여성들이 자유에 대한 "실재 사실"이나 더 나아가 이탈리아 페미니즘에 대한 다른 사실을 발견한 게 아니라, 오히려 이 사실들과의 어떤 관계를 발견했다는 사실을 놓칠 수 있다. 자유와 우연성에 대한 그들의 축사는 그들 자신의 실천의 산물이었고, 그 실천의 한 이름이 정치적 판단이다.

자유가 판단의 산물이라고 말하는 것은 인간 행동에서 자유의 존재를 부정하는 것이 아니다. 오히려 아렌트가 주장하듯이, 행동에 존재하는 자유는 찰나적이면서 (이야기나 서사와 같은 기억의 산물이 없다면, 행동은 흔적도 없이 사라질 것이다) 위협적인 것임을 (원인 없는 행동은 그 효과 면에서 예측할 수 없고, 의미와 목적에 대한 우리의 감각을 조직화하는 직선적인 시간 개념 측면에서 생각조차 할 수 없는 것으로 보인다) 상기해야 한다.[1] 정치적 자유는 우리가 소유하고 있는 본질도 아니고, 우리가 인식하고 있는 대상도 아니다; 오히려 그것은 행동에서 드러나고 판단력에 의해 단언되는 것이다. 우리가 제2장에서 보았듯이, "철학자들과 행동주의자들"은 모두 자유를 단언하기보다는 부정하는 경향이 있었다. 칸트가 "멜랑콜리적 무계획성"이라고 부른 것에 직면하면서, 그들은 반복적으로 우연성을 필연성으로 전환시켰다: 그들은 인간의 행동에서 일회적 행동을 사회적 진보의 펼침처럼 어떤 좀 더 거대한 전체의 필연적인 순간으로 전환시키는 것을 통해 의미를 찾으려고 했고, 환원될 수 없을 정도로 새로운 행동을 주어진 범주나 규칙에 포함시킴으로써 부정하려고 했다.[2]

아렌트처럼, 밀라노 여성들도 어떤 일이 일어나든 역사적 과정만이 그것이 계속될 수 있도록 의미를 부여해준다는 바로 그 생각이 자유를 부정하게 하고 정치적 판단의 책무와 부담에서 도피하게 만드는 위험을 안고 있다고 생각한다.[3] 이탈리아 페미니스트들의 관점에서 보면, 페미니즘도 이 위험에서 벗어나 있지 않다. 그들의 주장에 따르면, 페미니즘이 자유와 판단에 대한 요구를 부정했던 한 가지 방식은 마치 그것이 여성 자유의 실증적 사례이고 민주적 가치의 역사적 증거라는 듯이, 헌법이 보장하는 여성의 권리를

---

1) 아렌트는 "인간의 행동은 많은 그리고 서로 반대되는 목표들이 추구되는 관계망에 투입되기 때문에, 그 원래의 의도를 거의 성취하지 못한다,"라고 쓴다. "행동을 시작하는 사람은 자신의 행동이 이미 모든 것을 변화시켜서 더욱더 예측하기 어렵게 만들었기 때문에, 자신이 결코 예측할 수 없는 어떤 것을 시작했다는 것을 알아야 한다." Hannah Arendt, "The Concept of History," in *Between Past and Future: Eight Exercises in Political Thought* (New Yrok: Penguin, 1993), 41-90쪽; 인용구는 84쪽.

2) 윗글, 85쪽.

3) "우리의 현대적 사고방식에서는 그 자체로 의미 있는 것은 아무것도 없다.... 과정이라는 개념은 구체적인 것과 일반적인 것, 단일한 사물이나 사건과 보편적 의미의 연결이 끊어졌다는 것을 함의한다. 오직 과정만이 ... 무슨 일이 있어도 의미 있는 일을 만들어낸다" (윗글, 63-64쪽).

주장하는, 역설적이지만 구체적인 형식을 취한 것이었다. 밀라노 페미니스트들은 헌법이 보장한 권리나 다른 법적 결과물들을 여성 자유의 존재를 판단하는 규칙으로 삼기를 거부하면서, 우리가 권리와 자유 사이에서 만드는 경향이 있는 거의 자동적인 공식에 의문을 제기했다. 그들이 거부한 것은 엄밀한 이미이 권리가 아니라, 자유에 대한 법적 결과물을 자유의 실천으로 오인하는 일종의 정치적 사고에 대한 것이었다. 그들이 여성 자유를 측정하기 위한 잣대로 권리를 사용하기를 거부한 것은 권리의 급진적 잠재력을 배제하는 위험을 무릅써야 하는 것이었지만, 필자가 앞장에서 제시했듯이, 그 거부는 또한 이탈리아 페미니스트들이 자유-중심적 페미니즘을 위한 판단력과 그 중요성을 중시할 수 있게 했다. 그러나 이 판단력이란 정확히 무엇이며, 왜 그것이 자유-중심적 페미니즘에 중요한 것인가?

1. 판단과 "새로운 것의 문제"

가장 넓은 의미에서, 판단은 우리가 우리의 경험을 정리하거나 이해할 수 있게 해주는 능력이다. 그것이 인지^{cognition}의 목적을 위해 개념들과 관련될 필요가 있는 대상의 특수성이든, 아니면 정치적 삶의 목적을 위해 이야기로 구성되어야 할 필요가 있는 사건의 특수성이든, 판단은 인간의 경험에 일관성과 의미를 부여한다. 내가 저기에서 보는 것이 "나무"인지 아닌지, 내가 라디오에서 듣는 것이 "아프리카의 최근 기근"에 대한 논평인지 아닌지, 혹은 내가 신문에서 읽는 것이 "양성 간의 전쟁"에 대한 사설인지 아닌지, 나는 판단의 실천에 즉시 관여하고 증인이 된다. 그러나 판단력은 모든 인간 활동에 편재해있기 때문에 우리가 그것을 판단으로, 즉 우리가 하는 일로 거의 보이지 않게 만든다. 이것은 우리가 어떻게 판단하느냐와는 완전히 무관하게 존재하는 사실을 (예컨대 나는 저기에 정말 나무가 있기 때문에 나무를 본다; 나는 정말로 두 개의 성이 있기 때문에 두 개의 성을 본다 등등) 보고해야 할 때인 인지적 판단일 경우에 특히 그러하다.

칸트는 ─그리고 후기 비트겐슈타인은 ─인지^{cognition}는 지각과 같은 단순히 생리적 사실에만 향해있다는 생각에 의문을 제기했고, 인간에게 의미 있는 모든 것에 있어서 판단의 핵심적 역할을 강조했다. 일반적으로 말해서, 판단은 보편성 아래 속해있는 특수성을 생각할 수 있는 능력이거나, 혹은, 칸트의 말에 따르면, "규칙 아래 포함시키는 능력, 즉 어떤 것이 주어진 규칙에 속하는지 ... 혹은 속하지 않는지를 결정하는 능력"이기 때문이다.4) 칸트는 판단력이 없다면 우리는 지식을 가질 수 없을 것이라는 유명한 주장을 한다. 왜냐하면 특수성들을 분류하고 포함시키는 규칙의 기능을 하는 개념들이 없다면, 우리는 오직 "이것"과 "이것"만을 가질 것이고 (예컨대 이 "여성" 혹은 이 "남성"), 경험의 대상이라고 부를 수 있는 것은 아무것도 가질 수 없기 때문이다. 칸트는 모든 "대상"은 개념 안에서의 인식^{recognition}을 통해 존재하게 된다고 주장한다.5)

칸트가 말하는 "규정적 판단"(즉 논리적이고 인지적인 판단)에서 작동 중인 인식 논리로는 ―칸트 자신이 인정했듯이 ―어떻게 이미 알려진 것의 관점에서나 앞선 일련의 사건들의 연속선으로 설명될 수 없는 그런 새로운 대상이나 사건이 존재할 수 있는지 보기 어렵다. 예컨대 우리가 제1장에서 살펴본 성차에 대한 경험적 판단들은 간성적인 몸들에 대한 새로운 가능성들을 놓치는 방식으로 특수성들을 남성 혹은 여성의 규칙 아래 포함시키는데, 이것은 그 간성적인 몸들 역시 이분법적 성차의 규칙에 동조하는 형식으로 인지되기 때문이다. 그렇다면 규정적 판단에서 규칙 준수란 지식과 의미의 조건으로서 새로운 것을 오래된 것으로 바꾸는 것인 것 같다.

---

4) Immanuel Kant, *Critique of Pure Reason*, trans. Paul Guyer and Alan Wood (Cambridge: Cambridge University Press, 1977), B171.

5) 모든 인지의 근간을 이루는 인식은 이성, 상상력, 그리고 이해의 능력들이 "상식"을 형성할 것을, 즉 질 들뢰즈^{Gilles Deleuze}의 적절한 어구로 표현하면, "같음의 형식"을 생산하기 위해 서로 협조할 것을 요구한다. Gilles Deleuze, *Difference and Repetition*, trans. Paul Patton (New York: Columbia University Press, 1994), 137쪽. 상식은 지금 내가 보고 있는 대상을 하나의 개념 아래 인식할 수 있는 대상으로, 즉 이미 알려진 것으로 확보하면서, 그 대상을 내가 지금 만지거나 냄새를 맡는 대상으로 만드는 능력들의 조화다.

그러나 자유-중심적 페미니스트들에게 있어서 아렌트가 "새로운 것의 문제"라고 부르는 것은 우리가 어떻게 특수성들에 대한 지식을 갖게 되는지에 대한 인식론적 질문 그 이상의 것이다; 그리고 그것은 오직 인과적 법칙을 통해서만 인지될 수 있는 현상적 세계에서 주체의 자유를 확보하는 방법에 대한 도덕적 질문 ㄱ 이상의 것이다. 새로운 것의 문제는, 우리가 예측하지도 통제하지도 않는 인과관계가 작동하는 대상과 사건의 세계에서 어떻게 민주적 공동체의 구성원들인 우리가 인간의 자유를 정치적 현실로 단언할 수 있는지에 대한 정치적 질문이다. 아렌트는 우리가 그렇게 단언하는데 갖는 어려움을 생생하게 포착하고 있다: "우리가 뭔가 무섭도록 새로운 것에 직면할 때마다, 우리의 첫 번째 충동은 새로운 단어를 만들어낼 만큼 강력한, 맹목적이고 통제되지 않는 반응 속에서 그것을 인식하는 것이다; 우리의 두 번째 충동은 이미 그것과 유사한 것을 알고 있다고 가정하면서 우리가 새로운 것을 봤다는 사실 자체를 거부하고 통제력을 확보하는 것이다; 오직 세 번째 충동만이 우리가 처음에 보고 알았던 것으로 우리를 되돌아가게 할 수 있다. 여기에서 진정한 [정치적] 이해의 노력이 시작된다."6) 정치와 관련이 있는 판단에서 핵심은 지식이 아니고, 이해, 혹은 아렌트가 말하듯이, "지

---

6) Hannah Arendt, "Understanding and Politics," in *Essays in Understanding, 1930-1954*, ed. Jeerome Kohn (New York: Harcourt Brace & Co., 1994), 207-327쪽; 인용구는 325쪽, 각주 8. 아렌트에게 전체주의는 우리의 판단을 요구하는 새로운 사건의 전형적인 사례였는데, 왜냐하면 "유럽의 중심부에 세워진 죽음의 공장들"이 전례 없는 무의미함으로 우리에게 맞서기 때문이다. 우리는 "우리의 사고 범주와 판단기준"의 파멸을 드러낸 사건을 어떻게 판단할 것인가? 라고 아렌트는 묻는다 (Arendt, "Understanding and Politics," 313쪽). 그럼에도 불구하고, 우리는 물려받은 규칙을 포기하기를 꺼려한다. 이 꺼려함은 우리에게 익숙해진 것이 특수한 것들을 포함하기 위한 어떤 특정한 규칙의 본질이라기보다는 그것들을 포함시킬 규칙을 가져야 한다는 단순한 사실임을 시사한다. 규칙은 우리가 전혀 이해하거나 판단하지 못할까 봐 매달리는 정신의 목발과 같은 것이다. 아렌트의 견해에 따르면, 허무주의의 진정한 위협은 기준을 상실하는 데 있는 것이 아니고 그 상실의 결과를 받아들이기를 거부하는데 있다. Hannah Arendt, "Thinking and Moral Considerations," *Social Research: Fiftieth Anniversary Issue* 38, no. 3 (Autumn 1971): 416-446쪽; 특히 436쪽 참조.

식을 의미 있게 만드는" 이해다. 핵심은 우리가 선택하지 않은 관계와 사건들로 구성된 세계에서, 그 다른 모습은 주권으로서의 자유라는 생각인 다양한 형태의 운명론과 결정론에 굴복하지 않고, 익숙해지려는 것이다.

비주권적인 인간의 자유를 (즉 나의-의지에 기반을 둔 것이 아니라 나의-할-수-있음에 기반을 둔 자유) 긍정하는 방식으로서의 주어진 것과 (즉 잊혀질 수도 없고 변화될 수도 없는 과거) 타협할 수 있는 우리의 능력은 오직 판단의 비판적 실천을 통해서만 달성될 수 있다. 그 같은 실천은 흄에 의해서 철학적 자만으로 드러난 "자율성 원리"(즉 이성은 우리의 예비적 이해를 구성하는 관습이나 편견으로부터 완전히 벗어나야 비판적으로 판단한다는 생각)에 기초할 수 없다.7) 이러한 이해에서 벗어나서 우리가 판단을 내릴 수 있는 지점은 없다. 그것을 우리가 외재적 관점에 닿기 위해 넘어서야 할 어떤 것으로 보지 않을 때, 이러한 우리의 판단적 실천들의 근거를 댈 수 없는 기반은, 필자가 제1장에서 주장했듯이, 너무나 자주 우리가 세상에서 무엇과 마주칠 수 있는지를 결정하거나 수정이 필요 없는 것으로 다루어진다.8) 그 경우에 의미에 대한 우리의 예지적 이해는 페미니즘 및 끊임없이

---

7) 판단(*Urteile*)과 편견(*Vorurteile*)의 관계에 대해서는 Hannah Arendt, *Was Ist Politik?*, ed. Ursula Ludz (Munich: Piper Verlag, 1993), 17-23쪽을 참조하라. 이후부터 이 책의 본문과 각주에서의 인용은 *WIP*와 페이지 수로 표기함. 모든 번역은 필자가 직접한 것임.

8) "어쩌면 우리의 범주로 이해할 수 없는 것이 발생할 수 있다고 생각하는 것조차 불합리한 것일 수 있다,"라고 아렌트 빈정댄다. "새로운 현상을 그런 식으로 기술하는 것은 명백히 현실과 다를 수 있지만, 어쩌면 우리는 오래된 것들 사이에 새로운 것을 즉각적으로 배치하는 예비적 이해와, 전례가 없는 것을 전례들로부터 조직적으로 추론해내는 과학적 접근을 받아들여야 할지 모른다" (Arendt, "Understanding and Politics," 313쪽). 아렌트는 이 점을 인정하려 하지 않는데, 왜냐하면 그것은 인간의 자유를 부정할 것이기 때문이다. 아렌트는 우리가 우리의 예비적 이해에 기반해 판단을 내리며, 예비적 이해 이외에 판단을 내릴 수 있는 장소는 없다는 생각에 이의를 세기지는 않는다. 우리의 판단력의 예시적 기반은 하이데거와 같은 사상가들이 수행하는 언어적 전환과 관련된 언어의 세계-폐쇄적 기능에 속한다. 하이데거는 의식 철학과 언어는 언어 이전의 사유를 표현하는 단순한 도구일 뿐이라는 생각에 도전하면서, 언어에 이미 주어져 있는 의미가 우리가 생각할 수 있는 것 또

변화하는 세계에서의 우리의 비판적 성향의 활성화 조건에서부터, "실제의 모든 것이 이미 [그것]에 주어져 있는 한에서 경험[과 새로운 것]으로부터 우리를 보호하기" 위해 작동하는 아렌트가 "세계관"이라고 부른 것으로, 변형된다.9) 만약 이것이 밀라노 페미니스트들이 주장하듯이 제2물결 페미니즘의 모습이었다면, 그것은 제2물결 페미니스트들이 권리 주장을 했기 때문이 아니라 그들 자신의 권리 주장을 비판적으로 획득할 수 있는 판단의 실천을 그들이 발전시키지 못했기 때문이다.

그렇다면, 페미니즘적 판단의 실천은 칸트가 규정적 판단이라고 불렀던 규칙-준수를 모델로 할 수 없다. 외재적 관점의 유혹에 굴복하지 않으면서, 그렇지만 우리의 사회적 방식과 삶의 형식의 근거를 댈 수 없는 기반을 비판적으로 획득하기 위해서, 페미니스트들은 규칙-지배적이지 않은, 즉 비트겐슈타인이 적어도 우리가 하는 일에 대한 깊은 오해임을 철학적으로 보여준 규칙 준수가 아닌, 판단의 실천이 필요하다. 그러한 실천을 개발하는 것은 ─현대 페미니즘의 지속적인 위기감이 보여주듯이 ─결코 쉬운 일이 아니며, 우리 측의 경계가 필요하다. 특수한 것들을 정리하기 위한 규칙으로 기능하는 전수된 개념들은 (예컨대 남성, 여성, 남자, 여자 등등) 대부분 제2물결 페미니스트들을 위한 것이었고, 우리는 오늘날의 페미니즘 정치에 가져올 결과를 아직 이해하거나 받아들이지 못하고 있다. 개념을 조정하지 않고 판단하는 것은 우리가 잘 배우고 실천할 수 있는 일상적인 기술이다. 그것은 언제나 우리 자신의 좌절감이나 부적절함 때문에 정치적 현실을 이해하기 위해 우리에게 이미 잘 알려진 개념이나 규칙에 기대려는 위험과 관련된다. 그럼에도 불구하고 우리가 단지 보존하기만 하는 규칙에 대한 특이한 변칙

는 우리가 대상으로 마주칠 수 있는 모든 것을 구성한다고 주장했다. 우리는 언어와 무관하게 주어진 실체를 *먼저 접한 후에* 그것을 ─인지적 판단을 통해 ─무언가로 (예를 들면, 처음에는 단순한 물체로, 다음에는 문으로) 받아들이는 것이 아니다. 오히려 우리는 모든 실체를 처음부터 이러이러한 종류의 대상으로 마주하게 된다; 우리의 선견지명은 이미 "구조로" 나타난다.

9) Arendt, *WIP*, 21쪽.

들로서 말고는 (예컨대 다섯 가지 섹스) 우리의 참조체계 내에 설 자리가 없는 대상과 사건들을 받아들이고 싶다면, 우리는 판단력을 키워야 한다. 그리고 이 능력을 키우는 데는 제3물결 페미니스트들이 강조했던 우연성의 긍정, 그 이상의 것이 포함된다. 또는 더 나은 방법으로, 우연성과 그에 따른 자유를 지우지 않는 일관성과 의미를 창조하는 것이 포함된다.

새로운 것은 —만약 우리가 허용한다면 —우리의 판단과 이해의 능력에 부담을 준다. 왜냐하면 그것은, 질 들뢰즈가 말하듯이, "오늘이든 내일이든 간에, 인식의 힘이 아니라 인식되지 못하고 인식할 수 없는 *미지의 땅*^{terra} ^{incognita}으로부터, 완전히 다른 모델의 특별한 능력인 생각의 힘을 불러내기 때문이다."[10] 아렌트와 들뢰즈는 규칙에 포함될 수 없거나 객관적 정당성을 확보할 수 없는 것을 판단력과 무관한 것으로 보기보다는, 정확히 지식의 대상이 아닌 것은 그것이 무엇이든 판단력 자체의 비판적 측면들을 발전시킬 수 있는 계기가 된다고 주장한다. 다시 말해서, 그것은 칸트가 규정적 판단이라고 불렀던 것이 진정한 판단이 시작되는 것을 압박하거나 막는 경우다. (개념이 미리 주어지지 않았기 때문에) 판단이 아무런 지식도 생산할 수 없는 경우에, 상식이나 판단에서 이룰 수 있는 능력의 조화는 더 이상 이해의 입법권 (즉 칸트에 따르면 개념의 능력) 아래 있지 않으며, 자유로운 합의로 확보된다. 우리가 나중에 보겠지만, "능력을 자유롭게 발휘"하는 데 있어서 특히 상상력은, 이해에 대한 개념-지배적인 선형적 시간성에 따라 부재하는 대상을 재-생산하기를 요구하는 인식 논리에 더 이상 구속되지 않는다. 상상력은 *"그 자유로움이 고려된다면"*—어떤 것도 우리가 그렇게 생각하도록 강요하지는 않는다 —인과 법칙에 구속되지 않으며, 생산적이고 자발적인 것이기 때문에 단순히 이미 알려진 것을 재-생산하지 않으며, 새로운 형식과 형상을 생성한다.

판단력에서 상상력의 생산적 역할을 중시하면서, 필자는 정치적 판단론을 발전시키기 위해 아렌트 자신의 미완의 프로젝트를 즉시 받아들이며, 거

---

10) Deleuze, *Difference and Repetition*, 136쪽.

기에서 출발한다. 칸트의『판단력 비판』에 대한 강한 의존에도 불구하고, 아렌트는 상상력의 자유를 고려해본 적이 없었는데, 왜냐하면 그녀는 상상력을 결코 재현 이상의 것으로 간주하지 않았기 때문이다. 상상력에 대한 아렌트의 제한된 견해는, 재현적 상상력은 칸트가 "이해하기의 능력"이라고 불렀던 것, 즉 개념에 속해있는 것이고, 그러한 상상력은 인지^{cognition}와 정치적 판단의 관련성을 강력히 거부한 아렌트와 일치하기 어렵다는 점을 고려할 때, 더욱 궁금해지는 것이다. 개념에 의존하지 않고 하는 판단의 실천에서 상상력의 자유로운 발휘를 무시하는 것은, 위르겐 하버마스와 같은 철학자들이 이 주제에 관한 아렌트의 산발적인 성찰에 대해 전용과 비판을 하는 한 가지 이유가 되는데, 하버마스는 아렌트가 정당성의 모든-중요한 요건에 답하지 못했다고 비난한 것으로 유명하다. 하버마스에게 (판단에 대한 아렌트의 저술에 대한 대부분의 비평가들과 마찬가지로) 정당성은 아렌트의 전체 설명을 일관성 없는 것으로 만들 우려가 있는 단 하나의 풀리지 않은 문제로 대두되고 있다. 판단에 대한 아렌트의 성찰을 페미니즘과의 비판적 대화에 가져오려는 어떠한 새로운 시도도 비일관성에 대한 이러한 혐의를 피해갈 수 없는데, 왜냐하면 우리가 이제 살펴보겠지만, 페미니즘 역시 엄밀히 말해서 판단에 대한 설명에서 동일한 진리 척도의 요구에 영향을 받지 않는다고 할 수 없기 때문이다.

  그 같은 혐의가 전제하고 있는 것은, 아렌트의 행위-중심적 개념과는 대조적으로, 정치의 본업을 거의 전적으로 다른 방법으로는 "이해할 수 없는" 정치적 주장과 의견의 "다원주의"에 대한 (하버마스) 판정의 관점으로 보는 것이다. 그것은 대부분의 제2물결 페미니즘 이론을 지배했던, 그리고 오늘날에도 많은 페미니스트 정치이론가들의 작업에 남아있는 정치개념이다. 판정의 실천으로서 정치는 단순히 정당성을 설명하기를 요구하는 것이 아니라, 특정한 종류의 정당성, 즉 객관적 정당성을 설명하기를 요구한다. 아렌트의 비평가들은 객관성이나 형이상학적 진리 개념의 철학적 유산과는 단호히 거리를 두지만, 그들은 결코 아렌트에 의해 정밀하게 구성된 것으로서, 특수한 것들에 규칙을 적용하는 것에 기반을 두지 않는 민주정치 특유의 정당성이나 객관성의 형식이 있을 수 있다는 가능성은 고려하지 않는다. 따라서 그들은 아렌트가 한 가지 정말로 중요한 경고, 즉 정당성 그 자체가 정치적 판단에 있어 가장 중요한 문제나 과제가 아니며, 가장 중요한 과제는 인간의 자유를 확인하는 것이라는 경고와 함께 사실상 정당성 문제에 대한 해답을 갖고 있다는 사실을 결코 보지 못한다.

2. 객관성의 오래된 문제

페미니스트들은 성별화된 몸과 같은 것에 대한 인지적 판단을 유도하는 인식 논리에 대해 신중해지긴 했지만, 우리는 여전히 특수성을 보편성에 포함시키지 않는 정치적 주장들이 어떻게 유효할 수 있는지 상상하기 어렵다고 생각한다. 이 어려움은 제2물결 페미니즘을 특징지었던 규칙-지배적인 이론화를 반영한다. 그에 따라 여성 범주의 (내재적) 상실은 (여성의 이름으로) 집합적으로 행동할 수 없을 뿐만 아니라, 보편적으로 소통할 수 있고 다른 사람들에 의해 정당한 것으로 수용되는 그러한 정치적 판단을 내릴 수 없는 것과 같은 위기의 측면에서 해석되어왔으며, 지속적으로 그렇게 해석되고 있다. 그러나 일단 우리가 판단에는 모든 "여성으로서의 여성"이 동의해야 하는, 객관적 기준처럼 기능하는 판단 규칙이 있다는 생각에 의문을 제기하게 되면, 우리에게는 다음과 같은 질문이 남겨지는 것 같다: 무엇이 판단 주체의 특정한 사회적 위치를 공유하지 않는 사람에게 판단을 유효하게 만들 수 있는가? 사회적 위치가 갈수록 좁아지고 여러 범주들로 (예컨대 인종, 계급, 민족, 섹슈얼리티, 나이, 국적 등등) 규정된 그룹 성원권을 포함하는 한, 한때 대단히 중요했던 "여성들 사이의 차이" 개념은 어느 시점에서 근본적으로 주관적인 정치적 판단 개념으로 대체되는 것으로 보인다. 그 시점에서 주체의 특정한 경험에 기반을 둔 판단은, "나는 아프다"와 같은 공언만큼이나 논쟁하거나 확증하기가 거의 어려워 보인다. 거기에 논쟁할 것이 무엇이 있겠는가?[11)

주관주의는 현대 페미니즘에 자주 나타나지만, 정치에 대한 특정한 이해와 깊이 얽혀있는 방식으로 나타난다. 정치의 작업이 사회 혹은 단체 및 그 구성원들의 향상이나 (즉 사회 문제) 여성적 주체성의 변화와 같은 (즉 주체 문제) 목적을 추구하는 것이라면, 그 목적은 무엇이며 누구의 이름으로 수행될 것인지에 대한 합의가 있어야 할 것으로 보인다. 제2물결 페미니즘은 대체로 정치의 목적은 지식-생산의 실천을 통해 알 수 있다는 생각을 당연시했다. (아래에서 논의될) 입장론이 전형적으로 보여주고 있듯이, 이 실천은 공동세계에 대한 덜 진실되거나 분명히 거짓인 의견들로부터 진실을 가려내어 사회변화를 안내하는 데 사용될 수 있게 하려고 한다. 이 정치 개념에 따르면, 페미니스트들은 "자신이 무엇을 하는지 알아야 하기" 때문에, 제3물결 페미니즘과 관련된 이해 범주와 판단기준의 상실은 —그것이 옳든 그르든 — 위기라고 볼 수밖에 없다: 어떠한 지식도 생산할 수 없는 정치적 의견과 판단에 대한 사실상의 개방은 정치의 올바른 목적이 무엇인가에 대한 합의에 도달할 가능성 자체를 파괴하겠다고 위협하는 것이다.

그렇다면, 현대 페미니즘을 괴롭히는 주관주의는 우리를 객관성이라는 오래된 문제에 직면하게 한다. 페미니즘은 아르키메데스의 "어떤 특정한 위치를 취하지 않는," 객관적 진리 개념에 대해 대단히 비판적인 입장을 취해왔지만, 커스티 맥클루어가 말하듯이, 객관성 문제는 여전히 "페미니즘 담론

---

11) 소니아 크럭스$^{Sonia\ Kruks}$가 이 문제를 요약하듯이,

> 정체성 정치는 내가 기원의 인식론이라고 부르는 것을 지향하는 경향이 있다. 이 말은 정체성 정치가 인식론적이고 윤리적인 상대주의를 지향하는 경향이 있다는 것을 의미한다.... 이 경향은 경험의 집단적 특수성과 그 경험을 평가하는 특정 정체성 집단의 배타적 능력에 대한 주장에 근거를 두고 있다. 과거에 소외되고 침묵 당한 집단들이 말할 수 있도록 하는 데 중요하긴 하지만, 기원의 인식론 역시 문제가 될 수 있다. 왜냐하면 그것은 광범위한 기반을 둔 해방의 정치의 가능성이 사실상 전복될 정도로, 공유된 (또는 심지어 의사소통이 가능한) 경험이라는 개념을 약화시킬 위험이 있기 때문이다.

Sonia Kruks, *Retrieving Experience: Subjectivity and Recognition in Feminist Politics* (Ithaca, NY: Cornell University Press, 2001), 85쪽.

을 정당화하는 것은 무엇인가?"와 같은 질문의 형태로 지속되고 있다.12) 이 질문은 맥클루어와 함께 페미니즘 이론의 주장으로 이해될 수 있지만, 그것은 또한 정치적 판단과 관련해서도 제기될 수 있다. 무엇이 정치적 판단을, 한편으로는 페미니스트들이 (아르키메데스적) 객관주의의 환상에 속해있다고 비판하는 지식/진리 주장 유형과, 그리고 다른 한편으로는 단지 주관주의일 뿐이라고 우리가 우려하는 공언과 다르게 만드는가?13) 만약 판단이 특수성들을 포괄하는 규칙으로 작용하는 객관적 개념에 기반을 둔 (예컨대 "여성") 정당성과 보편성을 주장하지 않는다면, 어떤 기준과 근거에 따라 우리는 그 판단을 평가하는가? 특수성들을 보편적 규칙에 포함시키는 것에 기반을 두지 않는 판단이 보편적으로 통할 수 있을까? 만약 판단이 보편적 규칙

---

12) Kirstie McClure, "The Issue of Foundations: Scientized Politics, Politicized Science, and Feminist Critical Practice," in *Feminists Theorize the Political*, ed. Judith Butler and Joan Scott (New York: Routledge, 1992), 341-368쪽; 인용구는 345쪽. 맥클루어에 따르면, 제2물결 페미니즘은 "'객관성'의 극단적인 실증주의적 버전"(352쪽)은 거부했지만, "체계적인 인과적 설명"(359쪽)에 대한 믿음과 "사회 세계의 '진실'을 반영하는 포괄적인 인과적 이론에 대한 욕망"(364-365쪽)을 유지했던 승인의 전략에 휘말리게 되었다. 비록 그 같은 이론 추구는 더 이상 설득력을 얻지 못하고 있지만, 승인과 정당성 문제는 여전히 남아있다.

13) 리처드 J. 번스타인^{Richard J. Berstein}은 객관주의에 대한 유용한 설명을 제공한다.

> "객관주의"를 나는 궁극적으로 합리성, 지식, 진리, 실제, 선함, 혹은 옳음의 본질을 결정하는데 있어 우리가 호소할 수 있는 어떤 영구적이고, 반역사적인 망 혹은 틀이 있거나 있어야 한다는 기본적인 신념으로 해석한다. 객관주의자는 그 같은 망이 있거나 (있어야) 하며, 철학자의 주된 임무는 그것이 무엇인지 발견하고 가장 강력한 가능한 근거를 가지고 그 같은 망을 발견했다는 주장을 뒷받침하는 것이라고 주장한다. 객관주의는 토대주의 및 아르키메데스의 점^{Archimedean Point}을 찾는 것과 밀접한 관련이 있다. 객관주의자는 우리가 철학, 지식, 혹은 언어를 엄격한 방법으로 정초시킬 수 없다면 우리는 급신석 외의수의를 피할 수 없게 된다고 주장한다.

Richard J. Bernstein, *Beyond Objectivism and Relativism: Science, Hermeneutics, and Praxis* (Philadelphia: University of Pennsylvania Press, 1983), 8쪽.

에 기반을 두고 전달되는 것이 아니라면, 그 판단들은 그럼에도 쉽게 전달될 수 있거나 유효할 수 있을까?

3. 개념에 의존하지 않고 판단 내리기

『칸트 정치철학 강의 *Lectures on Kant's Political Philosophy*』에서, 아렌트는 객관성에 대한 요구와 다원성의 인정을 결합시킬 수 있는 정치적 판단의 실천, 즉 다원성 그 자체가 새로운 대상과 사건을 그들의 자유 속에서 파악하고 이해하는 근거가 되는 그런 실천에 대한 사유를 시작하는 방법을 제시한다. 취향 판단에 대한 칸트의 설명은 정치적 판단이론에서 명백한 것이라고 아렌트는 주장하는데, 왜냐하면 정치는 미학처럼 특수성을 하나의 개념 아래 포괄하지 않고 판단할 것을 요구하기 때문이다. 칸트에 따르면, 일반적으로 판단은 "특수성을 [감각적 직관] 보편성에 [법률, 규칙, 개념] 포함된 것으로 생각할 수 있는 능력"이지만, 아렌트의 흥미를 끄는 것은 "성찰적 판단"이다.14) 칸트는 "규정적" 판단들과 (예컨대 논리적이고 인지적인 판단) "단순히 성찰적인" 판단들을 (예컨대 미학적이고 목적론적인 판단) 구별하면서, 주어진 보편성 아래 특수성을 포괄하는 판단과 단지 특수성만이 주어지고 보편성은 찾아 나가야 하는 판단 사이의 차이를 각기 상세히 설명했다.15) 아렌트가, "만약 당신이 '아, 장미가 참 아름답다!'라고 말한다면, 당신은 '모든 장미는

---

14) Immanuel Kant, *Critique of Judgment*, trans. Werner S. Pluhar (Indianapolis: Hackett, 1987), Introduction, 4절, 18쪽. 이후부터 이 책의 인용은 절과 페이지 번호와 함께 *CJ*로 표기한다.

15) 베아트리체 롱게네스 Béatrice Longuenesse가 설명하듯이, "미학적이고 목적론적인 판단의 독특한 특징은 그것들이 성찰적 판단이라는 데 있는 것이 아니다 (*왜냐하면 경험적 대상에 대한 모든 판단은 성찰적이기 때문이다*); 오히려 그 판단들은 *단지 성찰적 판단들일 뿐이며*, 그 판단에서 성찰은 결코 개념적 *결정*에 도달할 수 없다." *Kant and the Capacity to Judge: Sensibility and Discursivity in the Transcendental Analytic of the "Critique of Pure Reason"*, trans. Charles T. Wolfe (Princeton, NJ: Princeton University Press, 1998), 164쪽; 강조는 원문 그대로임.

아름답다. 이 꽃은 장미다. 그러므로 이 장미는 아름답다'를 통해 이 판단에 도달하는 것이 아니다,"라고 쓸 때, 아렌트는 이 차이를 포착하고 있는 것이다.16) "이 장미는 아름답다"라는 미학적 판단은 장미의 보편적 특성에 근거를 둔 것이 아니다.17) 거기에는 이유도 필연성도 없다. 그것이 왜 우리가 우연성과 자유에 관심을 두는 영역인 정치에 대해 생각하는 것과 관련이 있을 수 있는지의 이유가 된다.

개념이 부재한 상태에서 상호주관적 정당성에 대한 주장을 포기하지 않고 특수성을 판단할 수 있는 가능성은 칸트의 『판단력 비판*Critique of Judgment*』에서 제기되는 중심문제다. 칸트는 만약 판단들이 보편적으로 전달되지 않는다면, "그 판단들은 모두, 회의론이 그러하듯이, 표현력이라는 단지 주관적인 놀이에 불과한 것이 될 것"이라고 말한다 (*CJ*, 21절, 88쪽). 미학적 판단에 대한 칸트의 설명은 주관주의와 그에 따른 정당성에 관련된 질문을 특히 예리한 방식으로 제기하는데, 왜냐하면 그 같은 미학적 판단은 주체의 쾌감이나 불쾌감에 기반을 두는 것에 불과한 것이기 때문이다. 그러한 느낌은 개념을 언급하지 않는데, 왜냐하면 그것은 "대상을 언급하지 않고 오직 주체만을 언급하며, 심지어 주체가 스스로를 인지할 때조차 전혀 인지에 사용되지 않기 때문,"이라고 칸트는 말한다 (*CJ*, 3절, 47쪽; 강조는 원문 그대로임).18) (그의 일부 지적 전임자들이 그러했듯이) 주체에 필연적이고 보편적

---

16) Hannah Arendt, *Lectures on Kant's Political Philosophy*, ed. Ronald Beiner (Chicago: University of Chicago Press, 1982), 13쪽. 이후부터 이 책의 인용은 페이지 번호와 함께 *LKPP* 로 표기한다.

17) 동일한 특징이 역방향으로 적용된다: "예컨대 나는 장미를 보고 장미가 아름답다고 주장하는 취향 판단을 할 수 있다. 그러나 내가 수많은 개별 장미들을 비교하고 나서, 일반적으로 장미는 아름답다는 판단에 이른다면, 내 판단은 더 이상 단순히 미학적 판단이 아니고 미학적 판단에 기반을 둔 논리적 판단이 된다" (*CJ*, 8절, 59쪽).

18) 칸트는 이 심을 상소한나:

미학적 판단은 독특한 것이며 대상에 대한 어떠한 인지도 (심지어 혼란스러운 것이라도 하더라도) 제공하지 않는다; 오직 논리적 판단만이 인지를 제공한다.

으로 특정 느낌을 불러일으키는 대상의 일부 속성에 정당성을 설정하는 대신, 쾌감과 불쾌감은 "대상의 [어떤 목적이나 사용을 만족시킬 수 있는 대상의 능력과 같은] 어떤 것도 명시하지 않고 오직 표현을 통해 [주체가] 어떻게 영향을 받는지만 명시한다,"라고 칸트는 주장한다 (CJ, 1절, 44쪽). 장미는 아름답고 그래서 즐거운 것으로 판단된다.[19] "아름다움은 꽃 자체의 속성이 아니다" (CJ, 32절, 145쪽).

따라서 미학적 판단들은 단지 주관적일 뿐만 아니라 보편적 주장으로, 다만 그 보편적 주장이 객관적 증거를 확립하는 방식은 아닌 그런 보편적 주장으로 대상들을 지지할 수 있는 능력을 전제로 한다. 칸트는 다음과 같이 주장한다: "누군가에게 어떤 것이 아름답다는 것을 인정하도록 강요할 수 있는 그런 규칙은 있을 수 없다" (CJ, 8절, 59쪽).[20] 우리의 쾌감에 의존하는 취향 판단에서, "우리는 마치 우리가 그 대상을 좋아하는 것이 그 감각에 달려있다는 듯이 우리 눈으로 직접 그 대상을 보고 싶어한다" (CJ, 8절, 59쪽). 누구도 우리를 대신하여 판단할 수 없다; 그리고 어떠한 판단도 다른 판단의 옳고 그름을 제시하는 증거로 사용될 수 없다 (CJ, 34절, 149쪽). 개념이 없는 상태에서, 다른 사람들이 특정한 판단에 동의하도록 강요할 수 있는 증거

그 대신 미학적 판단은 대상을 오직 주체에게만 주어진 것으로 보는 표현과 관련된다; 그것은 대상의 특징을 우리에게 보여주지 않으며, 오직 표현력이 대상에 관여하는 데서 결정되는 단호한 형식만을 우리에게 보여준다. (CJ, 15절, 75쪽)

19) 판단과정에서 얻는 즐거움은 주관적인 것이다. 그것은 개념이 없는 상태에서 능력의 일치나 조화를 필요로 하는데 (아름다움의 경우 이해와 상상력; 숭고함의 경우 상상력과 이성), 왜냐하면 성찰적 판단은 어떠한 개념적 결단도 내리지 못하기 때문이다. 그것이 왜 칸트가 미학적 판단과 목적론적 판단을 "단순히 성찰적 판단"으로 보는지 이유가 된다 [nur reflektierende, bloß reflektierende]. See CJ, First Introduction, 5절, 399쪽. On this point, see Rodolphe Gasché, The Idea of Form: Rethinking Kant's Aesthetics (Stanford, CA: Stanford University Press, 2003), 3장.

20) 미학적 판단은 증거를 기반으로 정당화될 수 없기 때문에, 칸트는 "아름다움에 대한 과학은 없고, 오직 비평만이 있을 뿐,"이라고 쓰고 있다 (CJ, 44절, 172쪽).

의 방식으로 판단의 올바름을 결정할 수 있는 것은 아무것도 없다. "그럼에도 불구하고 우리가 대상을 아름답다고 말한다면, 우리는 우리가 보편적 목소리를 갖고 있다고 믿고 모든 사람이 동의할 것을 주장하는 것이다,"라고 칸트는 덧붙인다 (*CJ*, 8절, 59쪽). "이 장미는 아름답다,"라고 주장하는 것은 "나는 카나리아 와인을 좋아한다,"라는 주장과 다른 것이다. 후자의 주장은 "내 마음에 든다,"라는, *단순히* 주관적인 주장이고 따라서 동의를 받을 필요도 없고 논쟁의 대상도 아닌 반면에, 이 장미는 "*내게는* 아름답다,"라고 말하는 것은 "우스꽝스러운" 것이 될 텐데, 왜냐하면 아름다움에 대한 판단은 다른 사람들도 내 판단에 동의해야 한다는 것을 당연하게 여기기 때문이다 (*CJ*, 7절, 55쪽). 미학적 판단을 규정하는 더 이상 환원될 수 없는 주관적 감정구조를 인정하면서, 『판단력 비판』의 과제이자 부담은 단지 느낌에 기반을 둔 판단이 객관적으로 진실이 아님에도 불구하고 보편적으로 정당한 것으로 상정될 수 있음을 보여주는 것이다.

"순수한 취향 판단"(*CJ*, 13절, 69쪽)을 특징짓는 쾌감과 불쾌감이라는 더 이상 환원될 수 없는 주관적 경험은 상호주관적 합의를 선험적으로, 달리 말하면 다른 주체들의 사실상의 (경험적인) 동의가 없는 경우, 요구한다고 칸트는 주장한다. 그러나 판단의 정당성이 그러한 동의에 의존하지 않는다면, 그리고 증거에 기반을 두고 강요할 수 없는 것이라면, 왜 군이 의견 교환을 하려고 애를 쓰는가? 그에 대한 칸트의 대답은 논쟁*disputieren*과 투쟁*streiten*이라는 두 가지 논쟁적인 대화를 구분하는 것이다. *논쟁*이 (규정적 판단의 경우처럼) 개념 논리와 객관적 지식의 규칙을 따르는 논쟁을 통해 합의에 이를 수 있다고 전제한다면, *투쟁*은 (성찰적 판단의 경우처럼) 개념이 부족하고 증거제시를 통해 합의에 이를 수 없을 때 일어난다. 그럼에도, 증거를 가지고 합의에 도달할 수 있는 객관적 필연성이 없음에도 불구하고 논쟁은 계속 진행되는데, 왜냐하면 각각의 판단 주체들은 다른 사람들의 합의를 가정하는 주장을 하고, 필요하다면 사람들에게 자신의 견해를 납득시키려고 시도하기 때문이다.

미학적 판단은 "주관적 정당성"을 갖는다: 다른 사람들을 언급하면서, 그

들은 다른 사람들과 의사소통하고 합의에 이르기를 기대한다. 취향 판단에
도 필연성이 있지만, 이 필연성은 "모든 사람이 내가 아름답다고 부르는 대
상에 같은 취향의 감정을 느낄 것이라고 우리가 선험적으로 인지하게 해주
는..., 그런 객관적"인 것이 아니며, "주관적"이고 "모범적"인 것이다: 그것
은 "우리가 진술할 수 없는 보편적 규칙의 예로 간주되는 판단에 *모든 사람
이* 동의해야 할 필연성"이다 (*CJ*, 18절, 85쪽). 그 같은 필연성은 "모든 사
람이 그렇게 판단한다는 경험적 사실이 아니고... 단지 우리가 그렇게 판단
*해야 한다*는 것을 지적하는 것인데, 그것은 취향 판단은 그 자체로 선험적
원칙을 가지고 있다고 말하는 것과 같은 것이다" (*CJ*, First Introduction,
10, 428쪽; 강조는 원문 그대로임). 칸트는 이 "해야 한다,"라는 것이 여전히
조건부로만 언급된다고 쓴다. "우리는 모두가 공유하는 근거를 가지고 있기
때문에 다른 모든 사람들의 동의를 요청한다" (*CJ*, 19절, 86쪽). 모두가 우
리의 판단에 동의해야 한다는 우리의 주장을 뒷받침하는 것은 우리의 공유
된 감정과 능력의 (즉 이성, 이해, 그리고 상상력) 사용이다: "우리가 취향
판단을 할 때 생각하는 보편적 동의의 필연성은 우리가 상식을 전제로 해서
객관적으로 제시하는 주관적 필연성이다" (*CJ*, 22절, 89쪽).[21]

---

21) 회의론자들이 추측하듯이, 만약 상식이 없다면 우리는 다른 사람들의 설명에서 그
대상을 식별할 수 없을 것이다. 그러나 우리는 의사소통을 할 수 있고, 그것은 다
시 우리가 공통의 느낌과 능력의 사용을 가져야 한다는 것을 암시한다고, 칸트는
말한다.

> 만약 취향 판단들이 (인지적 판단들이 그러하듯이) 확실한 객관적인 원칙을
> 가졌다면, 그 원칙에 따라 취향 판단을 하는 사람들은 누구라도 자신의 판단
> 이 절대적으로 필연적인 것이라고 주장할 것이다.... 그래서 그것들은 [취향
> 판단들은] 개념보다는 오직 느낌으로만, 그럼에도 보편적 정당성을 가지고
> 무엇을 좋아하고 싫어하는지를 결정하는 주관적인 원칙을 가져야 한다. 그러
> 나 그 주관적 원칙은 단지 *상식*으로만 간주될 수 있다. 이 상식은 근본적으
> 로 때로 그것 역시 상식(공통감 *sensus communis*)으로 불리는 공동의 이해와 구
> 별된다; 왜냐하면 공동의 이해는 느낌으로 판단하는 게 아니고, 비록 그 개념
> 들이 대개는 모호한 원칙들이라 하더라도, 언제나 개념으로 판단하기 때문이
> 다. (*CJ*, 20절, 87쪽)

취향 판단의 정당성의 근거로 상식(공통감)을 추론하는 것은 초월적 방향을 따라 미학적 판단 비판을 발전시키려는 칸트의 시도에서 핵심을 이루는 것이다. (그러나) 아렌트의 칸트 다시 읽기에 대한 비판적 해석들에 따르면, 미학적 판단의 정당성에 대한 가능성의 조건으로 상식 개념을 가져오는 것은 너무 추상적이어서 (즉 칸트의 초월철학적 방법의 형식주의에 연루되어있어서) 정치적 판단이론에 사용되기가 쉽지 않다.[22] (아렌트의 『칸트 정치철학 강의』의 편집자인) 로널드 바이너[Ronald Beiner]는, 칸트는 판단의 보편적 조건에 관심을 두고 있기 때문에, 정치에서는 대단히 중요한 "이런 판단 혹은 저런 판단의 실질적인 특징"을 무시할 뿐만 아니라, "판단에 관여된 지식 유형과... 어느 정도 사람들에게 판단 자격을 갖추게 하는 인식론적 능력을 특화시키는 것"에 대해 거의 아무런 관심도 기울이지 않는다고 지적한

칸트는 주어진 공동체의 경험적 의견에 대해 말하는 게 아니라 보편적으로 전달되어야 하는 판단에서 능력의 "조율"에 대해 말하고 있다. 따라서 취향 판단의 정당성은 "표심을 모으고 다른 사람들에게 어떤 감각을 가지고 있는지 물어봄으로써 확립되는 것이 아니다" (*CJ*, 31절, 144쪽). 비록 이 조율 또한 "인지 [과정]의 주관적 조건"이지만 (*CJ*, 21절, 88쪽), 취향 판단에서 판단은 개념이 아니고 오직 느낌으로 결정된다.

22) 칸트에 의존하는 아렌트에 대한 비판으로는 다음을 참조하라: Ronald Beiner, "Hannah Arendt on Judging," in Hannah Arendt, *Lectures on Kant's Political Philosophy*, 89-156쪽; Jürgen Habermas, "Hannah Arendt's Communications Concept of Power," in *Hannah Arendt, Critical Essays*, ed. Lewis Hinchman and Sandra Hinchman (Albany: State University of New York Press, 1994), 211-230쪽; Seyla Benhabib, "Judgment and the Moral Foundations of Politics in Hannah Arendt's Thought," in *Judgment, Imagination, and Politics: Themes from Kant to Arendt*, ed. Ronald Beiner and Jennifer Nedelsky (New York: Rowman & LIttlefield, 2001), 183-204쪽; Hans-Georg Gadamer, *Truth and Method* (New York: Continuum, 1994); Albrecht Wellmer, "Hannah Arendt on Judgment: The Unwritten Doctrine of Reason," in *Hannah Arendt: Twenty Years Later*, ed. Larry May and Jerome Kohn (Cambridge: MIT Press, 1996), 33-52쪽; Ronald Beiner, "Rereading Hannah Arendt's Kant Lectures," in *Judgment, Imagination, and Politics*, 91-102쪽.

다.[23] 바이너는 정치의 관점에서 보면, 칸트를 추종하는 아렌트는 "판단은 인지능력이 아니며," 따라서 지식/진리에 대한 주장을 포함할 수 없다고 "상당히 단정적으로 쓰고 있는데," 우리는 그 점을 우려해야 한다고 말한다.[24] 아렌트는 정치에 하버마스가 표현한 "인지적 기반"을 제공하는 것을 거부했는데, 이것은 "논쟁으로 종결될 수 없는 지식과 의견 사이의 깊은 심연"을 남긴다.[25] 또한 아렌트는 사실상 정치뿐만 아니라 미학에 있어서도 우리는 주장에 대해 증거를 제시하는 방식으로 "이의를 제기할 수 없고," "언쟁/투쟁*streiten*이 있을 뿐이며," 설득의 발언을 통해 "합의*übereinkommen*에 도달한다," 라고 말한다.[26]

4. 정당성의 한 개념

인지적 차별과 인지적 통찰이 정치적 판단에서 환원될 수 없는 역할을 한다는 생각은 적어도 겉보기에 너무나 분명한 것이기 때문에, 아렌트가 왜 정치적 판단에서 비인지적 성격을 강력히 주장했는지 이해하기는 쉽지 않다.[27]

---

23) Beiner, "Hannah Arendt on Judging," 133-134쪽.

24) 윗글, 136쪽.

25) 하버마스는 "궁극의 통찰력과 확실성에 기반을 둔 이론적 지식이라는 시대에 뒤떨어진 개념이 아렌트로 하여금 실용적 질문에 대해 합의에 도달하는 과정을 이성적 담론으로 이해하지 못하게 만들었다,"라고 주장한다 (Habermas, "Hannah Arendt's Communications Concept of Power," 225쪽). 하버마스의 주장에 동의하면서, 알브레히트 벨머Albrecht Wellmer는 칸트의 논증이나 반박의 여지가 있는 판단들과... 오직 '논쟁'의 여지가 있는 판단들의 구분에 대해 아렌트가 의문을 제기하지 못한 것이 결국 "판단의 *神話*"로 이어진다고 덧붙인다. 이것이 판단의 신화가 되는 이유는 판단 능력이 이제, 진리 주장이 만회될 수 있는 가능한 논쟁의 맥락이 없을 때, 진리를 찾아낼 수 있는 다소 신비로운 능력으로 부상하기 시작하기 때문이다. Wellmer, "Hannahh Arendt on Judgment," 38쪽.

26) Arendt, *WIP*, 20쪽.

27) 바이너가 쓰고 있듯이, "미학적 판단과 (그리고 당연히 정치적) 판단을 포함한 모든 인간의 판단은 필요한 인지적 차원을 통합한다." (당신이 평가하고 있는 예술에 대해 당신이 무언가를 알고 있다면 당신은 예술에 대해 더 나은 판단자가 될

아렌트 비평가들의 관점에 따르면, 아렌트는 칸트의 (비인지적이고, 비-규칙-지배적인) 성찰적 판단 개념을 정치적 판단 모델로 무비판적으로 받아들였는데, 그 이유는 그들이 (인지적이고, 규칙-지배적인) 규정적 판단에 대한 칸트의 너무나 경직된 이해라고 여기는 것을 아렌트가 공유했기 때문이다.[28] 그리고 만약 규정적 판단이 무차별적인 규칙-준수의 방식으로 해석되는 것이라면, 성찰적 판단은 특수성으로 특수성을 처리하는 것과 관련된 사람이라면 누구에게나 즉시 깊은 호소력을 지닌 것으로 보일 것이라는 것을 쉽게 알 수 있다.

아렌트는 어떤 형태의 판단도 쉬운 것이 없다고 생각했는데, 우리 역시 판단을 쉽게 생각해서는 안된다. 심지어 특수성들에 단순히 규칙을 적용하는 것인 규정적 판단조차도 늘 성찰과 기술을 요구하는데, 왜냐하면 아렌트가 칸트의 『순수이성비판』의 유명한 문구에서 관찰하듯이, "규칙의 *적용*에 사용될 수 있는 규칙은 없기 때문"이다.[29] 다른 규칙의 적용을 설명하기 위

것이다.) "Hannah Arendt on Judging," 137쪽. (그러나) 그러한 논평은 미학적 판단 혹은 정치적 판단에 무엇이 관련되어 있는지 인식하지 못하는 것이다. 그것은 모든 지식은 당연히 배제된다는 것이 아니고 —마치 우리가 알고 있는 모든 것을 잊었다는 듯이 —판단은 아름다움에 관한 것이고, 아름다움은 대상이 아니고 느낌이며, 주관적 반응이라는 것이다. 그 같은 판단은 자연에 대한 우리의 지식을 정초시키는 인과관계의 연결 고리에 목표를 두지 않으며, 거기에 위치하지도 않는다. "만약 우리가 사물을 단지 개념만 가지고 판단한다면, 우리는 모든 아름다움에 대한 표현을 잃게 될 것이다,"라고 칸트는 쓴다 (*CJ*, 8절, 59쪽). 판단은 주체가 *느끼는* 것을 가리키는 것이지, 주체가 *알고 있는* 것을 (즉 대상에 대한 개념을) 가리키는 것이 아니다. 식물학자는 꽃이 "식물의 생식 기관"이라는 것을 알지만, 칸트가 관찰한 대로 그는 "자신의 취향에 따라 꽃을 판단할 때 이 자연적 목적에 주의를 기울이지 않는다" (*CJ*, 16절, 76쪽). 정치적 판단에 대한 아렌트의 주장도 이와 유사하다: 그것은 우리가 공동세계의 (즉 전체주의) 대상에 대해 모르는 것이 아니라는 것이다. 다만 우리가 이 대상을 정치적으로 판단할 때, 우리는 지식 주장이 아닌 다른 것을 만들고 있다는 것이다.

28) Beiner, "Hannah Arendt on Judging," 136-137쪽.
29) Hannah Arendt, *The Life of the Mind*, 1-vol. edition (New York: Harcout Brace & Co., 1978), vol. 1, *Thinking*, 69쪽. 이후부터는 *LMT*로 표기함.

해 주어진 어떠한 규칙도 결국 그 규칙을 설명할 수 있는 또 다른 규칙을 요구하고, 이러한 방식은 무한대로 이어진다.[30] 아렌트는 칸트와 마찬가지로 어떤 종류의 판단도 자율적이고 창의적이어야 한다고 보는데, 왜냐하면 물질에 대한 규칙 적용을 관리하는 규칙은 없다고 보기 때문이다. 아렌트는 특히 칸트의 미학적 판단에 대한 설명에 끌렸는데, 왜냐하면 성찰적 판단으로서의 미학적 판단은 창의적이고 "자율적인 판단의 특성"에 대한 우리의 주의를 환기시키기 때문이다.[31] 특수성을 규칙에 따라 포함시킬 수 있는 그런 규칙이 부재할 때, 판단 능력은 이해력이나 이성의 능력에서 성찰의 원칙이나 규칙을 빌려오기보다는 상상력이 제시하는 것에 대한 성찰적 활동을 통해 "그 자체의 원칙"을 제시한다고, 칸트는 말한다 (*CJ*, Introduction, 3, 16쪽). 결과적으로 그러한 판단은 판단 능력에서 요구되는 것이지만 보통은 감

---

30) "만약 일반적으로 이해가 규칙의 능력으로 설명되는 것이라면, 판단력은 규칙에 포함시키는 능력, 즉 무언가가 주어진 규칙하에 있는지 여부를 결정하는 능력이 된다.... *이제 우리가 일반적으로 이 규칙하에 무언가를 어떻게 포함시켜야 하는지를 보여주고 싶다면, 즉 무언가가 이 규칙하에 속하는 것인지 여부를 구별할 수 있는 방법을 보여주고 싶다면, 우리는 또다시 또 다른 규칙을 통해 그것을 보여주어야 한다. 그런데 이것은 단지 규칙이기 때문에, 판단력을 위해서는 또 다른 교육이 요구된다. 결국 이해는 교육받는 것을 통해 그리고 규칙을 통해 장착될 수 있지만, 판단력은 교육을 통해 얻어지는 것이 아니라 오직 실천을 통해 얻어지는 특별한 재능임이 분명해진다.* 그러므로 이것은 소위 특별한 상식이라고 할 수 있는데, 이 상식의 결핍은 어떠한 학파도 해결해줄 수가 없는 것이다; 왜냐하면, 그러한 학파는 다른 사람들의 통찰로부터 빌린 수많은 규칙들을 접목시켜서 제한된 이해를 제공할 수는 있지만, 그럼에도 불구하고 그것들을 올바르게 사용하는 능력은 결국 학생 자신에게 속하는 것이며, 그러한 타고난 재능이 없다면 이 목적을 위해 스스로에게 규정을 내리는 어떠한 규칙도 오용의 가능성이 있기 때문이다" (Kant, *CPR*, A133/B172; 이탤릭체는 필자가 강조한 것임).

31) Arendt, *LMT*, 69쪽. 들뢰즈는 다음과 같이 쓴다: "첫 번째 실수는 오직 성찰적 판단만이 창의력을 포함한다고 믿는 것일 것이다.... 칸트가 판단을 마치 그것이 능력인 것처럼 말할 때마다 칸트는 그 행동의 독창성을 강조하는 것이다." Gilles Deuleuze, *Kant's Critical Philosophy: The Doctrine of the Faculties*, trans. Hugh Tomlinson and Barbara Habberjam (Minneapolis: University of Minnesota Press, 1984), 58-59쪽.

취져있는 그런 기술을 드러낸다.[32] 필자가 제1장에서 성차에 대한 경험적 판단에 대해 주장했듯이, 사물에 대한 우리의 이해는 일반적으로 매우 빠르고 직관적이며 습관과 세계관에 근거하기 때문에, 우리는 우리가 하는 일에 대해 사실상 맹목적이라고 할 수 있다. 비트겐슈타인이 관찰한 바와 같이, 그러한 판단은 규칙 준수라는 철학적 개념과 일치하는 것으로 보인다. 규칙 준수에서 규칙은 마치 공간의 선과 같은 것으로써 우리는 그 선을 따르거나 추적하지 않을 수 없게 된다. 우리가 하는 일을 돌이켜보면, 우리는 자유, 즉 우리들의 실천의 우연성이 아니라 그 선을 따라야 하는 필연성을 보게 된다. 여기서 우리가 보기 어려운 것은 규칙을 준수하지 않을 가능성, 혹은 규칙 준수의 모든 순간에 존재하는, 우리가 멈출 수 있거나 다른 방식으로 준수할 가능성이다.

개념적용과 판단 능력 사이에 우리가 설정하는 경향이 있는 연관성에 대해 의문을 제기할 때, 아렌트가 제기하는 요점은 —마치 무언가가 또는 누군가가 우리가 공적 맥락에서 논쟁하는 것을 막을 수 있다는 듯이 —정치적 판단의 실천에서 논쟁을 배제하자는 것이 아니라, 정치적 판단을 단지 더 나은 논쟁을 위한 경쟁으로 축소시킬 때 우리가 하고 있는 것이 무엇인지 생각하도록 강요하는 것이다. 아렌트는 그녀의 비평가들이 정치적 주장의 정당성 문제와 판결에 초점을 맞춤으로써 보지 못하고 있는 어려운 문제와 씨름하고 있는데, 그것은 인간사의 깊은 필연성 앞에서 어떻게 자유를 지킬 것인가

---

32) 우리를 안내해줄 규칙이 없으면, 우리는 칸트가 명확한 표현을 향한 압박으로, 즉 어떤 질서에 대한 비인지적 인식으로 묘사하는 것을 경험하게 되는데, 바로 이것이 우리가 어떤 개념이나 의미를 찾아 나서도록 이끄는 것이다. 그러나 이 압박은 우리가 (인지적이고 논리적인) 지식 주장에 직면했을 때 느끼는 압박과 다른 것이다. 후자의 압박은 공유된 기준이나 개념들에 기반을 두고 동의해야 한다는 강박감으로 더 잘 묘사된다. 그와 대조적으로, 성찰적 판단에서 질서에 대한 비인지적 인식은 *이와 같이* (즉 공유된 기준에 기반을 두고) 판단해야 한다는 강박감을 일으키는 대신, 스스로 판단하려는 욕구를 일으킨다. 여기서 요점은 성찰적 판단의 자율성과 (즉 그 판단은 또 다른 능력의 법칙 아래 위치하지 않는다는 것) 심지어 규정적 판단 모두가 기술을 포함한다는 것을 인정하는 것인데, 왜냐하면 규칙 적용을 위한 규칙은 없기 때문이다.

하는 것이다.33) 만약 아렌트가 (하버마스의) "이성적 담론으로서의 실천적 [정치적] 질문에 대해 합의에 도달하는 과정"을 깊이 의심한다면, 그것은 그녀가 우리의 일부 정당화 실천에 나타나는 강한 강박적 경향을 보기 때문이며, 결국 그 경향이 정치적 판단의 우연적 대상인 특수한 것으로서의 특수한 것, 즉 인간 행동의 말과 행위가 나타날 수 있는 바로 그 공간을 파괴할 것으로 보기 때문이다. 아렌트는 우리가 어떻게 이성의 공간을 원인의 공간으로 만드는 경향이 있는지를 보여주는데, 그것은 논리적 추론이 우리가 그걸 통해 합의에 이르려고 하는 대화적 생각의 도구에서 합의를 강요하는 독백적 생각의 도구로 변형되는 것을 말한다. 하버마스가 "발언에 내재하는 합리성 주장"이라고 부르는 것이 비트겐슈타인이 부르는 "논리적 *필연*의 단단함"이 될 위험이 있다.34)

---

33) 하버마스와 대조되는 아렌트 읽기와 관련해서는 다음을 참조하라. Dana Villa, *Arendt and Heidegger: The Fate of the Political* (Princeton, NJ: Princeton University Press, 1996), 72쪽; Lisa Jane Disch, *Hannah Arendt and the Limits of Philosophy* (Ithaca, NY: Cornell University Press, 1994), 87-91쪽.

34) Ludwig Wittgenstein, *Philosophical Investigations*, trans. G. E. M. Anscombe (Oxford: Blackwell Press, 2000), 437절, 129쪽. 살림 케말[Salim Kemal]이 설명하듯이,

> 증명은, 특정 관계가 개념들 사이에 성립한다고 주장하면서, 보통 일반적으로 수용된 전제들에서 시작하고, 이들로부터 추론 규칙에 근거하여 관련된 결론을 도출한다. 우리가 전제들과 논증의 정당성을 받아들인다면, 실수가 있지 않은 한, 그 결론을 수용해야 한다. 어떤 의미에서 우리는 동의하지 않을 수 없게 되는데, 왜냐하면 반대의견을 내는 개인의 주장은 전제의 일부와 부합하지 않기 때문에 틀린 것으로, 혹은 절차상의 증거와 부합하지 않기 때문에 비합리적인 것으로, 기각될 것이기 때문이다. 전제는 의문의 여지가 있고, 증거는 부적절할 수 있기 때문에, 의견의 불일치는 여전히 가능하다. 그러나 그러한 논증과 결론은 주어진 절차를 근거로 하여 객관적이고 보편적으로 유효하다. 주체들 간의 동의가 인지적 주장의 진리를 결정하지 않는다. 오히려 판단의 진리는 대상의 성격과 세계와의 관계에 의존한다.

Salim Kemal, *Kant's Aesthetic Theory* (New York: St. Martin's Press, 1997), 76쪽.

페미니스트가 아렌트 비평가들이 제시하는 방향으로 끌려가기는 쉬울 것인데, 왜냐하면 20세기 후반의 가장 영향력 있는 페미니즘 인식론의 틀인 입장론의 중심에 있는 것이 바로 정당성이기 때문이다. 수잔 헤크만^{Susan Hekman}에 따르면, "페미니스트 입장론자들은 페미니즘 정치가 페미니즘 이론의 진리 주장의 정당화를 요구한다는 것, 즉 페미니즘 정치는 필연적으로 인식론적인 것임을 인정했다." 무엇보다도 입장론은, "여성은 억압받아왔고 억압받고 있다는 페미니즘 주장의 진실을 정당화"하고 싶어 한다.³⁵⁾ 헤크만은 여성들을 공유된 경험과 관점을 가진 단일 집단으로 취급하는 경향에 초점을 맞춘 입장론의 초기 공식에 대한 비판을 열거한다. 이러한 비판은 이후 입장론에 여성들 사이의 차이를 고려하려는 이론의 정교함을 가져왔지만, 이러한 차이의 인정은 결국 헤크만이 교착상태라고 묘사한 상황을 불러왔다. 즉 입장론이 여성들을 하나의 집단으로 상정할 수 없다면, 그 같은 이론이 어떻게 여성들이 억압받고 있다는 정치적 판단을 내리고 그 판단을 정당화할 수 있느냐는 것이다.

헤크만은 여성 억압에 대한 객관적 진실이 있다고 주장하는 수잔 오킨^{Susan Okin}과 마사 누스바움^{Martha Nussbaum} 같은 자유주의 사상가들이 제시한 해답을 거부한다. 헤크만에 따르면, 이들 사상가들은 "우리가 페미니즘 혹은 어떤 종류의 정치를 만들어내려고 한다면, 우리는 서로 다른 문화를 판단하기 위한 기준을 제공하는 메타 내러티브인, 세상이 *정말로* 어떤지에 대한 개념이 필요하다,"라는 잘못된 가정을 하고 있다.³⁶⁾ 헤크만은 페미니즘적 판단의 근거가 될 수 있는 어떤 객관적 현실이 있다는 생각에 대해서는 적절하게 비판하고 있지만, 만약 우리가 헤크만이 분명히 그렇게 하듯이, 여성 억압의 정치적 문제나 그 외 다른 정치적 문제를 오직 정당화의 인식론적 문제로만 이해한다면, 대안적인 판단의 실천이 어떻게 등장할 수 있을지는 분

---

35) Susan Hekman, "Truth and Method: Feminist Standpoint Revisited," in *Signs: Journal of Women in Culture and Society* 22, no. 2 (Winter 1997): 341-365쪽; 인용구는 342쪽.

36) 윗글, 359쪽.

명하지 않게 된다.[37] 판단에 대한 이런 인식론적 혹은 인지적 설정은, 헤크만으로 하여금 판단의 문제를 마치 차이들을 인식하는 것이 진리 주장을 하고 *이런 식*으로 잘못된 주장을 분명히 할 수 있는 페미니즘의 정치적 능력을 *필연적*으로 약화시키는 것으로 설명하도록 만든다. 그렇지만 여전히 헤크만은 페미니즘이 차이를 고려해야 한다는 것을 인정한다. 따라서 우리는 차이를 인정하거나 (그래서 진리를 삭제하는 주관주의를 감수하거나) *아니면* 잘못을 분명히 표현해야 하는 (그래서 차이를 삭제하는 객관주의를 감수해야 하는) 불가능한 선택에 직면하게 된다. 헤크만은 분명히 이러한 선택을 거부하지만, 다른 한편 그녀는 그 선택을 정치적 범주로서의 여성의 붕괴에 본질적인 것으로, 모범적인 방식으로 묘사한다. 그렇다면 그녀가 이 불가능한 선택에서 벗어나는 방법은 무엇일까?

헤크만이 오킨과 누스바움을 비판하면서 실제로 요구하는 것은, 페미니스트들이 특수한 것들을 보편성에 포함시키거나, 외부의 관점을 차지하려고 시도하거나, 국가가 보증인인 추상적 권리 관점에서 잘못된 것을 정확하게 설명하는 자유주의적 정치 논리를 승인하지 않으면서도 잘못된 (억압)을 분명히 표현할 수 있도록 해주는 판단의 실천이다. 그러나 헤크만은 더 이상

---

37) 헤크만에 답변하면서, (페미니스트 입장론의 삼대 거인인) 낸시 하트속^Nancy Hartsock, 퍼트리샤 힐 콜린스^Patricia Hill Collins, 그리고 샌드라 하딩^Sandra Harding은 모두 입장론에 대한 헤크만의 설명이 결함이 있다고 본다. 힐 콜린스가 말하듯이, "입장론은 결코 진리나 방법론으로 주장되도록 설계되지 않았기 때문이다." 오히려 그것은 "지식/권력"을 설명하기 위해 설계되었다. Patricia Hill Collins, "Comment on Hekman's 'Truth and Method: Feminist Standpoint Theory Revisited': Where's the Power?," in *Signs: Journal of Women in Culture and Society* 2, no. 2 (Winter 1997): 375-381쪽; 인용구는 375쪽. 헤크만의 "오해"는 기본 텍스트 자체에 의해 초래된 것이다. 입장론은 언제나 그것이 의문을 제기하는 인식론적 틀 (예를 들면, 합리적, 경험적, 그리고 실증적) 그 자체와 위험한 관계를 맺었다. 입장론은 상황적 진리 개념을 주장했지만, 입장론은 (그 가장 정교한 형태에 있어서조차) 그것이 비판하는 인식론들과 공유되어, 세계에 대한 그리고 서로에 대한 근본적인 관계는 이성적이고 인지적인 지식의 하나라는, 진술되지 않았지만 기본적인 전제를 결코 의심한 적이 없다. 입장론자들은 어떤 주체 위치와 담론적 설명은 인식론적으로 특권을 갖는다는 주장을 결코 포기하지 않았다.

앞으로 나아가지 않는다. 그녀는 *성찰적* 판단의 실천이 페미니즘이 당면한 핵심 문제라는 것을 보지 못하는데, 왜냐하면 그녀는 차이가 동반하는 것으로 보이는 주관주의의 공포에 사로잡혀서, 어떻게 객관주의의 희생양이 되지 않으면서 (객관적인) 정당성을 주장할 수 있을지의 문제에 완전히 초점을 맞추고 있기 때문이다. 인식론적 용어로 정의되어온 사회변혁 도구로서의 "합리적 논쟁"의 힘에 안주하면서, 헤크만은 "우리는 가부장제의 제도들은 사악한 것이기에 해체되어야 한다고 비페미니스트들을 설득할 수 없을지 모른다. 그러나 우리는 숙련된 논쟁의 사용을 통해 성희롱, 부부강간, 그리고 아내 구타는 범죄로 정의되어야 한다고 그들을 설득할 수 있었고 또 설득할 수 있을 것이다,"라고 결론을 내린다.[38] (어느 정도까지는 그렇다. 하지만 어떻게? ─논리적 증명 혹은 보다 설득력 있는 증거를 통해서?)

그러나 알다시피 입장론은 보다 설득력 있는 증거나 진리 주장을 생성하기 위한 수단이 부족한 게 아니고, 세계─구축적이고 자유─중심적인 페미니즘의 의견형성과 판단에 대한 설명이 부족하다. 이러한 설명이 필요하다는 요구는, 페미니즘의 입장은 주어지는 것이 아닌 *성취하는 정치적* 입장이라는, 낸시 하트속이 처음 제시한 주장에 암시되어있다. 경험이 정치적 판단의 실천을 이해하는데 핵심적이라는 것, 더 나아가 여성들의 경험만으로는 페미니즘적 판단의 실천으로 이어지지 않는다는 것을 인정하면서, 입장론은 중요한 통찰력을 갖게 됐다. 그러나 입장론은 세계와의 관계를 철저히 인식론적 용어로 설명했기 때문에 결코 이 통찰력을 전달할 수 없었다. 입장론은 (객관적인) 정당성 문제에 초점을 맞춤으로써 지식 주장의 형식을 택하지 않았다면 볼 수 있었을, 정치와 관련될 수도 있는 모든 것을 보지 못했다. 그 결과, 여성들 사이의 경쟁적인 관점들은 결코 페미니즘적 의견형성이나 세계─구축의 재료로 등장할 수 없었고, 오직 인식론적 특권을 향한 경쟁자의 자격으로만 등장할 수 있었다. 그러나 관점에 대한 이러한 대안적인 개념을 이해하려면, 우리는 먼저 우리의 정치적 사유를 부여잡고 있는 정당성 문제

---

38) Hekman, "Truth and Method," 362쪽.

의 고삐를 늦추어야 하며, 더 바람직하게는 다시 아렌트와 함께 다른 종류의 정당성을, 즉 정치적 판단이 가져야 하는 정당성의 종류를 상상할 수 있어야 한다.

5. 정당성의 정치적 개념

아렌트가 고대 그리스에서의 의견 교환의 중요성에 대한 토론에서, 의견을 형성하는 방법을 배우는 것과 논쟁의 기술을 연마하는 것을 먼저 상호 연관 시킨 후 다시 그 둘을 구별할 때, 그녀가 우리에게 시사하는 것은 어떻게 정 치에서 정당성 주장의 작업과 특성을 다시 생각할 수 있는가 하는 것이다. 그녀는 공적 영역의 창조에서 정말로 중요한 것은, "논쟁과 주장을 뒤집을 수 있게 된 것이 아니고, 진정으로 다중적인 관점에서 사물을 *볼 수 있는* 능 력을, 다시 말하면 정치적으로 사물을 보는 것을 의미하는 능력을 개발한" 것임을 발견한다.[39] 그녀는 이러한 정치적 시각의 기원이 "호머식 객관성 Homeric objectivity"에 있다고 (즉 같은 것을 *정반대*의 시각에서 보는 능력; 트로 이 전쟁을 그 전쟁의 가장 위대한 영웅들인 아킬레우스Achilles와 헥토르Hector 의 관점에서 각기 보는 것) 주장한다.[40] "우리가 아는 한 여전히 가장 높은 유형의 객관성인," 호머Homer의 공정성을 다양한 관점에서 볼 수 있는 능력 으로 변형시키는 것은, "시민들끼리 서로 대화하는," 공식적 발언의 일상적 실천을 통해서이다.[41] 아렌트는 그에 대해 다음과 같이 설명한다.

---

39) Arendt, *WIP*, 96쪽. 이 능력은 트로이 전쟁을 "승리와 패배라는, 근대인들이 느 꼈던 역사 자체에 대한 '객관적'인 판단"(Arendt, "The Concept of History," 51쪽), 즉 수단-목적적 정치 개념에 기반을 둔 판단의 프리즘을 통해 보는 것을 거부하는 것에 기반을 둔다고, 아렌트는 주장한다.

40) Arendt, "The Concept of History," 51쪽. *WIP*, 94-96쪽도 참조하라. 그와는 대 조적으로, 객관성의 현대적 개념은 입장은 본질적으로 주관적인 감각 경험을 기반 으로 하는 기만적인 것이기에 제거되어야 한다는 생각을 전제로 하고 있다. 랑케 Ranke의 문구에는, "자아의 소멸이 '순수한 시선'을 가질 수 있는 조건이 된다,"가 나온다. 객관성은 사실과의 순수한 관계다; 그것은 판단의 절제를 요구한다 (Arendt, "The Concept of History," 49쪽에서 인용).

이 끊임없는 대화를 통해 그리스인들은 우리가 공동으로 소유하고 있는 세계는 보통 무한개의 입장들과 그 입장들에 부합하는 가장 다양한 관점들에서 보는 것임을 깨달았다. 소피스트들이 논쟁하는 법을 아테네시민들에게 제시함에 따라, 무궁무진한 논쟁의 흐름 속에서 그리스인들은 그 자신의 관점, 즉 자신의 "의견"을 ―세계가 자신에게 나타나서 드러내는 방식을― 동료 시민들의 관점과 주고받는 법을 배웠다. 그리스인들은 서로를 개개인으로 이해하는 것을 배운 것이 아니라, 동일한 세계를 서로의 관점에서 보는 것, 즉 동일한 것을 매우 다르고 종종 대립적인 측면에서 보는 것을 배웠다.[42]

아렌트 비평가들의 비난에도 불구하고, 아렌트는 정치적으로 보는 것을 배우는 데 있어서 결코 논쟁의 역할을 배제하지 않는다. 그러나 많은 그녀의 비평가들과는 달리, 아렌트는 논쟁을 (혹은 발언을) 목적을 위한 수단으로 다루지 않으며, 특히 하버마스가 부른 "표면상 궁극적인 가치 지향들의 이해할 수 없는 다원주의"를 (즉 "특정한 이해관계"에 근거를 둔 의견을) 보편적인 것으로부터 (즉 "일반화할 수 있는 이해관계"에 기반을 둔 의견으로부터) 분리해내기 위한 목적으로 논쟁을 수단화하지 않는다.[43] 아렌트 역시 하버

---

41) 윗글, 51쪽.

42) 윗글.

43) "실용적인 질문들을 결정론적으로 처리하는 것의 한계는, 외관상 궁극적인 가치 지향들의 이해할 수 없는 다원주의에 체념하는 대신 이해관계의 일반화를 시험하는 것으로 논쟁이 기대되는 순간, 극복된다,"라고 하버마스는 쓴다. "여기서 논쟁이 되는 것은 다원주의라는 사실이 아니라 일반화된 이해관계와 특수한 것으로 남아있는 이해관계를 논쟁을 통해 분리하는 것이 불가능하다는 주장이다." Jürgen Habermas, *Legitimation Crisis*, trans. Thomas McCarthy (Boston: Beacon Press, 1975), 108쪽. 이 문단을 인용하면서, 리차드 번스타인Richard Bernstein은 그 문단과 "반난은 각 개인의 사생활에 대한 전망을 결정하는 '주관적이고 사적인 조건'과 특이성에서 해방되어야 한다,"라는 아렌트의 주장을 동일시한다 (Bernstein, *Between Objectivism and Relativism*, 220-221쪽). 그러나 이 등식은 정치적 영역에서의 객관성과 논쟁에 대한 아렌트의 대단히 다른 이해를

마스와 마찬가지로 단순히 주관적이거나 사적인 의견보다는 정치적 의견형성에 깊은 관심을 보이고 있지만, 그녀는 하버마스와 달리 의견의 다양성을 "불가해한 다원주의"를 위협하는 것으로 읽지 않는다. 만일 그랬다면, 의견의 다양성을 규명하고 궁극적으로 결말을 짓는 것은 합리적 논쟁의 영웅적 과업이 될 것이다. 그녀에게 정치적 논쟁은 칸트가 논쟁*disputieren*이 아니라 *투쟁streiten*이라고 부른 논쟁적 투쟁, 즉 반박할 수 없는 증거보다는 설득에 기반을 두고 합의를 끌어내는 투쟁에 속한다. 논쟁은 대화를 막는 판결적 형태에서 가치가 있는 것이 아니고, 지속적인 세계-구축의 "끊임없는 토론"의 형식에서 가치가 있다. 정치적 논쟁은 합의를 도출할 때가 아니라 —그렇게 할 수도 있겠지만— 논쟁을 통해 우리가 자신의 관점이 아닌 다른 사람들의 관점에서 상황을 볼 수 있게 되고, 또 우리가 공유하는 것과 실재에 대한 우리의 의식이 깊어질 때 가치가 있다. 이 세속적 실재에 대한 공유된 의식이 우리가 소통 가능하고 정당하다고 부를 수 있는 모든 것의 조건이 되며, 그것은 대상이나 사건을 바라보는 관점의 다원성을 제외하고는 생각할 수 없는 것이다.

아렌트 비평가들을 포함한 많은 페미니스트 이론가들은 다원성이 정치에 상대주의와 결정론*decisionism*을 가져옴으로써 정당성을 위협하는 경향이 있다고 보는데 반해, 아렌트는 다원성 없이는 정당성도 존재할 수 없다고 (즉 세상 현실에 대한 감각도 없다고) 주장한다. 그녀의 견해에 따르면, 주관주의는 다양한 관점들의 결과가 아니고 자기 자신의 관점에만 사로잡혀서 다양한 관점들을 고려하지 못한 것의 결과다. 그녀는 어떠한 하나의 관점도, "하나의 대상을 많은 다중에게 제시함으로써 확보된 여러 측면의 총합"에서 비롯되는 현실감각과 일치할 수 없다고 말한다. 이 말은 아렌트가 다원성을 여러 측면을 "제시하는" 대상에 위치짓는 것처럼 우리에게 들릴지 모르지만, 아렌트는 여기서 더 나아가 "모든 사람이 갑자기 하나의 가족 구성원처럼 행동하는, 그래서 한명 한명이 그 이웃의 관점을 증식시키고 연장하는 그런

설명하지 못한다.

집단사회나 집단 히스테리의 조건하에서는," 그 대상은 다양한 측면의 속성을 잃을 수 있다는 것을 관찰한다.[44] 아렌트는 그런 일이 벌어질 때 우리는 더 이상 공동세계를 갖지 못한다고 주장한다. 우리가 공동세계를 갖는 것은 우리가 세계를 각기 다른 관점에서 바라보기 때문이다. 이 다양한 관점들이 부재할 경우, 우리는 "대상의 동일성," 그 사실성 혹은 "객관적" 특성을 잃게 된다. 달리 말하면, 다원성은 세상 현실에 대한 우리의 공유된 의식을 위협하기보다 발생시킨다. 아렌트는 다원성이 ―만약 우리가 그것을 적절하게 고려한다면 ―객관주의와 주관주의 둘 다로부터, 따라서 독단론이나 회의론의 위험으로부터 우리를 지켜준다고 말한다.

하버마스와 같은 철학자들의 강력한 인지주의적 접근과는 대조적으로, 아렌트의 세상 현실에 대한 설명은 세계에 대한 많은 해석 뒤에는 하나의 진실이 있다는 생각에 의해 추동되지 않는다. 오히려, 공동세계 그 자체는 ―지구나 자연과 같은 것이 아닌, 인간이 만든 인공물이며 ―오직 다원적 관점들을 통해서만 존재하게 된다고 생각한다.[45] 그 다원적 관점들은 어떤 것의 존재를 (그것이 존재한다는 것을) 깨닫게 할 수 있지만, 그 방식은 그 본질에 대해 (그것은 무엇인가) ―즉 우리에게 그것이 무엇인지에 대해 ―의사소통하는 방식을 통해서 이루어진다. 이것은 동일한 대상에 대한 다원적 관점들은 기준을 적용하는 연습이라는 것을 보여주는 또 다른 방법이다. 스탠리 카벨이 제1장에서 우리에게 보여주었듯이, 어떤 것이 나에게 어떻게 보이는지를 내가 묘사할 때, 나는 즉시 우리의 판단과 기준에서 우리의 합의의 한계를 당연하게 여기고 그 한계를 시험하는 것이다. 기준은 판단기준을 말한다: 우리는 어떤 것이 우리에게 중요하다는 것을 표시하기 위해 기준을 사용한다 (예컨대 그녀의 신음 소리에 근거하여 그녀가 고통스러워한다고 판

---

44) Hannah Arendt, *The Human Condition* (Chicago: University of Chicago Press, 1989), 57-58쪽. Arendt, *WIP*, 96쪽도 참조하라.
45) 다원성을 염두에 두지 않고는 상상할 수 없는 사실성에 대한 생생한 설명으로, Kimberly Curtis, *Our Sense of the Real: Aesthetic Experience and Arendtian Politics* (Ithaca, NY: Cornell University Press, 1999), 특히 제2장을 참조하라.

단하는 것). 카벨은, "기준은 '어떤 것이 그렇게 존재하는 것에 대한 기준'이
며, 그것은 우리에게 사물의 존재에 대해 말해준다는 의미에서의 기준이 아
니고, 그렇게 *존재하는* 사물의 정체성이 아닌 *그렇게* 존재하는 사물의 정체
성에 대해 말해준다는 의미에서의 기준이다. 기준은 진술의 확실성을 결정
하지 않으며, 진술에 사용된 개념의 적용을 결정한다,"라고 말한다.[46] 기준
을 적용하는 우리의 능력은 느낌, 관심, 그리고 가치 판단의 공유 경로를 당
연히 여긴다; 기준은 *인간에게* 중요한 것이 무엇인지를 드러낸다.

카벨처럼, 아렌트도 우리가 말할 때 우리에게 중요한 것을 말하는 방식
에 관심이 있다. 우리는 무언가를 *그렇다고* 주장함으로써 무언가가 그러한
*존재*임을 단언하게 된다. 우리가 기억하는 바로는 이러한 주장이나 계산은
고전적 지식에 대한 설명으로 해소되지 않으며, 언제나 우리를 인정의 문제
에 휘말리게 한다: 나는 그 신음 소리를 당신이 고통스러워하고 있음을 표시
하는 것으로 기꺼이 인정할 수 있어야 하거나 —자크 랑시에르[Jacques Rancière]
가 보여주듯이 —당신의 발언을 단지 주관적 표현이나 불만이 아닌 정치적
발언으로 인정할 수 있어야 한다. 적용할 개념이 없는 미학적 판단과 정치적
판단은 예리한 방식으로 기준의 문제를 제기한다. 왜냐하면 무엇을 인정할
것인지를 말하는 것은 포섭 활동 이외의 것을 포함하기 때문이다. 그 같은
판단들에 독특한 것이 바로 주체는 대상을 올바르게 판단할 수 있는 근거를
소환하지 못하지만, 특정 대화 상대자와의 관계에서 당면한 특정 사항에 적
합한 기준을 도출해내야 한다는 것이다. 비트겐슈타인이 말하듯이, "이성의
끝에는 설득이 온다."[47] 우리가 이제 보게 되겠지만, 이것은 주장을 하는 것
이 무엇을 의미하는지에 대한 매우 다른 이해와 관련된다.

---

46) Stanley Cavell, *The Claim of Reason: Wittgenstein, Skepticism, Morality, and
   Tragedy* (Oxford: Oxford University Press, 1979), 45쪽.
47) Ludwig Wittgenstein, *On Certainty*, ed. G. E. M. Anscombe and G. H. von
   Wright (New York: Harper & Row, 1972), 612절.

6. 감춰진-세계-드러내기에서 새로운-세계-열기로

정치적 영역에서 논쟁을 통해 설득하려는 시도는, "'설명을 하는 것' ─즉 입증하려는 것이 아니고, 자신이 어떻게 그런 의견을 갖게 되었는지 그리고 어떤 이유로 그런 의견을 형성했는지 말할 수 있게 되는 것이다"(*LKPP*, 41쪽). 아렌트는, 하버마스의 "상호이해를 목적으로 하는" 의사소통이 전제하는 실용적 종류의 합리성 개념에서 소중한, 화자는 질문을 받으면 자기 자신의 발언을 정당화할 수 있어야 한다는 생각에 ─하버마스는 반드시 정당화해야 한다고 말할 것이다 ─이의를 제기하지 않는다. 그 대신 그녀가 이의를 제기하는 것은, 대화 상대자들 간의 합의는 우리가 반드시 특정한 주장과 논쟁의 원칙을 수용해야만 가능하다는 생각이다.

아렌트는 우리가 결론을 받아들이지 않고도 특별한 미학적 판단을 옹호하기 위해 가져온 주장들을 잘 따르고, 심지어 받아들일 수 있다는 칸트의 통찰력을 받아들인다. "칸트로 하여금 미학적 판단의 귀속적 보편성은 개념(의 적용)으로부터 나오지 않으며, 그 보편성은 객관적 보편성으로 간주 될 수 없다고 주장하도록 이끈 것이 바로 이것 ─즉 주장을 따른다고 해서, 결론에서 분명히 잘못된 것을 발견하지 못한다 하더라도, 반드시 결론을 받아들일 필요는 없다는 사실 ─이다,"라고 스티븐 멀홀^Stephen Mulhall 은 쓴다.[48] 비록 어느 쪽도 특정 판단이 잘 뒷받침되고 있음을 오해하거나 이해하지 못하는 것이 아니라 할지라도, 의견 차이는 ─심지어 심각한 의견 차이도 ─있을 수 있다. 예컨대, 나는 왜 어떤 그림이 아름다운지에 대한 당신의 주장을 (예를 들어 미술사에서 그 그림의 독특한 위치, 그 화가의 생생한 색채 사용, 혹은 원근법의 표현) 받아들이면서도 여전히 아름다움에 대한 당신의 판단에 동의하지 않을 수 있다. 그 거부가 당신의 눈에는 나의 미적 감각이 부족한 것으로 보이게 할지 모르지만, 틀린 것으로 보이게 하는 것은 아니다.

---

48) Stephen Mulhall, *Stanley Cavell: Philosophy's Recounting of the Ordinary* (Oxford: Clarendon Press, 1994), 25쪽.

그런 경우에 (아렌트 비평가들이 그러하듯이) 내 판단이 합리적이지 않다고 결론짓는 것은 합리성이란 무엇인가에 대한 다소 편협한 이해를, 즉 증거를 제시하는 것에 기반을 둔 사고방식을 허용하는 것이다. 여기에는 아렌트가 칸트의 『순수이성비판』을 무비판적으로 물려받고 있다고 하버마스가 비판한 과학적 합리성뿐만 아니라, 담론 윤리에서 논쟁의 핵심적 역할과 연관된 실천적 합리성도 포함된다. 카벨은 합리적 주장의 핵심 요소로, 결론에 대한 동의보다는 "패턴과 지지^{support}" 개념에 우리의 주의를 기울이게 하기 위해, 미학적 판단의 주관적 정당성이라는 칸트의 개념을 채택한다. 스티븐 멀홀은 카벨의 견해를 다음과 같이 해석한다:

> 카벨은 논리나 합리성이 (결론에) 합의하는 문제*라기보다* (지지, 반대, 대응) 패턴의 존재 문제라고 제안하는 것이 아니다; 그는 논리나 합리성을 *결론*에 합의하는 문제라기보다 *패턴*에 합의하는 문제로 보는 것이 더 효율적임을 제안하는 것이다. 특정 패턴이나 절차가 그것들을 따를 능력이 있는 사람들이 합의된 결론에 도달할 수 있도록 보장해주는 것인지 여부가 한 가지 유형 혹은 측면의 합리성을 다른 유형의 합리성과 구별 짓게 하는 일부가 된다; 그러나 어떠한 영역에서든 합리성과 불합리성을 구별하는 것은 언행의 패턴 혹은 절차에서의 합의 —즉, 헌신 —이다.[49]

그렇다면 문제는 미학적 판단은 합리성이 결여되어 있다는 것이 될 수 없다. 칸트는 『판단력 비판』에서, 칸트 읽기에서 아렌트가 그러했듯이, 우리의 미학적 판단에 이유를 대는 것을 배제하지 않았다. 자신의 판단을 뒷받침할 수 없는 사람은 (칸트의) 미학적 판단이나 (아렌트의) 정치적 판단에 전혀 관여하지 않는 것이고, 단지 주관적 선호를 (예컨대 "나는 카나리아 와인을 좋아해") 말하는 것일 뿐이다. 서로 경쟁적인 판단들 사이에서 선택해야할 때 판단기준이 고려되어야 하지만, 그 기준은 결코 증거로 기능할 수 없다. 따라서 특정한 미학적 판단이나 정치적 판단에 대해, 어떠한 입장이나

---

49) 윗글, 26쪽; 강조는 원문 그대로임.

맥락과도 무관하게 이성적인 생각을 할 수 있는 모든 사람을 설득할 수 있고 설득해야 하는 단 하나의 주장이란 존재하지 않는다.

달리 말하면, 정치적 판단과 미학적 판단은 논쟁의 여지가 있다. 하지만 매우 특정한 방식으로 그러하다. 그 판단들은 칸트가 투쟁(streiten)이라고 부르는 대화에 속한다. 우리는 우리의 견해로 다른 사람들을 설득시키려고 하고 그런 의미에서 합의에 이르려고 노력한다. 그러나 칸트와 마찬가지로, 아렌트에게도 합의에 이르지 못하는 것이 합리적으로 의사소통을 하지 못했다거나 합리적 주장을 위한 합의된 협약을 따르는 데 실패했다는 것을 뜻하는 것은 결코 아니다. 우리가 앞에서 보았듯이, 나는 당신의 주장을 잘 따르고 또 받아들일 수 있지만, 여전히 당신의 결론에는 동의하지 않을 수 있다. 이 말이 이상하게 들리는 것은 우리가 결론에의 동의는 전제와 절차에의 동의에서 나온다는 생각에, 즉 전제와 절차를 받아들였지만 결론을 받아들이지 않은 사람은 모두 실수를 하고 있거나 정신적 결함이 있는 사람들이라는 생각에 익숙해져 있기 때문이다. 그리고 개념이 적용되는 판단의 경우가 대체로 그러한 경우다.

칸트는 독자들의 판단과는 대조적으로 자신의 시가 아름답다고 판단하는 시인은 시적 관행에 (예컨대 운율, 박자 등등) 기반을 둔 독자들의 비판을 받아들일 수 있지만 ─ 그럼에도 자신의 견해를 끝까지 고수한다고 말한다.[50] 미국 건국의 아버지들과 대부분의 19세기 미국인들의 판단과는 대조적으로, 남성과 여성은 평등하게 창조됐다고 판단한 <1848년 세네카 폴스 감정 선언>에 서명한 여성들은 남성과 여성은 원래 서로 다르다는 비판을 받아들일 수 있지만 ─ 그럼에도 자신들의 견해를 끝까지 고수한다. 이 명백한 모순에 직면했을 때 우리가 붙잡고 있는 것은 비논리적인것도 비이성적인 것도 아니며, 오히려 아직 확고한 개념으로 그 표현을 찾지 못한 가치다. 다음에 이어질 주장에 따르면, (젠더 *평등*에 대한 주장이 암시하듯이) 미학적 판단에서처럼 정치적 판단에서 우리가 주장하는 것은 (장 프랑수아 리오타르Jean-

---

50) *CJ*, 32절, 145-146쪽을 참조하라.

François Lyotard가 주장하듯이) 반드시 환원될 수 없을 정도로 비개념적인 것일 필요는 없으며, 인지적 판단과 지식 주장에서 일상적으로 사용되는 것을 넘어선, 즉 그 특징적 역할인 이해관계의 도입을 넘어선, 개념의 상상적 확장이라는 점이다. 우리가 우리 자신의 성찰적 판단력을 날카롭게 하기 위한 기반으로 결국에는 초기의 판단을 포기하든 (칸트의 시인이 그러하듯이), 아니면 한때 우리를 불명예스럽다고 선언했던 세계에 직면해서 초기의 판단을 고수하든 (세네카 폴스 감정 선언에 서명한 사람들이 그러했듯이), 우리는 스스로 판단하고 우리의 견해를 사람들에게 설득시키려고 노력해야 한다. 그리고 여기에는 우리가 앞에서 논의했던 ─단순히─개념 없이 판단하는 능력이 아니라, 칸트의 말을 빌리자면, "개념 자체를 무제한적으로 확장하는," 상상적 "개념의 전시 [예컨대 평등의 전시]"가 포함된다 (*CJ*, 49절, 183쪽).

자신의 견해로 사람들을 설득할 수 있는 능력은 논리적 재능에 달려 있지 않다. 그는 소위 더 나은 논쟁력을 갖고 있으면서도 자신의 대화 상대자들을 납득시키지 못할 수 있는데, (그것은 그 대화 상대자들이 역량이 부족해서, 즉 좋은 논쟁이 무엇인지 이해하지 못해서가 아니다). 설득의 능력은 특정 대화 상대자와의 관계에서 당면한 특정 사례에 대한 기준을 도출할 수 있는 능력에 달려있다. 그것은 *아름다운*과 같은 단어나 *평등하게 창조되었다*와 같은 구절을 사람들이 받아들일 수 있는 방식으로 새로운 맥락에 투사하는, 근본적으로 창의적이고 상상력이 풍부한 수사학적 능력으로서, 그들은 (필연적으로) 이미 그 투사에 동의했거나 (혹은 그들이 제대로 생각한다면) 동의해야만 하기 때문에 받아들이는 것이 아니고, 그 투사가 어떤 대상과 사건들에 대한 그들의 반응을 다른 방식으로 틀 짓게 하기 때문에, 즉 무언가 새로운 것을 보도록 이끌었기 때문에 받아들이는 것이다. 논쟁은 칸트가 미학적 판단의 더 이상 환원될 수 없는 "고카트go-cart"라고 주장하는 *예*처럼 제시된다: 즉 논쟁은 주어진 전제로부터 합리적으로 추론될 수 없는 연결을 *드러낸다*. 만약 논쟁이 "힘"을 갖고 있다면, 그것은 반박할 수 없는 논리이기 때문이 아니라, (아렌트 자신의 용어를 사용하자면) 상상적 "보기"의 기제이기 때문이다. 그리고 그 힘은 결코 판단을 내리는 사람 및 그 사람이 말하는 맥락과 분리될 수 없다. 아름다움에 대한 최종적이고 확정적인 주장은 존재할 수 없듯이, 성평등에 대한 최종적이고 확정적인 주장 역시 존재할 수 없다. 모든 정치적 혹은 미학적 판단은 일련의 특수한 것들과 관련하여 분명히 표현되어야 한다.

이 점을 염두에 두면, 우리는 아렌트가 정치적으로 본다는 것을 논리적 강제가 아닌 방식으로 작동하면서 우리에게 새로운 것을 볼 수 있게 해주는 주장들 간의 교환과 관련된 것으로 묘사할 때 그녀가 의미하는 바를 더 잘 이해할 수 있게 된다. 우리는 논리만으로는 새로운 것을 볼 수 없고 오직 이미 전제로 주어진 것만 볼 수 있을 뿐이다; 논리는 현재의 판단 원칙으로 작동하는 선입견이나 과거의 판단을 건드리지 않으며, 오히려 그것들을 당연하게 여긴다. 아렌트 자신은 일관성 있는 사고의 조건으로 논리학에 대한 (칸트의) 격언을 결코 거부하지 않는다; 오히려 그녀가 이의를 제기하는 것은 논리적 사고는 사실상 정치적 사고라는 생각인데, 왜냐하면 정치적으로 사고하는 형식은, 비록 어떤 지극히 일반적인 의미에서는 논리적이라고 할 수 있겠지만, 다른 것을 요구하기 때문이다. "칸트는 다른 사고방식을 주장했는데, 그 사고방식은 자기 자신과 일치하는 것으로는 충분하지 않으며, '다른 사람의 위치에서 생각'할 수 있는 것으로 구성되어있다,"라고 아렌트는 쓴다.[51] 달리 말하면, 정치적 사고는 *우리가 다원성을 고려할 것을* 요구한다는 것, 즉 우리가 앞에서 설명한 확장된 개념의 객관성이나 현실 세계의 조건으로 각기 다른 입장과 의견들을 (즉 "내가 보기엔..") 고려할 것을 요구한다는 것, 그리고 여기에는 당연히 우리 자신의 기준이 도전받거나 그 기준을 변화시키는 것이 포함된다는 것이다. 우리는 아래에서 이 같은 포함적 실천을 ─아렌트가 "대의적 사고representative thinking"라고 부르는 것 ─살펴보도록 하겠다; 그런데 우선은 우리가 왜 다원성을 적극적으로 고려해야 하는지에 대한 논의를 할 필요가 있다.

---

51) Hannah Arendt, "The Crisis in Culture," in *Between Past and Future*, 197-226쪽; 인용구는 220쪽.

아렌트는 때때로 다원성이 우리가 인간임을 알게 되는 상태에 의해 소진되는 것처럼 말하지만, 다원성은 그 이상의 것이다. 다원성은 ―"여성들 사이의 차이"에 대한 대부분의 페미니즘적 설명이나 "완고한 다원주의"에 대한 하버마스의 설명과 같은―단순히 실존적인 개념이 아니며, 경험적 차이들로 한원될 수 없는 *정치적* 관계다.[52] 다원성이 없는 상태에서도 차이들이 존재하는 것은 완벽하게 가능하다 (예컨대 아렌트가 앞에서 이야기했듯이, 각기 다른 사회적 집단의 구성원들이 "한 가족의 구성원인 것처럼," "자기 이웃의 관점을 강화하고 늘리는," 행동을 시작할 수 있다). 또한 판단하는 주체들이 경험적 차이에 직면하여 (마치 "인간들이 아니고 인간이 지구에 거주한다는 듯이) 다원성을 부정하는 것도 완벽하게 가능하다. 모든 정치적 관계들처럼 다원성은 외재적인 것이고, 그 조건에 따라 축소될 수 없는 것이다: 다원성은 "대상" 자체에 주어지는 것이 아니며 (즉 각기 다른 사회적 집단의 성원권과 연관된 각기 다른 입장들에 기반을 둔 관점의 차이들) 창조되는 것이다.

만약 다원성이 사람들 간의 차이의 존재론적 조건 그 이상의 것이라면, 그것은 카벨과 아렌트가 근대의 주관주의와 회의론이라는 각기 다른 설명에서 보여주었듯이, 단순히 인간임의 ("총칭적인 인간이 아닌 인간들") 조건이 아니다. 오히려 다원성은 경험적 차이가 있을 수 있는 것과 관련하여 우리가 무언가를 *하기*를 요구한다: 다원성은 존재론적 차이의 *수동적인* 상태를 명명하는 게 아니고, 아래에서 필자가 보여주겠지만, 공론장에서 사람들과 맺는 *능동적이고 창의적인* 관계를 명명하는 것이다. 다원성은 정치적 관계에서 벗어나서 표현(상상력)의 능력에 기반을 두며, 적어도 처음에는 개념(이

---

52) 입장론은 다원성에 대한 이러한 정치적 이해를 결코 발전시키지 않았는데, 왜냐하면 입장론은 개념-지배적인 정당성 개념에 초점을 맞춤으로써, 주관주의의 망령에 사로잡히지 않은 차이들을 생각할 수 있는 방법을 갖고 있지 않았기 때문이다. 입장론은 그러한 차이들을 정치적 표현에 민감한 요소들로 생각할 방법이 없었다. 이러한 정치적 의미에서의 표현에 대한 탁월한 설명으로 다음을 참조하라: Ernesto Laclau, *Emancipation(s)* (London: Verso, 1996); Ernesto Laclau and Chantal Mouffe, *Hegemony and Socialist Strategy: Towards a Radical Democratic Politics* (London: Verso, 1985).

해)의 능력에 기반을 두지 않는다. 나는 경험적 차이가 인간 조건의 일부로 존재한다는 것을 *알 수는* 있지만, 그 경험적 차이를 *인정하지는* 못한다. 왜냐하면 차이를 인정하는 행위는 특수한 것을 인지하거나 특수한 것에 개념 적용을 하는 것, 그 이상과 관련된 것이기 때문이다 (혹은 좀 더 정확히 말하면 인지가 관련되는 곳에서 인정은 내가 아는 것에 근거하여 내가 무언가를 하기를 요구한다).

다원성을 상호주관적 정당성의 문제이기보다는 조건으로 만듦으로써, 아렌트는 의견형성과 판단의 문제를, 개념들을 특수한 것들에 적용하고 지식/진리 주장에 대해 합리적 판결을 내리는 것과 관련된 인식론적 영역에서 의견형성 및 자유의 실천과 관련된 정치적 영역으로 이동시킨다. 정치는 언어, 우리의 기준, 혹은 개념들을 통해 그동안 우리에게 닫혀있었던 세계를 연다는 의미에서 주장의 교환을 필요로 한다. 자크 랑시에르가 우리에게 강조하듯이, 이유를 대려는 시도를 어떻게 이해하든, 그것은 "주장이 받아들여질 수 있고 영향력을 행사하는 이전 세계의 열림,"을 당연시한다.53) 시적이고, 수사학적이며, 세계를 창조하는 언어의 능력에 대해 하버마스는 "비판의 여지가 있는 정당성 주장에 대한 상호주관적 인정"을 가능하게 해주는 올바른 의사소통적 언어 사용과 배치되는 것으로 보았지만, 아렌트의 견해와 마찬가지로, 랑시에르의 견해로는 그것은 증명으로 검증될 수 있는 것의 바로 그 조건을 이룬다.54) 증명은 인정된 전제에서 추론하는 것에 기반한다. 열림은 관점의 변화가 일어날 수 있는 맥락을 —어쩌면 증명에 의해서일 수도 있고 아닐 수도 있지만 — 창조하며, 그동안 우리가 알고 있었던 사물들은 다르게 간주된다.

---

53) Jacques Rancière, *Dis-agreement: Politics and Philosophy*, trans. Julie Rose (Minneapolis: University of Minnesota Press, 1999), 56쪽.

54) Jurgen Habermas, *The Philosophical Discourse of Modernity: Twelve Lectures*, trans. Frederick Lawrence (Cambridge: MIT Press, 1987), 204쪽. 하버마스는 "포스트모던" 사상가들 중에서 언어의 수사학적, 세계-창조적 능력을 언어의 의사소통적, 문제-해결적 능력보다 전면에 내세우는 데리다를 비난한다.

정치적 의미에서 세계의 열림이 있으려면 평등으로 정의된 정치적 공간이 있어야 한다. 이때 평등은 단순히 법에 따른 형식적 시민권의 조건으로서의 평등^{isonomia}이 아니고; 담론 윤리에서의 공허한 논쟁의 규칙과 연동된 설차적 규칙으로서의 평등도 아니며; 우리가 일상생활에서 다원성을 철저히 고려함으로써 창조하고 유지하는 정치적 관계로서의 평등이다.55) 랑시에르는, "공동세계의 (합의된 세계를 뜻하는 것은 아니다) 열림은," 우리가 이미 *알고 있는 것을 인정하는 것*을 포함한다고 쓴다: 예컨대 논쟁하는 주체를 "논쟁자로," 즉 그 발언이 단순한 고백이 아니고 우리가 정치적이라고 부르는 어떤 보편적인 주장인 그런 발언을 하는 사람으로, *고려하는 것*이다.56) 우리가 논쟁으로 간주할 수 있는 그 어떤 것보다 앞서는 것이 바로 자신의 대화 상대자를 대화 상대자로 고려하는 이 행위다. 아렌트는 설득은 "평등을 전제로 하며 논쟁을 통해 작동한다,"라고 말한다.57) 역으로, 논쟁은 그것이

---

55) 담론 윤리는 무엇이 옳고 좋은 것인지에 대한 실질적 개념에 기반을 두지 않으며, 공허한 논쟁의 규칙에 기반을 둔다. 절차주의는 합리적인 것이 보편적인 것이라고 믿기 때문에, 화자들은 자신들의 견해를 정당화할 수 있어야 하고 합의에 이를 수 있어야 한다. 이러한 공허한 논쟁의 규칙은 추정상 "완고한 다원주의"를 판결하는 방식을 제공하지만, 그것은 이미 도덕적이고 정치적인 문제에서 "정답"에 도달하려는 시도다. 정당화라는 요구 자체가 타당성을 갖게 되는 것은 그런 합의에 도달한다는 생각에 의해 정당화의 실천 자체가 통제되는 때일 뿐이다. 크리스티나 라퐁$^{Christina\ Lafont}$가 관찰하듯이, "[정답은 단 하나]일 뿐이라는 이 전제는, 실천적 문제에 대한 합리적 논쟁의 완벽하게 합리적인 대안인 특정 종류의 다원주의와 불일치를 배제한다는 것을 뜻한다." Christina Lafont, *The Linguistic Turn in Hermeneutic Philosophy*, trans. José Medina (Cambridge: MIT Press, 1999), 348쪽. 이 문제에 대한 훌륭한 설명으로 다음을 참조하라: Thomas McCarthy, "Legitimacy and Diversity: Dialectical Reflections on Analytical Distinctions," *Cardozo Law Review* 17, nos. 4-5: 1083-1127쪽. 그에 반해서, 아렌트는 우리가 합의에 이르지 못한다면 정당화의 시도는 무의미한 것이라고 (즉 논쟁이 가치있는 것이 되기 위해서는 결론적으로 합의에 이르러야 한다고) 생각하지 않는다. 왜냐하면 논쟁의 목표가 —단순히 혹은 주로 —합의를 도출하는 것에 있지 않으며, 새로운 방식으로 우리에게 세계를 열어주는 것에 있기 때문이다.

56) Rancière, *Dis-agreement*, 58쪽.

평등을 전제로 하는 한에서만 설득의 형식으로 작동한다. 이것은 간단하지만 중요한 주장이다. 랑시에르가 설명하듯이, "문제는 대화에 들어와 있는 주체가 발언을 하고 있는 것인지, 아니면 단순히 소음만 내고 있는 것인지를 아는 것이다 [문법적으로 완벽한 문장으로 말한다 하더라도 ─문제는 언어적 역량의 문제가 아니다]. 그들이 지정한 대상을 갈등의 가시적 대상으로 볼 수 있는 사례가 있는지를 아는 것이다. 그들이 잘못된 것을 폭로하는 데 사용하고 있는 공용어가 과연 진정으로 공용어인지를 아는 것이다."58) 물론 문제는 우리가 무엇을 아는가가 아니라, 무엇을 인정하고 무엇을 정치적인 것으로 간주할 것인가에 있다.

이처럼 명백히 *정치적인* 의미에서 언어를 공통적으로 만드는 것은 누군가가 말하는 단어를 우리가 이해할 수 있도록 해주는 공유된 언어적 능력이 아니다. 오히려 이 단어들을 (단순히 주관적인) 소음인 것이 아니라, (주관적 정당성과 함께) (정치적) 발언으로 보는 것은 우리의 판단이다. 이 계산은 최종적으로 "더 나은 논쟁의 힘"을 확인하는 것으로 환원되지 않는다. 미학적 판단이나 정치적 판단을 논의할 때, 결론을 받아들이지 않고도 논쟁의 용어를 잘 이해하고 심지어 수용할 수 있듯이, 그 말을 정치적 발언으로 판단하지 않고도, 또 그 말을 하는 사람을 정치적 발화자로 판단하지 않고도, 그 말을 이해할 수 있다. 아렌트의 사례로 돌아와 보면, 트로이 전쟁에 대한 호머의 설명은 분쟁의 양측을 (그리스 대 트로이) 정당성을 생각하는 사람이 확인하려고 하듯이 상반된 이해관계로 가득 찬, 사회적으로 각자 처한 위치로 제시했기 때문이 아니라, 그리스인처럼 트로이인들을 인식 가능한 주장을 하지 못하는 야만인이 아닌, 말을 주고받을 수 있는 존재로 제시했기 때문에, 정치에 적합한 공정성 패러다임이었다. 그래야만 정치적 영역에 적합한 유형의 객관성이 나타날 수 있다.

---

57) Hannah Arendt, "What Is Authority?," in *Between Past and Future*, 91-142쪽; 인용구는 93쪽.

58) Rancière, *Dis-agreement*, 50쪽.

7. "나 자신의 정체성을 유지한 채 내가 속하지 않은 곳에서 존재하고 생각하기"

우리는 아렌트가 민주정치에 적합한 정당성을 다원성과 분리해서는 생각할 수 없는 것으로 재구성하는 것을 살펴보았다. 그와는 대조적으로, 그녀의 비평가들은 정당성은 공정성이 합리성 주장에 대한 담론적 판결을 통해 달성될 때, 즉 (예컨대 페미니스트 입장론처럼) 특수한 이해관계를 보편적 이해관계에서 분리시키는 것을 통해 달성될 때, 획득된다고 본다. 따라서 공정성은 의견과 판단에서 사적 이해관계가 완전히 정화될 때 얻어진다 ─그러나 그럼에도 이해관계의 형식은 남는데, 오직 그때부터 이 이해관계는 상식적인 의미에서 합리적이고 보편적인 것이라고 말하여진다.

비록 아렌트 역시 공정성을 적절한 의견 혹은 판단의 조건으로 보고 있지만, 그녀가 이해하는 공정성은 칸트가 개념은 대상을 언급하고 이해관계를 도입하기 때문에, 즉 즐거움이나 취향을 "대상의 존재를 제시하는 것과 연결시키기" 때문에, 미학적 판단에서 어떠한 역할도 할 수 없다고 말할 때 칸트가 의미하는 바와 유사하다 (*CJ*, 2절, 45쪽). 이 이해관계는 대상의 목적과, 즉 목적을 달성하는 대상의 능력과 관련이 있다: "여기서 이해관계는 유용성을 나타낸다,"라고 아렌트는 말한다 (*LKPP*, 73쪽). 칸트에 따르면, 개념은 미학적 ─아렌트는 정치적이라고 말하는─ 판단을 사용경제 및 인과관계와 얽히게 만들기 때문에 배제되어야 한다. "사물을 그 기능 및 효용과 무관하게 생각하거나 판단하지 못하는 것은," "실용적 사고방식"과 "속물근성"을 나타낸다고, 아렌트는 쓴다.[59] 또한 그녀는 계속해서, "그리스인들은 당

---

59) 미학적이고 목적론적인 판단 작업은 칸트가 설명하듯이 개념 없이, 따라서 "목적 (end [*Zweck*])"이라는 생각 없이 판단하는 것이다. 그러나 판단은 자연은 식별할 수 있고 인지할 수 있는 질서를 갖고 있다고, 따라서 목적성(finality [*Zweckmässigkeit*])을 가진다고 우리가 추정할 때만 가능하다. 따라서 미학적 판단은 "끝이 없는 최종성"이나 "목적 없는 목적성[*Zweckmässigkeit ohne weck*]"을 갖고 있다 (*CJ,* Introduction, 8절, 32-35쪽).

연히 이 속물근성이 . . . 정치적 영역을 위협한다고 의심했다. 그것은 실제로 그러했는데, 왜냐하면 속물근성은 행동을 제작에 유효한 효용성이라는 동일한 기준으로 판단할 것이고, 행동이 미리 결정된 목적을 갖도록, 그리고 그 목적을 달성할 가능성이 있는 모든 수단을 취할 수 있도록 허용해줄 것을 요구할 것이기 때문이다,"라고 쓴다.[60] 아렌트에게 수단-목적적 사유는 우리의 말과 행동에 전시된 자유를 부정하는 것이고, 그것이 개인적인 것이든 보편적인 것이든 도구적 태도를 도입하는 것이다.[61] 그녀의 비평가들은 사심 없음이라는 개념을 객관적 정당성이 아닌 용어로 생각할 능력이 없으며, 대상을 모든 판단의 근본적 근거로 삼는 것을 포기해야 할 이유를 전혀 찾지 못한다. 따라서 그들에게 주체들 간의 관계는 대상을 통해서, 따라서 이해와 그에 따른 개념적용의 능력을 통해서 매개된다.

아렌트에 따르면, 어떤 개념도 의견형성을 결정하지 않기 때문에, 그 같은 의견형성은 칸트의 견해에서 인지적 판단을 규정하는 주체의 대상과의 관계를 —애초에 —끌어낼 수 없다. 오히려 대상과의 관계는 주체가 다른 주체들의 입장이나, 혹은 더 정확히 말하면, 동일한 대상에 대한 다른 사람들의 관점을 고려함으로써 성립된다. 아렌트는 이 상호주관적인 관계를 "대의적 사고representative thinking"라고 설명한다:

> 나는 주어진 이슈를, 타자들의 입장을 내 마음에 제시하는 방식으로, 다른 관점에서 고려하여 의견을 형성한다; 즉 나는 그들을 대변한다. 이 대

---

60) Arendt, "The Crisis in Culture," 215쪽, 216쪽.

61) 이 비판은 하버마스가 "전략적" 그리고 "의사소통적"이라고 부르는 두 가지 유형의 사회적 상호작용에 적용된다. 전략적 상호작용에서 행위자들은 "오로지 *성공*에만, 즉 자신들의 행동의 *결과*나 *결과물*에만 관심이 있는" 반면, 의사소통적 상호작용에서 행위자들은 "자신들의 행동계획을 내적 수단을 통해서 오직 상황 및 예상 결과의 규정에 대한 . . . 합의의 조건하에서만 목표를 추구하면서 자신들의 행동계획을 맞춰나갈 준비가 되어있다." Jürgen Habermas, *Moral Consciousness and Communicative Action*, trans. Christian Lenhardt and Shierry Weber Nicholsen (Cambridge: MIT Press, 1990), 133-134쪽; 강조는 원문 그대로임. 두 경우 모두에서 우리는 이해 관계의 형식을 다루고 있지만, 규범적 절차와 가정은 바뀐다.

변 과정은 다른 위치에 있는 사람들의 사실상의 견해를 맹목적으로 받아들여서 다른 관점에서 세상을 바라보는 것이 아니다; 그것은 타자처럼 되고 느끼려는 공감의 문제가 아니고, 숫자를 세어서 다수에 속하려는 문제도 아니며, 내 자신의 정체성을 가지고 실제로 내가 위치하지 않는 곳에서 존재하고 생각하려는 문제다. 주어진 이슈를 생각하는 동안 내 마음속에 더 많은 사람들의 입장을 고려할수록, 그리고 내가 그들의 위치에 있다면 어떻게 느끼고 생각할지 더 잘 상상할 수 있게 될수록, 나의 대의적 사고능력은 더 강해지고 나의 최종적 결론인 나의 의견은 더 정당성을 확보하게 된다.[62]

아렌트는 대의적 사고에 대한 칸트식 명칭은 "확장된 심리"이거나 혹은 좀 더 정확하게 말한다면 확장된 사고방식*eine erweiterte Denkungsart*이며, 그것이 가능할 수 있는 조건은 이해의 능력이 아니고 상상력의 능력이라고 쓴다.[63] 다른 사람들의 입장에서 볼 때 작동하는 이 능력은 확장된 사고가 확장된 공감이 되거나 다수의견이 되는 것을 막아주는 역할을 한다. 상상력은, "사물을 올바로 볼 수 있게 해줄 뿐만 아니라, 너무 가까이 있는 사물을 적정거리를 둠으로써 선입견과 편견 없이 보고 이해할 수 있게 해줄 만큼 강력하며, 우리에게서 아주 멀리 떨어져 있는 모든 것들을 마치 우리 자신의 일처럼 보고 이해할 수 있을 때까지 외딴 곳을 메울 수 있게 해줄 만큼 충분히 관대한" 수단이라고, 아렌트는 쓴다.[64] 상상력은 중재한다: 상상력은 입장들

---

62) Hannah Arendt, "Truth and Politics," in *Between Past and Future*, 227-264 쪽; 인용구는 241쪽.

63) Arendt, "The Crisis in Culture," 220쪽. 칸트는 이 과정을 "마음의 확장"이라고 부르는데, 그 안에서 "우리는 우리의 판단을 다른 사람들의 실제 판단보다는 있을 수 있는 판단들과 비교하며, [따라서] 우리 자신을 다른 사람들의 위치에 놓는다"(*CJ*, 40절, 160쪽). 이 구절을 인용하면서, 아렌트는 칸트와 마찬가지로, 다른 사람들의 실제 판단이 우리 자신의 판단에 작용할 수 있는 역할을 결코 *배제하지* 않는다. 하지만 확장된 사유는 다른 사람의 실제 위치에 자신을 바꿔놓는 문제가 아닌 것처럼, 자신이 들은 의견들을 자신에게 재상정하는 실천도 아니라는 칸트의 주장에 대해서도, 아렌트는 이의를 제기하지 않는다. Arendt, *LKPP*, 43쪽.

이 초월해야 할 것들이라는 듯이 순수한 객관성의 이름으로 입장들 위에서 움직이지도 않고, 우리의 인정을 필요로 하는 정체성이라는 듯이 그 입장들과 같은 수준에서 움직이지도 않는다. 오히려 상상력은, "실제로 내가 존재하지 않는 곳에서 내 자신의 정체성을 가지고 존재하고 사유하는 것을" 가능하게 한다.

확장된 사고에 대한 이 흥미로운 표현을 이해하기 위해, 아렌트가 "방문하도록 자신의 상상력을 훈련시키기"라고 부르는, 확장된 사고가 기반을 두고 있는 특별한 기술에 대해 좀 더 자세히 검토해 보도록 하자 (*LKPP*, 43쪽). 상상적으로 다른 사람들의 입장을 차지하는 이 기술을 언급하면서, 아이리스 마리온 영$^{Iris\ Marion\ Young}$은 그 기술이 구조화된 권력관계 및 궁극적으로 차이를 부정하는 사회적 위치의 가역성을 전제하고 있다고 주장한다. "대화 참여자들은 그 관점이 표현된 것을 들었기 때문에 타자의 관점을 알아차릴 수 있"는 것이지, "판단하는 사람이 타자의 관점에서 보면 세상이 어떻게 보일까를 상상하기" 때문에 타자의 관점을 알아차리게 되는 것이 아니라고, 영은 쓴다.[65] 마찬가지로, 리사 디쉬$^{Lisa\ Disch}$는 "한 사람이 그 상황과 관련된 사람들 한명 한명의 각기 다른 관점을 상상적으로 예측할 수 있," 라는 생각에 비판적이다. 디쉬는 "이 전제가 [아렌트가 대의적 사고를 설명할 때 거부했던] [바로 그] 공감의 측면을 재생산한다,"라고 말한다.[66] 그래서 영과 디쉬 모두 확장된 사유라는 개념의 페미니즘적 (혹은 민주적) 전유는 상상적 대화가 아니라 실제 대화에 기반을 두어야 한다는 데 동의한다. 바이너도 마찬가지로, "(가상의 대화자보다는) 이 *실존하는* 사람들 사이의 실제 대화가" 정치적 판단에 적절한, 그리고 그 조건은 상식적인, 그러한 일

---

64) Arendt, "Understanding and Politics," 323쪽.

65) Iris Marion Young, "Asymmetrical Reciprocity: On Moral Respect, Wonder, and Enlarged Thought," in *Judgment, Imagination, and Politics,* ed. Ronald Beiner and Jennifer Nedelsky (New York: Rowman & Littlefield, 2001), 205-228쪽; 인용구는 225쪽, 223쪽.

66) Disch, *Hannah Arendt and the Limits of Philosophy*, 168쪽.

종의 정당성 혹은 보편성을 위한 매개변수를 설정한다고 말한다.67)

우리는 상상력은 다른 관점들을 실제로 듣는 것을 대신할 수 없다는 이 비판을 정당화할 수 있지만, 그럼에도 아렌트에 따르면, 경험적으로 우리는 관련된 모든 관점들을 듣는 것이 불가능하기 때문에 상상력은 필요하다고 말할 수 있다. 그러나 그렇게 말하기 위해서는 이 비판에 내재해있는 상상력에 대한 개념, 즉 이 능력은 기껏해야 다른 사람들의 실제 의견을 포함하여 실제 사물들을 대신하는 것일 뿐이고, 최악의 경우, 상상력을 발현하는 주체의 이해관계에 따라 그러한 사물들을 왜곡하는 것이라는 개념을 수용해야 할 것이다.68)

상상력에 대해 이러한 제한된 견해를 갖게 된 것이 온전히 아렌트 비평가들의 잘못 때문만은 아니다. 아렌트 자신도 생산적 상상력 및 그것과 자유와의 관계에 대한 칸트의 생각을 발전시키지 못했다. 하지만 자유의 문제와 상상력의 능력은 둘 다 판단에 대한 아렌트의 설명에서 중심을 이룬다. 상상

---

67) Beiner, "Rereading Hannah Arendt's Kant Lectures," 97쪽. 바이너, 영, 그리고 디쉬는 아렌트가 칸트에 의지한 것은 실수였다는 견해를 공유하는데, 왜냐하면 아렌트는 실제로 경험적 사회성을 판단의 근거로 보는 것에 관심이 있지만, 칸트는 그렇지 않다고 보기 때문이다. 그러나 선험적 *공통감각*에 대한 칸트의 주장은 실제적인 판단의 사회적 실천들에서 시작한다. 그리고 그 이유는 그 실천들을 미학적 판단의 정당성과 완전히 무관한 것으로 일축하기 위해서가 아니고, 정당성의 기반을 이루는 상호적 인간 조율의 존재라고 그가 부르는 것을 포착하기 위해서이다.

68) 상상력을 경험적이고 재생산적인 것으로 보는 이 제한적인 견해는 하버마스의 담론 윤리의 중심을 차지하고 있는 규범적인 정치적 주장의 지위 및 정치에 적합한 합리성의 종류에 대한 특정한 추정과 연결되어 있다: (1) 정치적 주장은 인지적인 것이고 진리 주장과 같은 방식으로 처리될 수 있다는 것; (2) 주장의 정당화를 위해서는 *실제* 담론이 수행되어야 한다는 것, 즉 화자들은 논쟁적인 정당화의 실제 실천에 참여해야 한다는 것. 정치적 판단에 대한 아렌트의 설명은 일관성이 없다는 하버마스의 비난에 반대하는 아렌트의 옹호자들 조차 (예컨대 리사 디쉬) (2)를 당연시하고 있는데, 그 이유는 아렌트의 옹호자들은 대체로 정치에 대한 우리의 이해를 구조화하는 정당성 문제에 사로 잡혀서 (1)을 반박할 수 있는 방법을 결코 찾지 못하기 때문이다.

력을 부재하는 물체의 (예컨대 실제 대화) "단순한" 대체재인 것처럼 취급하면서 상상력을 경험적이고 재생산적인 것으로 설명하는 것은, 첫째, 우리에게 판단대상 자체를 (예컨대 도식 및 사례의 형태로) 제공하고, 둘째, 우리에게 그 대상을 자유와 일치하는 방식으로 (즉 인과관계를 벗어난 방식으로) 제공하는 상상력의 지위를 등한시하는 것이다. 여기서 실종된 것은 지식의 책임으로부터 자유로운 상상력에 대한 이해다. 이 대안적 이해는 개념에 의해 유도되지 않은 상상력에 대한 견해와, 혹은 사라 기번스[Sarah Gibbons]가 관찰하듯이, "먼저 개념-적용의 가능성을 좌초시키는 더 광범위한 상상력의 기능"과 관련된다.[69]

담론 윤리가 실제 대화와 (상호이해나 인정을 중심에 두는) "상호적 관계"를 강조하는 것과는 대조적으로, 아렌트는 다른 입장에서, 그러나 거리를 두고, 관찰하고 보려는 제3의 관점에 대한 논의를 발전시키기 위해 상상력을 언급한다. 아렌트는 칸트가 그랬던 것처럼, 실제 대화의 중요성을 무시하지 않는다. 그러나 다시 칸트처럼 그녀는 그로부터 우리가 판단을 내리는 외부의 독특한 위치를 강조한다. 아렌트가 위에서 인용한 문구에서, 상상적 방문하기는 "개개인의 자격으로 서로 간의" 상호이해와 관련된 것이 아니며, "동일한 세계를 서로의 입장에서 보는 것, 즉 동일한 세계를 매우 다르고 종종 대립되는 측면에서 보는 것"과 관련된 이해라고 주장했을 때, 아렌트가 염두에 두었던 것이 바로 이 제3의 관점이다. 여기서 중요한 것은 다른 *사람*을 이해하는 것과 *세계*를 이해하는 것 간의 차이이며, 여기서 세계는 아렌트가 말하듯이, 우리가 인지하는 대상이 아니고 "사물이 공공화되는 공간"이다.[70]

아렌트에게, 상상력을 발휘함으로써 가능해지는 이해의 종류는 사용경제와 인과관계에서 벗어나 대상과 사건을 볼 수 있는 능력과 관련된다. "실제로 내가 존재하지 않는 곳에서 내 자신의 정체성을 가지고 존재하고 생각하

---

69) Sarah Gibbons, *Kant's Theory of Imagination: Bridging Gaps in Judgment and Experience* (Oxford: Clarendon Press, 1994), 32쪽.

70) Hannah Arendt, "What Remains? The Language Remains," in *Essays in Understanding*, ed. Jerome Kohn, 1-23쪽; 인용구는 20쪽.

는" 상태는, (담론 윤리에서와 같이) 내가 다른 사람을 이해하면서 내 개인적인 이해관계를 일반적인 이해관계에 굴복시킬 때 이루어지지 않으며, 그 세계에 대해 나는 언제나 외부자이고 또한 행동하는 존재인 나 자신에게도 외부자인 그런 존재로 내가 세계를 (정체성 위치가 아닌) 다중적인 입장에서 볼 때 이루어진다.[71] 이것이 아렌트의 칸트 강의에서 아렌트가 묘사한 관중의 입장이다. 관중은 상상력의 사용을 통해 사심 없는 방식으로, 즉 단순히 사적인 이해관계에서 자유로울 뿐만 아니라 어떤 이해관계로부터도, 즉 어떤 기준의 효용으로부터도 자유로운 방식으로, 전체를 고려할 수 있는 사람이다. 만약 상상력이 (아렌트 자신이 그렇게 가정하거나 아니면 적어도 의문을 갖지 않는 것처럼 보이듯이) 단순히 재생산적이고 개념-지배적인 것이라면, 아렌트의 독자들이 관중의 입장과 일반적 이해관계의 공정성을 연동시키는 그런 공정성을 얻을 수 있을 것이다. 그러나 그들은 사용경제와 인과관계에서 벗어나 있는 대상과 사건을 자유롭게 이해할 준비가 되어있을까?

그러한 자세를 갖추면서, 칸트는 프랑스 대혁명이라는 새로운 세계사적 사건에 대해 열의를 표현할 수 있었다. 비록 도덕적 행위자의 입장에서는 혁명을 비난했어야 했다고 말했지만 말이다. 그러나 관중의 입장에서, 칸트는 이 사건에서 진보의 "징후들"을 발견할 수 있었다. 이 "역사의 징후들"은 재생산적 상상력에 의해 오성^{understanding}과 부합하게 제시되고 인지 규칙에 따라 판단되는 사실이 아니다. 데이비드 캐롤^{David Carroll}은 오히려 그러한 징후들은, "어떤 의미에서 예상은 하지만 결코 확정할 수 없는 미래를 그들의 기준으로 삼는다,"라고 말한다.[72] 관중에게 프랑스 대혁명은 인류가 진보하고

---

71) 하버마스는 3인칭 관점을 아렌트가 대의적 사고라고 부르는 것과 잘못 동일시하고 있는데, 하버마스에게 있어 3인칭 관점은 1인칭과 2인칭 참여로부터의 문제적 이탈의 형식을 제외하곤 결코 발생하지 않는다, 하버마스는 1인칭과 2인칭 관점의 "대인관계"를 상호이해와 일반적인 이해관계를 달성하는 환원될 수 없는 조건으로 옹호하는 반면에 3인칭 관점은 본질적으로 객관화하는 것으로 보고 거부한다. Habermas, *The Philosophical Discourse of Modernity*, 297쪽.

72) David Carroll, "Rephrasing the Political with Kant and Lyotard: From Aesthetic to Political Judgments," *Diacritics* 14, no. 3 (Autumn 1984): 73-88

있다는 인지적 확인을 제공하지 않는다; 오히려 프랑스 대혁명은 아렌트가 쓰듯이, "미래에 대한 새로운 지평을 열어놓음으로써 "희망"을 불어넣는다" (*LKPP*, 56쪽). 세계사적 사건으로서 이 혁명은 알 수 없는 것, 그러나 전시되고 보여져야 하는 것, 즉 인간의 자유를 보여줬다.

관중의 자유-단언적 위치는 "어떻게 *행동해야 하는지*에 대해 말하지 않는다,"라고, 아렌트는 칸트의 열광에 대해 쓴다 (*LKPP*, 44쪽; 강조는 원문 그대로임). 그래서 이 공정한 관점에서 보이는 것은 일반적인 이해관계나 정치적 행동 혹은 그 이상의 판단의 지침으로 간주될 수 있는 어떤 것이 아니라고, 아렌트는 말한다. 관중으로서 내리는 판단은 결코 목적과 연결되어 있지 않다. 실제로, "이 사건과 [프랑스 대혁명] 관련된 것으로 보이는 목적이 지금 달성되어서는 안된다 하더라도, 또 혁명이나 국가 헌법의 개혁이 결국 무산된다 하더라도," 아렌트는 칸트를 인용하면서, 그 어떤 것도 그 사건이 불어넣은 희망을 파괴할 수 없다고 말한다 (*LKPP*, 46쪽). 왜냐하면 새로운 사건은 사건을 그 자유 안에서 파악할 준비가 되어있는 관중의 관점에서 보면, 경험적 목적을 향한 수단이 아니며, 따라서 판단의 정당성은 결코 목적의 실현에 달려 있지 않기 때문이다. 오히려 정당성은 여기서 아렌트가 정치적 영역과 연동시키는 매우 특이한 종류의 객관성, 즉 가능한 한 많은 측면에서 대상이나 사건을 보게 하는 객관성 또는 실재 감각을 확대하는 자유의 단언과 연결되어 있다. 호머가 역사의 판단은 제쳐두고 그리스인과 트로이인 모두를 칭송했을 때 생겨난 "가장 최고의 형태의 객관성"처럼, 프랑스 대혁명에 대한 칸트의 판단 역시 우리의 현실감을 확장 시켜주는데, 왜냐하면 그것은 승리나 패배 혹은 어떠한 이해관계나 목적을 기반으로 판단하기를 거부하기 때문이다.

단번에 우리의 현실감을 확장하고 자유를 단언하는 판단은, 칸트가 표현하듯이, 그 능력이 "자유롭게" 표출될 수 있어야만 가능하다. 그러한 판단은 상상력이 (이해에 이해 주어진) 개념이나 (이성에 의해 주어진) 도덕률에 구

쪽; 인용구는 82쪽.

속되지 않는 곳에서만 내려질 수 있다. 그리고 칸트에게 프랑스 대혁명은 우리가 적용할 수 있는 인지 규칙이 존재하지 않는 세계사적 사건이었다. 자유로운 행위에서 상상력은 더 이상 개념적용에 사용되지 않는다. 그러나 개념적용은 칸트가 어떠한 개념이나 행동에 대한 격언도 제공하지 않았던 프랑스 대혁명에 대한 열광을 표현했을 때 염두에 두었던 작업이 아니었다. 대상과 사건을 그 자유로움 속에서 판단하는 것은 우리의 공동체 의식을 넓혀주는데, 그 이유는 그 판단이 무엇이 도덕적 혹은 정치적으로 정당하고 따라서 우리가 무엇을 해야 하는지 말해주기 때문이 아니라, 무엇이 사실이거나 소통 가능한 것인지에 대한 우리의 감각을 넓혀주기 때문이다. 자유의 단언은 생산적 상상력이 없다면 가능하지 않을 것이다.

8. 상상력과 자유

아렌트의 칸트 읽기에서, 상상력은 이해의 개념적 기능에 종속되어 있다: 그것은 『순수이성비판』에서 요약되었듯이, 내적 의식의 시간적 특성과 개념적용의 가능성에 필요한 사실의 진술을 연속적인 순서로 수집하는 과제를 갖고 있다.[73] 그 책에서 칸트는 재생산 통합의 필요성을 선의 형상으로 묘사한 것으로 유명하다. 그는 다음 행으로 넘어갈 때 행의 앞부분을 재생산할 수 없다면 완전한 표현을 얻을 수 없다고 주장한다. 그러나 그 선의 서로 다른 모든 부분들이 하나의 전체 단위에 속함을 인식할 수 없다면 재생산 자체가 헛수고가 될 것이다. 상상력은 정신이 이 시간적 특성에 순응하기 위해 필요한, 분리된 표현들 간에 종합적 연결을 만드는 것을 가능하게 하는데, 이 종합적 연결 없이는 대상의 인지는 불가능할 것이고, 오직 *이것과 이것과 이것* 같은 일련의 특수한 것들만 인지할 것이다. 그러나 상상력이 우리가 전에 보았던 것과 우리가 지금 보는 것을 동일시하게 하는 인식에 한정된 것

---

73) 상상력에 대한 아렌트의 논의는 (칸트의 『순수이성비판』, B180을 인용하면서) "'개념의 이미지를 제공하는'" 도식론과 (Arendt, *LKPP*, 81쪽) 인식 논리에서의 상상력의 기능에 초점을 맞춘다. 특히 79-85쪽 참조할 것.

이라면, 왜 칸트와 아렌트는 상상력을 특수한 것들 간의 동일성 대신, 그 특이성과 우연성을 인식할 것을 요구하는 자유와 연관지었을까?

이 질문을 던지는 또 다른 방식은, 어떻게 판단에서 상상력의 역할이 인식의 한 형태로서의 지식의 문제를 제기하는지 질문하는 것이다. 제1장에서 우리는 성차에 대한 경험적 판단에서, 들뢰즈의 적절한 문구를 빌리자면, 이해란 "우리를 생각하게 만드는 세계의 어떤 것"을 이미 알려진 어떤 것으로 변형시키는 개념들을 적용하는 것임을 보았다.[74] 필자는 두 성 중 하나와 일치하지 않는 몸들이 있다는 것은 경험적 사실인데 그것을 부정하는 것은 인지의 실패처럼 들리지만, 사실은 이해의 능력과 특수한 것들에 그 개념을 적용하는 것을 방해하는 것은 허용하지 않겠다는 것임을 주장했다. 그것은 무언가에 대한 인지 규칙이 없을 때, 그것을 우리의 공동세계의 일부로 고려하기를 거부하는 것이고, 그 대신 그것을 (재생산적 상상력으로) 제시하고 (규정적 판단으로) 우리의 양성체계 규칙에 포함시킴으로써 인식행위를 통해 그것을 "인식할 수 있는 것으로" 만드는 것이다.

그렇다면 문제는 무언가에 대해 개념 및 개념적용에서 재생산적 상상력의 선형적 시간성이 결핍된 우리가 어떻게 그 무언가를 판단 능력에 제시할 것인가 하는 것이다. 그 같은 시간성이 바로 아렌트가 칸트를 인용하면서, "'의지의 자유 ... [즉] 일련의 연속적인 사물과 상태들을 *자발적으로* 시작하는 힘'의 문제를 다루는 사변적 이성의 당황'"이라고 불렀던 것의 근원이었다.[75] (제2장에서 논의했듯이) 『정신의 삶*The Life of the Mind*』 제2권에서 아렌트는 자유와 의지의 조합이 어떻게 난국을 초래하는지를 보여준다: 일직선의 시간 질서 안에서, 모든 의지의 행동은 우리가 그것을 되새기는 순간

---

74) Delueze, *Difference and Repetition*, 139쪽.

75) Hannah Arendt, *The Life of the Mind*, 1-vol. edition, vol. 2, *Willing* (New York: Harcourt Brace & Co., 1978), 20쪽. 아렌트는 이 힘은 "두 개 혹은 그 이상의 주어진 대상 사이에서 선택하는 능력과 (엄밀히 말하자면, *자유의 중재*) 구별되는 것"이라고 쓴다. 자유의 중재가 단지 이미 주어진 것들 사이에서 결정하는 것이라면, 자유의지라는 개념은 "진정으로 새로운 어떤 것을 시작하는 힘"을 필요로 한다 (ibid., 20쪽, 29쪽). 필자는 제2장에서 이 점을 논의했다.

인과율의 지배하에 놓이는 것처럼 보인다. 그들이 새로운 일련의 행동과 상태를 시작하는 이 힘을 그 일련의 새로운 행동이 방해하는 시간 연속체와 조화시킬 수 없었든지; 자유의지라는 개념이 인간에게 부여한 엄청난 책임을 두려워했든지; 혹은 의지의 행위를 규정하는 우연성에서 의미를 발견할 수 없었든지 간에, 철학자들과 "행위하는 인간들"이 똑같이 자유와의 필연적 연관성 때문에 의지를 부정하게 되었다고, 아렌트는 말한다. 물론 요점은 자유의지의 사상을 지키는 것이 아니고, 오히려 자유로운 행동, 즉 새롭게 시작할 수 있는 우리의 능력을 단언하는 것이다.

『판단력 비판』에서, 자유는 의지의 힘이 아닌 상상력의 힘의 서술어로 묘사되며, 아렌트의 관점에서 보면 상상력의 힘은 탁월한 정치적 사고라는 폭넓은 사고방식과 연결되는데, 왜냐하면 그것은 우리 자신의 관점이 아닌 관점에서 생각할 수 있게 해주기 때문이다. 그러나 이 능력이 관중의 자유-단언적인 관점을 산출하려 한다면; 그것이 확대된 공감으로 끝나거나 실제 대화의 빈약한 대용품에 불과한 것이 아니려고 한다면, 그렇다면 분명 상상력은 창조적인 것이어야 하며 재생산적인 것이 되어서는 안된다. 『판단력 비판』에서, 칸트는 단순히 재생산의 능력이 아닌 표현의 능력으로 그 같은 상상력의 힘을 묘사한다. "이 힘[상상력]은 여기서 연합의 법칙의 적용을 받는 재생산적인 것으로 간주되지 않으며, 생산적이고 자발적인 것으로 (선택된 가능한 직관 형태의 창시자로) 받아들여진다,"라고 칸트는 쓴다. 실제로 칸트는, "취향 판단에서 상상력은 그 자유로움 속에서 고려되어야 하며" (*CJ*, 22절, 91쪽), 어떤 식으로든 경험적인 연합의 법칙에 얽매이지 않아야 한다고 주장한다. 이해와 상상력의 능력은 "대상에 대한 확정적인 개념"에 얽매이지 않고 "자유롭게 활동"한다 (윗글). 상상력은 자율적이지 않지만 종속적이지도 않다. 상상력의 역할은 여전히 지성과 감성을 매개하는 것이지만, 그것은 도식화와 재현보다는 표현이나 전시와 같은 가장 광범위한 용어로 더 잘 이해될 수 있다.[76]

---

76) 표현의 능력으로서의 상상력에 대해서는 다음을 참조하라: Rudolph A. Makkreel,

칸트의 글에서 『판단력 비판』 2권의 "숭고에 대한 분석Analytic of the Sublime"에서만큼 상상력의 생산적 힘에 대한 논의가 가장 잘 드러나는 부분은 없다. 아렌트의 설명에서는 대부분 빠져있지만, 칸트식 숭고는 인지 규칙이 없고 기존 개념들로 형태를 구성할 수 없는 것을 생각하는데 있어 재생산적 상상력이 갖고 있는 한계를 보여준다.[77] 루돌프 맥크릴Rudolf Makkreel이 말하듯이, "[수학적] 숭고와 관련해서, [칸트는] 상상력이 시간의 조건을 무화시키고 이해의 개념이 아닌 이성의 관념과 관련되는 '퇴행'을 도입한다고 주장한다."[78] 상상력은 무한대를 이해하려고 애쓸 때 그 자체가 상실될 수 있는 위험에 직면하는데, 왜냐하면 상상력은 이성이 요구하는 것, 즉 전체성을 표현하는 것을 할 수 없기 때문이다.[79] 시간의 경과 속에 존재하지 않는

Imagination and Interpretation in Kant: The Hermeneutical Import of the "Critique of Judgment" (Chicago: University of Chicago Press, 1990), 55쪽. 사라 기번스 역시 비슷한 주장을 한다.

> 칸트는 그것이 도식화든, 수학적 설명이든, 혹은 예술이든 간에, 상상력의 생산적이고 표현적인 특징을 강조하고 싶을 때 "전시하다"(*darstellen*)라는 동사를 사용하는 경향이 있다. 상상력은 전체를 "종합적 보편성"으로 제시할 수 있는 능력을 포함한 표현적 기능을 수행하며, 이러한 활동은 상상력을 직관적인 다양체의 부분들에 "빠르게 번지며 이들을 결합시키는 것"으로 생각하는 것 이상을 포함한다.

Gibbons, *Kant's Theory of Imagination*, 139쪽.

77) 아렌트는 자신의 강의에서 칸트의 『판단력 비판』 중, 전쟁에 대한 설명과 관련하여 칸트식 숭고를 논의한다. 그녀는 단지 관중의 위치는 공정하며, 그것은 행동에 대한 격언을 담고 있지 않다는 것을 말하기 위해 이 절을 언급한다. 그러나 칸트는 사람이 자신의 판단대로 행동한다면, 그는 비도덕적일 것이라고 말한다. Arendt, *LKPP*, 52-53쪽 참조.

78) Makkreel, *Imagination and Interpretation in Kant*, 67-68쪽.

79) 이와 유사한 글로 Gibbons, *Kant's Theory of Imagination*, 128-129쪽을 참조하라. 칸트가 설명하듯이, 이성은 상상력이 단 한 번의 직관으로 광범위한 규모를 (예를 들면 "구준히 증가하는 수치 시리즈") 파악하고 제시할 것을 요구한다 (*CJ*, 26절, 111쪽). 그렇게 하기 위해, "상상력은 두 가지 행위, 즉 이해 (*apprehensio*)와 미학적 이해 (*comprehensio aesthetica*)를 수행해야 한다 (*CJ*,

대상들을 표현하는 재생산적 힘의 한계에 도달한 상상력은, "시간과의 관계를 재고하기 위해 ... 노력하도록 유도된다,"라고 맥크릴은 쓴다.[80] 이 재고는 "수학적 혹은 선형적 시간 형태를 부정하는 가능성"을 포함하며, 이것은 재생산적 상상력과 그에 따른 개념 인식에 있어서 가장 중요한 것, 즉 연속의 가능성 바로 그 자체에 일격을 가한다.[81]

26절, 108쪽). 이해는 각 부분이 계속해서, 심지어 무한대로 추가되는 시리즈를 지속하는 데 문제가 없다. 그러나 그것이 점점 더 많은 종합적인 측정 단위를 생성해 나갈 때 (예를 들면, 100을 한 개의 단위로 이해하는 것) 그것은 어려움에 직면하게 되고, 특정 지점에서 한계에 부딪히게 된다. 합리적 직관의 첫 번째 제시는 (예를 들면, 1-100까지의 시리즈) "더 많은 것을 파악하기 위해 진행되면서 상상력 속에서 소멸된다" (윗글). 이것이 숭고의 순간이다. 타마르 자파리제[Tamar Japaridze]가 이 점을 유용하게 각색하듯이, 상상력은 그것이 표현할 수 있는 한계지점에서 그것이 더 이상 표현할 수 없는 것을 표현하기 위해 스스로에게 폭력을 행사하고 있다. 이성은 불합리하게 스스로에게 부과하는, 그리고 엄격히 비판적인 금지령을, 즉 합리적 직관으로 개념과 일치하는 대상을 찾는 것을 금지하는 금지령을 위반하려고 한다. 이 두 가지 측면에서 생각은 마치 그 자신의 과잉성에 매료되었다는 듯이 그 자신의 유한성을 거부한다. Tamar Japaridze, *The Kantian Subject: "Sensus Communis," Mimesis, Work of Mourning* (New York: State University of New York Press, 2000), 148쪽 각주 17.

80) Makkreel, *Imagination and Interpretation in Kant*, 72쪽. 칸트는 이 상상력의 퇴행을 "절대적으로 위대한"을 다루는 구절에서 이성이라는 관념으로 상세히 설명하고 있다:

> (공간을 이해하기 위한 [방법]으로서의) 측정은 공간을 묘사하는 것인 동시에 상상력의 객관적인 움직임이자 진행이다. 반면에 (사고보다는 직관의) 통일성 안에서 다양성을 이해하는 것, 그래서 연속적으로 이해되는 것을 한 순간에 [*Augenblick*] 이해하는 것은 상상력의 진행에서 시간의 조건을 무효화시키고 [전멸시키고] 동시성을 [공존을] 직관적으로 알 수 있게 만든다. 따라서 (시간적 연속성은 내적 감각과 직관의 조건이기 때문에) 시간의 조건을 무효화시키는 것은 내적 감각에 폭력을 가하는 상상력의 주관적 움직임이다. (*CJ*, 27절, 116쪽)

81) Makkreel, *Imagination and Interpretation in Kant*, 73쪽. Jean-François Lyotard, *Lessons on the Analytic of the Sublime (Kant's 'Critique of Judgment,' 23-29절)*, trans. Elizabeth Rottenberg (Stanford, CA: Stanford

재생산적 상상력의 실패는 결국 판단에서 상상력을 다르게 사용할 수 있는 가능성, 즉 일반적으로 시간적으로 불연속적이면서 인과적으로 관련된 것으로 이해되는 것을 전체적으로 파악할 수 있는 가능성을 열어준다. 퇴행은 우리의 시야에서 가려지는 경향이 있는 시간성을 가시화시킨다. 즉 우리가 상상력을 엄격하게 그 재생산적 능력에 사용할 때마다 또 우리가 논리적이거나 인지적인 판단을 할 때마다 차단하는 것, 즉 새로운 것의 비인과적이고 비선형적인 시간성을 가시화시킨다.[82] 숭고의 의미나 질서는 이 장을 시작할 때 논의했던 역사적 진보 개념을 특징짓는 전체에 포섭되는 것이기보다는 순간적으로 이해되는 것으로 나타난다.

장 프랑수아 리오타르 역시 칸트식 숭고에서 상상력의 퇴행으로 열린 새로운 관점을 강조하지만, 어떤 면에서 맥크릴식 읽기의 해석학적 경향과는 완전히 대립하며, 실제로 어떠한 일관성이나 의미와도 대립한다. 자유연상의 능력은 다른 종류의 일관성과 의미를 생산한다는 관념과는 대조적으로, 리오타르는 "숭고의 느낌의 핵심에는 (칸트가 분쟁*Wiederstreit*이라고 부르는) "차이*differend*"가 있다고, 즉 (이성적으로) 생각하는 절대적 힘과 (상상력을) 표현하는 절대적 힘의 차이가 있다고 주장한다.[83] 숭고함 속에 있는 이러한

University Press, 1994), 144쪽도 참조하라.

82) "자연에 대한 점진적 이해와 수학적 결정에 필요한 선형적으로 질서화된 시간 대신 우리는 미학적 이해나 성찰을 가능하게 하는 순간 혹은 국면을 가진다" (Makkreel, *Imagination and Interpretation in Kant*, 74쪽). 맥크릴에게 숭고의 상상적 퇴행에 참여하는 초감각적 개념은 "전체적으로 주체 이론을 정초할 수 있는 초월적 정신 철학에 사용될 수 있다" (윗글, 80쪽). 반면에 리오타르는 그것이 "나는 생각한다,"에 필요한 내적 감각을 파괴하는 한, "숭고한 느낌의 상상적 '퇴행'은 '주체'의 토대 그 자체에 타격을 준다,"라고 본다. *Lessons on the Analytic of the Sublime*, 144쪽. 이 입장 차에 관한 좋은 토론으로, Peter Fenves, "Taking Stock of the Kantian Sublime," *Eighteenth-Century Studies* 28, no. 1 (Autumn 1994): 65-82쪽; 특히 72-76쪽을 참조하라.

83) Lyotard, *Lessons on the Analytic of the Sublime*, 123쪽. "[이성과 상상력 사이, 생각하는 힘과 표현하는 힘 사이]의 이러한 갈등은 제3의 사례가 파악하고 끝낼 수 있는 일반적 논쟁이 아니며, 차이이고 *분쟁*이다" (윗글, 124쪽).

힘들의 이질성과 과잉성은 주어진 담론 형태를 초월하기 때문에 표현할 수 없는 것과 ─"아름다움의 분석"과 그에 기반을 둔 정치적 판단에 대한 다양한 설명들에서는 (예를 들면 아렌트의 설명) 막힌 것으로 보이는 것 ─직면하는 순간을 드러낸다.

따라서 숭고의 미학에서, 우리의 참조체계에서 배제되거나 거부된 문화적 표현을 *제시하려는* (재생산적) 상상력의 실패한 시도는 표현할 수 없는 것의 존재를 증언한다고, 리오타르는 말한다.[84] 그가 보기에 결국 이러한 시도는 *공통감각*이라는 모든 경험적 생각의 기저를 이루는 의사소통 가능성에 대한 착각을 중단시킨다. 아름다움보다 숭고함을 중시하면서, 리오타르는 ─칸트가 미학적 판단에 대한 모든 대화에 적절하다고 여겼던 ─논*쟁*의 기술을 모든 정치적 의사소통이론과 대립시킬 뿐만 아니라, 공동체에 대해 정치적으로 매개된 *어떠한* 합의 가능성으로도 "해결될 수 없는" *분쟁*^{Wiederstreit}을 (혹은 차이를) 설정한다. 이런 식으로, 리오타르는 하버마스가 상호이해를 지향하는 정치를 구성하기 위해 취하는 *논쟁*^{disputieren}보다 더 많은 것을 배제한다. 리오타르는 또한 민주정치에 특유한 일종의 합의 혹은 정당성 ^{übereinkommen}도, 즉 아렌트 역시 칸트에서 발견했고 정치적 판단과 미학적 판단 모두에 적합한 대화 형태로 간주했던 *투쟁*^{streiten}과 설득을 통해 도달한 합의도 배제한다.

아렌트가 정치적 발언의 본질이자 우연적 성취로 보는 것을 (즉 증명이 아닌 설득을 통해 다다른 합의) 리오타르는 단지 정치적 의사소통이론에 대한 또 다른 위험한 환상일 뿐인 것으로 본다. 실제로 리오타르는 아렌트의 칸트 읽기가 "[칸트의] 미학적 상식을 사회학적이자 인류학적으로 [오]독하는," 많은 예 중 하나라고 주장한다. 아렌트는 칸트의 의사소통성^{Mitteilbarkeit} 개념을, "경험적 개인들이 대상의 아름다움에 대해 서로에게 보내는 동의로" 잘못 알고 있다 ─마치 취향에 대한 "보편적 목소리"가 "투표 집계에 근거한 것"이라는 듯이 말이다.[85] 아렌트는 칸트식 *공통감각*$^{sensus\ communis}$의 정확한

---

84) 윗글, 140쪽, 141쪽.

초월적 의미를 놓치고 있으며, 그녀는 (하버마스처럼) "그러한 판단의 정당성을 지지하는데 요구되는 공동체는 언제나 스스로 실행 및 실행취소의 과정에 있어야 한다,"라는 것을 보지 못하고 있다고, 리오타르는 주장한다.[86]

아렌트의 *공통감각* 읽기에서 경험적 환원으로의 *경향성*을 보는 것이 틀린 것은 아니다. 리오타르가 언급하고 있듯이, 그러한 경향성은 칸트의 본문에도 존재한다. 리오타르의 읽기를 최소한으로 뒷받침하는 것은 생산적 상상력에 대한 아렌트의 소홀함이다. 이 소홀함은 그녀의 해석을 경험적 방향으로 기울어지게 했다 (비록 결단코 그녀는 취향 판단의 보편성을 투표와 같은 것으로 축소한 적이 없으며, 합의에 기반을 둔 공동체로 본 적도 없었지만 말이다). 공동체에 대한 이러한 경험적 축소는 그녀의 페미니스트 비평가들의 연구에서 (디쉬와 영) 다시 나타났는데, 이들은 리오타르와는 대조적으로 아렌트가 충분히 경험적이지 않다고 (즉 실제 경험적 의견의 모든 범위를 제대로 고려하지 않고 상상적 대화에 의존한다고) 비난했다.

리오타르는 다른 아렌트 비평가들이 놓치는 경향이 있는 결정적으로 중요한 것을 보고 있다: 자유로움에서 고려되는 상상력은 증거교환에 중점을 두는 의사소통적 정치적 실천으로는 해결될 수 없는 공동체의 *문제*를 제기한다. 이와 같은 실천은 우리가 이해하는 바로 그 순간에 우리가 어떻게 오해를 하게 되는지를 감추고, 오해의 근원을 보지 못하게 하는 경향이 있다.

---

85) 윗글, 18쪽.
86) Jean-François Lyotard, *Peregrinations: Law, Form, Event* (New York: Columbia University Press, 1988), 38쪽. 리오타르를 인용하면서, 데이비드 캐롤은 아렌트 사상을 하버마스의 의사소통이론과 합체한 후, 아렌트가 공동체에 대한 비판적 이해가 부족하다고 비난한다. David Carroll, "Community After Devastation: Culture, Politics, and the 'Public Space,'" in *Politics, Theory, and Contemporary Culture*, ed. Mark Poster (New York: Columbia University Press, 1993), 159-196쪽, 특히 170쪽 참조. 공동체를 어떤 경험적 형태의도 '싱충하는 깃으로 보는 유사한 생각으로는 다음을 참조하라. Jean-Luc Nancy, *The Inoperative Community*, trans. Peter Connor, Lisa Garbus, Michael Holland, and Simona Sawhney and ed. Peter Connor (Minneapolis: University of Minnesota Press, 1991).

그러나 리오타르는 공동체는 항상 과정 중에 있다는 것, 항상 기대하지만 결코 도달하지는 못한다는 것을 말하는 것을 제외하고는, 공동체에 대한 대안적 개념을 거의 제시하지 않는다. 그리고 이것이 바로 페미니즘 이론가들이 페미니즘 정치영역을 구성하는 일관성 있는 범주로서의 여성의 몰락을 계기로 받아들인 익숙한 생각이다. 공동체를 구성하는 배제를 드러내는 건 분명히 중요한 것이지만, 어떻게 자유의 실천에 기반을 둔 좀 더 민주적인 페미니즘 (혹은 다른 정치적) 공동체가 형성될 수 있는지에 대한 의문은 여전히 남아있다. 우리는 어떤 근거로 다른 사람들과 공동체를 구성하며, 공동체의 창조에서 자유를 단언하는 판단이 하는 역할은 무엇인가? 아렌트의 칸트 읽기가 (하버마스의 칸트 읽기와 함께) "경험적 사실주의"(리오타르)의 또 다른 예라고 생각하면서 배제할 수 없다면, 그것은 그녀의 *공통감각*에 대한 해석이 경험적 (사회학적이거나 인류학적인) 개념으로 소모되는 것이 아닐 뿐만 아니라 그 해석이 초월적이지도 않기 때문이다. 오히려 그 해석은 정치적이다.

9. *공통감각*과 자유의 실천

정치적 의사소통이론에 대한 리오타르의 비판은 우리에게 페미니즘 공동체를 판단의 실천을 통해 이미 전제된 것이면서 동시에 새롭게 창조되는 것으로 재고할 것을 요구한다. 비판적 판단의 실천이 아름다움보다는 숭고의 미학과 관련하여 표현되어야 한다거나, 혹은 인지 (개념적 결정) 뿐만 아니라 표현이라는 상상력의 비개념적 힘으로 환원될 수 없을 정도로 불리한 대상에 집중해야 한다고 결론짓는 것은 성급한 일일 것이다. 한편으로, 정치적 판단대상의 대부분은 미학적 판단대상처럼 근본적으로 표현과 재현에 저항하지 않는다; 다른 한편으로, 그것에는 우리의 참조체계에서 배제되고 거부되는 문화적 이해력이라는 점에서 우리가 표현할 수 없는 것이라고 말하고 싶은 것이 있다.

그러나 ―이와 지아렉[Ewa Ziarek]이 "실패의 수사학"이라고 부르는 것에서 종종 그러하듯이, 그리고 리오타르의 비평도 여기에 속하는데 —표현할 수 있는 것과 없는 것은 단지 우리의 선택일 뿐이며, 표현할 수 없는 것을 표현하려는 모든 시도가 갖는 문제는 그것이 필연적으로 위에서 설명한 개념과 전체 인식 논리에 잠식당하는 것처럼 보인다는 것이다.[87] 근본적으로 배제된 사람들과 연동되는 정치 공동체에 대한 비평 문헌은, 비록 인식의 정상화 제스처는 없다 하더라도, 이해할 수 없는 삶과 주체들에 대한 정치적, 문화적 인식을 동시에 옹호하면서 우리가 그 같은 용어를 선택하게 하는 경향이 있다. 그러나 어떻게 인식에 대한 그 같은 비-정상화 실천이 성과를 얻을 수 있었는지, 즉 어떤 식으로든 "경험적 사실주의"의 죄를 짓지 않고 실현될 수 있었는지는 분명하지 않다. 사실상 공동체는 "실패의 수사학"에서 의사 소통성과 동일시되며, 그것이 어떤 종류의 경험적 현실성을 얻는 순간, 공동체는 정의상 폐쇄되는 것으로 보인다. 그것이 왜 리오타르가 공동체가 열린 상태로 있으려면 실현될 수 없는 이상으로 남아있어야 한다고 주장했는지 그 이유가 된다.

그리고 공동체가 실현 불가능한 이상으로 남아있어야 한다는 주장에는 분명 무언가 중요한 것이 있는데, 왜냐하면 공동체가 가장 열려있는 것처럼 보이는 순간에도 그 주장은 공동체가 어떤 배제의 형식을 통해 구성되는 방식에 대해 경각심을 갖게 해주기 때문이다. 예를 들면, 동성애자들의 결혼에 대한 각각의 비평에서, 주디스 버틀러와 마이클 워너[Michael Warner]는 결혼제도에 레즈비언과 게이를 포함시키는 것이 그들의 시민으로서의 지위에 분명한 발전이 되기는커녕, 동성애 운동의 오랜 목표인 성적 자유의 가능성을 배제시키며, 부부-같은 관계로 살지 않거나 살고 싶지 않은 사람들을 다시 주변화시키는 것이라고 강력하게 주장한다.[88] 수잔 오킨과 마사 누스바움 같은

87) Ewa Plonowska Ziarek, *The Rhetoric of Failure: Deconstruction of Skepticism, Reinvention of Modernism* (Albany: State University of New York Press, 1996). 필자는 의미의 실패에 대한 이 생각을 제1장에서 논의했다.

88) Judith Butler, "Competing Universalities," in Judith Butler, Ernesto Laclau, and Slavoj Žižek, *Contingency, Hegemony, Universality: Contemporary Dialogues on the Left* (New York: Verso, 2000), 136-181쪽; Michael

자유주의자들에게 권리는 배제된 집단에게 평등원칙의 점진적 확장으로 이 끄는 규칙을 주는 것인 반면에, 버틀러와 워너에게 권리는 매우 다양한 게이 와 레즈비언들의 성적 실천 사례들을 모두 결혼에 대한 욕망으로 동질화시키 는 규칙에 포함시키는 것이다. 결혼의 권리를 (혹은 그와 비슷한 것을) 확 장시킬 것을 요구하는 것이 *아닌* 성적 자유에 대한 정치적 요구는 자유에 대한 요구로 들리지 않는데, 왜냐하면 자유주의적 정치문화는 그러한 요구 를 오직 권리의 용어를 통해서만 들을 수 있기 때문이다. 기껏해야 성적 자 유에 대한 요구는 특정한 종류의 "라이프스타일"에 대한 요구로, "내가 나일 수 있는 자유"에 대한 요구로, 즉 말할 필요도 없이 이미 일종의 권리 (예컨 대 사생활) 아래 보호되었던 일종의 정체성에 대한 주장으로 들린다. 달리 말하면, 권리의 용어를 벗어난 곳에서는 성적 자유에 대한 요구는 터무니없 어 보인다.

성적 자유에 대한 이러한 상반된 생각들을 근본적으로 이질적인 것으로, 즉 차이 혹은 *분쟁* Wiederstreit 으로 묘사하는 것은 그것이 자유주의와 같은 대 부분의 정치적 의사소통이론에 핵심적인, 모든 갈등은 — 특정한 경험적 개념 은 경험에 제시된 대상과 일치한다는 것을 증거를 통해 확립하는 합리적 논 증을 제시하는 한 — 원칙상 해결 가능하다는 생각에 의문을 제기하는 것인 한, 강력한 가치를 지니는 것이다. 이런 방식으로 서로 다른 관점들에 이의 를 제기할 수 있다는 생각이 무엇이 경험적 개념의 증거로 간주될 수 있는 가에 대한 질문 자체를 완전히 막는다. 뤼스 이리가레의 성차에 대한 설명, 버틀러의 비이성애적 실천에 대한 설명, 그리고 앤 파우스토 스털링의 간성 의 몸 intersexed bodies 에 대한 설명 모두가 바로 그로부터 증거를 추론해낼 수 있는 공유된 전제가 (분석틀 혹은 패러다임) 없을 때, 그런 증거들은 실패한 다는 것을 보여주는 예가 된다. 우리는 규범을 벗어난 곳에 있는 실천과 주 체성에 대한 더 많은 증거가 필요하다는 생각은 무엇이 사실로 혹은 그 말 의 사실성으로 간주 되는지의 문제를 제기한다. 결과적으로 각각의 사상가

Warner, *The Trouble with Normal: Sex, Politics, and the Ethics of Queer Life* (New York: Free Press, 1999), 특히 제3장을 참조하라.

가 보여주듯이, 그러한 논증의 해결은 개념에서 인식의 형태를 취하는 경향이 있는데, 그것은 사회적이고 정치적인 결과와 함께 어떤 개념에도 속하지 않는 것에 대한 실존적 망각을 말하는 또 다른 방식이다.

이 비판은 지식 주장의 측면에서 정치를 생각하는 것의 한계를 다시 한 번 제시한다. 비트겐슈타인이 제1장에서 우리에게 보여주었듯이, "지식은 인정에 기반을 둔다." 즉 지식의 조건인 바, 무언가를 무언가로 계산하는 방식에, 그리고 자신이 알고 있는 것과 (예컨대 다원성을 고려하는 것) 관련하여 무언가를 하는 방식에 기반을 둔다. 예컨대 성적 자유에 대한 요구가 우리의 판단을 요청한다고 말하는 것이 인지적 혹은 경험적 질문을 배제하는 것은 아니다. 단지, 칸트가 말했듯이, 식물학자가 꽃이 아름답다고 선언할 때 꽃을 식물의 재생산 기관으로 설명하라는 요청을 받는 것이 아니듯이, 사물의 존재에 대한 (즉 그것의 기능이나 목적 또는 목표나 용도를 만족시키는 능력) 인지적 판단은 우리가 내리도록 요청받는 것이 아님을 말하는 것이다. 우리가 비이성애적 실천들에 대해 특정 사항을 알고 있듯이, 식물에 대한 그 같은 것들은 누구나 잘 알 수 있다. 그러나 미학적 혹은 정치적으로 판단하기 위해서는 그것이 어떤 사회적 기능을 하는지는 별도로 하면서, 우리는 우리가 아는 것을 다르게 간주하고, 꽃을 그 사용과는 완전히 별개인 아름다운 것으로 간주하며, 비이성애적 성적 실천을 공동세계의 일부로 간주해야 한다. 아렌트 비평가들의 비난과는 대조적으로, 정치적 영역에서의 인지적 주장에 대한 아렌트의 입장은, "정치적 판단을 할 때 결코 인지적 판단을 하지 말라,"라는 것이 아니었다. 아렌트의 입장은, "인지적 판단과 정치적 판단을 혼동하지 말라,"라는 것이었다. 정치적 판단은 대상의 어떤 속성도 드러내지 않으며, 판단하는 주체에 대한, 그가 "누구인지"에 대한, 어떤 정치적 의미를 드러내기 때문에 다른 어떤 것이 요구된다.

아렌트가 설명하듯이, "사람들이 자신들이 공유하고 있는 세상사를 판단할 때마다 그들의 판단에는 세상사 이상의 것이 함축되어있다. 자신이 판단 방식을 통해 그 사람은 어느 정도는 자기 자신을, 자기가 어떤 사람인지를 드러내며, 이러한 비자발적인 드러냄은 단지 개인적 특이함에서 해방된 정도만큼 정당성을 확보한다." 우리는 이 "누구"가 그가 "어떤" 사람인지와 (즉 인종, 젠더, 성, 그리고 계급과 같은 주어진 정체성) 구별되는 공공의 인물임을 기억한다. 판단은 세계-구축적 실천이며, 우리는 그것을 통해 단순히 다른 사람들에 대한 개인적 선호도만 발견하는 것이 아니라 (다른 사람들을 개인으로 이해할 수 있게 되는 것), 우리가 공유하는 것의 정도와 성격을 발견한다. "우리 모두는 무엇이 기쁘고 무엇이 불쾌한지의 문제에서 사람들이 공통성을 발견할 때, 그들이 얼마나 빨리 서로를 알아보는지, 그리고 얼마나 명확하게 서로 소속감을 느낄 수 있게 되는지, 매우 잘 알고 있다."[89] 페미니즘 공동체를 ─대단히 문제적인 방식으로 ─정초하는 데 기여했던 정체성이나 경험과는 대조적으로, 판단의 실천에 기반을 둔 공통성은 실천 그 자체에서 발견되는 ─혹은 발견되지 못하는 ─것이다.

미학적 판단과 마찬가지로 정치적 판단의 실천은 개인적 특징을 억누르기보다는 명확히 표현하는 것을 통해 공동체를 구축하거나 발견하는 방식인데, 왜냐하면 개인성의 명확한 표현은 언제나 타자들의 관점을 고려하는 것과 관련되기 때문이다. 과학이나 논리학에서 합의는 (예컨대 일정한 절차와 방법을 통해) 주관성을 배제하거나 배제하려고 노력하는 것인 반면에, 정치적 판단과 미학적 판단은 다른 사람들을 고려한 주장을 하는 법을 배우고 자신의 견해를 그들에게 납득시키기 위한 노력에서 기준을 도출하는 법을 배우면서, 특정한 방식으로 자신의 주체성을 숙달하는 것이 필요하다.[90] 우리가 밀라노 여성들에서 보았듯이, 페미니즘은 언제나 개인성에 대한 주장과 어려운 관계를 맺어왔는데, 왜냐하면 개인성에 대한 주장은 공동체에 대한 주장과 대립하는 것처럼 보이기 때문이다 (그리고 적어도 자유주의의 반복에서는 그렇다). 그러나 (이탈리아 페미니스트들이 자신들의 방식으로 발견한) 판단의 실천에서, 개인성의 명확한 표현은 정치적 공동체라는 생각의 조건 자체가 된다. 이런 종류의 공동체는 그것이 "자연적"인 것이든 "사회

<hr />

89) Arendt, "The Crisis in Culture," 223쪽.
90) 이 점에 관해서는, Mulhall, *Stanley Cavell*, 28-29쪽을 참조하라.

적"인 것이든 (즉 누군가가 "어떤" 사람이든) 특정 집단의 회원자격으로 보장되지 않으며, 그러한 모든 보장이 포기되는 한에서만 가능하다. 우리가 미학적으로 혹은 정치적으로 판단할 때, 다른 사람들의 합의를 이유로 대는 한에서 우리는 그들을 대변한다고 주장한다. 따라서 합의를 보장하는 것과는 거리가 먼 그 같은 공동체는 공동체 의식이 전혀 없이 우리가 퇴짜를 맞거나 다른 사람들로부터 고립될 수 있는 위험을 항상 수반한다.

판단은 공동체(의 한계)를 구축하고 발견하는 방식이지만, 이것이 정치적 행동을 위한 청사진으로 번역되거나 번역되어야 한다는 것을 의미하지는 않는다. 만약 아렌트의 칸트 읽기가 *분쟁*과 같은 것의 존재를 확인하는 것에 가깝다면, 그것은 능력 간의 갈등이라기보다는 행동과 판단 사이의 갈등에 가까운 것이다. 판단이 행동 지침을 제공할 필요는 없으며, 사실상 프랑스 대혁명에 대한 칸트의 열광이 그랬던 것처럼, 판단은 행동과 심지어 극단적으로 대립할 수도 있다. 그것이 왜 아렌트가 칸트와 마찬가지로 이해관계의 존재에 기반을 둔 개념의 매개 없이 전체를 볼 수 있는 관중의 위치를 강조했는지의 이유가 된다. 관중은 다른 판단들이나 행동을 위해 *원칙의* 역할을 해야 하는 판단을 생산하지 않는다; 오히려 관중은 정치적 판단 대상인 행위자와 행동 자체가 등장할 수 있는 *공간*, 그리고 그런 의미에서 공동세계에 속하는 것에 대한 우리의 의식을 변화시킬 수 있는 *공간*을 창조한다.

만약 아렌트가 주장하듯이, 세계가 "사물이 공론화되는 공간이라면," 판단은 그 세계를 바꾸는 실천이다. 판단을 통해 만들어진 그 공간에서 판단의 대상이 등장한다. "관중의 판단이 공간을 창조하며, 그 공간이 없으면 어떠한 대상도 등장할 수 없다. 공론장은 비평가와 관중이 구성하는 것이지, 행위자와 제작자가 구성하는 것이 아니다. 그리고 이 비평가와 관중은 모든 행위자 안에 앉아있다,"라고 아렌트는 쓴다 (*LKPP*, 63쪽); "관중"은 다른 사람이 아니며, 단지 다른 방식으로 공동세계와 관련되거나 그 안에 존재하는 사람이다. 강조점의 이러한 이동은 행동과 판단의 관계에 있어서 코페르니쿠스적 전환에 달하는 것이다: 판단하는 관중과 판단의 결과물들이 (예컨대 담화와 이야기들) 없다면, 행동은 의미를 갖지 못할 것이고, 흔적 없이 사라질 것이며 ─ 행동은 세계-구축적 활동이 되지 못할 것이다. 아렌트는 이러한 전환을 칸트 덕분으로 돌리고 있지만, 칸트에 대한 그녀의 독특한 읽기를 통해 공론장을 창조하는 것은 관중이 판단하는 대상이나 그 대상의 제작자가 아니고 관중의 판단 활동임을 발견한 사람은 바로 한나 아렌트 자신이다.

아렌트는 공론장과 정치 공동체를 형성하는 판단 활동에 우리의 주의를 환기시키면서 미학적 이론이 수용의 실천이라고 부르는 것을 강조한다. 그러나 그녀는 예술가, 배우, 혹은 제작자의 창의적 활동뿐만 아니라 판단대상 자체의 변혁적이고 생성적인 기여 가능성을 무시하는 것처럼 보인다. 아렌트와는 대조적으로, 칸트는 관중뿐만 아니라 예술가와 창의적 상상력의 형성적 힘, 대상을 새롭고 낯선 방식으로 표현할 수 있는 능력 ─ 즉 그가 "천재"라고 부르는 것을 강조한다. "미학적 사고"에 대한 토론에서, 칸트는 상상력을 "말하자면 실제 자연이 주는 재료로부터 다른 자연을 창조할 때 대단히 강력한 것"으로 묘사한다 (*CJ*, 49절, 182쪽). 실제로 "우리는 심지어 경험을 재구성할 수도 있고," "이 과정에서 우리는 (상상력의 경험적 [즉 재생산적] 사용과 연결되어 있는) 연합의 법칙으로부터 해방감을 느낀다; 왜냐하면 자연이 우리에게 재료를 제공하는 것은 그 법칙 하에서지만, 우리는 그 재료를 가공하여 완전히 다른, 다시 말해 자연을 초월하는 무언가를 만들어낼 수 있기 때문이다" (윗글). 이러한 표현 능력은, "많은 생각을 촉발하지만, 어떠한 확정적인 생각도, 즉 어떠한 [확정적인] *개념*들도 그 생각을 표현하는 데 적절하지 않기 때문에 어떠한 언어도 그 생각을 완전히 표현할 수 없으며 우리가 그것을 이해할 수 있게 하지 못한다" (윗글). 그 같은 미학적 표현들은 "경험의 경계를 넘어서는 곳에 있는 무언가를 향해 노력하지만," (그래서 그 표현들은 미학적 아이디어라 불리고 이성적 아이디어와 대응 관계에 있지만), 그럼에도 불구하고 그것들은 표현이다. 미학적 아이디어의 전시에서 작동하는 표현 능력은 "무제한적으로 개념 자체를 확장한다,"라고 칸트는 쓴다 (*CJ*, 49절, 182-183절).

우리가 논의해온 *확정적* 개념들과는 대조적으로 우리가 *비확정적* 개념이라고 부르는 것은, 살림 케말의 칸트 해석에서 나타나듯이, "정보제공에 사용되는 자료만을 조직한다는 점에서, 그들의 목적의 성격에 대해 어떤 일반화된 추론을 항상 보장할 수는 없다는 점에서, 그리고 시적, 은유적 혹은 관용적 질서를 가지고 있다는 점에서 특이한 것이다."[91] 상상력은 우리가 비인과적 조합과 심지어 새로운 본성을 창조할 수 있게 하는 방식으로 재료를 다루거나 지시할 수 있다. 만약 개념 자체가 아렌트의 칸트 읽기가 가정하듯이 배제되는 것이기보다는 불명확한 방식으로 확장되는 것이라면, 이것은 우리 자신의 정치적 혹은 미학적 활동에 대해 우리가 어떻게 생각하느냐에 중요한 결과를 가져온다.

우리는 상상력의 개념-변형 활동이 천재의 활동에 국한되는 것인지 질문할 수 있다. 칸트는 취향을, "그것의 [천재의] 날개를 꺾어서," 쉽게 전달될 수 있는 (다른 사람들이 따르고 동의할 수 있는) 것과 일치시키는 능력으로 표현하는 경향이 있지만 (*CJ*, 50절, 188쪽), 칸트는 또한 관중 역시 (모든 행위자나 예술가 안에 존재하는 관중을 포함하여) 작품을 이해하려 할 때 상상력이 요구된다고 주장한다. 이런 식으로, 쉽게 전달될 수 있는 것에 대한 우리의 의식은 정적이지 않고 역동적이다. 결국 상상력은 우리가 새로운 판단대상을 창조할 때만이 아니라 성찰적으로 판단할 때, "자유로운 놀이"가 된다. 만약 아렌트가 천재성을 취향에 종속시킨 칸트에 박수를 보내면서 생산적 상상력의 능력을 오로지 천재성과 결부시킨다면, 그것은 그녀가 판단에서 다원성의 중요성을 강조하기로 결심했기 때문일 것이다. 고독한 천재와는 대조적으로, "관중은 오직 다원성으로만 존재하며" (*LKPP*, 63쪽), 다른 관점의 다원성을 고려해야 할 필요성이 바로 정치적 혹은 미학적 판단을 논리적 혹은 인지적 판단과 구별하게 하는 것이다. 아렌트는 공론장, 즉 판단대상이 등장하는 공간의 창조에 관심이 있었다.

그러나 물론 <1848년 세네카 폴스 감정 선언>과 같은 문서는 집단적 판단을 단번에 내세우는데, 그 문서는 상상적 "문건"으로서 서명자 개개인이 개별적으로 도달해서 이룬 것이고, 미래의 판단을 위한 계기로 작용할 뿐만 아니라, 판단하는 관중들의 상상력을 자극하고, 소통할 수 있는 것에 대한,

---

91) Kemal, *Kant's Aesthetic Theory*, 44쪽.

즉 그들이 공동세계의 일부로 무엇을 간주할 것인지에 대한 그들의 감각을 확장하는 데 기여한다. 그 같은 문서는 예술작품처럼 잠재적으로 낯설게 하는 것이 있다: 쉽게 전달될 수 있는 것과 작업하면서 (예컨대 미국 독립선언서에 제창된 모든 인간은 평등하게 창조되었다와 같은 생각), 그 문서는 개념의 사용을 배제하기보다는 우리가 소통할 수 있는 것에 대한 감각을 확장한다. 그 같은 문서는 모두의 합의를 가정하면서 ("우리는 이 진실을 자명한 것으로 간주한다"), 생산적 상상력에 대한 칸트의 구절을 다시 인용하자면, "시야를 열어 우리의 정신을 자극하는"(*CJ*, 49절, 183쪽) 평등 개념을 창의적으로 (재)표현^{(re)present}하는데, 그러한 평등 개념은 모든 논리적 평등 개념에 의해 배제되는 것이다.

우리는 평등이나 권리 같은 것의 논리적 확장에 대해 이야기 할 때마다 개념에 대한 이러한 창의적 확장을 놓친다. 정치적 평등의 원래 개념은 결국 역사적으로 백인, 유산계급 남성 시민들과 관련하여 구성된 확정적 개념이다. <세네카 폴스 감정 선언>은 이 개념을 새로운 특수한 (여성들)에게 단순히 규칙처럼 적용하지 않았다. 오히려 그것은 미학적 개념과 매우 유사한 평등 개념을 보여주었다: 다시 칸트를 인용하자면, "많은 생각을 하게 하는 상상력의 표현은... 그 표현에 대한 어떠한 [확정적] *개념*도 적절할 수 없다." 따라서 그 같은 표현이 "유도하는" "사고"는 언제나 개념의 조건을 넘어선다; "그것은 개념 자체를 무제한으로 확장시킨다"(*CJ*, 49절, 182-183쪽). 이 확장은 논리적이지 않지만 —평등 개념은 그 안에 선거권이 없는 집단에게까지 확장될 수 있는 기제를 포함하고 있지 않다 —상상력이 풍부하다: 우리는 아무런 관계가 없는 것들 사이에서 (예컨대 평등 개념과 성별 관계 사이, 또는 인권과 성별 노동분업 사이) 새로운 관계를 창조한다. 모든 정치적 개념의 확장은 언제나 (어떤 필연적이고 논리적인 의미에서) 아무런 관계가 없는 사물들 사이의 관계를 우리가 보고 구체화할 수 있게 해주고 자신들의 조건에 맞지 않는 관계를 창조할 수 있게 해주는, 세계에 대한 상상력의 개방과 관련된다. 정치적 관계는 언제나 그들의 용어 외부에 있다: 정치적 관계는 특수한 것들을 개념에 종속시키는 능력이 아니라 상상력이 풍부한 요소, 즉 새로운 연결을 보거나 맺는 능력과 관련된다.

따라서, 우리는 논쟁*disputieren*에 (즉 이미 설정된 전제들에서 끌어낸 증거에 기반을 둔 합의에) 국한되지 않기 때문에 성찰적으로 판단할 수 있다; 우리는 대상과 사건들을 이해할 수 있도록 해주는 새로운 형태나 형상을 창조할 수 있다. 그리고 우리는 리오타르와는 대조적으로 어떤 합의도 불가능함을 뜻하는 분쟁*Wiederstreit*을 선언하지 않고도 이 대상과 사건들의 의미에 대해 논의할 수 있다. 성찰적으로 이해하거나 판단하는 이 과정에서 우리는 이미 주어진 개념에 기반을 둔 증거에 우리 자신을 한정하기를 거부하고 그 대신 공통적이거나 공유된 것에 대한 우리의 의미를 바꾸어나간다: 우리는 아렌트가 세계라고 부른 것을 바꾸어나간다. 시간이 흐르면서 성찰적 판단으로 주어진 형태와 형상들 역시 규칙들로 (즉 판단의 원리로 작동하는 판단들로) 굳어지면서, 그 규칙들 자체가 규칙-지배적인 실천들의 폐쇄성을 해체하기 위한 상상력의 반응을 요구하여 자유를 거부하는 상식 모드에 확립된 사례화를 불안정하게 만들게 된다.

우리가 정치적 판단에서 단언하는 것은, 예를 들어 헌법에 부호화되는 식으로 일련의 합리적으로 합의된 원칙으로서가 아니라 ─비록 그런 식으로도 *경험될 수 있다* 하더라도─ 즐거움과 공유된 감성으로, 경험된다. 우리가 미학적으로 판단할 때나 아렌트가 보여주듯이 정치적으로 판단할 때, 칸트의 표현에 따르면, "우리는 우리의 자유를 *느낀다*" (*CJ*, 49절, 182쪽; 강조는 필자가 한 것임). 이 느낌은 칸트가 지각*perception*에 동의하는 것과 연관지은 만족감이 아니고, 상상력과 외부성을 조건으로 하는 성찰의 과정에 기반을 둔 것이다. 아렌트가 우리에게 상기시키듯이, 우리를 즐겁게 하는 것은 우리가 판단하는 대상이 아니고, "그것을 즐거운 것으로 우리가 판단한다는 *것이다*" (*LKPP*, 69쪽). 우리는 우리의 판단에서 즐거움을 얻는다. 판단에서 얻는 즐거움이 대상에 대한 즉각적인 이해에서 생기는 것이 아니고 성찰에서 생기는 것이라면 (즉 즐거움은 오지 판단 가체의 관련해서 생기는 깃이라면), 우리는 우리 자신과 우리 자신의 실천에 의지하게 된다: 우리는 우리가 가지고 있는 것에서 기쁨을 누린다 (예컨대 "이 진실들은 자명한 것이다"). *우리에게 기쁨을 주는 것은 우리가 판단하는 방식이다. 다시 말해서, 우리는 대상들과 사건들을 자유롭게 판단한다.* 우리는 여성 억압이 가증스 럽다거나 장미가 아름답다고 주장*해야* 할 필요가 없듯이, 이 진리들을 자명 한 것으로 주장할 필요가 없다: 아무것도 우리를 강요하지 않는다. 우리가 주장하는 것에 필연적인 것은 없다. 우리가 그렇게 주장하는 것은 우리의 자 유의 표현이다. 판단 안에서, 우리는 우리의 자유를 주장하고, 우리가 공유 하고 있는 것 ㅡ그리고 공유하고 있지 않은 것 ㅡ을 발견한다. 이것이 정치 적 판단에 대한 아렌트의 사상에서 페미니스트들이 배울 수 있는 단순하지 만 결정적으로 중요한 교훈이다.

결론

·

페미니즘에서
자유의 문제 재구성하기

앞의 장들에서, 우리는 자유-중심적 페미니즘의 관심사들을 탐구했고, 주체 문제와 사회 문제의 프레임으로 페미니즘 정치를 생각하는 것과 관련된 한계를 조사했다. 예컨대 우리는 권력으로부터 보호받거나, "여성"을 정치적으로 공인된 정체성으로 단언하거나, 혹은 어떠한 사회적 재화를 확보하려는 우리의 욕망이 헌법적으로 보장된 권리와 정치적 자유를 주장하는 경험을 어떻게 혼동하게 할 수 있는지를 보았다. 또한 우리는 페미니즘 공적 담론에 권한을 부여하려는 우리의 욕망이 지식 주장과 정치적 주장을 어떻게 혼동하게 할 수 있는지도 보았다. 그러나 페미니즘의 존재 이유로 자유를 되찾는 것이 어떻게 그간의 세 번의 물결 내내 페미니즘을 괴롭혀온 포용과 배제의 문제뿐만 아니라 페미니즘 자체의 정치적 프로젝트를 다시 생각하게 할 수 있을까?

이 질문에 대한 어떠한 대답도 자유-중심적 페미니즘 프로젝트는 좀 더 일반적인 민주정치 프로젝트와 별개로 생각될 수 없다는 것을 인정하는 데서 시작해야 한다. 정치적 자유에 대한 아렌트의 설명에 영감을 받은 클로드 르포르^{Claude Lefort}는 민주주의는 "*확실성 지표의 소멸*"로 특징지을 수 있으며, "사회생활의 모든 단계에서 권력, 법, 지식의 근거에 대한, 그리고 *자아*와 *타자*의 관계의 근거에 대한 근본적인 불확실성"을 불러온다고 말한다.[1] 민주주의 혁명과 함께 자연적, 신학적 토대의 상실은 모든 사회적, 정치적 관계가 원칙상 도전에 열려있는 상황을 초래한다. 르포르는 다음과 같이 쓴다.

---

1) Claude Lefort, "The Question of Democracy," in *Democracy and Political Theory*, trans. David Macey (Minneapolis: University of Minnesota Press, 1989), 9-20쪽: 인용구는 19쪽부터; 강조는 원문 그대로임.

고정되어있고, 그 조항들은 반박할 수 없으며, 그 토대는 의심을 받을 염려가 없는, 그런 법은 없다.…… 사회의 중심과 사회의 반대자들을 나타내는 것은 없다; 이제 통합은 사회적 분열을 없앨 수 없다. 민주주의는 손에 잡히지 않고 통제 불가능한 사회를 경험하기 시작하는데, 그 안에서 사람들은 물론 주권자로 불리겠지만, 그 정체성은 끊임없이 의문의 여지가 있을 것이고, 그 성체성은 잠복해 있을 것이다.[2]

아렌트처럼, 르포르도 정치적 자유의 내부모순적 성격, 즉 민주정치의 창립이라는 근본적 행위의 기반을 이루고 국민의 이름으로 이루어진 주장을 정당화하는 근거 혹은 절대적 위치를 찾아내는 것의 불가능성 —그러나 또한 유혹 —을 강조한다. 또한 아렌트처럼, 그는 민주주의에서 가장 중요한 것은 (신, 왕 혹은 어떤 다른 절대적 권위의 원천보다는) "공론장"이라고 주장한다. 이것은 어떠한 근본적인 격언이나 규범으로도 환원될 수 없는, 말과 행동에 의해 창조되고 유지되는 자유의 공간이다,

르포르와 아렌트는 둘 다 페미니즘을 포함한 민주정치의 조건으로 우연성, 불확정성, 그리고 지속적인 토론을 강조할 것을 요청한다. 이 견해에 따르면, 민주주의와 페미니즘은 개방성과 비판적 질문하기에의 헌신으로 정의된다. 민주주의를 규정하고 괴롭히는 이러한 근본적인 불확실성에 대한 칭송은 페미니즘의 기본 원리는 잠정적인 것이고 언제나 논쟁의 여지가 있는 것이라는 제3물결 페미니즘의 주장과 공명한다. 주디스 버틀러가 말하듯이, "그 같은 토대들이 단지 의문시될 뿐이라는 것은 말하자면 민주화 과정의 영구적 위험 요소다. 논쟁을 거부하는 것은 페미니즘 정치의 급진적인 민주적 힘을 희생시키는 것이다."[3] 그리고 르포르가 공론장을 구성하는 말과 행

---

2) Claude Lefort, "The Image of the Body in Totalitarianism", in *Political Forms of Modern Society: Bureaucracy, Democracy, Totalitarianism*, ed. John B. Thompson (Cambridge: Cambridge University Press, 1986), 303-304쪽.

3) Judith Butler, "Contingent Foundations," in *Feminists Theorize the Political*, ed. Judith Butler and Joan Scott (New York: Routledge, 1992), 3-21쪽; 인용구는 16쪽.

동에 앞서 사람들이 먼저 존재한다는 개념을 거부하는 것처럼, 많은 제3물결 비평가들 역시 페미니즘의 주체로서 "여성"은 그들 자신이 아닌 다른 기반을 갖고 있다는 생각을 거부한다. 그 같은 정치적 주체는 오직 정치의 실천을 통해서만, 즉 집합행동, 논쟁, 그리고 토론을 통해서만 탄생한다. 버틀러는, "'여성'은... 영구적 개방성과 재의미화의 장이 된다,"라고 쓴다.[4]

누군가의 이름으로 (예컨대 "시민" 혹은 "여성"의 이름으로) 정치적 발언을 하려는 모든 주장에 의문을 제기하는 것이 중요하긴 하지만, "민주주의의 급진성은... 시민들이 분명한 기반보다는 영구적인 토론과 논쟁이 지속되는 개방된 공간과 대상을 형성하는 방식에 놓여 있다,"라는 생각은 민주주의 혁명의 오직 한쪽 면만을 말해주는 것이라고, 알란 키난[Alan Keenan]은 주장한다.[5] 키난의 설명에 따르면, 사회가 *민주적이기* 위해서는, "우리는 또한 공동체 전체가 사실상 집단적 의사결정에 적극적으로 관심을 갖고 참여한다는 의미와 의사결정의 질의 측면 둘 다에 있어서 —즉 모든 시민의 기본적 평등을 존중하는 것과 그들 자신의 공동의 필요와 관심사에 대한 지향에 있어서 —스스로의 문제를 관리하는 그럴듯한 사례를 만들 수 있어야 한다."[6] 키난은 민주주의에 대한 급진적 약속에는 우리가 주시해야 할 두 가지 경쟁적인 가닥이 있다고 설명한다.

> 민주주의의 급진적 약속은 어떤 의미에서는 스스로를 통치하고, 그 통치에 필요한 평등과 공통성을 유지하며, 공유하는 목적을 달성하기 위한 공동의 프로젝트에 협력하는 평등한 사람들의 공동체의 가능성에 있을 것이다. 그러나 동시에 민주주의의 급진적 성격은 공동체 구성원들 스스로가 결정하는 것 외에는 다른 기반이 없는 채로 이 "평등한-사람들과-함께하는-존재"에 따라오는 기본적인 불확실성과 의문을 경험하는 데 있을 것이

---

4) 윗글.

5) Alan Keenan, *Democracy in Question: Democratic Openness in a Time of Political Closure* (Stanford, CA: Stanford University Press, 2003), 7쪽.

6) 윗글.

다. 첫 번째 비전에 대한 민주주의의 급진적 성격은 적어도 부분적으로는 공유된 정체성과 같은 것의 성취를 ─모든 사람이 동등하게 누릴 수 있는 일련의 권리─목적으로 하는 데 비해, 다른 각도에서 보면, 민주정치의 급진성이 명확하게 통치하는 것으로 말해지거나 보여질 수 있는 사람들을 얻는 것은 거의 불가능하다.7)

공통성과 개방성의 조건 둘 다를 위해 노력할 것을 강조하면서, 키난은 정확하게 민주정치의 구성적 역설 및 긴장이 배태된 성격에 대해, 그리고 그 같은 갈등은 ─민주정치 자체를 파괴하지 않는 한─제거될 수 없는 것이라는 사실에 대해, 정확하게 우리의 주의를 환기시킨다. 우리는 개방성을 단언할 수 있고 또 단언해야 하지만, 그러한 단언은 언제나 우리를 집단적 귀속에 엮이게 할 것이다. 게다가 어떤 전통, 제도, 그리고 정체성 형태에의 완전히 개방되어있다고는 할 수 없는 이러한 집착은 그것들에 대한 문제 제기와 논쟁의 기초가 된다. 그로부터 우리의 믿음에 이의를 제기할 수 있는 외재적 관점이 없듯이, 우리의 민주적 실천이 가지는 특수한 형태 이외에 우리가 바로 그 실천들에 의문을 제기할 수 있는 위치는 없다.

방금 설명한 민주주의의 두 가닥은 정치적 자유의 내부모순적 성격을 표현하는 것으로도 이해될 수 있다. 그것은 우리의 정치적 규약의 토대를 이루는 초월적이거나 절대적인 근거가 없기 때문에, 어떠한 주어진 일련의 규약들이나 공동체 의식도 필요하지만 동시에 이의제기의 대상이 될 것이다. 페미니즘이 자신의 주장을 위해 정치 이전의 토대나 비정치적인 토대를 추구할 때 (예컨대 자연적 혹은 사회적 집단으로서 여성들의 공유된 정체성), 페미니즘은 민주주의의 한 가닥, 즉 사람들의 정체성과 규칙을 위해 필요한 폐쇄성을 받아들이는 것이다; 그러나 그것은 다른 한 가닥, 즉 경쟁의 개방성과 재편 가능성을 막을 가능성이 있다. 개방성을 보지 못하게 되면, 페미니즘은 여성들을 배제하거나 남기지 않고 단일한 정치적 집단으로 구성할 수 있다는 불가능한 환상에 메이게 된다. 반대로 페미니즘이 그 같은 배제를 비

---

7) 윗글, 8쪽.

판하고 "여성"은 "영구적인 개방성과 재의미화의 장^{site}"으로 남아야 한다고 주장할 때 (버틀러), 페미니즘은 "여성"의 이름으로 역시 "여성"의 이름으로 주장하는 사람들에 대항해서 발언하는 것을 가능하게 해주는 공동체나 정체성의 공유된 감각에 대한 자신의 의존성을 잃어버릴 위험이 있다. 같은 점을 다소 다르게 말하면, 민주정치의 급진적 개방성의 관점에서 볼 때, 어떠한 특정한 버전의 "여성"도, 여성의 이름으로 말한다고 하는 어떠한 주장도, 모든 여성을 대변한다고 주장할 수 없다. 그러나 민주적 폐쇄성의 관점에서 볼 때, 모든 그 같은 주장은 헤게모니를 자처하는 특정 판본의 "여성"을 모든 여성을 대변하는 것으로 내세운다.

1. 창립에 대한 페미니즘의 역설

그러므로 페미니즘의 개방성과 폐쇄성 사이에는, 어떠한 민주정치에도 존재하듯이, 구성적이면서 뿌리 깊은 긴장이 존재한다. 이 긴장은 아렌트에 의해 묘사된 정치적 창립의 자유로운 행동이 "시민"을 존재하게 하듯이, *정치적* 집합체로서의 "여성"을 존재하게 하는 자유로운 행동과 관련이 있다. 그러나 어떻게 아직 존재하지 않는 정치적 집합체가 스스로를 정치적 집합체로 존재하게 할 수 있는가? 이것이 바로 민주주의를 괴롭히는 것처럼 페미니즘을 괴롭히는 소위 창립의 역설이다. 페미니스트들이 이 역설에 집중하지 않았다면, 그것은 페미니즘이 프랑스 대혁명과 미국 독립혁명과 같은 세계사적 사건들에 의해 존재하게 된 것들과 유사한 정치사회를 창립하지 않았기 때문일 것이다. 그러나 페미니즘의 창립 문제를 생생하게 보여주는 소설 작품들 ―『여전사들』을 생각해보라― 은 차치하고라도, 페미니스트들은 위대한 민주주의의 역설을 제기하는 자발적 결사체의 형태로 ―밀라노여성서점조합을 생각해보라― 정치사회를 창립했다. 보다 일반적으로 말하자면, 페미니즘을 자유의 실천으로, 그리고 "여성들"을 정치적 집합체로 생각하는 것은 우리가 민주주의 이론의 이러한 근본적인 딜레마에 관여하도록 압박한다. 좀더 구체적으로 말하자면, 비주권적이고 자유-중심적인 페미니즘에 대한 우리의 관심사는, 세 물결의 페미니스트들이 모두 각기 다른 방식으로 주장했듯이, 만약 여성적 주체가 종속적으로 구성된다면 어떻게 그들이 무언가 새로운 것을 창립하는 자유로운 행동에 참여할 수 있는지 질문하도록 우리를 압박한다.

창립에 대한 민주주의의 역설은, 비록 암묵적이지만, 입장론처럼 정치의 인식론적 근거를 추구하는 페미니즘의 가닥에 생기를 불어넣는 것으로 보일 수 있다. 억압과 통찰력을 동일시하려는 시도에도 불구하고, 입장론은 결코 여성과 같은 종속된 집단이 자유를 주장하고 실천할 준비가 되어있을 것이라는 가정을 결정적으로 확립할 수 없었다. 그것은 아마도 입장론이 창립행위를 특징짓는 자유의 심연을 감추고, 환원할 수 없을 정도로 정치적인 문제에 대해 정치 외적인 근거를 추구했기 때문일 것이다. 입장론은 결코 자유 자체의 내부모순적 성격을 직시하지 않았고, 그 대신 선거권을 박탈당한 자들과 그들의 정치적 주장의 특권으로서의 진리라는 생각을 고수했다. 페미니즘 정치의 토대를 추구하는 바로 그 생각을 거부하는 페미니즘 이론의 가닥들은 어떨까? 그 가닥들은 페미니즘의 맥락에서 민주정치와 시민들의 자치를 구조화하는 창립의 역설을 고려할 수 있는 공간을 여는가? 그리고 페미니즘의 정치적 창립과 공동체를 새롭게 구성하는 급진적이고 자유로운 행위를 환원할 수 없을 정도로 정치적인 것으로 생각한다는 것은 무엇을 의미하는 것일까?

주체 문제와 사회 문제의 틀에서 보면, 창립의 역설과 정치적 자유의 구성은 여성적 주체성이나 사회를 바꾸는 문제로 보일지 모른다 —하지만 어떻게? 창립의 역설의 위대한 사상가인 루소가 말했듯이, "새롭게 모습을 드러내는 사람들이 정치의 건강한 행동 원리를 이해하기 위해서는 . . . 그 결과가 원인이 되어야 한다; 제도의 결과여야 할 사회정신이 제도 자체의 창립을 주재해야 할 것이다; 그리고 인간은 법보다 앞서서 법에 의해 구성돼야 하는 것이 되어야 할 것이다."[8] 달리 말하면, 보니 호니그의 루소 구문 분석이 보

---

8) Jean-Jacques Rousseau, *On the Social Contract*, published together with

여주듯이, "좋은 사람들이 없으면 좋은 법을 가질 수 없고, 좋은 법이 없으면 좋은 사람들을 가질 수 없다."[9] 이 역설에 대한 루소의 잘 알려진 해결책은, 좋은 사람들을 창조할 법을 제정한 후 쉽게 떠나버리는 "창립자의 모습 안에 … 좋은 법을 만들기 전에 이미 존재하는 좋은 사람이라는, 데우스 엑스 마키나*a deus ex machina*"를 창조하는 것이었다, 라고 호니그는 말한다.[10] 하지만 왜 아직 좋지 않은 사람들이 좋은 입법자에 의해 공표된 법을 인정하고, 이해하고, 받아들일까? 키난이 관찰한 대로, 오히려 "사람들이 [민주적인] 사람들이 되는데 필요한 공통성을 설립하기 위해서는 그러한 어떤 공통성이 이미 갖춰져 있어야 하는 것"이 아닐까?[11] 루소가 묘사하는 "새롭게 등장하는 사람들"은 창립자의 법을 그들 자신의 것으로 받아들이기 위해 이미 존재해야 하는 것이 아닐까? 그리고 정치사회가 민주적이라고 불리기 위해서는 법이 사람들 자신의 것이 되어야 한다는 것을 잊지 말자.

"그렇다면, 입법자의 ─혹은 더 적절하게 말하자면 모든 민주적 정치행위자들의 ─역설적 임무는 그것을 제대로 수용하기 위한 조건을 설정하는 호소를 하는 것이다: 그는 정치 공동체의 구성원들이 자신들을 그런 호소를 '들을' 수 있는 (일반) 사람들로 만드는 규제를 수용할 수 있는 방식으로, 정치 공동체에 호소해야 한다,"라고 키난은 말한다.[12] 그러한 호소는, 루소의 표현처럼, "납득시키지 않고 설득하는" 것이어야 할 것이다. 왜냐하면 새롭게 등장하는 사람들이 그에 근거해 결론을 내리는 민주적 원칙은 아직 존재하지 않기 때문이다.[13] 비록 그러한 호소가 ─프랑스 대혁명과 미국 독립혁명의 창립자들 중 일부가 선호했던, 루소가 추천하고 아렌트가 보여주는 신성한

Geneva Manuscript and Political Economy, ed. Roger D. Masters, trans. Judith R. Masters (New York: St. Martin's Press, 1978), 2권, 7장, 69쪽.

9) Bonnie Honig, *Democracy and the Foreigner* (Princeton, NJ: Princeton University Press, 2001), 20쪽.

10) 윗글.

11) Keenan, *Democracy in Question*, 49쪽.

12) 윗글, 52쪽.

13) Rousseau, *On the Social Contract*, 69쪽.

결론 페미니즘에서 자유의 문제 재구성하기　303

권위와 같은 — 절대적인 것의 형태를 취할지라도, 그것의 가장 중요한 특징은 그것이 수사학적이라는 것이다: 이 호소는 아직 존재하지 않는 형태의 민주적 동일시를 촉진하기 위해서 "새롭게 등장하는 사람들" 안에 이미 존재하는 특별한 애착과 가치에 기반을 둔다. 나아가 창립의 역설은 수사학적 수단으로 극복될 수도 있지만, 그럼에도 불구하고 민주주의의 핵심에 심연의 형태로 지속된다: 사람들이 그에 근거해 자신들을 특정한 존재로 부를 수 있는 절대적 근거는 없으며, 독자적인 근거로 사람들이 단번에 그리고 영원히 구성되었다고 말할 수 있는 지점도 없다. "사람들을 (재)창립하는 작업은 따라서 결코 끝나지 않는 작업이다,"라고 키난은 쓴다. "만약 '사람들'이 존재하게 된다면, 그것은 오직 그들에 대한, 그들을 위한, 혹은 *그들의 이름으로* 하는 *주장*의 형태로만 가능하다. 사람들의 정체성의 핵심에 있는 역설은 (일시적으로만), 즉 오직 그러한 주장의 수사학적이거나 논쟁적인 힘을 통해서만 극복된다."[14]

정치적 집합체가 스스로를 존재하게 하는 이름만 갖고 있다면, 우리는 그 이름으로 발언하는 게 옳은 것인지 결코 확신할 수 없다. 페미니스트 입장론의 주장과는 달리, 우리가 누군가의 이름으로 발언하는 것의 타당성 여부를 결정할 수 있는 정치 외적인 입장은 없다. 이것은 그러한 모든 발언들은 필연적으로 정치적이며, 의심의 여지가 있을 것임을 의미한다. 그럼에도 불구하고, "여성"과 같은 정치적 집합체는 그것이 아직 존재하지 않는 곳에서 존재해야 한다는 바로 그 사실이 어떤 형태의 폐쇄성이 있어야 한다는 것을 말해준다. 제2물결과 제3물결 페미니즘 이론이 민주주의의 개방성과 폐쇄성이라는 이러한 구성적 조건을 완전히 무시하지 않았다는 점에서, 그 이론은 그 구성적 조건이 페미니즘의 핵심에 위기를 가져오는 것으로 보는 경향이 있었다: 정치에 앞서서 주어진 하나의 통일된 범주로 가정된다는 점에서, "여성"은 배제를 불러온다; "영구적인 개방성과 재의미화의 장"으로 가정된다는 점에서, "여성"은 집합적으로 발언할 가능성을 막는다. 개방성과

---

14) Keenan, *Democracy in Question*, 52쪽; 강조는 원문 그대로임.

폐쇄성 사이의 긴장이 정치적 행위자들에게는 위기로 경험될 수 있지만, 우리는 그것이 페미니즘 정치와 민주정치의 환원될 수 없는 조건이기도 하다는 것을 보았다. 따라서 과제는 이 긴장을 제거하는 데 있는 것이 아니라, 그러한 정치 내부에서 그 효과를, 특히 정치가 완전히 그 자신의 존재 근거를 확보할 수 없다면 그러한 정치는 추구할 가치가 없다는 생각을 약화시킬 수 있는 자원을 찾는 것이 되어야 할 것이다.

일부 페미니스트들이 민주정치의 핵심에 놓여 있는 긴장을 해결하기 위해 노력했던 한 가지 방식이 정치적 질문을 인식론적 용어로 표현하는 것이다. 우리가 제1장과 제4장에서 보았듯이, 페미니스트들은 누군가의 이름으로 권위적으로 말하는 것이 그러한 발언에 토대나 근거를 제공해줄 수 있는 것으로 생각하는 경향이 있었다. 정치적 주장을 진리 주장으로 생각하면서, 페미니스트들은 대략 정확한 세계관은 아닐지 모르지만 더 나은 세계관임에는 논쟁의 여지가 없는 방식으로 자신들의 말과 행동을 보증하려고 노력했다. 한편, 정치의 이러한 인식론적 틀에 내재된 폐쇄성을 향한 추진력에 의문을 품은 페미니스트들은 모든 주장은 논쟁의 여지가 있는 것이라고 주장했다. 그러나 그들이 급진적 의심의 가능성을 보증하려는 경향이 있는 한, 그들은 인식론적 정치 개념들이 페미니즘 이론과 실천에 대해 가지는 영향력에서 진정으로 벗어나지 못했다. 그들이 여성의 이름으로 권위적으로 말할 수 있는 주장을 정초시키려고 했든 혹은 그 주장에 의문을 제기했든 간에, 페미니스트들은 여성에 대해 인구통계학적 혹은 사회적 집단으로 말하는 것과 여성에 대해 정치적 집합체로 말하는 것 사이의 차이를 적절하게 표현하지 못했다. 이러한 차이를 고려하기 위해서 우리는 정치적 주장을 하는 것이 무엇을 의미하는지 더 잘 이해할 필요가 있다.

2. 정치적 주장이란 무엇인가

바로 앞 장에서 필자는 정치적 주장을 진리 주장으로 해석하는 것은 오류를 범하는 것이라고 주장했는데, 왜냐하면 정치 문제는 사회에 대한 새로운 사실들을 발견하는 게 아니기 때문이다: 이 사실들은 거기에 이미 존재하고 있다. 문제는 우리 각자가 이러한 사실들과 관련해서 자신의 위치를 발견하는 것이다: 나는 공동체 안에서 누구와 함께 하는가?[15] 이 질문은 민주주의에서 정치적 자유는 "여성들" 또는 "사람들"이 먼저 그들 스스로를 구성하기 전에는 기반이 없고, 그렇기 때문에 그들은 일종의 폐쇄성을 통해서만 정치적 존재가 될 수 있음을 의미한다는 것을 당연하게 여긴다. 그러나 정치적 자유는 그 같은 폐쇄성에는 논쟁의 여지가 있다는 것 역시 당연하게 여긴다. 개방성과 폐쇄성 사이의 이러한 긴장을 염두에 두면, 우리는 이제 정치적 주장들이 왜 근본적으로 *기대적* 구조를 갖게 되는지에 대해 더 잘 이해할 수 있게 된다: 우리는 다른 사람들의 동의를 가정한다. 즉 우리는 폐쇄성이란 행위를 수행한다. 그러나 다른 사람들이 동의하느냐 여부는 또 다른 문제이며, 민주정치 자체의 개방성의 일부이다.

필자는 객관적 진리 조건에 대한 어떤 생각에서, 정확성의 기준을 우리의 말과 행동 외부에 위치시키고 우리가 말하고 행동하는 단정적 순간을 부정하려는 유혹에 빠짐으로써, 페미니스트들이 정치적 주장을 지식 주장으로 취급해왔다고 주장했다. 증거 제공에 기반을 두고 판단을 내릴 수 있는 그 같은 주장은 바로 그러한 정치의 단정적 순간을 ─*우리는 주장한다, 우리는 말한다*─막는다. 우리가 제4장에서 보았듯이, 정치의 단정적 순간은 증거교환이 아니라, (관련성, 유사성, 그리고 닮은 점으로 이해되는) 공통성을 *주장하는* 능력과 관련된다. 정치적으로 말할 때, 사람들은 자신뿐만 아니라 다른 사람들을 위해서도 말한다 ─그리고 그 다른 사람들은 반박할 수 있다. 즉 자신들이 제대로 대변되었는지 말할 수 있다. 스탠리 카벨은 다음과 같이 설명한다.

---

15) 이 점에 관해서는 다음을 참조하라: Stanley Cavell, *The Claim of Reason: Wittgenstein, Skepticism, Morality, and Tragedy* (Oxford: Oxford University Press, [1979] 1982), 25쪽.

정치적으로 자신을 위해 말하는 것은 당신이 연합에 동의하는 다른 사람들을 위해 말하는 것이며, 그들에 의해 자신이 말하여지는 것에 동의하는 것이다 ─그것은 부모가 당신 대신 말해주는 방식이 아니고 상호관계에 있는 누군가가 당신을 위해 말해주는, 즉 당신의 생각을 말해주는 방식이다. 이 누군가가 누구인지, 당신이 누구를 위해 말하고 누구에 의해 말해지는지는 선험적으로 알 수 없다. 비록 실제로는 일반적으로 알려진 것으로 취급되기는 하지만 말이다. 그렇다면 자신을 위해 말한다는 것은 자신이 대변한다고 주장하는 사람들에게서 ─어떤 경우에는, 아마도 단번에 ─ 거절당할 위험을 무릅쓰는 것을 의미한다; 그리고 그것은 자신을 위해 대신 말한다고 주장하는 사람들을 ─어떤 경우에는, 아마도 최종적으로 ─ 거절해야만 하는 위험을 무릅쓰는 것을 의미한다.[16]

필자는 카벨이 동질성은 정치에 앞서 주어지지 않는다는, 이제는 익숙한 생각 그 이상을 의미하고 있다고 본다. 그는 민주정치의 조건은 동질성의 정립*이자* 그에 대한 반박이라는 다소 다른 생각을 지목한다. 그때서야 동질성을 가정하는 것이 의견 교환에 기반을 둔 세계-구축의 한 형태가 될 수 있고, 그를 통해 우리는 우리의 판단 합의를 측정할 수 있게 된다. 다른 사람들을 위해 말하는 것은 필연적으로 배제와 거부를 초래하기 때문에 피해야 한다는 생각은 민주정치의 핵심을 놓치는 것이다. 민주정치는 정확하게 보편적인 주장들을 하는 것인 폐쇄성과 (대변하는 것) 그 주장들에 대해 수용하거나 거부하는 것인 개방성으로 (대답하는 것) 구성된다. 근본적으로 기대의 성격을 띠는 정치적으로 말하기는 공동체에 대한 모든 주장의 한계를 시험하는 것이고, 합의의 한계와 성격을 시험하는 것이며, 합의가 깨지거나 우리가 처음에 생각했던 방식대로, 즉 우리가 정치적으로 말했을 때 (달리 말하면, 다른 사람들을 대변한다고 주장했을 때) 생각했던 방식대로 결코 실현되지 않을 때 무슨 일이 벌어지는지를 발견하는 것이다.

정치적 판단을 다른 사람들의 동의를 전제로 하는 실천으로 보는 아렌트

---

16) 윗글, 27쪽.

의 설명에 따라, 우리는 페미니즘 공동체가 —공유된 경험이나 정체성에 주어진 것이거나 공유된 것이 없기 때문에 불가능해지는 것이 아니라 —그러한 실천을 통해 창조될 수 있고 또 새롭게 창조될 수 있는 것임을 알게 되었다. 일부 제3물결 페미니스트들이 그러했듯이, 일관된 범주로서의 여성의 붕괴는 정치운동으로서의 페미니즘의 붕괴로 번역된다고 가정하는 것은 정치의 단정적 순간과 공동체를 구성하는 정치적 판단의 순간 둘 다를 무시하는 것이다. 그것은 마치 범주 자체가 정치적 주장을 할 수 있는 능력을 확보했거나 확보에 실패했다고 보는 것과 같다.

실제로 우리 자신의 정치적 활동의 이러한 구성적 순간들은, 우리가 정치를 특수한 것들을 그 안에 포함시키는 "여성들"과 같은 개념들의 안정성 혹은 불안정성을 작동시키는 것으로 생각할 때, 우리에게 보이지 않은 채로 남아 있게 된다. 대부분의 제2물결과 일부 제3물결 페미니즘 이론가들은 여성들을 특수한 것들에 (예컨대 차이들) 규칙처럼 적용될 수 있는 하나의 범주로 가정했다. 두 물결의 일부 페미니스트들은 그렇게 적용될 수 있는 일관된 범주는 존재하지 않는다고 주장하면서 반대했다. 필자는 제1장에서 만약 일관된 범주는 존재하지 않는다는 이들 비평가들의 반대가 1990년대의 위기감으로 이어졌다면, 그것은 이들이 정치를 규칙 적용을 수반한 수단-목적적 활동으로 보는 개념에 대한 대안을 개발하지 않았기 때문이라고 주장했다.

만약 우리가 "여성들"을 —즉 사회적 또는 "자연적" 집단이라기보다는 페미니즘의 집합적 정치적 주체로서의 여성들 —규정적 판단에서 규칙처럼 적용되어야 할 범주가 아니고, 누군가의 이름으로 발언하는 그리고 발언 되어져야 하는 주장으로 생각한다면 어떨까? 만약 그러한 주장은 오직 예상할 수 있는 것일 뿐이라면, 그것은 항상 합의와 동의를 필요로 한다. 이 합의는 *가정적인 것인데* (예컨대 다른 사람들도 "여성들"이 누구고 그들이 무엇을 요구하는지에 대한 내 판단에 동의해야 한다는 것), 이것은 합의가 말하자면 개념적용의 논리로 처음부터 "거기에" 주어져 있는 것이 아니라는 것을 의미한다. 오히려 그 합의는 우리가 정치적으로 발언하는 위험을 감수할 때마다 —그리고 정치적 발언은 위험하다는 것을 잊지 말자 —당연하게 여기기도 하고 성취하기를 바라기도 하는 것이다.

정치적 주장의 근본적으로 가정적인 구조를 인식하는 것은 페미니즘이 왜 보편적인 것을 피할 수 없는지를 이해하는 것이다. 물론 전혀 가정적이거나 세계를 여는 방식이 아니고, 단지 사전에 결정된 것을 채우거나 완성하는 것일 뿐인 보편적인 것을 구성하는 방식들이 있으며, 이때의 보편적인 것은 미리 주어진 논리에 따라 (예컨대 권리의 논리) 논리적으로 또는 사회적으로 전개되는 것이다. 에르네스토 라클라우가 강력하게 보여주었듯이, 민주정치에 적합한 보편성 개념은 하나가 아닌데, 왜냐하면 보편성은 개념의 올바른 적용에 의존하는 것이 아니고, 우리 각자가 보편이라고 주장하는 것에 대해 다른 사람들의 동의를 구하는, 우연적인 공적 실천에 의존하는 것이기 때문이다.17) 보편적인 것은 특수한 것들을 규칙에 포함시키는 과정이 아니고 공론장에서 정치적 주장을 하는 실천이며, 이 공간은, 아렌트와 르포르가 주장하듯이, 그러한 주장을 하는 바로 그 실천을 통해 구성된다.

"여성 인권"을 위한 투쟁을 생각해보면, 우리는 정치적으로 발언하는 것이 어떻게 확정적 개념 자체의 논리적 관계로는 나올 수 없는 연합을 형성할 수 있는지 알 수 있게 된다. 1993년 세계인권회의World Conference on Human Rights에서 유엔 법률에 처음으로 통합된, "여성의 권리는 인권이다,"라는 성명은 공유된 실천의 맥락에서 페미니즘의 투쟁에 대해 다르게 생각하는 방식을 의미했다. 샬롯 번치Charlotte Bunch와 사만다 프로스트가 설명하듯이, "여성 인권의 틀은 여성들이 폭력, 비하, 그리고 소외에 대한 자신들의 경험을 규정하고, 분석하며, 표현하는 방법을 갖출 수 있게 해준다. 마지막으로, 그리고 매우 중요한 것인데, 여성 인권 개념은 변화를 위한 광범위한 비전과 구체적인 전략을 개발하기 위한 공동의 틀을 제공한다."18) 여기서 요점은

---

17) Ernesto Laclau, *Emancipation(s)* (London:Verso, 1996). 필자는 라클라우의 주 짱을 필사의 나음 논눈에서 다루었다: Linda M.G. Zerilli, "This Universalism Which Is Not One," *Diacritics* 28, no. 2 (Summer 1998): 3-20쪽.

18) Charlotte Bunch and Samantha Frost, "Women's Human Rights: An Introduction," electronic publication by the Women's Center for Global

그 틀이 실천 이전에 나온 것도 아니고 (즉 소수의 "이론가들"에 의해 다수의 사람들에게 일련의 계율과 같이 전수되는 것), 어떤 종류의 문제가 발생하고 해결될 수 있는지를 일방적으로 정의하는 것도 아니라는 것이다; 오히려 그 틀은 구체적이지만 다양한 여성들의 삶의 조건과 관련하여, "인권으로서의 여성의 권리"를 주장하는 공유된 실천을 통해서만 발생하고, 지속되며, 변형된다. 실제로 그 틀은 페미니즘 투쟁을 위한 초기 패러다임에서 지각된 단점에 (예컨대 "자매애는 전지구적이다") 대응해서 발생했을 뿐만 아니라, 그것은 또한 "여성들"이라는 서구의 개념을 중심으로 한 국제적인 정치적 동맹 구축 및 "인권"이라는 유엔의 고전적인 공식에 부속된 남성중심주의와 관련된 어려움들을 반영하면서 수많은 변화를 거쳤다.

어떤 의미에서 "여성의 권리는 인권이다,"라는 주장은 상식의 표현으로, 또는 수사학 이론이 "평범한 문구"라고 부르는 것으로 이해될 수 있다. 번치와 프로스트는 다음과 같이 쓴다.

> 한편으로 여성의 인권에 대한 생각은 상식적인 것이다. 그것은 아주 간단하게 여성도 인간으로서 인권이 있다고 선언한다. 누구도 여성은 인간이 아니라는 반대 주장을 공개적으로 하면서 그 주장을 옹호하기는 대단히 어려울 것이다. 따라서 여러 면에서 여성에게 인권이 있다는 주장은 지극히 평범한 것으로 보인다. ("여성의 인권")

그 주장이 일반적으로 받아들여진다는 의미에서 평범하고 동시에 평범하지 않다는 것 역시 분명하다; 그렇지 않다면 정치적 주장을 할 필요가 없을 것이다. 주장을 하는 것은 그것이 이미 전제로 주어졌기 때문에 명백한 것을 (말하자면 삼단논법 논리에 따라, 인간은 권리가 있고, 여성은 인간이며, 따

Leadership, Rutgers University (http://www.cwgl.rutgers.edu//Global_Center_Pages/whr.html). 또한 다음 책에서도 출간되었다: *Routledge International Encyclopedia of Women: Global Women's Issues and Knowledge* (New York: Routledge, 2000).

라서 여성에게는 인권이 있다와 같이) 단순히 말하는 것이 아니다. 오히려 그것은 ―단순히―증거를 제시하는 방식으로 주장될 수 없는 무언가를 고수하는 것이다. 권리와 같은 정치적 인공물들은 합리적 인간이라면 누구나 받아들여야 할 본질적 논리를 통해 확장되지 않는다; 그것들은 다른 사람들을 설득해서 그들도 그 주장들을 정당한 것으로 받아들이도록 하기 위해 어떤 개인이나 집단이 만들어낸 주장들이다.

페미니스트들은 주장하기의 단정적 순간과 정치적 주장을 듣고 실현할 수 있는 공동세계를 놓치지 않는 것이 중요하다. 르포르가 프랑스 인권선언과 미국 독립선언에 대한 토론에서 주장하듯이, "자연주의적 권리 개념이 이례적인 사건을 은폐했다."[19] 왜냐하면 각 선언은 "사실상 자기-선언, 즉 인간이 ... 그들 자신의 재판관, 그들 자신의 증인으로 스스로를 세우는 선언이었기 때문이다."[20] 마찬가지로, 아렌트는 권리의 근본적인 관습성, 평등이라는 정치적 원칙의 인위성, 그리고 "권리들을 가질 권리"의 조건으로서의 정치적 성원권을 단호하게 강조한다. 그녀는 이 "권리들을 가질 권리 혹은 모든 개개인이 인류에 속할 권리는 인류에의 [성원권] 자체에 의해 보장되어야 한다,"라는 생각에 의문을 제기한다.[21] 인간은 오직 정치 공동체의 구성원으로서만 권리를 가질 수 있다; "한낱 인간일 뿐인 인간은 다른 사람들이 그를 동료로 대할 수 있게 해주는 바로 그 자질을 잃은 것이다,"라고 아렌트는 말한다.[22]

여성 인권의 근거로서 자연에 호소하는 것은 여성 인권을 주장하는 근본적이고 급진적인 행위에 대해, 그리고 또한 그러한 주장이 단순한 추상적 개념 이상의 것이 되어 권리 주장이 정치적 무게를 지니게 되는 공동세계의

---

19) Claude Lefort, "Human Rights and the Welfare State," in *Democracy and Political Theory*, 37쪽.

20) 윗글, 37-38쪽.

21) Hannah Arendt, *The Origin of Totalitarianism* (New York: Harcourt Brace Jovanovich, 1975), 298쪽.

22) 윗글, 300쪽.

존재에 대해, 우리를 눈멀게 할 수 있다. 공적인 페르소나 혹은 권리와 의무를 지닌 시민으로서 개개인에 부착되어있는, 아렌트가 "가면"이라고 부르는 것이 없는 자아가 보호받지 못한다면 인권의 추정상, 자연적인 기준은 권리를 박탈당한 사람과 집단들에게도 권리를 확장하기 위한 효과적인 수사학적 장치가 될 수는 있지만, 그에 따른 정치적 비용이 없는 것은 아니다.23) 그러므로 여성은 인간으로서 권리를 가질 자격이 있다고 말하는 것은 모든 권리 주장의 깊은 정치적 성격과 그 주장의 조건인 공동세계를 놓칠 위험이 있다. 게다가 권리가 (자연 속에서) 발견되기보다는 주장되어야 하는 것으로 간주되게 되면, 그 권리는 근본적으로 불확실해진다. 르포르가 쓰듯이, "권리의 원천을 권리에 대한 인간의 발언으로 축소함으로써, 그들은 [프랑스와 미국의 혁명가들] 인간성과 권리 둘 다를 수수께끼로 만들었다,"라고 쓴다.24) 권리는 결코 단번에 확립되지 않는데, 왜냐하면 권리를 주장하는 행위 안에서만 소위 그러한 권리의 근거가 ("인간" 혹은 "인간성") 나타나기 때문이다.

새로운 권리를 주장하는 것에 해당하는 공동체의 질문은 민주정치의 개방성의 표현이지만, 르포르는 그러한 주장들이 민주적 폐쇄성을 조건으로 하고 있음을 시사하기도 한다. 새로운 권리 주장을 통해 사람들을 재정의하려는 모든 시도는 "사람들"에 대한 기존 정의를 당연하게 여긴다. 새로운 권리에 대한 요구는 권리를 박탈당한 사람들이 설정하지 않은 정치적 언어로 표현되어야 한다. 르포르는 "어떠한 요구든지 그것이 성공하기 위한 전제조건 중 하나는 새로운 권리가 기존 권리에 내재된 자유에의 요구와 부합한다는 널리 퍼져있는 확신이다,"라고 말한다.25) 대다수의 노동자들과 비노동자들은 파업과 노조를 결성할 권리를 "표현의 자유 또는 억압에 저항할 권리의 합법적 연장"으로 인식한 후에야 이러한 새로운 권리를 획득할 수 있었다고, 르포르는 말한다.26) 덧붙이자면, 남성들과 여성들은 인공유산과 피임

---

23) Hannah Arendt, *On Revolution* (New York: Viking Press, 1965), 102쪽.
24) Lefort, "Human Rights and the Welfare State," 37쪽.
25) 윗글, 36쪽.
26) 윗글, 37쪽.

에 대한 권리를 사생활에 대한 권리와 신체의 온전함에 대한 권리의 정당한 연장선으로 인식한 후에야 이러한 새로운 권리를 획득할 수 있었다. 따라서 새로운 권리를 받아들이도록 공동체 구성원들을 설득하는 행위는 공동체가 누구인지에 대한 현재 의견과 그에 따른 가치에 호소하는 것이어야 한다. 이 것은 새로운 요구의 잠재적으로 급진적인 성격은 기존 가치에 의해 약화될 것이며, 게다가 일부 요구는 기존 가치의 정당한 연장선이 아닌 경우, 결코 받아들여지지 않을 것이라는 것을 의미한다. 그것이 우리가 제4장에서 보았 듯이, 왜 성적 자유에 대한 급진적 요구가 동성결혼에 대한 요구로 너무나 쉽게 중화되고, 자유주의적 사생활권 논리 안에 새겨지는지의 이유가 된다.

민주주의에서 정치적 행위자들이 그 아래서 작동해야 하는 현실적 제약 을 이해한다면, 우리는 성차 개념을 정치적 평등 선언에 도입하려고 노력해 온 페미니스트들이 직면한 어려움을 더 잘 이해할 수 있게 된다. 페미니즘 역사상 모든 정치적 투쟁이 그러했듯이, 여성 인권에 대한 투쟁도 평등에 대 한 요구와 차이에 대한 요구 둘 다와 관련된다. 한편으로, 조앤 스콧이 현대 페미니즘을 구성하는 "역설"이라고 불렀던 것은 오직 논리의 틀 (그리고 그 모순의 원칙) 안에서만 발생한다.[27] 정치를 확정된 개념 적용에 기반을 둔 논리적 담론으로 이해하는 것에 따르면, 평등과 차이를 동시에 주장하는 것 은 자기모순이다. 우리는 A와 A가 아닌 것으로 구성된 담론적 정치 세계에 서 선택을 해야 하는데 —밀라노 공동체가 항의했듯이, 이것은 여성들에게 불가능한 선택이다. 다른 한편으로, 이 역설은 "사람들"에 대한 근본적으로 다른 판본을 공적 담론에 도입하는 것에 대한 —예컨대 평등에 대한 여성들 의 주장을 훼손하지 않는 방식으로 성적 차이를 시민들이나 정치적 집합체 에 새기는 것 —앞에서 언급한 제약을 나타낸다.

따라서 어떠한 순간에도 사실상 도전에 끄떡없으며 그 정당성에 대한 모

---

27) Joan Scott, *Only Paradoxes to Offer: French Feminists and the Rights of Man* (Cambridge: Harvard University Press, 1996). 스콧은 논리가 페미니즘의 요구를 이해하는 적절한 방법이라고 제안하지 않으며, 페미니즘 정치사가 논리의 요구와 양립할 수 없는 것처럼 보인다는 점을 지적한다.

든 질문의 조건을 정하는 "사람들"이나 정치적 공동체의 특정 판본이 존재하는 것처럼 보일 수 있다. 이것은 물론 "여성들"이라고 불리는 정치적 집합체에도 동일하게 적용된다. "여성들"은 영구적으로 열려 있어야 하고, "여성들"에 대한 이의제기가 가능해야 한다는 제3물결 페미니즘의 요구는 단지 요구일 뿐이다. 그것은 결코 그 같은 개방성을 보장하는 이론적 원리로 기능할 수 없다. 그러한 보장은 페미니즘 이론에서도 실천에서도 없다. 우리가 어떤 특정한 페미니즘 공동체나 "여성들"에 대한 생각을 민주적 관점에서 보아 정당하다고 판단할지 여부는 그에 대해 의문을 제기할 수 있는 가능성에 달려 있을 것이다. 그러나 우리가 그렇게 판단할 수 있는 중립적인 장소는 없다. 하버마스의 담론윤리 옹호자들이 제안하듯이, 형식적인 절차가 페미니즘 공동체에 누가 포함되어야 하는지에 대한 모든 토론에 동등한 접근을 보장할 수 있다는 생각은, 만약 어떤 형태의 공동체는 대개 의문의 여지가 없다거나 혹은 발생할 수 있는 의문의 종류가 "여성들"에 대한 특정한 정의를 구성하는 범위 내에 있어야 하는 것이라면, 그 같은 동등한 접근이 무엇을 의미할 수 있는지에 대한 의문을 적절하게 다루지 못한다.[28]

공개 토론과 질문, 그리고 이를 촉진하는 절차를 마련하겠다는 약속은 분명히 중요하지만, 문제는 그 약속의 실현을 보장할 수 있는 절차는 없다는 ─그리고 우리가 질문하고 싶은 특정 형태의 공동체 외부에 우리가 그 약속에 부응하고 있는지 판단할 수 있는 장소는 없다는─것이다. 그러한 판단을 내릴 수 있도록 기준을 마련해줄 수 있는 절차도 없고, 페미니즘 정치이론도 없다. 오직 자유의 실천, 즉 "여성들"이라는 지배적 관념에 의문을 제기하는 특정한 맥락에서, 그리고 그 질문의 조건도 설정하는 그 맥락에서, 정치적 주장을 하는 실천이 있을 뿐이다. 이것은 페미니즘은 자신의 이론들에서 민주정치의 어렵고 다루기 힘든 작업으로부터의 해방을 찾을 수 있다고 보는 관점에서만 절망을 야기한다. 그러나 이러한 유혹적인 관점은, 이해는 가지만, 자유의 심연을 덮으려는 또 한 번의 시도일 뿐이지 않은가?

---

28) 민주주의 이론과 관련하여 이 점을 다룬 좋은 논의로 다음을 참조하라: Keenan, *Democracy in Question*, 1장.

3. 페미니즘은 세계-구축적 실천이다.

만약 우리가 페미니즘을 갈등에 휩싸인, 어떠한 이론도 판단해줄 수 없는, 세계-구축적 실천으로 생각한다면, 우리는 1990년대 내내 격렬했던 그리고 현재까지도 많은 페미니즘 이론가들의 의제로 규정되고 있는, 일관된 범주로서의 여성들에 대한 논쟁들에서 멀어지기 시작할 수 있다. 이 논쟁들은 페미니즘의 기반으로서 공유된 경험에 도전하는 것에 관심을 가졌지만, 회의론적 비판 개념에 계속 의존하는 경향이 있었다. 예컨대 주디스 버틀러에 대한 비판적 해석에서, 조운 콥젝^{Joan Copjec}은 ─역사적으로 말해서 여성 개념은 지속적으로 변화하기 때문에─보편적인 여성 범주는 존재할 수 없다는 소위 역사주의적 주장은 주제넘은 것이라고 주장한다: "이 주장의 진실은 역사적 주체에 간단히 사용할 수 없는 것이다."[29] 콥젝은, "전체로서의 여성의 집합성"을 옹호하지 않으며, 버틀러처럼 그 집합성과 그에 기반을 둔 "연합 정치에의 모든 노력"에 도전한다.[30] 그러나 그녀의 접근 방식은, 초기 버틀러의 작업과 마찬가지로, 제1장에서 살펴본 지식의 문제에 의해 분명히 변형되었다. 『순수이성비판』에서 세계의 존재에 대한 주장과 관련한 (즉 지식

---

29) Joan Copjec, "Sex and the Euthanasia of Reason," in *Read My Desire: Lacan against the Historicists* (Cambridge: MIT Press, 1994), 201-236쪽; 인용구는 225쪽. 콥젝이 페미니즘 이론의 역사주의적 경향을 비판하는 것은 옳지만, 문제는 그녀가 제시하는 것과는 다르다. 여성을 불안정한 범주로 보는 역사주의적 설명의 문제점은, 그것이 (여성을 하나의 집합체로 모으는 것의 불가능성에 대한) *판단의* 역할을 한다는 것이 아니고 판단을 대신하는 역할을 한다는 것이다. 역사주의는 특수한 것에 주의를 기울인다고 주장하지만, 사실은 그 반대다: 역사주의는 모든 행동을 과정과 선례라는 포괄적 개념에 집어넣음으로써, 우리의 판단을 요구하는 특수한 것, 그리고 그와 함께 새로운 것을 제거한다. 그러나 그 같은 역사주의적 개념이 어떻게 주디스 버틀러라는 이름에 연결되는 것이 적절한 것인지는 결코 분명하지 않다. 마지막으로, 콥젝에게 버틀러가 역사학자도 지부되는 이유는 버틀러가 경험적인 것, 즉 사회와 역사에서 개념의 실제적 또는 구체적 사례들을 강조하기 때문이다.

30) 윗글.

의 대상으로서의 세계) 독단론자들과 회의론자들 모두에 대한 칸트의 반응을 인용하면서, 콥젝은 세계에 대한 것과 마찬가지로 여성/여성들에 대해 말할 수 있는 모든 것은 "불확정적인^{indefinite} 판단"의 형태를 취해야 한다고 주장하며, 버틀러에 대한 그녀의 비판을 마친다.[31] 칸트에 따르면, 우리는 세계의 존재를 긍정하거나 부정할 수 없듯이, 통일된 집단이나 범주로서의 여성의 존재를 긍정하거나 부정할 수 없다.

공통성 주장에 기반을 둔 정치적 공동체에 대한 이러한 접근 방식이 갖고 있는 문제점은, 칸트의 『순수이성비판』 기획이 정의하는 경험적 지식의 문제에 사로잡혀서 그러한 세계-구성적 주장의 엄격한 인식론적 개념에 여전히 묶여 있다는 데 있다. 결국 칸트가 『순수이성비판』에서 회의론과 독단론 둘 다에 보인 반응은, 세계를 그 자체로 알 수 있는 것인지에 대한 그들의 경쟁적이지만 관련된 결론에 단순히 이의를 제기하는 것뿐이었다; 그것은 회의론자와 독단론자가 똑같이 공유하고 있는 좀 더 근본적인 가정, 즉 세계와 우리 사이의 기본적인 관계는 앎의 관계라는 가정에는 이의를 제기하지 않는다. 『순수이성비판』의 특징을 나타내는 경험적 지식을 확보하려는 압도적인 관심과는 대조적으로, 제3비판으로 불리는 『판단력 비판』은 한편으로 "이론적 판단"과 (객관적 보편성을 가지고 있으며, "있거나 있지 않음"을 포함하며, 그리고 엄격하게 인지와 진리 문제와 관련되는 판단) 다른 한편으로 "미학적 판단"을 (주관적 보편성을 가지고 있으며, 대상이 아니라 주체를 언급하며, 어떠한 인지적 주장도 하지 않는 판단) 구별한다. 필자는 아렌트를 따라, 페미니스트들이 콥젝의 주요 텍스트인 칸트의 『순수이성비판』 대신, 제3비판인 『판단력 비판』에 관심을 돌릴 것을 제안했다. 왜냐하면 정치의 경우, 미학에 관한 칸트의 글을 인용하자면, "우리가 알고 싶은 것은 우리나 다른 누군가가 어떤 사물의 존재에 대해 관심을 가지는지 혹은 관심을 가질지도 모르는지가 아니라, 오히려 우리의 단순한 생각만으로 어떻게 그것을 판단하는가,"이기 때문이다."[32] 예컨대 성적 동종이형 개념에 부합하

---

31) 윗글.

지 않는 사회적 관계와 신체에서 문제가 되는 것은 —마치 우리가 그것을 몰 랐다는 듯이 —그들의 존재에 대한 단순한 인지적 판단이 아니라, 그들의 고 유성의 측면에서 그들이 우리에게 어떤 의미를 가지는 지에 대한 성찰적 판 단이다. 카벨식으로 이야기하자면, 그것은 우리가 무엇을 *알고 있느냐*의 문 제가 아니고 우리가 무엇을 *인정할 것인가*, 즉 무엇을 우리의 공동세계의 일 부로 간주하고 이런 방식으로 가치를 부여할 것인가의 문제다.

좀 더 구체적으로 말하자면, 페미니즘과 관련하여 우리가 알고 싶은 것 은 여성들/여성이 존재하는가 여부가 아니고 (예컨대 공유된 경험으로 묶인 사회적 집단의 형태), 그 이름으로 정치적 발언을 한다고 주장하는 사람들에 게 "여성들/여성"이 무엇을 의미하는가 하는 것이다. 그 같은 발언은 규범을 더욱 침전시키는 결과를 낳을 수도 있지만, 규범을 변형시켜서, 칸트의 말을 인용하자면, "개념을 분명히 규정되지 않은 방식으로 확장"시킬 수도 있다. "여성들"의 이름으로 말하는 것이 여성에 대한 이전의 정의를 보장하는 것 일지, 아니면 그 이전의 정의를 경쟁, 토론, 그리고 상상적 재구성의 대상으 로 개방하는 것일지는, 페미니즘 정치행위자들이 그 발언을 하기에 앞서서 는 *절대 알 수 없는 것이다.* 우리가 여성들/여성에 대해 "불확정적인 판단" 을 *해야 한다면*, 그것은 범주 자체가 규정될 수 없는 방식으로 확보되어있다 거나 혹은 공개 토론에서 무엇이 적법한 지식 대상으로 간주될 수 있는지의 이유로 배제되기 때문이 아니다. 콥젝은 공개 토론을 판단하기 위해 진리 개 념에 의존하지는 않지만, 그녀는 처음부터 정치적 주장이나 판단의 진리를 선언하는 것의 불가능성을 토론을 차단하기 위한 기회로 사용한다. 정치는, 콥젝이 원하는 대로, "불확정적인 판단"을 내리는 실천이라기보다는, 특정 지식을 제공할 수 있는 객관적인 기준이나 규칙이 없고 여성의 이름으로 말 하는 것이 다른 사람들에게 받아들여지거나 채택될 것이라는 보장도 없는 상황에서, 주장과 판단을 내리고 —그리고 그렇게 할 용기를 갖는 것이다.

---

32) Immanuel Kant, *Critique of Judgment*, trans. Werner S. Pluhar (Indianapolis: Hackett, 1987), 2절 45쪽.

"인간사의 긴급함, *주석-없음은* 잠정적인 판단 및 관습과 습관에의 의존, 즉 편견에의 의존을 요구한다."[33] 물론 여기서 아렌트의 요점은 편견을 지지한다는 것이 아니다; 요점은 판단의 실천은 언제나 판단들에서의 합의를 참조한다는 것, 그런데 그 합의는 경험적으로 실험해 볼 수 있는 게 아니고 오히려 우리가 경험적인 것으로 간주하는 모든 것의 근거를 이룬다는 사실에 우리의 주의를 환기시키는 것이다. 이 합의는, 비트겐슈타인이 보여주었듯이, 결코 수정할 수 없는 것은 아니지만, 우리는 통상적으로 이 합의를 의심하지 않는다; 오히려 그것은 우리의 의심하는 실천에 근거 없는 근거 역할을 한다. 아렌트의 견해에 따르면, 행동이나 판단과 같은 자유의 실천이 그 같은 합의를 의심하게 만들 것이라는 생각은 (즉 자유의 실천은 바로 그러한 근본적인 의심의 행동으로 이루어진 것이라는 생각) 철학적으로 잘못되었을 뿐만 아니라 정치적으로도 잘못된 것이다. 만약 정치가 확실한 것의 영역이 아니고 가능한 것의 영역이라면; 진리의 영역이 아니고 의견의 영역이라면 —그래서 미학이 칸트에게 과학이 될 수 없었던 것처럼, 정치는 아렌트에게 과학이 될 수 없는 것이라면 —그렇다면 젠더와 같은 사회관계를 변화시키려는 페미니즘 정치는 —절대로 —의심의 실천이 될 수 없다.

근본적인 의심으로 시작하지 않은 페미니즘의 정치적 실천을 상상하기 어려웠다면, 그것은 우리의 양성 체계가 —우리는 분명히 기준에 대한 질문을 제기할 수 있고 또 제기하지만 —성차 자체를 준초월적인 것으로, 인간의 주체성이면서 실천의 조건인 것으로 보도록 하는 언제나-이미-거기에 있는 특성을 가지고 있기 때문이다. 콥젝과 같은 라캉주의 사상가가 그러하듯이, 성차의 상징적 법칙은 어떤 특정한 사회적 내용이 없는 텅 빈 혹은 단순히 형식적인 주체 구성의 규칙일 뿐이라고 말하는 것은, 우리가 상징적이라고 부르는 것이 버틀러가 "규범의 침전된 이상"이라고 부르는 것일 수 있다는 우려를 충분히 심각하게 받아들이지 않을 위험이 있다.[34] 필자가 보기에, 버

---

33) Hannah Arendt, *The Life of the Mind*, 제1권, *Thinking* (New York: Harcourt Brace & Co., 1978), 71쪽.

34) Judith Butler, *Antigone's Claim: Kinship between Life and Death* (New

틀러가 우리는 성적 차이를 "근본적으로 결정된 것임을 주장하지 않으면서 동시에 근본적으로 조건 지어진 것"임을 인정할 수 있고, 그리고 우리는 "고전적인 자유" 개념으로 돌아가지 않으면서 그 구조를 변형시킬 가능성을 주장할 수 있다고 말하는 것은 맞다 ―그러나 어떻게 그렇게 할 수 있을까?[35] 확실히, 성차와 같은 규범의 변화는, 마치 성차와 그 규범이 표현하는 "여성들"이라는 특정한 생각이 이미 우리가 제기하는 의심과 우리가 구성하는 대안적 정치 공동체의 조건이 아니었다는 듯이 규범에 대해 근본적인 의구심을 제기하는 것, 그 이상을 하기를 요구한다.

4. 페미니즘의 "잃어버린 보물" 되찾기

자유-중심적 페미니즘은, 페미니즘의 세 번의 물결 모두가 각기 다른 방식으로 수용하고 동시에 거부했던 주권으로서의 자유에 대한 고전적인 개념으로 회귀하지 않으면서, 규범적 성별 개념의 변화를 가져오기 위해 노력할 것이다. 그 같은 페미니즘은 정치적 자유를 "나의-의지I-will"에서 "나의-할-수-있음I-can"으로 바꾸는 세계-구축적 실천이 될 것이다. 이 "나의-할-수-있음"은 앞에서 설명한 공적인 페르소나, 아렌트가 시민권의 "가면"이라고, 그리고 정치적 공동체의 구성원이 되는 것에 해당하는 권리와 의무라고 불렀던 바로 그것이다. "나의-할-수-있음"은 성으로서의 여성, 성별로서의 여성, 자연적 집단으로서의 여성, 사회적 집단으로서의 여성이 아닌 여성에 속하는 것이다. "나의-할-수-있음"은 오히려 정치적 집합체로서의 "여성들"에 속하며, 여성의 이름으로 말하는 실천에서 (다른 사람들을 위해 말하고, 다른 사람들에 의해 말해지며, 그에 응답하는 것과 관련된 실천) 얻어진다. "나의-할-수-있음"은 정치적 성원권이라는 환원될 수 없는 비-자연적 기반에 전념하는, 말과 행동에 참여하는 시민으로서의 페미니스트들의 비주권적 자유다.

아렌트는 비주권적 자유는 공론장의 인위성이나 관습, 그 근본적으로 비

York: Columbia University Press, 2000), 20-21쪽.

35) 윗글, 21쪽.

결론 페미니즘에서 자유의 문제 재구성하기 319

-자연적인 특징을 존중하는 것과 마스크를 착용하는 것을 통해서만, 자아^{the} ^{self}가 사회구성원이라는 범주를 넘어, 즉 그 고유성과 특징을 통해 자신을 드러내는 것이 가능하다고 가르친다. 그 같은 드러냄은 자신이 "무엇"인지가 아니라 "누구"인지에 대한 것임을 기억하라. 가면은 가면 자체와도 동일하지 않고, 가면을 착용하는 "무엇"과도 동일하지 않은, 그것이 성별, 인종, 계급과 같은 사회적 속성이든 혹은 그러한 속성들을 공유하는 사람들이 전혀 없는 나 자신과 관련된 특이성이든, (페미니스트) 주체의 출현을 촉진한다. 가면이 없다면, "어떤 연방의 시민이 되는 데서 오는 엄청난 차이들의 평등화"가 없다면, 사람들은 "타고난 것, 단순한 차이로... 되돌려진다,"라고 아렌트는 쓴다. 비록 평등이라는 정치적 원칙이 언제나 이러한 차이를 근절하려고 위협하지만, 역설적인 사실은, 평등과 시민권이 없이는 성차를 포함한 자연적, 사회적 차이들은 이 세계 어디에도 없는 것이라는 것을, 그녀는 인정한다. 일단 "공동세계 안에서의 표현과 그에 대한 행동을 박탈당하면," 차이는 "모든 의미를 잃는다,"라고 아렌트는 말한다.36) 말하자면 우리의 이 세계가 어떻게 보일지에 대해, 우리가 그 안에서 무엇을 보고 들을 것인지에 대해, 무엇이 우리에게 중요하고 어떻게 중요할지에 대해, 정치적 목소리도 없고 발언권도 없게 된다.

따라서, 젠더 규범을 바꾸려고 하거나 성차에 대한 비-규범적 설명을 하려는 어떠한 시도도 자유의 실천으로서의 정치적인 것과 공동세계라는 사이 공간의 구성을 피할 수 없다. "무엇"인 사람들에 기반을 둔 공동체와 (즉 정체성) "누구"인 사람들에 기반을 둔 공동체의 (즉 세계-구축) 아렌트식 차이에 대한 마거릿 캐노번의 설명을 다시 한번 인용하자면, "그들을 하나로 묶는 것은 그들 각자가 가진 어떤 특성이기보다는 그들 사이에 놓여 있는 공간이다."37) 이 책 전반에 걸친 필자의 요점은, "무엇," 즉 페미니스트들을

---

36) Arendt, *The Origins of Totalitarianism,* 302쪽.

37) Margaret Canovan, "Politics as Culture: Hannah Arendt and the Public Realm," *History of Political Thought* 6, no. 3 (1985): 617-642쪽: 인용구는 634쪽.

사로잡았던 주체성과 정체성의 문제들을 배제하는 것이 아니었다. 필자의 요점은 공동세계와 같은 이러한 질문들에 초점을 맞추는 사상가들이 구상하는 변형의 종류는―그것이 변칙사례로 삭제될 수 있는 개별 사례들로 제한되지 않으려면―아렌트가 사이 공간의 세계라고 부르는, 우리를 연결하기도 하고 분리하기도 하는 유무형의 정치적 관계를 요구하는 것이라고 주장하는 것이었다. 차이가 의미를 갖게 되고, 정체성을 다르게 구성하고, 젠더와 같은 사회적 배열을 다르게 설정하는, 새롭게 생각할 수 있는 방식들이 등장하게 되는 것은 바로 이 공동세계의 공간에서다.

새롭게 생각할 수 있는 형상에 대한 추구와 같은 것은 미국 건국에 대한 아렌트의 설명에서 볼 수 있다. 자유의 심연에 직면하여 미국 독립혁명가들은 정치적 자유의 창립이라는 자신들의 행동의 새로움을 정당화하기 위해 절대적인 것을 찾게 되었다. 만약 그들이 추구한 것이 자신들의 창조를 상징하는 형상이었다면, 그들이 발견한 것은 이미 거기에, 즉 서구의 건국 신화들에 줄곧 존재해왔던 것에 불과한 것으로 보인다. 그들은 그 신화들을 통해 자신들의 자유로운 행동을 선례들에 정초시킴으로써 "모든 시작에 내재된 임의성"을 감추고 싶어 했다.[38] 그들이 해방에서 자유로, 더-이상-아닌 것에서 아직은-아닌 것으로 인도하는 인과적 사슬을 찾으면서 볼 수 없었던 것은, 시작은 그 안에 그 자체로 고유한 원칙을 가지고 있다는 것이었다고, 아렌트는 주장한다: "시작과 원칙, 원리^{principium}와 원칙은 서로 관련되어 있을 뿐만 아니라 동시대적인 것이다." 즉 시작을 정당화하는 것은 시작 그 자체다.[39]

혁명가들이 "고대의 기록 보관소를 샅샅이 뒤지면서," 자신들을 안내할 규칙이나 자신들의 행동을 정당화할 원칙을 찾고 있었다면, 그들이 그 대신 발견한 것은 "그들 자신의 의도를 인도할 수 있는 패러다임," 즉 모방할 수 있는 모델이었다고, 아렌트는 쓴다.[40] 그래서 그들의 탐색은 규칙과 같은 방

---

38) Arendt, On Revolution, 210쪽.

39) 윗글, 214쪽.

40) Hannah Arendt, The Life of the Mind, 제2권, Willing (New York: Harcourt Brace & CO., 1978), 204쪽.

식으로 적용될 수 있는 절대적인 것을 산출하지 못했고, 성찰적 판단에 대한 칸트의 설명을 다시 언급한다면, 우리가 정확히 표현할 수 없는 보편적 규칙의 예들을 산출했다. 결국 그들의 탐색은 규칙의 형태로 표현될 수 없고, 오직 하나의 사례로, 그리고 실천의 일부로 형상화될 수 있는 그 어떤 것, 즉 자유 그 자체로 향한 것이었다.

물론 위티그의 글로벌 페미니즘 혁명, <밀라노여성서점조합>의 새로운 사회계약, 그리고 <세네카 폴스 감정 선언>도 마찬가지라고 할 수 있다. 각각의 경우에서 우리는 처음으로 돌아가 정치적 자유 자체에 대한 주장을 통해 (예컨대 "우리는 이러한 진실이 자명하다고 *생각한다*") 정치적 자유의 원칙을 정당화한다. 각각의 경우에 페미니스트들은 자유를 요구했고, 자유를 요구하면서 사례들의 형태를 포함한 새롭게 생각할 수 있는 것으로서의 형상들을 제시했다. 만약 우리가 이 형상들에 제대로 주의를 기울인다면, 정치적 자유라는 우리의 잃어버린 보물을 되찾는 공유된 실천을 촉진시킬 수 있을 것이다: 그것은 진리처럼 증명되거나 물질처럼 소유될 수 없고, 오직 현재와 미래 세대의 페미니스트들에 의해 실천되거나 실행될 수 있을 뿐이다.

옮긴이 해제

1. 들어가며

옮긴이가 제를리를 처음 접하게 된 것은 푸코의 생명정치이론을 기반으로 포스트-IMF 한국 사회의 신자유주의화로 인한 사회변화를 분석하는 연구를 시작하면서였다. 2008년 영어번역본으로 처음 출간된 푸코의 『1978-1979년 College de France 강의록』은 신자유주의에 대한 자세한 분석을 담고 있는데, 푸코의 다른 글들에서는 보기 힘들 정도로 신자유주의에 대한 구체적이면서 집요한 관심을 드러내고 있다는 점에서 옮긴이에게는 매우 인상적인 책이었다.[1] 당시 신자유주의에 대한 비판이나 우려를 드러내는 연구는 많았지만, 그 기원이라고 할 수 있는 시카고학파로 대표되는 경제학 이론에 대한 분석에서 시작한 연구는 많지 않았고, 또 그러한 분석을 생명정치와 연결시킬 만큼 푸코가 신자유주의에 관심을 가졌다는 게 매우 특이하게 느껴졌다. 옮긴이는 『성의 역사』에서 시작된 생명정치이론과 이 『강의록』에서 제시된 신자유주의에 대한 분석이 30년이 지난 당시 한국 사회의 상황, 즉 1997년 이후 급속하게 진행된 신자유주의적 사회재편과 그에 대한 시민들의 대응 방식으로 형성된 사회적 상황에 대한 좋은 이론적 기반을 제시한다고 보아 연구를 시작했고, 그 결과물이 2009년에 출간된 논문이었다.[2] 옮긴이

---

[1] Michel Foucault, *The Birth of Biopolitics: Lectures at the College de France, 1978~1979*, ed. M. Senellart, A.I. Davidson, A. Fontana, and F. Ewald, tr. G. Burchell (New York: Palgrave Macmillan, 2008).

[2] Joo-hyun Cho. "Neoliberal Governmentality at Work: Post-IMF Korean Society and the Construction of Neoliberal Women," *Korea Journal* 49, no. 3 (2009): 15-43쪽.

의 중심 주제는 물론 페미니즘이었지만, 그 논문은 푸코의 분석이 신자유주의화된 한국 사회의 다양한 사회현상에도 그대로 적용될 수 있다는 것을 보여주고 있다.

하지만 푸코의 이론은 여러 비평가들이 지적하듯이 억압된 개인이나 집단이 권력을 통해 종속된 상태에서 벗어나지 못하게 되는 기제는 잘 설명하고 있지만, 그 개인이나 집단이 어떻게 권력에 저항하고 행위성을 발휘할 수 있게 되는지에 대해서는 만족할 만한 해법을 제시하지 못하고 있다. 푸코는 『성의 역사』 2권과 3권에서 제시된 '존재의 미학' 이론을 통해 이러한 비판에 대응할 계획이었지만, 이른 죽음으로 충분히 체계적인 설명을 제시하지 못했을 뿐만 아니라, 옮긴이는 그가 그러한 이론을 완성했다 하더라도 여전히 부족한 면이 많았을 것으로 판단한다. 옮긴이가 기대한 이론은 개인의 행위성과 종속이라는 서로 상반된 조건들 사이에 균형을 이루는 기제를 이론의 근본적인 구성 요소로 갖추면서, 동시에 푸코로 대표되는 권력과 종속에 대한 이론의 강점과 아렌트로 대표되는 행위성에 대한 이론의 강점을 모순 없이 설명할 수 있는 포괄적인 이론체계였다. 당시 옮긴이는 하이데거와 비트겐슈타인으로 대표되는 실용주의 경향의 철학적 이론이 이런 역할을 할 수 있으리라 보았고, 그런 방향으로 진행된 상당히 유망한 시도가 로티의 작업이라고 판단했다. 옮긴이의 이러한 판단은 이후 다양한 실용주의 철학자들에 대한 연구로 이어졌고, 그 과정에서 옮긴이가 처음 접하게 된 것이 바로 여기에 번역된 제를리의 저서 『페미니즘과 자유의 심연』이다.

옮긴이는 책을 읽는 내내 제를리의 저서는 그 당시까지 옮긴이가 접했던 대표적인 페미니즘 이론들, 예컨대 하딩, 해러웨이, 버틀러 등의 이론에 비해 훨씬 정교하고 치밀한 이론을 제시하는 역작이라는 것을 느낄 수 있었다. 특히 제를리의 지적 기반은 이 책의 참고문헌에서 볼 수 있듯이 실용주의 경향의 철학이어서 옮긴이에게도 비교적 친숙한 이론들이었지만, 그럼에도 이 책은 독자에게 상당한 지적 수준을 요구하는 것이어서 책을 읽는 과정은 결코 쉽지 않았다. 한편, 제를리는 특히 아렌트의 정치적 판단이론을 자기 이론의 가장 핵심적 요소로 삼고 논의를 시작하고 있기에 이 책은 옮긴이에게 아렌트 철학에 대한 더 깊은 이해를 할 수 있는 계기가 되기도 했다. 옮긴이는 이때의 경험으로 언젠가 이 책을 한국어로 번역하고 싶다는 생각을 하게 되었고, 그 결과물이 독자들 앞에 선보이는 바로 이 번역서이다.

이 해제는 다른 페미니즘 이론들에 비해 읽기에 많은 노력이 요구되는 제를리의 저서를 이해하는 데 조금이나마 도움을 주기 위해 작성됐다. 그리고 제를리의 연구를 실용주의 경향의 철학적 전통의 맥락 속에 위치시키는 작업은 옮긴이의 저서에 비교적 자세하게 제시되어있으니 참조하면 좋을 것 같다.[3)]

2. 제를리의 자유-중심적 페미니즘

이 해제에서는 제를리의 이론을 지난 수십 년간 페미니스트 연구자들이 집중적으로 논쟁을 벌여왔던 세 주제, 즉 '여성' 범주 문제, 보편주의와 상대주의 문제, 그리고 여성 주체의 종속과 행위성 문제와 관련지어서 설명하는 방식을 택했다. 페미니즘 이론의 핵심 쟁점이었던 이 문제들에 대한 제를리의 입장을 보게 되면 기존이론들과 제를리 이론의 차이점이 더욱 분명해지기 때문이다.

1) '여성' 범주 문제

페미니즘 정치에는 '여성'과 '남성'이라는 사회적으로 결정된 개념에 근거한 젠더정치와 좀 더 최근의 전통으로 정체성 정치가 있다. 서구는 역사적으로 페미니즘 운동에 크게 세 번의 물결이 있었던 것으로 정리하고 있다. 제1물결(1880s~1920s)은 여성의 정치적 권리 획득을 위한 참정권운동이 주를 이뤘고, 제2물결(1968~1980s)은 여성해방을 기치로 여성의 관점에서 평등권 획득을 목표로 하는 젠더정치가 주를 이뤘으며, 제3물결(1990~2005)은 여

---

3) 조주현, 『정체성 정치에서 아고니즘 정치로: 여성학 방법론과 페미니즘 정치의 실천적 전환』 (대구: 계명대학교 출판부, 2018).

성 간의 차이를 드러내는 정체성 정치가 주를 이뤘던 것으로 평가된다. 젠더 정치에 기반을 둔 제2물결은 하딩 등의 입장론이 인식론적 토대를 제공했다면, 정체성 정치에 기반을 둔 제3물결은 콜린스 등의 유색여성 페미니즘의 상호교차성 이론과 버틀러 등의 후기구조주의 페미니즘의 수행성 (즉 범주의 불확정성) 이론이 인식론적 토대를 제공했다.

이 제2물결과 제3물결의 각축은 '여성' 범주에 대한 인식론적 논쟁으로 압축된다. 우리가 '여성'의 이름으로 정치적 주장을 할 때 그 '여성'은 얼마나 확실한 범주인가? 그 '여성'은 보편적이고 단일한 집단이라고 말할 수 있는가? 그 보편성과 일관성을 확보해주는 근거는 무엇인가? 하딩은 여성의 본질적 의미는 없지만 여성들의 삶에 근거한 '단일한 집합적 여성' 범주를 구성할 수 있다고 보았다. 또한 하딩은 예를 들어 과학 연구에서 여성의 상황을 연구 자원으로 활용함으로써 경험적으로 더 정확하고 이론적으로 더 풍부한 해명을 할 수 있게 되며, 여성들의 삶에 근거한 연구가 지배 남성들의 삶에 근거한 지식보다 편견과 왜곡을 줄일 수 있게 한다고 주장했다. 즉 하딩의 페미니즘 인식론은 여성의 정치적 주장이 진리 주장이 될 수 있으며, 정당성을 입증할 수 있는 객관성을 확보하고 있다고 본 것이다.

반면에 버틀러는 "행위 뒤에 행위자는 없다,"는 니체의 주장을 확장해서 "젠더의 표현물 뒤에는 어떠한 젠더 정체성도 없으며 정체성은 결과라고 알려진 바로 그 '표현들' 때문에 수행적으로 구성된다,"고 주장했다. 행위자라는 존재를 부정하고 나면 지금까지 행위에 영향을 끼치는 원인으로 믿었던 '여성'이라는 젠더 정체성이 사실상 환영적 구성물에 불과한 것이라는 결론에 이르게 된다. 여성이 본질적으로 존재하는 게 아니고 행위 속에서 행위를 통해 다양하게 구성되는 것이라면 그 여성은 분명 행위의 원인이 아니라 행위를 통해 구성된 결과라고 말할 수 있을 것이다. 하지만 여성이 행위를 통해 구성된다고 하여 행위성의 가능성이 없어지는 것은 아니다. 구성된다는 것은 결정된다는 것이 아니고 의미화 과정을 통해 주장된다는 것을 뜻하기 때문이다. 즉 여성은 이미 의미화된 것일 뿐만 아니라 여러 개의 맞물린 담론 안에서 순환하며 지속적으로 의미화된다. 이것은 우리가 인식하고 있는 여성이 담론의 효과이고 그 담론은 규율권력이자 지배담론으로서 특정한 여성 주체를 구성하지만 동시에 그 지배 담론은 다양한 담론적 명령을 통해 필시 다양한 비일관적 배치물—예컨대 좋은 어머니, 능력 있는 직장 여성, 매력적인 여성의 비일관성—을 만들어냄으로써 그 담론적 명령을 능가하고 저항하는 재배치와 재전개의 가능성을 만든다는 주장에서 잘 나타난다.

버틀러에게서 '여성' 범주의 근본적 불안정성을 드러내는 것은 페미니즘 정치를 약화시키는 것이 아니다. 그것은 오히려 여성을 근본적인 범주로 믿는 것이 여성을 특정 범주로 제한하는 것임을 드러내는 것이며, 여성을 생산하는 것은 토대가 아니라 지배담론과 규율권력이라는 '생성적 정치구조'임을 드러냄으로써 페미니즘 정치의 목표가 이러한 생성적 정치구조를 중심에 둬야 한다는 것을 주장하는 것이다. 즉 버틀러에게서 페미니즘 정치는 그 생성적 정치구조에 존재하는 인식 가능한 것과 불가능한 것을 재배열하는 것이 전복의 방식이 된다는 것을 주장하는 것에 있다. 특히 버틀러는 여성 범주는 고정되어 있는 것이 아니기 때문에 여성 범주는 '사회적인 것'의 구속성을 갖지 못한다고 보았다. 이 같은 버틀러의 이론은 이후 누가 페미니즘의 주체이며 누가 '여성' 범주를 대표하고/대표하지 못하는가의 문제로 확대되면서 다양한 페미니즘 주체를 드러내게 했고, 그에 따라 다양한 페미니즘 정체성 정치가 전개되게 하는 인식론적 배경을 이루었다.

여성 범주의 불안정성을 전제하는 이러한 정체성 정치는 페미니즘 정치를 위기에 몰아넣는다는 우려를 낳았다. 이러한 우려를 배경으로 단일하고 통합된 집합적 주체 위에 다시 페미니즘을 위치시키고자 하는 욕망이 그 어정쩡한 타협안으로 내놓은 것 중 하나가 '전략적 본질주의'다. 전략적 본질주의는 단일하고 통합된 집합적 여성 집단이란 존재하지 않는다는 것을 우리가 '알지만' 정치적 목적을 위해 마치 그런 집단이 존재하는 것처럼 행동하자는 것이다. 그러나 달리 생각해보면 왜 우리는 '여성'의 이름으로 제기하는 어떠한 주장도 그것이 정치적 의미를 지니려면 반드시 확정된 여성 범주가 미리 정해져 있어야 한다고 생각하며, 왜 우리는 여성들 간의 다름을 드러내는 것은 '여성'의 이름으로 말할 가능성 자체를 파괴하는 것이라고 생각하는 것일까? 그 생각은 어디에 근원한 것이며 과연 정확한 것인가?

제를리는 이 같은 문제 설정이 잘못된 것이라고 주장한다. 제를리가 보기에 여성들 간의 다름을 드러내는 것이 페미니즘 정치에 위기를 가져온다는 생각의 기저에는 정치란 행위성을 요구하는 것이고 행위성이란 주권적 주체를 전제하지 않고는 불가능한 것인데, 여성들 간의 다름을 드러내거나 여성 범주의 불확정성을 드러내게 되면 그 주권적 주체는 존재하기 어렵게 된다는 전제가 깔려 있다. 그러나 제를리는 페미니즘 정치의 위기는 페미니즘 정치의 주체가 다양해진 데 있는 게 아니라 단일한 주체를 요구하는 페미니즘의 개념 혹은 인식론 그 자체에 있다고 보았다. 예컨대 제를리는 제3물결의 이론적 토대를 제공한 버틀러에 대해 정치적 행위 이전에 주체를 상정할 수 없다는 버틀러의 주장은 옳은 것이라고 설명한다. 문제는 그 주장은 틀린 것은 아니지만 의미가 없는 것이라는 데 있다. "내가 정치적으로 행위할 때 나는 주체가 된다,"는 점에서, 즉 내 행위에 앞서 주체가 미리 주어지지 않는다는 점에서 버틀러의 주장은 옳은 것이지만, 그러나 그것이 정치적 행위가 되기 위해서는, 즉 페미니즘의 주체가 되기 위해서는 페미니즘 커뮤니티의 다른 구성원들이 그 정치적 주장에 동의해야 하는 과정이 필요하다는 점에서 단지 정치적 주장을 하는 행위에만 초점을 맞추는 것은 무의미하다는 것이다.

이처럼 제를리 역시 버틀러와 마찬가지로 '여성'의 토대는 보편주의 혹은 본질주의로 회귀할 수 없으며 여성 간의 다름은 드러나야 하고 여성 범주의 임의성은 환원될 수 없는 조건이라고 생각한다는 점에서 제3물결 페미니즘 이론가들과 같은 입장에 있지만, 그럼에도 불구하고 우리가 '여성들'의 이름으로 페미니즘 정치를 실천해나갈 수 있다고 주장하는 데서 제를리는 제3물결 후기구조주의 페미니스트들과 분명한 선을 긋고 있다. 즉 제를리는 제3물결 페미니즘 이론이 '주체'를 강조했기 때문에 딜레마에서 벗어날 수 없다고 보았고, 그 극복의 대안으로 '행위'를 강조하고 있는 것이다.

제를리는 주체를 전제하지 않는 페미니즘 정치를 제안한다. 즉 페미니즘 정치의 패러다임을 '여성' 범주 혹은 주체의 일관성 문제와 같은 철학적, 인식론적 문제에서 '정치적 주장하기' 혹은 '누군가의 이름으로 말하기'와 같은 정치적 문제로 이동시키자는 것이다. 제를리는 우리가 주체, 즉 자유의지가 있는 주체를 필요로 할 때는 페미니즘 정치를 그것이 민주화든 진보세력을 위한 것이든 특정 목적을 위한 수단으로 사용할 때라고 말한다. 페미니즘 정치의 주체를 미리 설정하게 되면 우리의 행위는 미리 계획된 목적-수단 정치에 종속되게 되며, 우리의 행위의 결과까지도 통제되거나 예측 가능한 범위 안에 들어가게 된다. 그러나 제를리는 아렌트의 정치적 이성 논의에 근거해서 "행위란 근본적으로 예측 불가능하고 무제한적인 것"이라고 주장했다. 우리가 행위를 통제할 수 없는 것은 우리가 어떤 동기나 목적 없이 행위하기 때문이 아니라 순전히 다른 구성원들이 우리의 행위를 어떻게 받아들일지 통제할 수 없기 때문에 그러하다. 즉 우리의 행위는 일단 끝없이 복잡하게 짜여진 현실의 일부가 되면 그 행위가 어떤 의미를 갖게 될지 예측하거나 통제할 수 없게 된다.

제를리는 비트겐슈타인과 아렌트의 논의에 근거해서 주체 (즉 정체성) 논의에서 벗어날 수 있었다. 주체 논의에서 벗어나자는 제를리의 주장은 특히 많은 부분 인식론과 언어에 대한 가장 철저한 철학적 분석을 해낸 비트겐슈타인의 분석에 기반을 둔 것이다. 제를리에 따르면 비트겐슈타인은 편견이 작동하는 인간의 일상세계에서 벗어나서 정확한 언어사용, 절대적 지식확보 또는 정확한 개념정의를 위한 규칙이나 기준을 제공할 수 있는 그런 아르키메데스적 관점 혹은 신의 관점을 찾으려는 실재론이나 그러한 실재론을 비판하는 회의론은 둘 다 사실상 다른 사람들이나 세계에 대한 우리의 관계를 인식론적 문제로 본다는 점에서 근본적으로 인간적 유혹에서 벗어나지 못한 것이라고 보았다.

비트겐슈타인은 인간 간의 소통을 가능하게 하는 공통의 언어나 지식의 옳고 그름을 판별할 수 있는 기준에서 핵심적인 규칙의 준수가 사실상 인간이 일상생활에서 공유하는 온갖 다양한 행위 (즉 실천)에 의존한다는 사실을 지적했다. 비트겐슈타인을 해석한 연구자들에 따르면 언어의 사용이나 지식의 정당성에 있어서 기준이 되는 것은 바로 우리가 속해 있는 커뮤니티 구성원들의 합의다. 즉 커뮤니티 구성원들이 이의를 제기하지 않는다면 그 언어 사용이나 지식은 옳은 것이다. 커뮤니티에 의해 그 정당성이 인정되는 지식과 언어의 핵심 부분은 중심부를 차지하면서 안정적으로 유지되지만 그 지식과 언어의 주변부에 해당하는 유동적인 부분은 끊임없이 교체와 변환의 과정을 거친다. 즉 유동적인 주변부는 사회변화에 따라 사라지거나 새로운 것들로 보완되기도 하지만 일반적으로 핵심 부분은 유지되면서 어떤 기준의 역할을 할 수 있게 된다. 이것은 실재론자들이 바라는 것과 같은 주체와 객체의 명확한 구분이 불가능하며 주체와 객체의 경계 부분은 끊임없이 변화하고 있다는 것을 함의한다.

그런데 제를리는 크립키나 로티로 대표되는 이러한 해석을 아직도 인간 행위에 대한 인식론적 구도에서 완전히 벗어나지 못한 것이라고 보고 비트겐슈타인의 진정한 의도는 왜 이런 인식론적 유혹이 생기게 되는지, 즉 왜 우리는 우리의 실천을 정당화시키는 이론이나 의미론이 필요하다고 느끼게 되는지 묻는 것이라고 주장했다. 제를리에 따르면 실재론에 대한 회의론자들의 의심에 대해 크립키 등이 커뮤니티 구성원 간의 합의가 원하는 기준을 제공한다고 대답하는 것 역시 비트겐슈타인이 "나는 그냥 이렇게 할 뿐이야,"라고 말하는 것에 비해 더 나은 대답이라고 할 수 없다. 실재론의 대척점에 있는 회의론자 역시 여전히 인식론적 구도의 그림자 속에 머무르고 있다고 보기 때문이다. 제를리는 이러한 깨달음을 통해 인식론에서 벗어나 정치적 판단론으로 나아갔다.

제를리는 지식의 궁극적 토대가 없다는 사실에 대한 비트겐슈타인의 이해를 바탕으로 페미니즘의 본질주의를 거부한 후, 그 대안을 아렌트의 정치적 이성에서 찾았다. 계몽적 이성에 기반을 둔 정치적 논의에 대한 아렌트의 대안은 권력/지식에 대한 푸코의 저항 방식과 같은 맥락에 속하는 것이다. 즉 계몽적 이성이 법과 제도에 정립된 자유의 개념에 바탕을 둔 것이라면, 정치적 이성은 정치적 주장을 하는 개인과 그 주장에 동의하는 구성원들의 '세계-구축'이라는 정치적 실천을 통해 실현되는 자유의 개념에 바탕을 둔 것이다. 따라서 아렌트의 정치적 이성 개념은 푸코가 권력이 법과 제도를 통해 작동하기보다는 몸과 인구통제의 맥락에서 작동하며 저항도 그 맥락에서 일어날 것이라고 본 것과 일치한다. 제를리는 이러한 아렌트의 정치적 이성 개념을 '정치적 행위자로서의 여성'과 '주장하기와 인정하기의 자유' 개념으로 확장시킴으로써 페미니즘 정치의 위기를 극복하려고 했다. 제를리에게서 주장을 제기하는 것과 같은 정치적 행위와 새로운 언어를 발견하고 그로부터 진정으로 새로운 생각을 할 수 있는 수사학적 기회를 갖는 것, 그리고 커뮤니티에 속하기로 하거나 거부하는 정치적 결정은 페미니즘 프로젝트를 구성하는 핵심요소들이다. 제를리는 이 같은 정치적 영역에 자유의 궁극적 의미를 부여했다. 행위로서의 자유는—즉 의미 있는 정치적 행위자로 인정받을 수 있는 것은—자발적인 개인에게 만큼이나 자발적인 커뮤니티에 속하는 것이다. 개인도 커뮤니티도 어떤 단단한 토대에 근거해 행위하는 것이 아니고 주장하기와 더 중요하게는 다른 사람들이 그 주장을 인정하기에 기초해 존재한다.

제를리는 이러한 정치적 주장을 '정치의 단정적 순간'이라고 부른다. '여성'의 이름으로 무엇을 주장하는 것은 이미 존재하는 여성에 기반을 둔 행위가 아니라 페미니즘의 주체로 여성을 구성하는 것이다. 즉 여성을 정치적 범주로 이해한다면 그 여성은 그 말을 하기 전에는 존재하지 않는 것이 된다. 여기서 이 정치적 주장의 특별한 성격은 우리가 어떤 주장을 할 때 '여성'은 인식론적 규정에 따라 특정 정체성을 갖고 그 정당성에 따라 주장할 때 나타나는 것이 아니라 단지 앞질러서 발언하는 구조로 주장할 때만 나타난다는 점이다. 모든 정치적 주장은 다른 구성원들의 동의를 끌어내려 하지만 증거를 제시하는 방식으로 그 동의를 강제할 수는 없다. 페미니즘 정치의 단정적 순간은 바로 이런 불확정성의 순간에 있다. 그러므로 페미니즘 정치는 커뮤니티에 대한 모든 주장의 한계를 실험하는 것이며, 다른 구성원들의 동의의 한계와 성격을 실험하는 것이며, 우리가 '여성'의 이름으로 정치적 발언을 했을 때 동의를 얻지 못하거나 처음부터 우리가 생각했던 방식으로 구체화되지 않을 때 무슨 일이 벌어지는지를 발견하는 것이다.

2) 보편주의와 상대주의 문제

보편주의는 자유주의 페미니즘이 젠더 정치를 구사하면서 오랜 기간 의존해 온 세계관이다. 보편주의는 인간의 권리를 요구하는 보편주의적 가치가 정치와 지식 추구의 기준이 되게 하는 것이다. 자유주의 페미니즘 정치는 이러한 보편주의를 기반으로 인권의 보편적 기준에 근거하여 여성의 권리를 요구하는 전략을 구사해왔다. 즉 자유주의 페미니즘의 목표는 여성의 보편적 권리를 확보하는데 있다. 그러나 지구화가 진행됨에 따라 국민국가 단위로 진행되던 페미니즘 정치가 문화적 충돌이 주요 이슈로 부각되는 글로벌 페미니즘 정치로 패러다임이 이동하면서 탈식민주의와 다문화주의 페미니즘이 등장하게 됐고, 서구의 기준을 보편의 기준으로 위장하는 보편주의에 대한 비판이 제기되기 시작했다.

누스바움과 벤하비브 등 보편주의를 지향하는 페미니스트들은 이 같은 비판에 대해 지구화 시대에 문화는 이미 혼종의 형태를 보이고 있는데 아직도 문화적 충돌이라고 부를 수 있을 정도로 서로 구분되는 고유한 문화적 단위가 있다고 보는 것은 연구자의 관점이지 실제 그 안에서 살고 있는 구성원의 관점이 아니라고 반박하면서, 만약 지역문화의 특수성을 고집하는 경우가 있다면 그런 지역문화는 타문화의 수용을 거부하고 자기문화의 절대적 진리를 주장하는 것이 되므로 그런 닫힌 입장 자체가 그 문화가 보편적이지 못함을 말해주는 것이고, 무엇보다도 어떤 문화권도 자기 문화 안에 이미 보편적 가치를 내재하고 있기 때문에 이미 거기에 있는 공동의 보편주의적 가치를 발견해낼 수 있을 것이라고 주장했다. 나아가 보편주의 페미니스트들은 만약 페미니즘 정치가 보편적 가치를 수용하지 않는다면 각 문화권의 경험을 판단하는 기준은 그 문화 내부에서 나와야 하는데, 이렇게 되면 맥락을 떠난 보편적 판단기준이란 존재하지 않는다는 상대주의 논리를 받아들일 수밖에 없게 될 것이며, 상대주의를 받아들이게 되면 페미니스트들은 자신이 속하지 않은 영역의 여성문제에 대해서는 정치적으로 침묵해야 하는, 페미니스트라면 도저히 받아들일 수 없는 상황에 놓이게 될 것이라고 경고했다.

사실상 많은 페미니스트들이 한편으로 보편주의를 비판하면서도 동시에 이러한 상대주의의 질곡에서 벗어날 수 있는 전략을 시도했다. 제를리는 입장론이 그 대표적인 예가 된다고 말한다. 예컨대 하트속이 주장한 입장론은 여성들의 경험을 여성의 시각에서 주장하는 것이 정당한 지식이 될 수 있다고 보는 인식론이다. 그런데 이러한 입장론은 보편적 판단기준을 전제하지 않으며 여성 주체의 주관적 인식에 따른 주장을 지식으로 인정할 수 있다고 보는 것이므로 처음부터 상대주의 혐의를 받게 된다. 제를리에 따르면 입장론자들은 이 같은 상대주의 혐의를 벗어나기 위해 서둘러 보편주의 용어인 '객관성'을 차용한 후 여성들의 주변적인 사회적 위치가 인식론적으로 덜 왜곡된 지식을 담보한다고 주장하는 '강한 객관성' 개념을 제시하는 전략을 택했지만, 궁극적으로 입장론자들은 상대주의 혐의에서 벗어나기 위해 자신들이 그동안 비판한 보편주의 기준에 다시 의존하는 결과를 가져왔다. 더구나 제를리에 따르면 상대주의를 벗어나려는 하트속의 이 같은 시도는 또 다른 입장론자인 하딩이 '여성'의 관점으로 일반화할 수 없는 여성들 사이의 차이의 문제를 제기함에 따라 입장론은 스스로 상대주의 문제에서 벗어날 수 없는 상태에 놓이게 됐다.

제를리에 따르면 입장론은 여성들의 경험에 특권적 지위를 부여하고 있지만 그 지위의 정당성을 철학적 혹은 인식론적으로 입증하려 하는 한 입장론이 상대주의 혐의에서 벗어날 수 있는 방법은 없다. 제를리는 이러한 보편주의와 상대주의의 위험 사이에서 제3의 길을 제시하는데, 그 시작이 바로 버틀러의 '문화번역' 개념이다. 문화번역은 초역사적이고 탈맥락적인 보편적 기준에 의존하지 않으면서도 동시에 판단기준은 내부에서만 나올 수 있으므로 외부자는 내부의 경험을 판단할 수 없다는 자민족중심주의의 무개입성에도 동의하지 않는 것을 말한다. 버틀러와 제를리가 주장하는 대안적 인식론은 간단히 말해 "보편적 가치는 오직 국지적 장소에서만 실현된다."이다. 또한 그러한 보편적 가치는 각각의 국지적 장소가 갖고 있는 수사적 틀에 맞는 방식으로 번역된 형태로 제시되어야 하며, 그 과정은 이미 있는 보편적 가치를 발굴하는 것이 아니라 새로운 보편적 가치를 창출할 수 있는 것이어야 한다. 보편적 가치가 이처럼 미리 정해져 있는 확정된 것이 아니라 세계로 열려있는 것이고 그 실현 지점은 국지적 장소라고 할 때, 보편주의와 상대주의 위험에서 벗어나는 방법은 미리 주어진 보편적 규칙이 없는 상황에서 하나의 특수성의 자격으로 다른 특수성에 대해 의견을 만들어낼 수 있는 능력을 키우는 것이 된다.

제를리는 보편주의와 상대주의 위험에서 벗어날 수 있는 구체적 전략으로 아렌트의 정치적 판단 개념을 차용하여 상대주의 문제를 인식론적으로 해결하려하지 말고 일차적 실천의 영역에서 해결될 수 있는 문제로 보자고 제안한다. 먼저 제를리는 정치적 판단을 하는 데 있어—즉 타문화 혹은 타집단의 경험을 이해하는데 있어—행위자가 그 타 집단의 구성원과 동일시될 필요는 없으며 오히려 행위자가 판단하려고 하는 그 집단의 외부에 위치하는 것이 그 집단의 경험을 판단하는데 핵심적 조건이 된다고 주장한다. 동일시된 관점은 단지 또 한사람의 원주민을 낳을 뿐이기 때문이다. 이때 외부자인 행위자가 내리는 정치적 판단은 객관적 기준에 근거한 것도 아니고 그렇다고 단순히 주관적이거나 개인 혹은 특정문화가 갖고 있는 선호도 때문이라고 만도 할 수 없다. 정치적 판단이란 바로 타자의 동의를 구하는 행위이기 때문이다. 동의를 구하는 과정은 인식론적 권위나 특권에 기대어 이루어질 수 없으며, 어렵더라도 설득과 의견교환이라는 일차적인 정치적 실천 그 자체를 통해 달성되어야 한다.

이처럼 페미니즘 정치의 패러다임을 철학적 혹은 인식론적 보편주의 기준을 전제하는 것에서부터 하나의 특수성의 신분으로 다른 특수성을 판단하는 정치적 실천과정을 통해 궁극적으로 보편성을 창출해내는 것으로 보는 것으로 전환하는 것이 갖는 효과는 제를리가 분석한 이태리 '밀라노 페미니즘 공동체' 사례에서 잘 나타난다. 밀라노 페미니즘 공동체는 1987년에 더 이상 사회계약의 논리 안에서 성평등을 주장하지 않겠다고 선언했다. 이들은 평등권에 대한 요구는 언제나 남성 권력이 보편적 기준이 되며, 그 기준에 근거해 여성은 피해자의 위치에서 보상으로서의 평등을 요구하게 되는 구조를 가져온다고 보았다. 이들은 남성의 기준에 근거한 여성 피해자의 권리회복 운동보다 억압 이전의 여성들 사이의 자유로운 관계를 상징적으로 형상화하는 작업이 더 중요하다고 생각했다.

1970년대의 제2차 여성해방운동은 여성들 사이의 동질성과 상호성을 강조하는데서 시작했지만 여성들 사이의 차이는 드러내지 못했었다. 밀라노 페미니즘 공동체는 이에 대한 반성으로 이후 구성원 모두의 의견을 듣는 것에 집중하는 방식을 도입했다. 그러나 공동체는 여성들 사이의 차이를 모두 드러내는 것으로 전략을 바꾸었지만 그 드러난 차이를 어떻게 이해해야 하는가에 대한 문제를 해결하지 못했기 때문에 차이를 드러내는 작업이 여성들 사이의 동질성을 강조함으로써 차이를 부정했던 방식에 비해 더 나을 것이 없었다. 여성들 사이의 차이는 그 차이를 연결하고, 평가하고, 판단하지 않으면 무의미한 것이다. 제를리는 차이를 단지 드러내기만 하는 것은 모든 차이를 평등하게 다루는 것인데, 그 자체로는 목적한 바인 아무도 제외되지 않고 모두가 존재할 수 있게 하는 것이 가능하지 않으며, 오히려 모두의 존재가 현실화될 수 있는 사이 공간 그 자체를 파괴해 버린다고 주장했다.

밀라노 페미니즘 공동체가 보여준 특이점은 단지 차이를 드러내기만 하는 작업에서 벗어나 바로 이 여성 간의 차이를 상징화하는 문제에 총력을 기울인데 있다. 이들은 차이를 드러내기만 하는 페미니즘 정치를 비판하면서 "여성은 다른 여성을 판단할 수 있고 해야 한다. 또한 여성은 자신에 대한 다른 여성의 판단을 직면할 수 있으며 해야 한다,"고 주장했다. 판단을 유보하고 오직 차이만을 지속적으로 드러내는 작업은 결코 해방적이지 않으며, 결국 여성들의 욕망을 시들게 할 것이라는 것이다. 서로 다른 여성 욕망을 표출하게만 하고 판단을 금지시킬 때 실천의 기운은 상실된다. 제를리는 페미니즘 정치에서 여성 간의 불일치가 드러나는 강렬한 갈등의 공간이 없이는 강렬한 욕망의 공간도 진정한 페미니즘 정치의 가능성도 존재할 수 없으며, 단지 미리 확정된 담론만이 현실과 결합되지 않은 채 작동하게 된다고 말했다. 그러므로 밀라노 페미니즘 공동체가 보여준 교훈은 페미니즘 정치의 방향이 여성 간의 동질성과 공동의 목표를 미리 설정해놓으려고 하거나 여성 간의 차이를 그대로 드러내는 것에 머무는 상대주의의 위협에 빠져있을 것이 아니라 여성 간의 차이를 결합시키는 방식에 대해 고민하는 방향으로 나아가야 한다는 것이다.

제를리는 페미니즘 정치는 여성의 자유에 토대를 제공해줘야 한다고 주장했다. 이때 토대란 여성의 자유를 사회적으로 정당화시켜주는 것이 아니라 여성의 자유에 신뢰를 보내는 것을 말한다. '위임'이란 다른 여성의 자유에의 욕망을 인정해주는 나와 나의 욕망을 인정해주는 다른 여성의 존재에 의해 보장되는 실천이다. 밀라노 페미니즘 공동체는 여성의 자유를 추구하는데 있어 선험적으로 주어진 사회적 권리를 획득하는 것보다 내가 신뢰할 수 있는, 내 욕망을 인정해주고 나를 대변해줄 수 있는 여성 대표를 갖는 것이 더 중요하다고 주장했다. 이렇게 '여성 자유의 정치'는 여성 간의 관계에 의해 형성돼가는 것으로서 보편적 기준이 없는 정치인데 비해 '평등권의 정치'는 보편적 기준이 전제돼있는 정치라고 말할 수 있다. 제를리는 서로 대립돼 보이는 이 두 정치에 대해 공존의 방식을 제안한다. 먼저 여성 자유에의 요구는 말과 행위의 교환을 뜻하는 것이므로 그것은 근원적으로 선험적 기준을 갖고 있지 않은 것이다. 따라서 여성 자유에의 요구는 상황에 따라 여성의 권리를 주장하는 것으로 표출될 수도 있지만 전혀 다른 방향으로 구체화될 수도 있다. 그런데 이렇게 여성 간의 관계를 통해 무엇을 평등한 것으로 볼 것인가가 정해지는 여성 자유의 정치가 선행되지 않는다면 평등의 정치는 사실상 현실에서 포착되기 어려운 관계라는 점에서 여성 자유의 정치는 평등의 정치를 위해서도 반드시 필요한 것이라고 말할 수 있다.

이상의 논의에서 밀라노 페미니즘 공동체의 특성을 앞에서 제를리가 설명한 보편주의 대 상대주의 논쟁과 결합시켜 보면 다음과 같다. 밀라노 페미니즘 공동체는 평등의 기준을 선험적으로 정해 놓았던 초기 보편주의 페미니즘 정치도, 이후 여성 간의 차이만을 부각시켰던 상대주의 페미니즘 정치도, 둘 다 공동체에 활력을 가져다주지 못한다는 것을 알게 됐다. 이 공동체가 택한 제3의 페미니즘 정치는 여성들이 서로의 차이를 인정하고 그 차이를 통해 자신의 욕망을 대변하는 다른 여성을 신임하고 지지하며, 지지받은 여성대변인은 공적 영역에서 여성의 경험을 대변하는 성찰적 과정을 통해 페미니즘 정치가 보편적 평등의 기준을 새롭게 만들어나가기도 하지만 또한 다른 방향으로 나아갈 수도 있다고 보는 정치다. 그리고 오직 개별 여성 간의 관계망을 통해서만 보편적 여성운동의 가능성은 열려있다고 본다.

옮긴이는 페미니즘이 그동안 겪은 경험적 위기를 극복하기 위해 나온 이 대안이 사회과학에 유용한 함의를 제공한다고 본다. 그것은 국지적 경험세계를 뛰어넘는 보편적 틀을 적용하기를 멈추는 것, 그리고 국지적 공간의 사람들 사이의 관계에서 말과 행위를 통해 구성되는 의미의 장으로부터 보편화를 추구해 나가야 한다는 것이다. 그것은 더디고 느린 길이지만 그 길 외에는 방법이 없다는 메시지이다.

3) 여성 주체의 종속과 행위성 문제

정치적 존재로서 여성의 경험과 전망을 주제로 하는 페미니즘 정치이론의 경우, 여성 주체의 종속과 행위성 문제는 특히 핵심 주제가 된다. 이 문제를 이해하는 것이 다양한 영역에서 서로 대립하고 있는 페미니즘 내부 진영들의 주장을 맥락화시키고 다양한 정치적 대안을 제시하는 데 있어 가장 중요한 과제가 되기 때문이다. 예컨대 포르노에 대해 서로 대립적 주장을 펼치는 페미니즘 내부 진영들이 그 대표적인 예가 된다. 모든 포르노는 여성에 대한 남성 지배의 도구라고 보는 드워킨과 맥키넌의 관점이나 포르노에는 여성 억압에 대한 저항과 체제 전복적 측면이 있음을 강조하는 급진주의자의 관점은 둘 다 권력을 보는 방식에 있어 권력의 억압적 측면과 권력의 세력화 측면을 각각 과장되게 이해하는 방식이다. 그러나 포르노에 대한 접근은 포르노 소비를 여성 주체를 종속시키거나 반대로 여성 주체가 세력화되는 것으로 보기보다는 권력과 쾌락의 상호관계로 보거나, 여성 주체의 종속과 세력화는 서로 뒤엉켜서 작동하기 때문에 세력화가 반드시 종속에 대한 저항으로 귀결되지 않으며 오히려 종속을 더 강화하는 결과를 가져올 수도 있다는 버틀러의 좀 더 정교한 해석에서 볼 수 있듯이, 여성 주체의 종속과 여성 주체의 세력화는 단순하게 이분화될 수 없는 서로 얽혀있는 문제로 보아야 한다. 페미니즘 정치이론의 핵심 주제는 바로 이 여성 종속과 여성 세력화의 얽혀있는 방식을 밝히는 것이다.

여성 주체의 종속과 여성 주체의 세력화 혹은 행위성이 서로 어떻게 얽혀있는지 밝히기 위해서는 정치적 실천이론이 도입되어야 한다. 제를리는 푸코나 버틀러의 주체 중심적 패러다임에서는 진정한 변혁이나 자유로운 정치적 행위성을 기대하기 힘들다고 보고 여성 주체의 앞질러 말하기와 그에 대한 공동체 구성원들의 화답을 통해 변화를 가져오는 것과 같은 정치적 실천의 문제로 페미니즘 정치의 패러다임을 이동시키자고 제안했다. 버틀러가 페미니즘 정치의 전선은 '여성'을 의미화하는 지배담론과 규율권력의 정치구조라고 보고 그 정치구조 내의 인식 가능한 것과 불가능한 것의 배치를 재배열함으로써 '여성' 정체성을 전복시키는 주체 (재)구성의 정치를 부각시키려고 했다면, 제를리는 그 전복적 '여성'을 선언하는 정치적 행위에 화답하는 페미니즘 공동체의 구축을 그것을 실현시킬 수 있는 핵심적 실천으로 보았다. 즉 새로운 정체성의 구성 혹은 앞질러 말하기와 같은 개인의 수행은 공동체 구성원들의 화답, 즉 평가에 의해 지배담론과 규율 권력의 사회적 실천을 유지, 변형, 혹은 소멸시킨다. 전복적 '여성'은 여성 주체의 정치화만으로 실현되지 않으며 공동체 구성원 간의 상호작용을 통해서만 가능하다는 제를리의 주장은 수행 간의 상호작용으로 사회적 실천이 유지, 변형, 혹은 소멸되며 다시 그 사회적 실천은 행위자들의 수행을 제약하고 조정하는 장의 역할을 한다는 실천이론을 반영하고 있다.

그러나 앨런은 이러한 제를리의 제안이 정치적 행위자를 구성하는 권력의 지배적 역할을 잘 드러나지 않게 만들 수 있다고 말한다. 제를리의 제안대로 집단적 정치참여는 종속된 여성 주체가 자신의 구성된 주체성을 거부하고 해방적 방향으로 나아가는 순간이기도 하지만, 제를리가 푸코나 버틀러의 '주체-중심적 분석틀'에 내린 비판과는 달리 구성된 주체는 자신의 종속적 정체성에 대한 집착을 통해 그 종속의 고통을 드러내는 기회로 삼을 수도 있으며, 설령 집단적 정치참여를 한다 하더라도 권력의 지배구조에 노출된 상황에서 어떻게 사회적 불평등을 재현하지 않을 수 있는 방법으로 정치적 토의와 참여를 할 수 있는가 하는 반문이 제기될 수 있다는 것이다. 앨런의 이러한 지적은 밀라노 페미니즘 공동체에 대한 제를리의 분석에서 드러나는 제를리의 실천이론적 측면을 제대로 고려하지 못한 편향된 평가라고 생각된다.

페미니즘 정치에서 여성 주체의 종속과 행위성 문제는 앨런의 논의에서 드러나듯이 사회적 실천에 대한 연구의 핵심문제일 뿐만 아니라 이 문제의 해결은 사회과학 방법론의 궁극적 과제이기도 하다. 실천이론의 최근 연구 결과는 사회적 실천이 어떻게 행위자의 수행과 그 수행에 반드시 수반되는 헌신, 자격, 인정 등을 포함하는 평가와 기록, 즉 '의무적 점수기록' 행위를 통해 유지, 변화, 혹은 소멸되는 지에 대한 구체적인 이론들을 시도하고 있다. 옮긴이는 이 문제의 궁극적 해결은 사회적 실천에 대한 체계적 이론이 제시되어야 가능하다고 생각하고 있으며, 제를리의 이론을 이러한 체계적 이론으로 나아가는 과정으로 이해하고 있다.

3. 맺으면서

아렌트와 제를리의 '정치적 판단론', 푸코와 무페의 '아고니즘 정치', 그리고 '철학적 실천이론'은 모두 어떤 고정된 이론적 구조를 제시하는 것이 아니고 문제를 접근하는 방식의 전환을 촉구하는 것이다. 그러므로 이들 논의의 강점이나 문제점을 파악하기 위해서는 구체적으로 전개된 사회운동 사례를 이들의 논의에 따라 살펴보는 것이 효율적일 수 있다. 앞에서 분석한 밀라노여성서점조합 운동사에 대한 제를리의 분석은 제를리가 추구하는 '여성 자유의 정치'가 어떻게 보편주의와 상대주의 논쟁을 넘어서면서 동시에 그 둘을 종합하는 패러다임 전환을 실현시킬 수 있는지를 보여주는 예가 된다. 제를리는 이 분석에서 여성을 '사회적인 것'으로 보는 대신 '정치적인 것'으로 볼 것을 주장했다. 여성을 사회적인 것으로 보게 되면 여성은 초월적 범주인

'여성'에 의해 결정되는 것으로 보는 보편주의나 사회적인 것에 의해 구성되는 가변적인 여성으로 보는 상대주의의 딜레마를 피할 수 없게 된다. 그러나 여성을 정치적인 것으로 이해하게 되면 여성의 권리를 주장하면서도 그 여성이 확정된 존재가 아니고 공적 공간에서 공적 관계를 통해 구체화되어야 하는 미래완료적 존재로 보는 것이 가능해진다. 여성 자유를 추구하는 제를리의 이론은 확정된 사회적 범주로서의 여성에 기반을 두고 남녀평등의 권리를 주장하는 보편주의와 여성적 차이의 사회적 효용성을 주장하는 상대주의를 넘어 여성 사이의 세계-구축 행위에 초점을 맞춰 미래완료적 여성을 창조하려는 시도를 함으로써, 페미니즘 정치가 사회적 실천으로 패러다임을 전환했음을 분명히 보여주고 있다.

　　현재 한국 사회에서도 다양한 사회운동의 방향과 함께 민주정치의 변화 가능성에 대한 모색이 진행 중이다. 한국 사회는 반세기를 넘는 서구화와 최근의 지구화의 진행을 통해 서구의 자유민주주의 가치와 정치경제적 이념을 상당 부분 공유하고 있지만, 한국 사회 고유의 문화적 영향으로 인해 사회적 실천의 형태나 변화 방식에서 서구와 차이를 보이고 있다. 그러나 무페가 지적했듯이 현재의 사회운동과 민주정치의 변화가 주로 신자유주의의 확장과 다양한 영역에서 발생한 평등을 위한 투쟁에서 시작된 것이라면, 한국과 서구 간에 유사점도 많을 것으로 생각된다. 그런 점에서 한국의 페미니즘 정치 사례들과 그에 대한 재해석은 이 시대 한국 사회의 다양한 사회운동에 대한 이해뿐만 아니라 민주정치의 변화 방향에도 상당한 시사점을 줄 수 있을 것으로 생각된다. 옮긴이는 페미니즘 정치에 대한 가장 정교한 분석을 제시한 제를리의 이 저서가 이러한 변화의 출발점이 될 것으로 확신하며, 더 많은 젊은 연구자들이 이를 통해 정체 상태에 있는 한국의 페미니즘 정치에 새로운 활력을 불어넣는 독창적인 연구를 하기를 간절히 바란다.

참고문헌

Allen, Amy. 2002. "Power, Subjectivity, and Agency: Between Arendt and Foucault." *International Journal of Philosophical Studies* 10(2): 131~149.

Arendt, Hannah. 1965. *On Revolution*. New York: Viking.

_____. 1971. "Thinking and Moral Considerations." *Social Research: Fiftieth Anniversary* 38(3): 416~446.

_____. 1975. *The Origin of Totalitarianism*. New York: Harcourt Brace Jovanovich.

_____. 1978. *The Life of the Mind*, vol. 1, "Thinking," New York: Harcourt Brace & Co.

_____. 1978. *The Life of the Mind*, vol. 2, "Willing," New York: Harcourt Brace & Co.

_____. 1982. *Lectures on Kant's Political Philosophy*, ed. R. Beiner. Chicago: University of Chicago Press.

_____. 1989. *The Human Condition*. Chicago: University of Chicago Press.

_____. 1993. "The Concept of History." In *Between Past and Future: Eight Exercises in Political Thought*, 41~90. New York: Penguin Books.

_____. 1993. "What Is Authority?." In *Between Past and Future: Eight Exercises in Political Thought*, 91~142. New York: Penguin Books.

_____. 1993. "What Is Freedom?." In *Between Past and Future: Eight Exercises in Political Thought*, 143~171. New York: Penguin Books.

_____. 1993. "The Crisis in Culture." In *Between Past and Future: Eight Exercises in Political Thought*, 197~226. New York: Penguin Books.

_____. 1993. "Truth and Politics." In *Between Past and Future: Eight Exercises in Political Thought*, 227~264.

_____. 1993. *Was ist Politik?*, ed. U. Ludz. Munich: Piper Verlag.

_____. 1994. "'What Remains? The Language Remains': A Conversation with Günter Gaus." In *Hannah Arendt, Essays in Understanding, 1930 1954*, ed. J. Kohn, 1~23. New York: Harcout Brace & Co.

_____. 1994. "Understanding and Politics." In Hannah Arendt, *Essays in Understanding, 1930–1954*, ed. J. Kohn, 207~327. New York: Harcourt

Brace & Co.

Aristotle. 1987. *De Anima (On the Soul)*, ed. and trans. H. Lawson—Tancred. Penguin Classics.

Atkinson, Ti—Grace. 1974. *Amazon Odyssey*. New York: Links Books.

Auerbach, Nina. 1978. *Communities of Women: An Idea in Fiction*. Cambridge: Harvard University Press.

Barry, Donald K. 1996. *Forms of Life and Following Rules: A Wittgensteinean Defense of Relativism*. Leiden: E. J. Brill.

Beauvoir, Simone de. 1989. *The Second Sex*, trans. H. M. Parshley. New York: Vintage.

Beiner, Ronald. 1982. "Hannah Arendt on Judging," In Hannah Arendt, *Lectures on Kant's Political Philosophy*, 89~156. Chicago: University of Chicago Press.

_____. 2001. "Rereading Hannah Arendt's Kant Lectures." In *Judgment, Imagination, and Politics: Themes from Kant and Arendt*, ed. R. Beiner and J. Nedelsky, 91—102. Rowman & Littlefield Publishers.

Benhabib, Seyla. 1992. *Situating the Self: Gender, Community and Postmodernism in Contemporary Ethics*. New York: Routledge.

_____. 1996. *The Reluctant Modernism of Hannah Arendt*. Thousand Oaks, CA: Sage.

_____. 2001. "Judgment and the Moral Foundations of Politics in Hannah Arendt's Thought." In *Judgment, Imagination, and Politics: Themes from Kant to Arendt*, ed. R. Beiner and J. Nedelsky, 183~204. New York: Rowman & LIttlefield.

Benhabib, Seyla, Judith Butler, Drucilla Cornell, and Nancy Fraser. 1995. *Feminist Contentions: A Philosophical Exchange*. New York: Routledge.

Bergson, Henri. 1992. *The Creative Mind: An Introduction to Metaphysics*, trans. M. L. Andison. New York: Citadel Press.

Bernstein, Richard J. 1983. *Beyond Objectivism and Relativism: Science, Hermeneutics, and Praxis*. Philadelphia: University of Pennsylvania Press.

Bickford, Susan. 1995. "Ch.13. In the Presence of Others." In *Feminist Interpretations of Hannah Arendt*, ed. B. Honig, 313~336. University Park: The Pennsylvania State University Press.

Braidotti, Rosi. 1994. *Nomadic Subjects: Embodiment and Sexual Difference in*

Contemporary Feminist Theory. New York: Columbia University Press.

Braidotti, Rosi, with Judith Butler. 1994. "Feminism by Any Other Name." *differences: A Journal of Feminist Cultural Studies* 6(2−3): 27~61.

Brown, Wendy. 1995. *States of Injury: Power and Freedom in Late Modernity.* Princeton, NJ: Princeton University Press.

Brownmiller, Susan. 1999. *In Our Time: Memoir of a Revolution.* New York: The Dial Press.

Bunch, Charlotte, and Samantha Frost. 2000. "Women's Human Rights: An Introduction." In *Routledge International Encyclopedia of Women: Global Women's Issues and Knowledge.* New York: Routledge.

Butler, Judith. 1990. *Gender Trouble: Feminism and the Subversion of Identity.* New York: Routledge.

_____. 1992. "Contingent Foundations." In *Feminists Theorize the Political,* ed. J. Butler and J. Scott, 3~21. New York: Routledgle.

_____. 1993. *Bodies That Matter: On the Discursive Limits of Sex.* New York: Routledge.

_____. 1997. *The Psychic Life of Power: Theories in Subjection.* Stanford, CA: Stanford University Press.

_____. 1997. *Excitable Speech: A Politics of the Performative.* New York: Routledge.

_____. 2000. *Antigone's Claim: Kinship between Life and Death.* New York: Columbia University Press.

_____. 2000. "Competing Universalities." In Judith Butler, Ernesto Laclau, and Slavoj Zizek, *Contingency, Hegemony, Univresality: Contemporary Dialogues on the Left,* 136~181. New York: Verso.

Butler, Judith, Ernesto Laclau, and Slovoj Zizek. 2000. *Contingency, Hegemony, Universality: Contemporary Dialogues on the Left.* London and New York: Verso.

Canovan, Margaret. 1985. "Politics as Culture: Hannah Arendt and the Public Realm." *History of Political Thought* 6(3): 617~642.

Carroll, David. 1984. "Rephrasing the Political with Kant and Lyotard: From Aesthetic to Political Judgments." *Diacritics* 14(3): 73 00.

_____. 1993. "Community After Devastation: Culture, Politics, and the 'Public Space.'" In *Politics, Theory, and Contemporary Culture,* ed. M. Poster, 159~196. New York: Columbia University Press.

Castoriadis, Cornelius. 1987. *The Imaginary Institution of Society*, trans. K. Blamey. Cambridge: MIT Press.

_____. 1997. "The Imaginary: Creation in the Social−Historical Domain." In *World in Fragments: Writings on Politics, Society, Psychoanalysis, and Imagination*, ed. and trans. D. A. Curtis, 3~18. Stanford, CA: Stanford University Press.

_____. 1997. "The Discovery of the Imagination." In *World in Fragments: Writings on Politics, Society, Psychoanalysis, and Imagination*, ed. and trans. D. A. Curtis, 213~245. Stanford, CA: Stanford University Press.

_____. 1997. "Logic, Imagination, Reflection." In *World in Fragments: Writings on Politics, Society, Psychoanalysis, and Imagination*, ed. and trans. D. A. Curtis, 246~272. Stanford, CA: Stanford University Press.

Cavell, Stanley. 1976. *Must We Mean What We Say?* Cambridge: Cambridge University Press.

_____. 1979. *The Claim of Reason: Wittgenstein, Skepticism, Morality, and Tragedy*. Oxford: Oxford University Press.

Collins, Patricia Hill. 1997. "Comment on Hekman's 'Truth and Method: Feminist Standpoint Theory Revisited': Where's the Power?." *Signs: Journal of Women in Culture and Society* 2(2): 375~381.

Connolly, William. 1995. *The Ethos of Pluralization*. Minneapolis: University of Minnesota Press.

Copjec, Joan. 1994. "Sex and the Euthanasia of Reason." In *Read My Desire: Lacan against the Historicists*. Cambridge: MIT Press.

Cornell, Drucilla. 1995. *The Imaginary Domain: Abortion, Pornography, and Sexual Harrassment*. New York: Routledge.

Cott, Nancy. 1987. *The Grounding of Modern Feminism*. New Haven, CT: Yale University Press.

_____. 1989. "What's in a Name? The Limits of 'Social Feminism'; or, Expanding the Vocabulary of Women's History." *The Journal of American History* 76(3): 809~829.

Crowder, Diane, and Namascar Shaktini. 2005. "Selected Bibliography of Monique Wittig Criticism." In *On Monique Wittig: Theoretical, Political, and Literary Essays*, ed. N. Shaktini. Urbana: University of Illinois Press.

Curtis, Kimberly. 1999. *Our Sense of the Real: Aesthetic Experience and Arendtian Politics*. Ithaca, NY: Cornell University Press.

Danto, Arthur. 1981. *The Transfiguration of the Commonplace: A Philosophy of Art*. Cambridge: Harvard University Press.

De Lauretis, Teresa. 1990. "The Practice of Sexual Difference and Feminist Thought in Italy: An Introductory Essay." In *Sexual Difference*, ed. P. Cigogna and T. de Lauretis, 1~21. Bloomington: Indiana University Press.

Deleuze, Gilles. 1984. *Kant's Critical Philosophy: The Doctrine of the Faculties*, trans. H. Tomlinson and B. Habberjam. Minneapolis: University of Minnesota Press.

_____. 1994. *Difference and Repetition*, trans. P. Patton. New York: Columbia University Press.

Derrida, Jacques. 1988. *Limited INC*, trans. S. Weber. Evanston, IL: Northwestern University Press.

Dietz, Mary. 1995. "Ch.2. Feminist Receptions of Hannah Arendt." In *Feminist Interpretations of Hannah Arendt*, ed. B. Honig, 17~50. University Park: The Pennsylvania State University Press.

_____. 2002. *Turning Operations: Feminism, Arendt, and Politics*. New York: Routledge.

Disch, Lisa. 1994. *Hannah Arendt and the Limits of Philosophy*. Ithaca, NY: Cornell University Press.

Dumm, Thomas. 1996. *Michel Foucault and the Politics of Freedom*. Thousand Oaks, CA: Sage.

Echols, Alice. 1989. *Daring to Be Bad: Radical Feminism in America, 1967−1975*. Minneapolis: University of Minnesota Press.

Eller, Cynthia. 2000. *The Myth of a Matriarchal Prehistory: Why an Invented Past Won't Give Women a Future*. Boston: Bacon.

Faludi, Susan. 1991. *Backlash: The Undeclared War against American Women*. New York: Crown.

Fausto−Sterling, Anne. 1993. "The Five Sexes: Why Male and Female Are Not Enough." *The Sciences* (March/April): 20~24.

_____. 2000. *Sexing the Body: Gender Politics and the Construction of Sexuality*. New York: Basic.

Fenves, Peter. 1994. "Taking Stock of the Kantian Sublime." *Eighteenth Century Studies* 28(1): 65~82.

Flathman, Richard E. 2003. *Freedom and Its Conditions: Discipline, Autonomy, and Resistance*. New York: Routledge.

Foucault, Michel. 1984. "Space, Knowledge, and Power." In *The Foucault Reader*, 239~256. New York: Pantheon Books.

_____. 1997. "On the Genealogy of Ethics." In *Essential Works of Foucault*, vol. 1, ed. P. Rabinow, 253~280. New York: The New Press.

_____. 1997. "The Ethics of the Concern of the Self as a Practice of Freedom." In *Essential Works of Foucault*, vol. 1, ed. P. Rabinow, 281~301. New York: The New Press.

Fraser, Nancy. 1997. "From Redistribution to Recognition?: Dilemmas of Justice in a 'Postsocialist' Age." In *Justice Interruptus: Critical Reflections on the "Post-socialist" Condition*, 11~40. New York: Routlege.

Gadamer, Hans-Georg. 1994. *Truth and Method*. New York: Continuum.

Gasché, Rodolphe. *The Idea of Form: Rethinking Kant's Aesthetics*. Stanford, CA: Stanford University Press.

Gerhard, Ute. 2001. *Debating Women's Equality: Toward a Feminist Theory of Law from a European Perspective*. New Brunswick, NJ: Rutgers University Press.

Gibbons, Sarah. 1994. *Kant's Theory of Imagination: Bridging Gaps in Judgment and Experience*. Oxford: Clarendon Press.

Grassi, Ernesto. 1979. *Die Macht der Phantasie: Zur Geschichte abendländischen Denkens*. Königstein: Athenäum Verlag.

_____. 1986. *Einführung in die humanistische Philosophie: Vorrang des Wortes*. Darmstadt: Wissenschaftliche Buchgesellschaft.

_____. 2001. "The Roots of the Italian Humanistic Tradition." and "Rhetoric as the Ground of Society." In *Rhetoric as Philosophy: The Humanist Tradition*, trans. J. M. Krois and A. Azodi, 1~17, 68~101. Carbondale: Southern Illinois University Press.

_____. 2001. "Language as the Presupposition of Religion: A Problem of Rhetoric as Philosophy?" and "Rhetoric as Philosophy." In *Rhetoric as Philosophy: The Humanist Tradition*, trans. J. M. Krois and A. Azodi, 102~114, 18~34. Carbondale: Southern Illinois University Press.

Gunther-Canada, Wendy. 2001. *Rebel Writer: Mary Wollstonecraft and Enlightenment Politics*. DeKalb: Northern Illinois University Press.

H. D. 1974. *Tribute to Freud: Writing on the Wall—Advent*. Boston: David R. Goodine. New York: New Directions.

Habermas, Jürgen. 1975. *Legitimation Crisis*, trans. T. McCarthy. Boston: Beacon

Press.

_____. 1987. *The Philosophical Discourse of Modernity: Twelve Lectures*, trans. F. Lawrence. Cambridge: MIT Press.

_____. 1990. *Moral Consciousness and Communicative Action*, trans. C. Lenhardt and S. W. Nicholsen. Cambridge: MIT Press.

_____. 1994. "Hannah Arendt's Communications Concept of Power." In *Hannah Arendt: Critical Essays*, ed. L. Hinchman and S. Hinchman, 211~230. Albany: State University of New York Press.

Harding, Sandra and Merrill B. Hintikka. 1983. *Discovering Reality: Feminist Perspectives on Epistemology, Metaphysics, Methodology, and Philosophy of Science*. Dordrecht: D. Reidel.

Hartsock, Nancy C. M. 1983. *Money, Sex and Power: Toward a Feminist Historical Materialism*. New York: Longman.

Hekman, Susan. "Truth and Method: Feminist Standpoint Revisited." *Signs: Journal of Women in Culture and Society* 22(2): 341~365.

Hirschman, Nancy. 2003. *The Subject of Liberty: Toward a Feminist Theory of Freedom*. Princeton, NJ: Princeton University Press.

Honig, Bonnie. 1995. "Ch.6. Toward an Agonistic Feminism: Hannah Arendt and the Politics of Identity." In *Feminist Interpretations of Hannah Arendt*, ed. B. Honig, 135~166. University Park: The Pennsylvania State University Press.

_____. 2001. "Dead Rights, Live Futures: A Reply to Habermas's 'Constitutional Democracy.'" *Political Theory* 29(6): 792~805.

_____. 2001. *Democracy and the Foreigner*. Princeton, NJ: Princeton University Press.

Hume, David. 1994. "Of the Original Contract." In *Political Writings*, ed. S. D. Warner and D. Livingston, 164~181. Indianapolis: Hackett.

Irigaray, Luce. 1989. "Comment devenir des femmes civiles?" and "Droits et devoirs civils pour les deux sexes," in *Le Temps de la différence: Pour une révolution pacifique*. Librairie Générale Française.

_____. 1991. "Equal or Different." In *The Irigaray Reader*, ed. M. Whitford. Oxford: Blackwell.

_____. 1993. "Why Define Sexed Rights." In *je, tu, nous: Toward a Culture of Difference*, trans. A. Martin. New York: Routledge.

_____. 1999. *Entre Orient et Occident: De la singularité à la communauté*. Paris:

Bernard Grasset.

_____. 2001. *Democracy Begins between Two*, trans. K. Anderson. New York: Routledge.

Jaggar, Alison. 1983. *Feminist Politics and Human Nature*. Totowa: Rowman & Allanheld.

Japaridze, Tamar. 2000. *The Kantian Subject: "Sensus Communis," Mimesis, Work of Mourning*. New York: State University of New York Press.

Joreen. 1973. "The Tyranny of Structurelessness." In *Radical Feminism*, ed. A. Koedt, E. Levine, and A. Rapone, 285~299. New York: Quadrangle.

Kahlert, Heike. 1996. *Weibliche Subjektivität: Geschlechterdifferenz und Demokratie in der Diskussion*. Frankfurt am Main: Campus Verlag.

Kane, Robert. 2002. *The Oxford Handbook of Free Will*. New York: Oxford University Press.

Kant, Immanuel. 1977. *Critique of Pure Reason*, trans. P. Guyer and A. Wood. Cambridge: Cambridge University Press.

_____. 1987. *Critique of Judgment*, trans. W. S. Pluhar. Indianapolis: Hackett.

Keenan, Alan. 2003. *Democracy in Question: Democratic Openness in a Time of Political Closure*. Stanford, CA: Stanford University Press.

Kemal, Salim. 1997. *Kant's Aesthetic Theory*. New York: St. Martin's Press.

Kripke, Saul. 1982. *Wittgenstein on Rules and Private Language*. Cambridge: Harvard University Press.

Kroker, Britta. 1994. *Sexuelle Differenz: Einführung in ein feministisches Theorem*. Pfaffenweiler, Germany: Centaurus— Verlagsgesells chaft.

Kruks, Sonia. 1987. "Simone de Beauvoir and the Limits of Freedom." *Social Text: Theory, Culture, Ideology* 17: 111~122.

_____. 2001. *Retrieving Experience: Subjectivity and Recognition in Feminist Politics*. Ithaca, NY: Cornell University Press.

Laclau, Ernesto. 1996. *Emancipation(s)*. London: Verso.

Laclau, Ernesto, and Chantal Mouffe. 1985. *Hegemony and Socialist Strategy: Towards a Radical Democratic Politics*. London: Verso.

Lafont, Christina. 1999. *The Linguistic Turn in Hermeneutic Philosophy*, trans. J. Medina. Cambridge: MIT Press.

Law, Jules David. 1988. "Uncertain Grounds: Wittgenstein's On Certainty and the New Literary Pragmatism." *New Literary History* 19(2): 319~326.

Lefort, Claude. 1986. "The Image of the Body in Totalitarianism." In *Political*

Forms of Modern Society: Bureaucracy, Democracy, Totalitarianism, ed. J. B. Thompson, 303~304. Cambridge: Cambridge University Press.

_____. 1989. "The Question of Democracy." In *Democracy and Political Theory*, trans. D. Macey, 9~20. Minneapolis: University of Minnesota Press.

_____. 1989. "Human Rights and the Welfare State." In *Democracy and Political Theory*, trans. D. Macey, 37. Minneapolis: University of Minnesota Press.

Longuenesse, Béatrice. 1998. *Kant and the Capacity to Judge: Sensibility and Discursivity in the Transcendental Analytic of the "Critique of Pure Reason"*, trans. C. T. Wolfe. Princeton, NJ: Princeton University Press.

Lyotard, Jean-François. 1988. *Peregrinations: Law, Form, Event*. New York: Columbia University Press.

_____. 1994. *Lessons on the Analytic of the Sublime*, trans. E. Rottenberg. Stanford, CA: Stanford University Press.

MacKinnon, Catharine A. 1987. *Feminism Unmodified: Discourses on Life and Law*. Cambridge: Harvard University Press.

Makkreel, Rudolph A. 1990. *Imagination and Interpretation in Kant: The Hermeneutical Import of the "Critique of Judgment"*. Chicago: University of Chicago Press.

Markell, Patchen. 2003. *Bound by Recognition*. Princeton, NJ: Princeton University Press.

McCarthy, Thomas. 1996. "Legitimacy and Diversity: Dialectical Reflections on Analytical Distinctions." *Cardozo Law Review* 17(4-5): 1083~1127.

McClure, Kirstie. 1992. "The Issue of Foundations: Scientized Politics, Politicized Science, and Feminist Critical Practice." In *Feminists Theorize the Political*, ed. J. Butler and J. Scott, 341~368. New York: Routledge.

_____. 1993. "On the Subject of Rights: Pluralism, Plurality, and Political Identity." In *Dimensions of Radical Democracy: Pluralism, Citizenship, Community*, ed. C. Mouffe, 108~127. New York: Verso.

Milan Women's Bookstore Collective. 1990. *Sexual Difference: A Theory of Social-Symbolic Practice*, ed. P. Cigogna and T. de Lauretis Bloomington: Indiana University Press.

Mill, John Stuart. 1970. "The Subjection of Women." In *Essays on Sex Equality*, ed. A. Rossi. Chicago: University of Chicago Press.

Mohanty, Chandra Talpade. 1991. "Under Western Eyes: Feminist Scholarship and Colonial Discourses." In *Third World Women and the Politics of*

Feminism, ed. C. T. Mohanty, A. Russo, and L. Torres, 51~80. Bloomington: Indiana University Press.

Moi, Toril. 1985. *Sexual/Textual Politics*. New York: Metheun Press.

Mulhall, Stephen. 1994. *Stanley Cavell: Philosophy's Recounting of the Ordinary*. Oxford: Clarendon Press.

Nancy, Jean—Luc. 1991. *The Inoperative Community*, trans. P. Connor, L. Garbus, M. Holland, and S. Sawhney and ed. P. Connor. Minneapolis: University of Minnesota Press.

Nedelsky, Jennifer. 2001. "Embodied Diversity and the Challenges to Law." In *Judgment, Imagination, and Politics: Themes from Kant and Arendt*, ed. R. Beiner and J. Nedelsky, 229~256. New York: Rowman & Littlefield.

Nietzsche, Friedrich. 1999. *Also sprach Zarathustra*, bk. 2, "Von der Erlösung." In *Sämtliche Werke: Kritische Studienausgabe in 15 Bänden*, ed. G. Colli and M. Montinari. Berlin: de Gruyter.

Okin, Susan. 1979. *Women in Western Political Thought*. Princeton, NJ: Princeton University Press.

O'Neill, William L. 1971[1969]. *Everyone Was Brave: The Rise and Fall of Feminism in America*. Chicago: Quadrangle Books.

Ostrovsky, Erika. 1992. *A Constant Journey: The Fiction of Monique Wittig*. Carbondale: Southern Illinois University Press.

Paglia, Camille. 1991. *Sexual Personae: Art and Decadence from Nefertiti to Emily Dickinson*. New York: Vintage.

Patai, Daphne. 1998. *Heterophobia: Sexual Harassment and the Future of Feminism*. Boston: Rowman & Littlefield.

Pateman, Carole. 1988. *The Sexual Contract*. Stanford, CA: Stanford University Press.

Pears, David. 1988. *The False Prison: A Study of the Development of Wittgenstein's Philosophy*, Vol. 2. Oxford: Clarendon Press.

Pettit, Philip. 2001. *A Theory of Freedom: From the Psychology to the Politics of Agency*. New York: Oxford University Press.

Pitkin, Hanna Fenichel. 1981. "Justice: On Relating Private and Public." *Political Theory* 9(3): 327~352.

_____. 1998. *The Attack of the Blob: Hannah Arendt's Concept of the Social*. Chicago: University of Chicago Press.

Porter, Laurence M. 1992. "Feminist Fantasy and Open Structure in Monique

Wittig's Les guérillères." In *The Celebration of the Fantastic: Selected Papers from the Tenth Anniversary International Conference on the Fantastic in the Arts*, ed. D. E. Morse, M. B. Tymn, and C. Bertha, 261~269. Westport, CT: Greenwood Press.

Putnam, Hilary. 1975. "Is Semantics Possible?." In *Philosophical Papers*, vol. 2, *Mind, Language and Reality*, 139~152. Cambridge: Cambridge University Press.

Rancière, Jacques. 1999. *Dis−agreement: Politics and Philosophy*, trans. J. Rose. Minneapolis: University of Minnesota Press.

Riley, Denise. 1988. *"Am I That Name?": Feminism and the Category of 'Women' in History*. Minneapolis: University of Minnesota Press.

Roiphe, Katie. 1993. *The Morning After: Fear, Sex, and Feminism on Campus*. Boston: Little, Brown and Company.

Rorty, Richard. 1991. *Philosophical Papers, vol. 1, Objectivity, Relativism, and Truth*. Cambridge: Cambridge University Press.

Rothblatt, Martine Aliana. 1995. *The Apartheid of Sex: A Manifesto on the Freedom of Gender*. New York: Crown Publishers.

Rousseau, Jean−Jacques. 1978. *On the Social Contract*, published together with *Geneva Manuscript and Political Economy*, ed. R. D. Masters, trans. J. R. Masters. New York: St. Martin's Press.

Scott, Joan. 1996. *Only Paradoxes to Offer: French Feminists and the Rights of Man*. Cambridge: Harvard University Press.

Shaktini, Namascar. 1989. "Displacing the Phallic Subject: Wittig's Lesbian Writing." In *The Thinking Muse*, ed. J. Allen and I. M. Young. Bloomington: Indiana University Press.

Sommers, Christina H. 1995. *Who Stole Feminism?: How Women Have Betrayed Women*. New York: Simon & Schuster.

Stone, Martin. 2000. "Wittgenstein on Deconstruction." In *The New Wittgenstein*, ed. A. Crary and R. Read, 83−117. London and New York: Routledge.

Strong, Tracy. 1990. *The Idea of Political Theory*. Notre Dame, IN: University of Notre Dame Press.

Tully, James. 1999. "The Agonic Freedom of Citizens." in *Economy and Society* 28(2): 161~182.

_____. 2003. "Wittgenstein and Political Philosophy: Understanding Practices of Critical Reflection." In *The Grammar of Politics: Wittgenstein and Political*

Philosophy, ed. C. Heyes, 17~42. Ithaca, NY: Cornell University Press.

Vatter, Miguel. 2000. *Between Form and Event: Machiavelli's Theory of Political Freedom*. Dordrecht: Kluver Academic Publishers.

Villa, Dana. 1996. *Arendt and Heidegger: The Fate of the Political*. Princeton, NJ: Princeton University Press.

Warner, Michael. 1999. *The Trouble with Normal: Sex, Politics, and the Ethics of Queer Life*. New York: Free Press.

Wellmer, Albrecht. 1996. "Hannah Arendt on Judgment: The Unwritten Doctrine of Reason." In *Hannah Arendt: Twenty Years Later*, ed. L. May and J. Kohn, 33~52. Cambridge: MIT Press.

Wenzel, Hélèn Vivienne. 1981. "The Text as Body/Politics: An Appreciation of Monique Wittig's Writings in Context." *Feminist Studies* 7(2): 264~287.

Willis, Ellen. 1984. "Radical Feminism and Feminist Radicalism." *Social Text* 9/10: 91 − 118.

Wittgenstein, Ludwig. 1964. *The Blue and Brown Books*. Oxford: Basil Blackwell.

_____. 1967. *Zettel*, ed. G. E. M. Anscombe and G. H. Wright, trans. G. E. M. Anscombe. Oxford: Basil Blackwell.

_____. 1968. *Philosophical Investigations*, 3rd ed., trans. G. E. M. Anscombe. New York: MacMillan.

_____. 1969. *On Certainty*, ed. G. E. M. Anscombe and G. H. von Wright, trans. D. Paul and G. E. M. Anscombe. New York: Harper & Row.

_____. 1980. *Remarks on the Philosophy of Psychology,* vol. I, ed. G. E. M. Anscombe and G. H. Wright, trans. G. E. M. Anscombe. Oxford: Basil Blackwell.

_____. 1984. *Bemerkungen über die Grundlagen der Mathematik*, collected works in 8 vols. Frankfurt am Main.

_____. 2000. *Philosophical Investigations*, trans. G. E. M. Anscombe. Oxford: Blackwell Press.

Wittig, Monique. 1969. *Les Guérillères*. Paris: Les Éditions de Minuit.

_____. 1985. *Les Guérillères*, trans. D. L. Vay. Boston: Beacon Press.

_____. 1992. "The Category of Sex." In *The Straight Mind and Other Essays*, 1~8. Boston: Beacon Press.

_____. 1992. "One Is Not Born a Woman." In *The Straight Mind and Other Essays*, 9~20. Boston: Beacon Press.

_____. 1992. "The Straight Mind." In *The Straight Mind and Other Essays*, 21~32. Boston: Beacon Press.

_____. 1992. "On the Social Contract." In *The Straight Mind and Other Essays*, 33~45. Boston: Beacon Press.

_____. 1992. "Homo Sum." In *The Straight Mind and Other Essays*, 46~58. Boston: Beacon Press.

_____. 1992. "The Point of View: Universal or Particular?." In *The Straight Mind and Other Essays*, 59~67. Boston: Beacon Press.

_____. 1992. "The Trojan Horse." In *The Straight Mind and Other Essays*, 68~75. Boston: Beacon Press.

_____. 1992. "The Mark of Gender." In *The Straight Mind and Other Essays*, 76~89. Boston: Beacon Press.

_____. 1992. "The Site of Action." In *The Straight Mind and Other Essays*, 90~107. Boston: Beacon Press.

Wollstonecraft, Mary. 1967. *A Vindication of the Rights of Women*. ed. C. W. Hagelman Jr. New York: Norton.

Young, Iris Marion. 1990. *Justice and the Politics of Difference*. Princeton, NJ: Princeton University Press.

_____. 2001. "Asymmetrical Reciprocity: On Moral Respect, Wonder, and Enlarged Thought." In *Judgment, Imagination, and Politics*, ed. R. Beiner and J. Nedelsky, 205~228. New York: Rowman & Littlefield.

Young−Bruehl, Elisabeth. 1982. *Hannah Arendt: For Love of the World*. New Haven, CT: Yale University Press.

Zerilli, Linda M.G. 1990. "The Trojan Horse of Universalism: Language as a 'War Machine' in the Writings of Monique Wittig." *Social Text: Theory/Culture/Ideology* 25−26: 146~170.

_____. 1991. "Rememoration or War? French Feminist Narratives and the Politics of Self−Representation." *differences: A Journal of Feminist Cultural Studies* 3(1): 1~19.

_____. 1994. *Signifying Woman: Culture and Chaos in Rousseau, Burke, and Mill*. Ithaca, NY: Cornell University Press.

_____. 1998. "Doing without Knowing: Feminism's Politics of the Ordinary," *Political Theory* 26(4): 435~458.

_____. 1998. "This Universalism Which Is Not One." *Diacritics* 28(2): 3~20.

_____. 2001. "forward to Utte Gerhard." In *Debating Women's Equality: Toward a Feminist Theory of Law from a European Perspective*, ix~xiv. New Brunswick, NJ: Rutgers University Press.

_____. 2004. "Refiguring Rights through the Political Practice of Sexual Difference." *differences: A Journal of Feminist Cultural Criticism* 15(2): 54~90.

_____. 2005. "A New Grammar of Difference: Monique Wittig's Poetic Revolution." In *On Monique Wittig: Theoretical, Political and Literary Essays*, ed. N. Shaktini, 87~114. Champaign: University of Illinois Press.

_____. 2005. "'We Feel Our Freedom': Imagination and Judgment in the Thought of Hannah Arendt." *Political Theory* 33(2): 158~188.

Ziarek, Ewa Plonowska. 1996. *The Rhetoric of Failure: Deconstruction of Skepticism, Reinvention of Modernism.* Albany: State University of New York Press.

찾아보기

〈용어〉

〈인명〉

저자 소개

린다 M.G. 제를리 교수는 현재 미국 시카고대학교 정치학과의 찰스 E. 메리엄 석좌교수이며, 동 대학교 여성학센터의 센터장을 맡고 있다. 제를리 교수의 주요 저서로는 『여성을 어떻게 표현할 것인가: 루소, 버크, 밀의 연구에 나타난 문화와 혼돈』(*Signifying Woman: Culture and Chaos in Rousseau, Burke, and Mill*, Cornell University Press, 1994), 『페미니즘과 자유의 심연』(*Feminism and the Abyss of Freedom*, University of Chicago Press, 2005), 『민주적 판단이론』(*A Democratic Theory of Judgment*, University of Chicago Press, 2016)이 있으며, 특히 『페미니즘과 자유의 심연』은 페미니즘의 제4물결을 열은 것으로 높이 평가받고 있다.

제를리 교수의 논문 주제들은 페미니즘 사상, 언어의 정치학, 미학, 민주주의론, 유럽 대륙 철학의 영역을 포괄한다. 제를리 교수는 풀브라이트 펠로우, 프린스턴 고등연구소원, 스텐포드 인문학센터 펠로우를 역임했다. 그 외 정치철학의 대표적 저널인 『정치이론』(*Political Theory*)의 집행위원을 역임했고, 현재 『미국정치학회지』(APSR), 『철학과 수사학』(*Philosophy and Rhetoric*), 『성좌들』(*Constellations*), 『문화, 이론, 비판』(*Culture, Theory and Critique*)의 편집과 자문위원직을 맡고 있다. 제를리 교수는 시몬느 드 보봐르 사후 25주년 기념 심포지엄에서 기조 발제를 했다.

옮긴이 소개

조주현 교수는 현재 계명대학교 명예교수이며, 이화여대 사회학과를 졸업하고 미국 일리노이대학교 사회학과에서 사회심리학과 성 계층으로 박사학위를 받았다. 주요 관심분야는 페미니즘 이론과 방법론, 페미니즘 과학기술학, 여성운동이며 그에 관한 다수의 논문이 있다. 주요 저서로는 『여성 정체성의 정치학: 성·지식·권력망 읽기에서 새 여성의 모색으로』(2000), 『성 해방과 성 정치』(공저, 2002), 『벌거벗은 생명: 신자유주의 시대의 생명정치와 페미니즘』(2009), 『정체성 정치에서 아고니즘 정치로: 여성학 방법론과 페미니즘 정치의 실천적 전환』(2018) 등이 있고, 역서로는 『우리 속에 있는 여신들』(공역, 1992), 『여성해방의 실천과 후기구조주의 이론』(1993), 『페미니즘과 기술』(2001), 『누구의 과학이며 누구의 지식인가? 여성들의 삶에서 생각하기』(2009)가 있다. 주요 편서로는 『동아시아 여성과 가족 변동』(2013)과 *East Asian Gender in Transition*(2013)이 있다.

한국연구재단 학술명저번역총서 서양편 799
페미니즘과 자유의 심연

초판발행	2022년 11월 25일
지은이	Linda M. G. Zerilli
옮긴이	조주현
펴낸이	안종만 · 안상준
편 집	김윤정
기획/마케팅	노 현
표지디자인	이영경
제 작	고철민 · 조영환
펴낸곳	(주) **박영시**
	서울특별시 금천구 가산디지털2로 53, 210호(가산동, 한라시그마밸리)
	등록 1959. 3. 11. 제300-1959-1호(倫)
전 화	02)733-6771
f a x	02)736-4818
e-mail	pys@pybook.co.kr
homepage	www.pybook.co.kr
I S B N	979-11-303-1011-4
	979-11-303-1007-7 94080 (세트)

copyright©한국연구재단, 2022, Printed in Korea

* 파본은 구입하신 곳에서 교환해 드립니다. 본서의 무단복제행위를 금합니다.
* 역자와 협의하여 인지첩부를 생략합니다.

정 가   24,000원

이 번역서는 2020년 대한민국 교육부와 한국연구재단의 지원을 받아 수행된 연구임
(NRF-2020S1A5A7085385)